스마트미디어

테크놀로지 · 시장 · 인간

나남
nanam

나남신서 1794

스마트미디어

테크놀로지 · 시장 · 인간

2015년 3월 10일 발행
2015년 3월 10일 1쇄

지은이 김영석 외
발행자 趙相浩
발행처 (주) 나남
주소   413-120 경기도 파주시 회동길 193
전화   031) 955-4601 (代)
FAX   031) 955-4555
등록   제 1-71호 (1979. 5. 12)
홈페이지 www.nanam.net
전자우편 post@nanam.net

ISBN   978-89-300-8794-0
       978-89-300-8001-9 (세트)

책값은 뒤표지에 있습니다.

스마트미디어

테크놀로지 · 시장 · 인간

김영석 · 송종길 · 권상희 · 문상현 · 이상식
김도연 · 김관규 · 이상우 · 문재완 · 조성호
이준웅 · 양승찬 · 황용석 · 나은영 · 전범수

나남
nanam

Smart Media
Technology · Market · Human

by

Young-Seok Kim et al.

nanam

들어가는 글

김영석

이 책의 출간 의의는 스마트미디어로 인해 등장한 새로운 커뮤니케이션 패러다임을 이해하고 논의하기 위해서이다. 모바일 통신 부문에서 촉발된 스마트미디어 기술은 ICT(*Information & Communication Technology*)의 혁신적 진화를 이끌어 새로운 커뮤니케이션 환경을 생성시키고 있다. ICT는 IT(*Information Technology*)의 상징인 인터넷과 모바일 테크놀로지가 융합된 커뮤니케이션 테크놀로지 체계로 볼 수 있다. ICT는 디지털 미디어 부문은 물론 정치, 경제, 사회, 문화 등 모든 영역에 걸쳐 변화와 혁신을 몰고 오는 스마트미디어 환경으로 우리를 이동시키고 있다.

또한 스마트미디어는 개방적이고 수평적인 관계 구조를 만들었다. 유·무선 인터넷 망 사업자, iOS나 안드로이드와 같은 범용 OS(*Operator System*)가 장착된 디바이스, 방송과 포털 등 다양한 콘텐츠서비스사업자, 이 모든 것이 개방성에 기초해 상호 협조하며 발전하는 공생관계를 유지한다. 특정 사업자가 독점적 지위를 갖는 것이 아니라 인터넷 망 사업자는 망(*network*)을 개방하여 콘텐츠서비스사업자들이 자유롭게 이용하도록 하며, 콘텐츠서비스사업자는 다양한 콘텐츠를 서비스하여 망의 가치를 증대시키고, 이것이 이용자 이익 증대를 가져오는 선순환의 공생

관계를 구축한다. 이처럼 특정 사업자가 지배하는 것이 아니라 모든 사업자의 관계는 수평적이고 협력적으로 형성된다.

스마트폰, 태블릿 PC, 스마트 TV 등이 스마트미디어를 상징하는데 이 디바이스에는 범용 OS가 탑재된다. 범용 OS가 바로 미디어 환경을 폐쇄형에서 개방형으로 전환시킨 가장 결정적 테크놀로지이다. OS는 스마트미디어에서도 PC와 같은 웹브라우징을 실현시켰다. 또한 이른바 API(*Application Programming Interface*)를 공개하여 애플리케이션 개발업자가 오픈마켓을 통해 이용자와 직접 거래하는 개방형 구조를 구축했다. 디바이스 제조사들도 범용 OS 개발업체가 제시한 스마트미디어 사양에 맞추어 제품을 개발한다. 애플은 자사 제품에 iOS를 탑재하고, 다른 제조사는 구글 안드로이드를 탑재하여 출시한다. 스마트미디어 등장 이전에도 디지털화에 기초한 방송·통신 융합 환경이 생성되었지만 부분적인 단계에 머물러 유선 통신, 무선 통신, 방송으로 명확하게 구분되어 각자 독자적인 가치사슬 구조를 형성했다.

유선 통신 부문은 가장 먼저 인터넷 중심으로 전환하면서 가치사슬의 모든 단계가 개방되어 특정 부문의 기업이 통제력을 행사할 수 있는 가능성이 매우 제한적이었다. 인터넷 중심의 유선 통신망은 전송망이 개방되어 콘텐츠, 플랫폼, 네트워크, 디바이스 요소가 수평적 관계를 형성하고, 각 부문이 협력적 경쟁을 통해 유선 인터넷 시장을 지속적으로 성장시켰다. 하지만 유선 인터넷과 무선 인터넷은 완전히 결합되지는 못했고, 유선 전화와 유선 인터넷이 융합하는 수준에 머물렀다.

무선 통신 부문은 망 사업자인 이동통신사업자가 중심이 되어 가치사슬에서의 모든 관계를 통제하는 통합적 폐쇄형 구조를 형성했다. 이용자의 단말기는 가입한 이동통신사업자에 따라 결정되는 구조였고, 콘텐츠서비스제공업자 역시 이동통신사업자가 주도하는 유통망을 통해서만 이용자에게 접근이 가능했던 폐쇄적 환경이었다.

방송 부문의 가치사슬 구조 역시 방송 영상 콘텐츠가 전달되는 전송망에 따라 개별 플랫폼이 존재해 폐쇄적 형태로 운영되었다. 즉, 지상파 TV, 케이블TV, 위성방송, DMB, IPTV 등 매체별로 독립 플랫폼 사업자가 존재했고, 플랫폼 사업자가 구축한 전송망으로만 영상 콘텐츠를 소비자에게 전달하는 개별적·폐쇄적인 가치사슬 구조를 형성했다. IPTV와 같이 인터넷 망을 통해 방송이 서비스되는 융합이 출현했지만, 스마트미디어 이전에는 이 역시 인터넷 망을 통해서만 폐쇄적으로 서비스되는, 또 다른 방송망의 출현 이상은 아니었다. 이와 달리 스마트미디어의 가치사슬은 C(Content)-P(Platform)-N(Network)-D(Device) 부문이 폐쇄적·선형적 관계가 아닌, 상호 연결되는 유기적 관계를 형성하며, 부문 간 협력을 통해 공진화가 이루어지는 구조이다.

스마트미디어 가치사슬에서 콘텐츠 부문의 변화는 모든 콘텐츠가 애플리케이션으로 제공되어 전송망의 구분 없이 융합된다. 특정 목적을 수행하는 것을 돕는 소프트웨어라는 의미의 용어인 애플리케이션은 이제 기술적 의미의 소프트웨어가 아닌 콘텐츠 자체를 지칭하는 용어가 되었다. 이제 콘텐츠와 소프트웨어의 구분은 어려우며 방송, 게임, 책, 음악 등 대부분의 콘텐츠가 애플리케이션 형태로 제공된다. 기존 방송, 통신, 인터넷 등 별도로 제공되었던 콘텐츠가 방송, 통신, 인터넷에서 모두 사용이 가능한 복합 콘텐츠로 융합되었다. 하나의 콘텐츠가 IPTV, 디지털 케이블TV, 디지털 TV, DMB, 스마트미디어 등 다양한 플랫폼에서 이용이 가능한 콘텐츠로 변모하여 활용된다(김창완 외, 2011).

플랫폼 부문에서는 OS가 생태계 전반을 구축하는 가장 주요한 기반으로 부상하였다. 애플, 구글 등은 자사 OS 기반의 오픈마켓을 구축하여 애플리케이션과 콘텐츠 서비스를 제공한다. 인터넷에서 정보 제공의 관문 역할을 했던 대형 포털사이트는 애플과 구글 같은 거대 플랫폼과 콘텐츠 서비스를 놓고 경쟁해야 하는 상황에 직면했다. 대형 포털사이트 또한 광범위한 오픈 플랫폼 제공자로의 전환을 도모한다. 통신사업자들은 네트워크의 소유라는 장점을 유지하면서 통신 서비스만이 아니라 각종 애플리케이션을 제공할 수 있는 종합 플랫폼업체로의 변신을 시도한다. 콘텐츠가 유통되는 다양한 플랫폼 간 경쟁과 웹 플랫폼의 확산으로 과거의 폐쇄적 플랫폼은 오픈 플랫폼으로 변모했다. 개별 콘텐츠 서비스 제공업자들이 오픈 플랫폼에 상대적으로 자유롭게 진입할 수 있어 시장 참여자가 확대되며 자사의 콘텐츠를 다양한 플랫폼에 제공한다.

네트워크 부문에서의 특징은 유·무선 융합이다. 유·무선 네트워크 통합과 더불어 네트워크의 성격에 관계없이 방송망을 통한 통신 서비스와 통신망을 통한 방송 서비스가 교차로 제공된다. 통신사업자들은 유·무선 네트워크를 통합하여 이용자에게 서비스를 제공하는 유·무선 통합(FMC: *Fixed Mobile Convergence*) 서비스를 확대했다. 또한 유·무선 네트워크 기술의 발전으로 음성통신 등의 기본 기능 외에 VOD, 영상, 전화 등의 멀티미디어 기능이 기본사양이 되었고, 방송·통신·인터넷 등 개별 전송망의 통합화 진전에 따라 멀티미디어화·융합화가 가속되고 있다(김창완 외, 2011).

디바이스 또한 고정형·이동형의 융합과 다양한 기능 통합을 바탕으로 스마트미디어로 진화한다. 최근에는 텍스트, 음악, 동영상 등 모든 콘텐츠가 디지털로 전환되었고, 모바일 디바이스·PC·TV도 컴퓨터, 미디어, 통신 등의 복합 기능을 강화하면서 다양한 기능을 수용하는 방향으로 발전한다. 스마트미디어는 TV, 음악, 게임, 사진 등 모든 유형의 정보를 이용할 수 있는 멀티미디어 기능과 더불어 인터넷의 모든 기능을 보유한다. 스마트폰, 태블릿 PC, 스마트 TV 등으로 대표되는 스마트미디어는 점차 기능이 유사해지면서 디스플레이 크기, 사용 공간별로 특화되는 형태로의 진화가 예상된다. 이처럼 콘텐츠, 플랫폼, 네트워크, 디바이스의 총체적 융합이 확대되면서 각 부문 간 다양한 협력관계가 출현하는 모습을 보인다. 또한 분리된 시장에 따라 정의되었던 기존의 산업들이 융합되면서 새로운 형태의 융합 서비스가 나타났다. 이러한 융합화에 대응하기 위해 방송·통신 관련 기업들도 전략적 제휴 등을 통해 사업영역을 확장하고 있다(박유리, 2012).

이 책에서는 스마트미디어를 공통 주제로 설정하고 이를 3가지 방향에서 접근했다. 스마트미디어의 진화를 추동하는 • 테크놀로지의 현재와 미래 모습 • 스마트미디어가 형성하는 시장을 둘러싼 이슈 • 스마트미디어를 이용하는 인간의 모습에 초점을 맞추었다.

*

제 1부는 스마트미디어를 테크놀로지 측면에서 논의하는 것으로 송종길·권상희·문상현 교수가 집필했다. 스마트미디어는 방송·통신·컴퓨팅이 총체적으로 융합되는 스마트미디어 생태계를 출현시켰다. 스마트미디어 생태계는 서로 다른 가치사슬 단계 사이의 융합이 이루지면서 생태계 간 경쟁으로의 진화가 전망된다. 단말기 사업자와 콘텐츠 사업자 사이의 직접적 제휴관계가 형성되면서 콘텐츠 사업자는 플랫폼 사업자의 영향력에서 벗어날 수 있을 것이고, 플랫폼 범위도 확대될 것이다. 클라우드, 사물지능통신, 위치기반 서비스 등의 새로운 서비스 유형이 계속 등장할 것이고 자동차, 의료 등 미디어 산업과 다른 사업 분야 사이의 제휴가 이뤄지면서 다양한 플랫폼이 나타날 것이다. 또한 이러한 기술적 진보로 스마트미디어에 대한 규제 체계는 이전 미디어 환경과는 다르게 수립되어야 하는데 그 기준은 콘텐츠에 대한 통제력 보유 여부, 스마트

미디어의 사회적 영향력, 서비스의 동질성·대체성 여부가 될 것이다.

스마트미디어 테크놀로지가 총체적으로 집약된 스마트 TV는 TV의 개념을 바꾸었고, 글로벌 차원에서는 스마트 TV 시장을 둘러싼 다양한 경쟁이 벌어지고 있다. 스마트 TV는 단기적으로 TV 제조업, 소프트웨어 산업, 콘텐츠 산업에 영향을 미칠 것이고, 중기적으로는 지상파 방송사, 케이블 TV 방송사, IPTV 방송사의 경쟁 구도를 변화시키고 지상파 방송사와 PP의 수직적 계열 구조도 붕괴시킬 것으로 예측된다. 장기적 관점에서는 스마트미디어가 형성시킨 가치사슬에서 창의적이고 협력적인 기업이 스마트 TV 시장을 주도할 것이다. 이러한 가능성을 가진 기업으로서 글로벌 기업인 애플, 구글, 삼성전자, LG전자의 최근 동향에 주목할 필요가 있다. 스마트 TV의 도전에 대해 전통적 방송사 서비스 진영에게는 스마트 TV 및 IPTV와 같은 새로운 유형의 방송 서비스를 제공할 수 있는 통합 체계의 구축이 필요하며, 스마트 TV의 검색, 쇼핑 등 다양한 부가 기능을 활용해 시장 변화에 대응해야 한다.

수용자가 HD(*High Definition*) TV에 적응할 여유도 주지 않은 채 TV 기술은 또 다시 UHD(*Ultra High Definition*) TV로 진화하고 있다. 방송 사업자들은 방송 시장에서 전략적 우위를 차지하고자 UHD 방송을 적극적으로 추진 중인데, 이 과정에서 사업자 간에 심각한 갈등과 대립이 발생하고 쉽게 해답을 찾기 어려운 정책 이슈들이 제기되고 있다. 주요 갈등 이슈로는 UHD 방송이 보편적 무료 서비스이어야 한다는 지상파 방송사와 프리미엄 유료 서비스이어야 한다는 유료방송 사업자의 입장 차이가 있다. 또한 디스플레이를 생산하는 가전 산업이 내수 창출과 수출 시장 개척에 도움이 되도록 하는 산업 중심의 정책도 필요하지만, 아직 시장 전망이 불투명하고 콘텐츠 공급 능력을 고려하지 않은 채 TV 제조업체 중심인 신규 서비스 도입에 반대하는 의견도 제기된다. 그리고

UHD 방송 도입을 위한 논의에서 아날로그 지상파 방송 주파수 대역이었던 700㎒ 대역 할당이 주요 이슈로 부상했다. 지상파 방송사는 UHD 방송 서비스를 위해 디지털 전환 후 사용하지 않게 된 700㎒ 대역 할당을 강력하게 요구하나 통신사업자들은 이를 통신용으로 사용해야 한다고 주장하면서 양자 간 갈등이 심화되었다. 더욱이 주관 부처가 방송통신위원회와 미래창조과학부로 이원화된 관계로 사업자 간 갈등과 대립이 오히려 증폭되고 있다. UHD 도입과정에서 정책 실패를 초래하지 않으려면 주관 부처의 갈등 조정 기능 부재를 시급히 해결해야 한다.

또한 지상파 다채널 방송인 MMS(*Multi Mode Service*) 도입을 둘러싼 사회적 논의가 진행되고 있다. MMS란 지상파 디지털 방송 전환에 따라 주파수 이용 효율성이 높아져 기존 채널 외에 HD채널 또는 수 개의 SD채널, 오디오방송, 데이터방송 등을 추가 제공하는 서비스이다. 지상파 방송사는 저소득층 시청자에 대한 보편적 서비스 제공, 채널 선택권 확대를 통한 수용자 복지 증진, 디지털 디바이드 해소와 같은 효과를 강조하면서 도입을 주장한다. 반면 유료방송사업자는 광고 수익과 이용자 감소 등을 우려해 MMS 도입 자체에 대해 부정적 입장을 나타낸다. 지상파 다채널방송은 유료 방송뿐만 아니라 지상파 방송에서도 다채널이 제공될 수 있다는 점에서 우리나라 방송 환경의 변화를 가져올 수 있다. 하지만 지상파 다채널 방송이 시청자 복지 증진과 디지털 디바이드 해소에 기여하기 위해서는 방송 사업자의 철학, 양질의 방송 콘텐츠 제작, 재정적 안정 등이 먼저 논의되어야 한다.

*

제 2부는 스마트미디어가 형성하는 시장에 관한 논의로 이상식·김도연·김관규·이상우·문재완 교수가 집필했다. 스마트미디어로 인해 등

장한 새로운 유형의 방송 서비스를 제도화하기 위해서는 지금과는 다른 새로운 규제 방식의 도입이 필요하다. N스크린 서비스, OTT(Over The Top), VOD 등의 용어로 불리는 신 유형의 방송 서비스를 기존의 규제 틀로는 제도화하기 어렵다. N스크린 서비스는 TV, PC, 태블릿, 스마트폰 등의 다양한 디바이스를 통해 공통된 콘텐츠를 제공하는 것을 말한다. OTT의 Top은 디지털 셋톱박스로 셋톱박스의 유무를 떠나 PC, 스마트폰 등의 단말기를 이용하여 기존 통신사·방송사만이 아니라 다양한 사업자가 제공하는 인터넷 기반의 동영상 콘텐츠 서비스를 말한다. 국내에서 VOD를 중심으로 새로운 서비스의 이용이 빠르게 늘고 있지만 국내 방송법·통신법에서는 VOD 서비스에 대해 아직 명확한 개념 규정이 없다. 현행 방송법·통신법의 이원적 체계하에서 VOD 서비스는 각기 서로 다른 진입 절차와 규제를 받는다.

국내와 달리 영국과 EU에서는 이미 2009년에 VOD를 규제에 포함시키기 위해 온라인 동영상 서비스를 ODPS(On-Demand Programme Services)란 개념으로 정의해 커뮤니케이션법에 추가했다. 이어 VOD와 같은 주문형 서비스의 경우에는 산업계의 자율 규제를 실행에 옮기기 위해 전문 규제기구를 별도로 설립하였다. 정부 부처와 자율전문 규제기구가 공동으로 주문형 서비스를 규제하는 새로운 규제 방식을 도입했다. 유럽의 선험적 경험에 바탕을 둔 새로운 규제 방식은 국내의 제도화에 많은 도움을 줄 것으로 예상된다. 향후 VOD와 같은 주문형 방송 서비스에 대한 규제를 도입할 경우에는 먼저 플랫폼 계층으로 분류하고, 실시간 방송 프로그램을 제공하는 경우에는 기존 방송사업자(방송채널사용사업자, 지상파방송사업자 등)와 동일한 규제 방식을 적용하도록 하여 비대칭 규제가 발생하지 않도록 하는 것도 필요하다.

또한 TV 시청 혹은 이용 개념에 큰 변화를 초래하는 N스크린 서비스가 확대됨에 따라 이 방송 서비스를 둘러싼 다양한 이슈가 부상하고 있다. 이 서비스를 제도화하는 과정에서 고려해야 할 규제 체계의 정립이 논의 중이다. 국내 N스크린 서비스 제공 주체는 지상파사업자 계열, IPTV 계열, 케이블TV SO(System Operator) 계열, 그리고 독립 플랫폼 사업자 계열로 구분할 수 있다. 이들 서비스는 제각기 다양한 콘텐츠를 제공하고 실시간 방송과 VOD 등의 조합을 통해 가입자를 증대시켜 매출액을 높이려는 목적을 가지지만 비즈니스 목적의 미묘한 차이도 존재한다. N스크린 서비스로 인한 지상파 시청률 하락 문제, IPTV사업자군의 결합상품을 활용한 잠재고객 확보 전략, MSO의 지역 제한을 극복할 수 있는 전략 등을 개별 사업군의 전략이라 볼 수 있다. 또한 이용자 차원에서 미디어 교차 이용을 중심으로 N스크린 서비스 이용이 늘어나면서 전통적인 TV 시청률 조사의 타당성에 대한 문제가 제기되어 여러 미디어를 합산한 새로운 통합 시청률 측정이 필요하다.

N스크린 서비스는 향후 미디어 산업계 지형에 큰 영향을 줄 수 있을 것으로 보인다. N스크린 서비스가 미디어 산업계와 미디어 이용자에게 긍정적 변화를 이끌어 내기 위해서는 관련 당사자(stakeholder) 모두의 노력이 필요하다. 다만 N스크린 서비스 규제는 아직 제도화되어 있지 않지만 내용심의 등 필요한 부분에서 기존 방송·통신 관련 규제가 적용되므로, 제도의 공백으로 시장과 이용자에게 구체적 폐해가 나타나거나 명백히 나타날 가능성이 있을 때 시행되는 것이 바람직하다.

케이블TV, 위성방송, IPTV가 경쟁하는 유료방송 시장이 점점 확대됨에 따라 유료방송을 둘러싼 규제 체계를 새롭게 정립하는 정책 방안이 논의되고 있다. 특히 최근 현안으로 부상한 유료방송 시장의 가입자 점유율 규제에서 사업자 간 이해관계가 첨예하게 대립한다. 현재 유료방송 시장 점유율 규제 관련법을 개정이 진행 중이므로 주요 논점의 정리가 필요하다. 먼저 국내 방송법, 멀티미디어인터넷방송사업법의 이원화로 인해 케이블TV, 위성방송, IPTV의 시장 점유율 규제가 동일하지 않은 법상의 미비점을 개선해야 한다. 또한 주요 국가 가운데 국내에서만 사전 시장 점유율 규제가 법에 명기된 것도 고려해야 한다. 미국 FCC가 두 차례에 걸쳐 케이블TV MSO에 대해 사전 점유율 규제 규칙을 도입하려던 시도가 법원 판결에 의해 무산된 경위를 충분히 분석해야 한다. 시장 점유율 규제에 대한 법 개정에서 핵심은 사전·사후규제 중 어떤 것이 적절한지에 대한 논의, 규제 적용 기준을 현행 방송법 시행령의 점유율 1/3로 할 것인지 혹은 독점규제 및 공정거래에 관한 법률에서 제시하는 시장지배적 사업자에 기준인 점유율 1/2 수준으로 할 것인지가 논의의 핵심이다. 이 두 가지 사안을 결정하기 위해서는 유료방송 시장의 점유율 규제 목표와 그 기준에 대한 타당성을 과학적으로 검증하여 확정해야 한다.

스마트미디어 환경에서도 미디어 다양성의 확보는 중요하며 채널사업자들과 플랫폼사업자들 간 채널 거래에서도 미디어 다양성의 확대 노력은 필요하다. 핵심적이고 인기 있는 콘텐츠에 대한 접근권은 미디어 다양성과 밀접한 관계를 가진다. 국내에서의 콘텐츠 접근 이슈는 항상 지상파 방송사 프로그램의 재전송을 둘러싸고 표면화됐다. 위성방송에 대한 지상파 재전송이 2005년에나 해결되었고, IPTV는 높은 재전송료를 지불하는 조건으로 지상파 재전송을 실시 중이다. 1995년 출범한 케이블TV는 공익채널의 의무 재전송 혹은 난시청 해소의 기능을 인정받아 지상파방송사업자에게 콘텐츠 사용에 대한 아무런 대가 없이 지상파채널을 재송신했다. 하지만 법원의 판결로 인해 재전송료를 지불해야 하는 상황이 됐다.

재전송료를 둘러싼 갈등은 미국에서도 발생했다. 2010년에는 뉴욕과 필라델피아 지역에서는 케이블TV 회사인 케이블비전(Cablevision)에서 지상파 채널인 ABC의 송출이 21시간 동안 지연된 사건이 발생하였다. 2013년에는 미국의 인기 지상파 채널인 CBS와 미국 제 2위 케이블 TV 사업자인 타임워너 간 지상파 재송신 협상이 깨지면서 CBS가 타임워너의 8개 서비스 지역(뉴욕, 로스앤젤레스, 댈러스 등)에서 제공되지 않는 사건이 발생하였다. 이러한 핵심 프로그램의 접근과 관련한 문제는 일반 경쟁법으로 해결하기보다는 이와 관련한 구체적 방송관련 법령을 도입하는 것이 효율적일 수 있다. 또한 플랫폼사업자와 채널사업자(지상파방송사업자 또는 방송채널사용사업자) 간 적정 채널 사용료 배분 기준을 마련하는 것도 시급하다.

스마트미디어 환경에서 현재 제기되는 새롭고 강렬한 이슈 중 하나가 프라이버시 보호이다. 스마트미디어로 인해 정보 유통의 편리성이 급격하게 제고됐지만 반대급부로 개인의 프라이버시 침해 위험성도 비례하여 증가했다. 스마트미디어에 적합한 프라이버시 개념을 새로이 검토해야만 종전 프라이버시 개념으로 해결하기 힘든 새로운 유형의 프라이버시 침해를 적시하고 보호방법을 제시할 수 있다. 기존의 '혼자 있을 권리', '사생활에 관한 의사결정의 자유', '개인정보자기결정권'이 프라이버시의 주요 개념이었지만, 스마트미디어 환경에서는 디지털 메모리의 고유한 특성으로 '잊힐 권리'라는 새로운 권리가 개념으로 정립되어야 할 것이다.

하지만 '잊힐 권리'를 프라이버시 보호에 포함하기 위해서는 기록의 가치와 알 권리에 의한 한계, 노하우 축적과 영업의 자유에 의한 한계, 인터넷의 개방성에 의한 한계를 해결해야 한다. 국내에서 향후 '잊힐 권리'를 개인의 프라이버시 보호 영역에 포함시키기 위한 개인정보보호법과 정보통신망법 입법이 필요하지만, 여기서는 헌법의 가치를 충분히 고려해야 한다. 정보통신 기술의 발전으로 인하여 프라이버시가 침해될 가능성이 커졌기 때문에 그러한 위험성을 최소화하고, 침해가 발생한 경우 사후 구제수단을 마련하는 입법은 계속 진행되어야 한다. 이 경우 프라이버시 보호와 상충하는 다른 헌법적 가치(예컨대 표현의 자유)를 고려하여, 두 헌법적 가치를 모두 충족할 수 있는 방법이 있는지 살펴보고 그러한 방법이 없을 경우 두 헌법적 가치를 서로 비교하여 특정한 상황에서 더 중시해야 할 헌법적 가치를 선택해야 한다.

*

제3부는 스마트미디어를 이용하는 인간의 모습과 다양성을 논의하며 조성호·이준웅·양승찬·황용석·나은영 교수가 집필했다. 현재 시청률 측정을 위해 피플미터 방식이 지배적으로 활용되지만, 지금까지 노정된 많은 문제를 개선되고 새롭게 진화시켜야 할 필요가 있다. 피플미터를 활용한 시청률 조사를 위해서는 일반적으로 기초조사, 조사대상 선정, 피플미터 설치 및 측정, 패널관리 단계를 거쳐 최종 시청률 산출까지의 5단계를 거친다. 시청률 조사는 장기간 패널 가구를 조사하기 때문에 기초조사부터 시청률 산출 과정까지 철저한 관리·감독이 중요하다.

영국과 독일 등 유럽은 방송사를 주축으로 출자하여 시청률 조사회사의 선정과 자료 산출까지의 전 과정에 관여하는 시스템이다. 우리나라는 세계적으로 유일하게 닐슨코리아와 TNmS 양 사가 동일 지역을 대상으로 경쟁하기 때문에 검증이 잘 이루어진다. 최근에는 다양한 미디어 기기를 통한 TV 프로그램 시청 행위가 확산되면서 피플미터를 대체할 수 있는 통합 시청률 조사 방식에 대한 논의와 시도가 이루어지는 중이다. 한국도 방송통신위원회를 중심으로 2013년부터 통합 시청률 산출을 위한 시범조사를 실시 중이지만 시범조사 결과 여러 가지 기술적 문제가 제기되어 상용화 단계까지는 시간이 걸릴 것으로 예상된다.

시청률 측정에서는 방송 기술의 변화, 시청 행위의 변화, 시청률 측정 방법의 변화, 그리고 그에 따른 방송 제도의 변화 등이 매체 환경에 미치는 영향을 검토하고 그 영향의 사회적 함의를 종합적으로 고찰해야 한다. 현행 시청률 측정의 문제점은 기기 커버리지, 플랫폼 커버리지, 서비스 커버리지의 한정성이다. 이를 해결하기 위해서 매체 이용자를 단일 TV 시청자가 아닌 다중매체 이용자로서 위치시키고 개인의 다중매체 이용 행위를 통합적으로 측정해야 한다. 매체 효과 개념 자체가 '다중적 노출을 통한 통합적 효과'로 재개념화되는 현실에서 텔레비전은 매체 간 융합의 지류가 아니라 본류가 될 가능성이 크고 주류적 이용자 집단으로 재규정될 가능성이 높다. 방송정책 전문가들은 새로운 시청률 측정방법을 개발하고 새로운 수용자 정보체계를 제도화하는 것을 주도해야 한다.

스마트미디어 시대의 뉴스 이용자들은 다양한 매체와 경로를 통해 보다 쉽고 빠르고 편리하게 뉴스를 소비한다. 하지만 많은 경로에서 다양한 콘텐츠가 제공되어 디지털 정보량이 방대해지다 보니 오히려 뉴스 이용자 개인이 원하는 정보를 얻을 수 있는 방법이 더 복잡해지는 제약이 발생하기도 한다. 이 때문에 개별 언론사의 수많은 뉴스 기사를 한 곳에 모아 뉴스 이용자에게 선택적으로 제공하는 새로운 뉴스 서비스가 등장하였는데 이를 '뉴스 큐레이션'이라고 한다. 뉴스 큐레이션은 이용자의 관심사와 취향을 중심으로 뉴스를 제공한다는 점에서 기존의 일반 포털 사이트와는 성격이 조금 다르다. 대표적 케이스로는 '플립보드', 구글 '뉴스 스탠드', 야후 '뉴스 다이제스트', 페이스북 '페이퍼' 등이 있다.

스마트미디어 시대에는 기술 발전이 만드는 새로운 유형의 저널리즘이 등장한다. 소셜 미디어 등장 이후 대표적으로 상시 환기 저널리즘 (ambient journalism) 과 대화 저널리즘을 이야기하는 학자도 있다. 전통 저널리즘과는 달리 호모필리 (homophily) 와 극단화, 디지털 디바이드,

뉴스의 질적 수준 하락 등이 문제로 지적된다. 이를 해결하기 위해서는 모바일 기기를 가지고 뉴스를 활용하고 뉴스에 정보를 제공하는 디지털 저널리즘을 구현하는 리터러시 교육이 필요하다.

2009년 방송법과 신문법 개정 이후 우리나라에는 미디어 간 결합시장에서의 집중도 조사 및 관련 제도가 도입됐다. 구체적으로 미디어다양성위원회와 여론집중도위원회가 개발하는 집중도 측정 지수 체계가 있다. 스마트미디어 환경에서도 수용자에게 다양한 의견이 제공되도록 하는 미디어 다양성의 확보는 중요한 문제이다. 현행 방송법상 미디어 다양성의 개념은 내용의 다양성과 소유의 다양성을 모두 고려한다. 또한 다양성은 복합적 차원에서, 즉 경제적 차원뿐 아니라 사회문화적 차원을 지닌 개념으로 이해된다. 독일에는 '매체 간 가중합산 시청자 점유율 지수', 미국에는 'DI', 네덜란드에는 '정보원 집중도 지수'가 있다.

국내에서는 2009년 7월 31일 대기업·신문사의 방송사업 소유제한 규정 완화, 방송사업자의 시청점유율 제한(30%) 등의 내용을 포함하는 방송법 개정을 통해 미디어다양성위원회가 구성되어 시청 점유율을 산정한다. 방송 사업자 중 텔레비전 방송을 제공하는 사업자의 시청 점유율은 특정 방송 사업자의 시청 점유율을 합산해 산정한다. 시청 점유율 규제는 특정 TV 방송 사업자가 소유 또는 지분 관계에 있는 TV 방송 사업자의 시청시간 총합이 전체 TV 방송 시간에서 차지하는 비율을 의미한다. 일간지의 구독률을 시청 점유율로 환산하는 방식은 총 2단계로, 1단계는 일간지 구독률(ABC 유가부수 구독 점유율)에 매체 교환율을 곱해 방송사를 소유한 신문사의 신문 시장 내 점유율을 방송 시장 점유율로 환산한다. 2단계에서는 신문사가 경영하는 환산된 신문시장 내 점유율과 방송 채널의 시청률을 합해 전체 방송 채널의 시청률의 합에서 차지하는 비율을 산출한다.

또한 우리나라에서는 2009년 7월 31일 개정된 '신문 등의 진흥에 관한 법률' 17조에서 문화체육관광부 장관이 '여론 집중도'를 조사하고 이를 공표하도록 규정했다. 여론 집중도 조사는 신문, TV, 라디오, 인터넷 4가지 개별 매체 부문의 시장과 이용 지표를 합산하여 특정 매체사가 여론 환경에서 차지하는 점유율 수준, 영향력의 수준을 평가해야 한다. 이와 같이 미디어 다양성을 측정하려는 제도가 시도 중이지만 스마트미디어를 이용한 미디어 이용행위의 변화를 향후 어떻게 반영할 것인지가 주요 이슈로 부상된다.

미디어 기술의 발전과정에서 인간은 어떤 선택을 하는가? 또 어떤 선택을 할 때 테크놀로지 발전의 긍정적 효과를 기대할 수 있을까? 스마트미디어 시대의 네트워크 통합은 개인 단위로 촘촘한 연결망을 구성하는 '네트워크화된 개인주의'(networked individualism)를 가져왔다. 물리적 공간의 공유로 인한 집단화보다 개인 단위의 연결망이 사회적 상호작용에서 더 큰 의미를 지닌다. 네트워크 공간은 결국 사회적 상호작용의 공간이다. 촘촘한 미디어 네트워크로 빽빽이 연결되어 서로 상호작용하는 공간이다.

이 공간에서는 말보다 글, 글보다 이미지가 지배하고, 사람들은 선택한 소수와 깊이 있는 관계를 맺고 싶어 한다. 다양한 정보를 접할 수 있다는 장점을 지니지만, 좋아하는 것만 과도하게 찾는 동질성 추구과정에서 다양성을 상실하는 역설도 발생한다. 또한 미디어 기술의 발전은 우리의 생활뿐 아니라 뇌까지도 변화시킨다. 미디어 기술의 발전이 가져올 미래를 예측하기는 어렵다. 정치경제적 화합과 적응 능력이 모두 최상이라면 '함께 잘 사는 사회'가 될 수 있고, 정치경제적 화합은 없이 적응능력만 있다면 '지역 위주 분산·경쟁사회'가 될 것으로 예측된다. 최악의 경우는 정치경제적 화합도 없고 적응능력도 없는 '상호불신 사회'다. 즉,

경제적으로도 불안정하고 정부는 권력을 상실하며, 범죄가 난무하고 위험성 있는 혁신이 출현할 수 있다.

지금까지 간략하게 소개한 테크놀로지, 시장, 인간이라는 3가지 방향으로 진행된 논의는 스마트미디어가 우리에게 던지는 다양한 물음을 정리하고 이에 대한 답변을 찾으려는 노력이었다. 스마트미디어로 인하여 일어나는 다양한 변화를 조명할 수 있는 지식체계가 그 노력의 산물로서 모아졌다. 하지만 스마트미디어의 진화는 아직도 진행 중이고 진화과정에서 지금까지 우리가 경험하지 못한 더 많은 사회현상이 표출될 것이다. 디지털 기술과 인터넷이 바꾸어 놓은 미디어 환경에 적응하자마자 스마트미디어가 또 다시 우리에게 변화를 요구한다. 그 변화는 개인에서 전체 사회 시스템에 이르기까지 의식, 정체성, 행동, 관계, 소통 그리고 정치와 경제의 모습 등 모든 분야에서 근본적인 패러다임 전환으로 다가올 수 있다.

　디지털이 아날로그를 과거의 낡은 것으로 만들어버린 것처럼 스마트미디어도 우리가 가진 디지털의 개념을 점점 과거의 인식 속으로 사라지게 할 것이다. 언제 어디서나 다양한 디바이스를 이용해 소통하는 우리의 모습을 어떻게 규정할 수 있을 것인가? 스마트미디어는 어떤 생산 구조와 소비 구조를 정착시킬 것인가? 문화적 행위 모습은 지금과 어떻게 다를 것인가? 정치 참여가 활성화되어 보다 민주적 사회로 나아가는 데 기여할 것인가? 아직도 시원하게 결론을 내지 못한 이슈가 우리 앞에 놓여 있다. 스마트미디어는 급격한 기술 진화에 기반을 두기 때문에 이론이 체계화되는 속도보다 더 빠르게 인간행동의 변화를 가져오기 때문이다. 사회구조의 변화를 예측할 수 있는 지식의 체계화보다 스마트미디어 기술이 만드는 변화가 훨씬 빠르게 진행되므로 우리는 현상에 대한 적응을 먼저 요구받는다. 스마트미디어가 어떤 방향으로 진화할지는 섣불리 판단하기 어렵다. 다만 지금까지 우리가 경험했던 세계와는 다른 현상과 이슈를 우리에게 제시할 것만은 분명하다.

완전하지는 않지만 이 책은 스마트미디어를 둘러싸고 현재 논의되거나 향후 이슈로 등장할 개연성이 높은 주제를 다루었다. 그러나 여기에서 다루어진 이슈보다 다루어지지 않은 이슈가 스마트미디어를 이해하는 데 더 중요하고 더 많다는 것을 분명하게 인식해야 한다. 이러한 의미에서 우리의 논의는 시작을 알리는 작은 걸음이다. 앞으로 우리만이 아니라 많은 연구자에 의해 스마트미디어를 화두로 삼은 논의가 진행되어야 하며 그 수준 또한 심화되어야 한다. 이 책을 계기로 활발한 논의가 촉진되기를 기대해 본다.

마지막으로 이 책의 출간과정에 헤아릴 수 없는 많은 관심과 도움을 준 KT 미디어포럼 관계자에게 이 자리를 빌려서 감사의 말을 전하고 싶다. 또한 막연한 출판계획을 구체화하도록 조언하고 꼼꼼히 원고를 검토해 주신 나남출판 조상호 대표님에게 감사드린다.

참고문헌

김창완 · 고상원 · 김정언 · 정부연 (2011), 《스마트 생태 환경분석과 방송통신 중장기 전략 수립 연구》, 정보통신정책연구원.
박유리 (2012). 스마트 환경에서 IT 생태계의 의미와 시사점, 〈IT R&D 정책동향〉, 정보통신정책연구원.

스마트미디어

테크놀로지 · 시장 · 인간

차 례

제 2부 스마트미디어: 시장

5

6

7

제 3부 스마트미디어: 인간

스마트미디어: 테크놀로지 **1**

1

스마트미디어
생태계의 출현

송종길

1. 미디어 산업과 생태계

생태계(*ecosystem*)는 생물학에서 비롯된 용어로, 살아 있는 유기체가 그것을 둘러싼 자연환경과 상호작용하면서 함께 살아가는 자연계의 질서를 의미한다. 1990년대 디지털 기술의 발전과 더불어 생태계 개념은 산업 분야에서 활용되기 시작했다. 예를 들어 무어(Moore, 1993)는 산업 생태계(*business ecosystem*)라는 용어를 고안했다. 산업 생태계는 특정 산업 군의 제품이나 서비스를 생산하는 기업과 이들에게 소재나 부품을 공급하는 기업, 제품이나 서비스를 제공받는 소비자, 기업과 소비자 간의 상호작용에 영향을 미치는 정부기관, 이익단체, 투자자 등으로 구성된다. 산업 생태계의 참여자는 소비자 만족을 위해 다른 참여자와 경쟁을 벌이는 한편 다음 단계의 기술 혁신을 위하여 상호 협력하는 방향으로 움직인다(이경숙·김종기·모정윤, 2012). 이런 측면에서 건강한 산업 생태계가 형성되기 위해서는 참여자 간 경쟁이 활성화되어야 하지만 이와 더불어 변화와 혁신을 창출하기 위해 긴밀한 협력관계를 맺어야 한다.

산업 분야에 생태계 개념이 접목된 배경에는 무엇보다 스마트미디어의 발전이 영향을 미쳤다. 특히 스마트폰의 등장과 급격한 확산은 산업에서의 경쟁 양상을 특정 기업만의 단독 경쟁이 아니라 생태계 간 경쟁으로 전환시켰다. 다시 말해 콘텐츠 기업, 소프트웨어 기업, 하드웨어 기업 등 산업 내 가치사슬의 각 영역에서 경쟁력을 확보한 기업이 수평적인 협업 네트워크를 구축해야 최상의 성과를 도출할 수 있다.

나아가 생태계 개념은 미디어 분야와도 접목되기 시작했다. 과거 미디어 산업은 주로 부가가치 창출에 직간접적으로 관여하는 일련의 활동을 의미하는 가치사슬 측면에서 분석되었다. 그러나 디지털 기술의 확산과 스마트미디어의 등장에 따라 역동적으로 변화하는 미디어 환경의 분석을 위해서는 가치사슬 측면뿐만 아니라 생태계 측면에서도 바라볼 필요가 있다. 기술, 서비스, 산업 구조 등 기존 미디어 산업 전반에 커다란 변화가 일어나는 상황에서는 가치사슬과 같이 선형적·평면적인 접근보다는 미디어 산업 가치사슬의 구성원이 능동적으로 참여하고 지속적으로 상호작용하면서 선순환과 진화를 위해 상호 협력하는 생태계 측면의 접근이 더욱 유효하다. 이처럼 미디어 산업에 대한 생태계 측면의 접근이 필요하다는 주장의 배경을 보다 구체적으로 살펴보면 다음과 같다.

첫째, 디지털 기술의 발전과 스마트미디어의 등장은 기존 미디어 산업을 재구조화했다. 디지털 기술의 발전은 전통적 미디어 간에 존재하던 기술적·경제적·사회적 경계를 넘나드는 스마트미디어를 출현시켰으며, 그에 따라 기존 미디어 산업의 가치사슬에 변화가 일어났다.

둘째, 변화된 스마트미디어 환경에서 기존 미디어 생태계 참여자 간의 관계를 재정립해야 할 필요성이 제기되었다. 디지털 컨버전스에 따라 기존 미디어 산업의 재구조화가 불가피한 상황에서 각 구성원 간 관계를 새롭게 정립해야 할 필요가 커졌다는 것이다.

셋째, 스마트미디어 환경에서는 미디어 산업을 구성하는 각 구성원 간에 경쟁과 협력이 동시에 강조된다. 기존 미디어 산업에서는 동일한 가치사슬 내에 존재하는 사업자 간의 경쟁이 주를 이뤘다. 그러나 미디어 간의 경계가 무너지면서 사업자 간 경쟁의 범위가 크게 확장되었다. 그 결과 미디어사업자는 자신이 보유하지 못한 역량을 확보하기 위해 타 사업자와 제휴 또는 협력해야 할 필요성이 커졌다.

넷째, 미디어 산업에 대한 규제 체계를 재설계할 필요가 있다. 과거 정부는 공익의 관점에서 미디어마다 서로 다른 수준의 규제를 적용했다. 그러나 디지털 기술의 발전과 스마트미디어의 등장에 따라 기존의 규제 체계가 가진 현실 정합성이 약화되었다.

현재 미디어 생태계에서는 디지털 기술의 발전과 스마트미디어 등장에 따라 경쟁, 공존, 진화가 동시에 일어나고 있다. 때문에 미디어 생태계의 각 구성원이 지향할 방향은 개방성, 다양성, 참여성을 바탕으로 경제적 가치를 제고하는 동시에 사회 전반의 진화와 발전을 모색하는 것이다. 특히 스마트미디어가 확산되면서 미디어 간 경계가 모호해지면서 기존 규제 체계를 적용하는 데 한계가 드러났다. 이에 따라 생태계 관점에서 미디어 산업에 대한 규제 체계를 재설계하는 것이 필요하다.

2. 스마트미디어 생태계의 등장과 진화

1) 스마트미디어의 등장

전통적 미디어 생태계는 콘텐츠, 플랫폼, 네트워크, 단말기로 이뤄진 가
치사슬이 수직적으로 대응하는 구조였다. 예를 들어 방송 산업의 경우는
방송 콘텐츠, 방송 플랫폼, 방송 네트워크, TV로 이어지는 산업 구조를
형성했다. 또한, 방송 산업 내에서도 매체 유형에 따라 수직적으로 구분
되는 산업 구조를 구축했다. 지상파 방송사의 경우 방송 콘텐츠를 자체
제작해 지상파 네트워크를 통해 방송 신호를 전송하고, 시청자는 TV로
수신하여 시청하는 방식이다. 케이블TV, 위성방송의 경우도 방송채널
사용사업자(*Program Provider*)가 제작한 방송 콘텐츠를 각 유료방송 플랫
폼 사업자가 자사 가입자에게 제공하는 방식이었다. 지상파 방송사와 유
료방송사업자 간의 방송 프로그램 또는 채널의 교차 제공은 거래 또는 재
송신의 형태로 이뤄졌다. 반면, 통신 산업의 경우 통신사업자가 구축한
유·무선 네트워크를 기반으로 가입자 간 음성이나 데이터의 교환을 가
능케 하는 서비스를 제공하는 방식이었다.

　나아가 방송과 통신은 전송 기술에 따라 서로 다른 성격의 서비스를 제
공하는 별개의 산업으로 인식되어 왔다. 방송은 동일한 방송 콘텐츠를 다
수의 수용자에게 동시에 전달하는 사회적 의사소통 방식으로 인식되었
다. 때문에 방송은 공익이라는 사회적 가치를 실현하는 데 적합한 형태의
규제 체계 속에서 산업 구조가 형성되었다.

　반면, 통신은 경제적 측면에서 서비스 제공을 위해 대규모 초기 투자가
불가피하다는 점, 일상을 영위하기 위해 반드시 필요한 서비스라는 점,
이용자 사이의 사적 의사소통을 매개한다는 점에서 통신 비밀의 보호와

보편적 서비스 제공이 강조되었다.

그러나 디지털 기술이 미디어와 접목되면서 전통적 미디어 생태계에 커다란 변화가 일어났다. 아날로그 방식의 정보를 0과 1이라는 디지털 방식의 정보로 표현할 수 있게 되었다. 아날로그 방식은 연속적 물리량을 다루는 것으로 정보를 전기적 신호로 바꾸어 연속적 파형으로 전송한다. 반면 디지털 방식은 시간을 매우 짧게 나눠 각 시간에서의 진폭 상태를 0과 1이라는 숫자로 전환하여 전송한다.

디지털 기술을 이용하면 아날로그 정보를 정확한 값으로 표시할 수 있다. 때문에 아날로그 방송과 달리 디지털 방송은 더욱 선명한 영상, 음성, 데이터 전송이 가능하다. 또한 디지털 방식은 정보의 가공·복제·재생에서 품질 저하가 발생하지 않으며, 전송 과정에서 신호가 유실되더라도 원본을 복원할 수 있다. 나아가 디지털 방식으로 변환된 정보는 네트워크 성격에 관계없이 유통될 수 있다. 예를 들어 통신사업자가 인터넷 네트워크를 기반으로 방송 서비스를 제공한다거나, SO가 자신의 케이블 네트워크를 이용하여 인터넷 접속 서비스, 인터넷전화 서비스 등을 제공할 수 있다. 그 결과 전송 방식을 중심으로 구분되었던 미디어 산업의 구분이 디지털 기술로 인해 모호해지면서 새로운 미디어 생태계가 형성되었다.

특히 2007년 애플이 아이폰을 출시한 이래 태블릿PC, 스마트TV와 같은 스마트미디어가 급속히 확산되면서 이른바 스마트미디어 시대가 전개되었다. '스마트'란 소비자에게 제품 및 서비스의 개인화·맞춤화·지능화된 이용 경험을 제공하고, 기업은 마케팅 효과의 극대화와 비용 절감 등의 효율을 달성하기 위한 전략(한창수 외, 2011)을 세운다. 소비자는 자신의 기호에 맞는 제품이나 서비스를 선택 및 변경하고, 공급자는 그것이 가능한 기기나 환경을 제공하는 것(한영수, 2010)이다. 이런 측면에서 스마트미디어란 OS(*Operating System*)을 기반으로 유·무선 인터넷에 접속해 다양한 정보를 검색할 수 있게 하고, 애플리케이션을 통한 다양한 콘텐츠와 서비스를 제공하여 이용자가 언제 어디서나 편리하게 미디어를 이용할 수 있게 하는 미디어로 규정할 수 있다.

최근 스마트미디어의 범위는 스마트폰, 태블릿 PC, 스마트 TV와 같은 스마트 기기의 차원을 뛰어넘어 미디어 전반의 변화를 일컫는 의미로 확장되어, 스마트미디어의 범위를 명확히 정의하기란 쉽지 않다. 예를 들어 스마트미디어의 범위와 관련해 서비스 영역에서는 웹(*web*), 애플리케이션(*application*), SNS(*social network service*), VOD, OTT,[1] N스크린 등을, 유통기술 영역에서는 DRM, Copy protection 등 기술적 보호 장치를 포함한다. 또한 기반기술 영역에서는 HTML5와 API, 모바일 서비스(*mobile service*), 그래픽(*graphic*), UX(*User eXperience*, 사용자 경험) 등이, 단말기 영역에서는 스마트폰, 태블릿 PC, 스마트 TV 등이, 인프라 영역에서는 클라우드 컴퓨팅(*cloud computing*) 등이 언급된다.

또한 스마트미디어가 제공하는 서비스의 발전 추세를 살펴보면, 먼저 전자책이나 전자지갑과 같은 물질의 비물질화(*dematerialization*) 추세, 증강현실이나 가상현실 같은 가상화(*virtualization*) 추세, 위치기반 서비스(LBS)와 같은 이동성(*mobility*) 추세, 음성인식이나 개인별 맞춤형 서비스와 같은 지능성(*intelligence*) 추세, SNS와 같은 연결성(*networking*) 추세, 단말기의 다기능화 같은 융합(*convergence*) 추세 등을 들 수 있다.

나아가 스마트미디어는 유·무선 인터넷 네트워크를 기반으로 방송·통신·컴퓨팅 영역을 아우르면서 미디어 산업 가치사슬의 각 영역에서

---

1 기존 통신·방송 사업자와 더불어 제 3사업자가 인터넷을 통해 드라마나 영화 등의 다양한 미디어 콘텐츠를 제공하는 서비스를 말한다.

다양한 분야로 확장된다. 대표적 사례는 다음과 같다.

첫째, 빅데이터(*big data*)이다. 빅데이터는 인터넷에 존재하는 대용량의 데이터를 분석 현실의 문제를 진단해 의사결정에 도움을 얻어 문제를 해결하는 영역이다.

둘째, 사물인터넷이다. 사물인터넷은 모바일 인터넷 네트워크를 기반으로 가전, 자동차 등의 사물, 사람, 업무 등을 서로 연결하여 정보를 주고받는 서비스를 말한다. 대표적 사례로 삼성전자가 2013년 9월에 선보인 스마트워치인 갤럭시 기어(Gear)가 있고, 애플과 구글도 2015년 초에 애플 워치(Apple Watch), 구글 글래스(Google Glass)를 출시할 예정이다. 사물인터넷은 현재 시장 규모가 작지만 새로운 시장으로서의 발전 가능성이 높은 상황이다.

셋째, 모바일 광고의 성장이다. 스마트폰의 보급에 따라 최근 모바일 광고시장이 크게 늘어났다. 세계 모바일 광고시장 규모는 2012년 83억 달러에서 2013년 122억 달러로 늘어났고, 국내에서도 2012년 2, 159억 원에서 2013년 4, 060억 원으로 두 배 가량 성장이 예상된다(최계영 외, 2014). 모바일 광고는 모바일 기기의 보급과 이용자의 이용 시간 증가에 따라 높은 성장세가 지속될 것으로 전망된다. 모바일 광고는 킬러 콘텐츠와 연동되어 타깃팅(*targeting*) 기법의 발전과 합리적 수익분배 모델을 기반으로 콘텐츠사업자의 주요 수익원으로 자리 잡을 것으로 예상된다.

넷째, 모바일 커머스 시장이다. PC를 이용한 온라인 구매 이용자가 줄어드는 대신 모바일 쇼핑 애플리케이션을 통한 구매자가 꾸준히 증가하고 있다. 국내 시장 규모도 2012년 1조 7천억 원 규모에서 2014년에는 7조 5천억 원 규모로 크게 늘어날 것으로 예상된다. 모바일 커머스는 스마트폰이 가진 이동성, 즉시성, 개인화 등의 특성을 바탕으로 위치기반 서비스와 결합되어 향후 더욱 활용성이 높아질 것으로 예상된다.

다섯째, 모바일 결제시장이다. 모바일 결제에 따른 보안 문제, 기존 결제수단에 대한 대체성 등의 문제가 긍정적 방향으로 해소되면서 점차 성장하고 있다. 구글, 애플, 아마존 등 주요 플랫폼사업자가 모바일 결제시장 진출에 나설 움직임을 보이며, 국내에서는 아직 시장을 주도할 만한 사업자가 존재하지 않는 상황이다. 따라서 결제 과정의 간편성, 온라인 시스템과의 연동, 보안 강화 등 안전성과 편의성 향상을 위한 국내 사업자의 노력이 요구된다.

2) 스마트미디어와 산업 구조 변화

디지털 기술의 발전은 서로 다른 산업으로 존재하던 미디어 산업의 융합을 촉진시키면서 산업 구조에 변화를 일으키고 있다. 특히 출판, 음악, 영화, 방송, 애니메이션, 게임 등에서 다양한 디지털 콘텐츠가 등장하고, 이들 콘텐츠가 유·무선 네트워크와 연결된 스마트 단말기로 구현되면서 기존 산업 생태계에 변화를 촉진시키고 있다. 이런 변화는 방송과 통신의 융합 영역에서 두드러지게 나타난다. 전통적으로 방송은 불특정 다수를 대상으로 오디오와 비디오로 구성된 방송 콘텐츠를 일방적으로 전달하는 것을 의미했고, 통신은 특정 대화자 혹은 사용자 간 양방향으로 음성 및 데이터를 송수신하는 것을 지칭했다. 그러나 네트워크의 광대역화, 송수신 방식의 양방향화가 진전되면서 방송과 통신이라는 영역 간 경계가 허물어졌다. IP 기술의 향상과 브로드밴드의 확산으로 방송 네트워크와 통신 네트워크가 연계되면서 방송 서비스와 통신 서비스의 교차 제공이 가능해졌다.

이에 따라 지상파 방송사, 케이블SO, 위성방송과 같은 방송사업자는 방송 네트워크를 기반으로 한 방송 서비스와 함께 인터넷, 전화와 같은 통신 서비스를 제공할 수 있다. 반면 전화, 인터넷 등을 제공하던 통신 사업자는 통신 네트워크를 기반으로 IPTV와 같은 방송 서비스를 제공할 수 있다. 이러한 현상은 과거 별개의 산업과 서비스로 간주되었던 방송 산업과 통신 산업을 점차 융합시켰다. 나아가 스마트폰, 태블릿 PC, 스마트 TV와 같은 스마트 기기의 급속한 보급은 언제 어디서나 한 단말기로 방송·통신 서비스를 동시에 이용할 수 있는 환경을 만들었다. 방송과 통신의 융합은 크게 5가지 차원에서 전개되었다.

첫째, 사업자 측면에서 방송·통신 융합은 과거 경쟁 관계가 아니었던 사업자가 상호 경쟁을 벌어야 하는 환경을 조성했다. 이에 개별 산업영역에서 사업자는 자신이 가지지 못한 역량을 보완하기 위해 타 사업자와 협력관계나 인수합병을 모색하게 했다. 그 결과 둘 이상의 기업이 하나로 합병하거나 한 사업자가 타 사업자의 주식이나 자산의 전부 또는 일부를 매입해 경영권을 확보하는 이른바 사업자 융합이 활성화되었다. 사업자 융합은 기업 운영의 효율성을 높이고 시장에서의 경쟁력을 높이는 데 긍정적 결과를 가져올 수 있다. 그러나 사업자 융합은 기업 규모의 확대로 인해 경쟁을 제한하는 효과도 가진다는 점에 유의할 필요가 있다.

둘째, 서비스 융합이다. 서비스 융합은 과거 개별적으로 제공되던 서비스를 묶어 하나의 브랜드로 제공하거나, 새로운 융합 서비스를 제공하는 것을 말한다. 한 사업자가 자사 네트워크를 기반으로 여러 서비스를 묶어 제공하는 결합 서비스 형태가 보편화되고, 서로 다른 네트워크 기반의 서비스를 묶거나 타 사업자와의 전략적 제휴를 기반으로 이질적 서비스를 하나로 묶어 제공하는 형태도 나타난다. 서비스 융합은 사업자 측면에서 범위의 경제와 상품의 포트폴리오를 강화시켜 시장 지배력 (SMP, *Significant Market Power*)을 강화시킬 수 있는 기회를 제공하며, 이용자의 경우 여러 서비스를 한꺼번에 이용하면서 요금이 인하되고 사용의 편의성이 높아지는 등의 효과를 얻을 수 있다.

셋째, 네트워크 융합이다. 네트워크 융합은 디지털 기술의 발전에 기초하여, 네트워크 간의 물리적 융합에 국한되지 않고 그것을 가능케 하는 기술의 융합까지 아우르는 개념이다. 네트워크 융합은 기술적 측면에서 사업자 융합, 서비스 융합 등을 가능케 하는 원동력이다. 네트워크 융합은 사업자 측면에서 기존 설비의 활용성을 높이고 네트워크 설치와 운용비용을 감소시킬 수 있다.

넷째, 단말기 융합이다. 단말기 융합은 이용자의 입장에서 하나의 단말기로 여러 가지 서비스를 동시에 이용할 수 있는 현상을 의미한다. 스마트폰, 태블릿 PC, 스마트 TV 등 스마트 단말기의 빠른 확산은 앞서 언급한 사업자 융합, 서비스 융합, 네트워크 융합을 더욱 가속화하는 계기가 되었다.

다섯째, 규제 융합이다. 방송과 통신으로 명확하게 구분하기 어려운 융합 서비스의 등장과 확산은 기존 규제 체계의 개편을 요구한다. 융합 서비스의 등장은 전송 방식에 입각하여 구축된 방송과 통신 규제 체계의 현실 정합성을 저하시킨다. 또한 기존 서비스와 신규 서비스 사이에 존재하던 규제 수준의 차이는 공정 경쟁 이슈를 유발할 가능성을 높인다. 이에 따라 세계 각국은 규제의 일관성과 형평성을 유지하고 새로운 융합 서비스의 도입을 활성화시키기 위하여 역무와 전송을 중심으로 수평적 규제 체계를 도입하였다. 즉, 콘텐츠 계층에서는 다양성·다원성·유연성을 확대시키기 위해 사전 규제에서 사후 규제로 전환하고, 전송계층은 기술경쟁이 촉진되어 서비스 가격을 낮추고 품질을 높이는 방향으로 나아가고 있다.

이러한 방송·통신 융합의 확산은 기존 미디어 생태계에 많은 변화를 이끌고 있다. 공급자 중심의 산업에서 이용자 중심의 산업으로 무게중심이 변화하는 가운데 콘텐츠를 중심으로 새로운 가치사슬의 구성이 이루어지고 있다. 과거 수직적 산업 구조에서 경제적 가치를 생산하는 주체는 콘텐츠를 유통하거나 네트워크를 운영하는 플랫폼 사업자였다. 그러나 방송·통신 융합에 따라 콘텐츠 유통이 특정 플랫폼에 종속되지 않게 되었다. 또한 플랫폼이 늘어나면서 양질의 콘텐츠를 확보하기 위한 플랫폼 사업자 간 경쟁이 심화되었다. 플랫폼 병목현상이 완화되면서 상대적으로 콘텐츠의 가치가 상승한 것이다. 플랫폼 사업자가 플랫폼 간 차별성을 각 플랫폼이 제공하는 콘텐츠의 차별화를 통해 찾으려는 상황이 전개된다. 이러한 현상은 특정 플랫폼으로 콘텐츠가 쏠리는 현상을 유발시킬 가능성도 없지 않으나, 현재로서는 양질의 콘텐츠를 제작 또는 확보하기 위한 경쟁을 중심으로 미디어 생태계가 재편될 것이라 예상된다.

한편, 스마트폰, 태블릿 PC, 스마트 TV와 같은 스마트미디어의 등장은 방송과 통신의 융합 현상을 더욱 가속시키는 동시에 기존 가치사슬 구조에 변화를 추동한다. 인터넷 네트워크를 기반으로 방송·통신·컴퓨팅 부문이 융합되면서 새로운 서비스를 등장시키고 있다. 콘텐츠 영역에서 출판, 음악, 방송, 애니메이션 등은 애플리케이션이라는 플랫폼을 기반으로도 유통된다. 또한 인터넷에 존재하는 다양한 콘텐츠는 검색, 사물통신, SNS, 결제, 광고 등과 연관되어 보완 관계를 형성한다. 이제 네트워크는 물리적 의미보다는 다양한 서비스를 제공하는 플랫폼으로 인식한다. 단말기는 유·무선 인터넷과 연결되어 다양한 콘텐츠를 동시에 실현하는 역할을 담당한다. 이처럼 미디어 생태계를 구성하는 각 부문의 혁신이 다른 부문의 혁신을 추동하고 상호 발전하는 것이 스마트미디어 생태계의 특징이다.

이러한 스마트미디어 생태계는 기존 미디어 생태계가 소멸되고 새로운 스마트미디어 생태계가 형성된다는 것을 의미하는 것은 아니다. 스마트미디어가 기존 미디어 산업에 진입하는 과정에서 발생하는 기존 질서의 재편과정이라고 보는 것이 타당하다. 이런 측면에서 스마트미디어의 등장에 따른 미디어 생태계의 미래는 콘텐츠, 플랫폼, 서비스, 이용자 사이의 연결성이 강화되어 본격적인 다면 경쟁의 형태가 될 것으로 전망된다.

3) 스마트미디어 생태계에서의 경쟁 양상

과거 가치사슬 간 영역 구분이 명확한 상태에서는 개별 가치사슬 단계 내에서만 경쟁이 이뤄졌다. 다시 말해 콘텐츠 사업자 간, 플랫폼 사업자 간 경쟁이 존재하는 것으로 인식되었다. 단말기 영역에서도 TV, PC, 모바일 등은 이용자의 미디어 이용 시간을 둘러싼 거시적 차원의 경쟁만이 존재할 뿐 실질적으로 사업적 차원의 경쟁 관계가 형성되는 것으로 인식되지 않았다. 단말기 간에는 차별화된 이용 목적과 그에 따른 기술적 한계가 존재했기 때문이다.

그러나 스마트미디어 생태계에서는 서로 다른 가치사슬 단계 사이의 융합이 이뤄지면서 생태계 간 경쟁으로 진화될 것으로 전망된다. 예를 들어 스마트폰, 태블릿 PC, 스마트 TV에는 OS가 탑재되어 콘텐츠와 단말기 사이에 직접적인 융합이 구현된다. 단말기 사업자와 콘텐츠 사업자 사이의 직접적인 제휴관계가 형성되면서 콘텐츠 사업자는 플랫폼 사업자로부터의 영향력에서 벗어나고 있다. 또한 플랫폼의 범위도 계속 확대될 것으로 전망된다. 클라우드, 사물지능통신, 위치기반 서비스 등 새로운 서비스 유형이 늘어날 것이다. 나아가 자동차, 의료 등 미디어 산업과 타 사업 분야 사이의 제휴가 이뤄지면서 다양한 플랫폼이 나타날 것으로 전망된다.

그런 측면에서 변화된 미디어 환경에서는 디지털 기술과 시장 수요가 결합되어 새로운 미디어 생태계가 다수 형성될 것으로 보인다. 예를 들어 콘텐츠 영역에서는 기존 방송 사업자, 콘텐츠 사업자 외에도 다양한 콘텐츠 제작 주체가 참여함으로써 콘텐츠 생산자의 범위가 크게 늘어날 것으로 전망된다. 플랫폼 영역에서도 전통적인 방송 사업자와 통신 사업자의 경계가 사라지고 치열한 경쟁의 과정을 거쳐 융합 성격의 미디어 사업자가 등장할 것으로 전망된다.

네트워크 영역에서는 과거 방송 네트워크, 통신 네트워크와 같이 개별 네트워크가 가진 고유의 목적이 사라지고, 유·무선 네트워크와 같은 네트워크 유형만 존재할 것으로 전망된다. 나아가 유·무선 네트워크는 PC, 스마트폰, 태블릿 PC, 스마트 TV와 같은 스마트 기기 외에도 다양

그림 1-1 **스마트미디어 생태계 진화 방향**

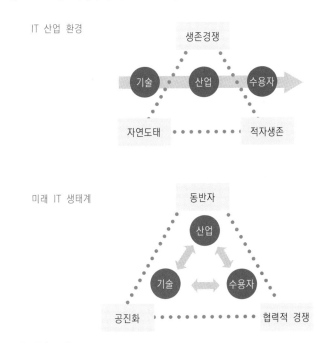

출처: 현대원 (2009).

한 플랫폼과 연계됨으로써 이른바 유비쿼터스(*ubiquitous*) 환경을 구축할 것으로 전망된다. 단말기 영역에서는 다양한 콘텐츠와 서비스를 복합적으로 구현하는 것이 가능해지면서 콘텐츠 장르 간 경계가 모호해지고 이용자의 선택을 받기 위한 치열한 경쟁이 일어날 것으로 예상된다.

그러나 콘텐츠, 플랫폼, 네트워크, 단말기로 이어지는 선순환 생태계가 자연스럽게 보장되는 것은 아니다. 각 부문의 주요 기업은 수평적 제휴를 통해 새로운 미디어 생태계를 형성해야 한다. 예를 들어 플랫폼 사업자가 인터넷을 장악하려면 필수적인 핵심 서비스를 확보해야 한다. 콘텐츠, 검색, 위치정보, SNS, 결제, 광고 등의 다양한 서비스를 통합적으로 제공할 수 있어야 한다. 또한 이들 각각 요소는 자체적 진화를 통해 더욱 다양한 서비스를 창출해야 한다.

과거 우리나라의 경우 유선 인터넷 부문을 선도하면서 다양한 부가가치를 창출한 바 있다. 그러나 하드웨어 부문이 소프트웨어 부문으로 이동하면서 세계 시장에서의 위상이 저하되었다. 예를 들어 단말기 영역에서 삼성전자는 고가 스마트폰 시장이 포화상태에 도달하고 중국을 비롯한 저가 스마트폰 제조업체가 빠르게 추격하면서 고전을 겪고 있다. 방송의 경우 아직까지 킬러 콘텐츠 생산과 확보를 위한 경쟁이 미흡한 상태이다. 스마트 TV와 같은 하드웨어가 제조사를 중심으로 선전하는 상황이지만, 이를 뒷받침하는 킬러 콘텐츠가 미흡할 경우 언제든 위기를 맞을 수 있다.

통신의 경우도 많은 변화를 겪고 있다. 대표적인 통신 서비스인 유선 음성전화 시장은 PSTN에서 VoIP(음성패킷망)로 급격히 이동하면서 시장 규모가 2003년 6조 5,418억 원 규모에서 2010년 4조 3,676억 원으로 약 2조 원이 감소하였다. 초고속인터넷 시장의 경우도 가입자 포화와 경쟁 심화에 따라 2009년을 정점으로 시장규모가 2006년 3조 9,500억 원,

2009년에는 4조 1,006억 원 규모였으나 2010년에는 3조 9,236억 원을 기록했다(최계영 외, 2012). 이동통신 시장의 경우 보급률은 이미 100%를 돌파한 상황이나 LTE 도입 등에 따라 당분간 성장세는 유지할 것으로 전망된다. 그러나 유·무선 트래픽 증가로 통신 사업자의 설비투자 부담은 계속 늘어날 것으로 전망된다. 이러한 트래픽 증가는 스마트폰, 스마트TV 등 인터넷 기반 단말기의 보급이 늘어나고 콘텐츠 용량이 늘어나는 데 기인한다.

한편, 이용자의 미디어 이용 행태 변화도 주목해야 한다. 방송미디어의 경우 스마트미디어의 등장에 따라 방송 콘텐츠 소비를 위한 시공간적 제약이 완화되면서 소비자의 능동성이 강화되었다. 전통적인 일방향 소비 패턴에서 VOD를 포함한 다양한 유형의 소비가 이루어지고 있다. 또한 SNS의 활성화에 따라 소비자가 콘텐츠 생산에 적극 참여하여 자신의 의사를 표현함과 동시에 소비하는 주체로 나서고 있다.

이에 따라 기존 사업자는 다양한 혁신적 서비스를 통해 소비자의 욕구를 끌어내기 위해 노력한다. 애플, 삼성전자와 같은 제조사, 구글과 같은 인터넷사업자가 스마트TV 등을 통해 방송 미디어 시장에 진입하고 있다. 이에 기존의 지상파TV사업자나 유료방송사업자도 OTT 서비스를 통해 기존 시장의 방어에 나서고 있다.

오늘날 미디어 소비자가 이용자로 그 위상이 변모되면서 스마트미디어 환경에서는 콘텐츠를 생산·조작·소비하는 주체가 되었다. 이처럼 소비자의 표현의 자유와 역할이 증대되면서 산업 구조 내에서의 위상이 높아지고 있다. 특히 이용자의 콘텐츠 생산과 소비에 대한 참여 확대는 미디어 산업을 구성하는 각 요소의 가치에 큰 영향을 미치고 있다. 물론 이러한 현상은 디지털 디바이드(digital divide)와 같은 사회적 격차의 문제, 개인정보 유출과 침해의 문제, 검증되지 않은 정보의 무분별한 유통에 따른 사회적 비용의 유발 문제 등을 야기하기도 한다. 그럼에도 불구하고 미디어 소비자의 미디어 이용 행태와 변화 방향은 스마트미디어 생태계의 활성화를 위해 더욱 면밀하게 검토하고 주목해야 할 대상이다.

오늘날 스마트미디어 생태계는 인터넷 네트워크를 기반으로 방송, 통신, 컴퓨팅 부문이 빠르게 융합되는 상황이며, 우리나라도 이러한 흐름에 동참해 혁신적 생태계를 구축해야 하는 입장이다. 스마트미디어 생태계에서는 단순히 산업 구조 측면에서 가치사슬 간 경쟁에 그치는 것이 아니라 경쟁과 혁신을 통해 새로운 생태계를 구축하는 것이 필요하다. 디지털 컨버전스에 따른 스마트미디어의 등장과 확산은 미디어 생태계의 복잡성을 증대시키면서 미디어 산업 구조와 사회 전반에 많은 변화를 가져오고 있다.

따라서 스마트미디어는 이용자를 프로슈머(prosumer)로, 가치사슬을 가치 네트워크로, 제품의 가치를 네트워크 가치로, 단순한 협력과 경쟁을 복잡한 협력적 경쟁과 공진화로, 개별 기업 전략을 전체적인 가치 생태계로 변화시켜야 할 필요가 있다(현대원, 2009).

3. 스마트미디어 생태계와 규제

1) 기존 미디어 생태계 규제 체계의 한계

스마트미디어의 확산은 전통적인 선형 규제 체계에 변화를 촉구한다. 스마트미디어는 기존 산업 간의 경계를 허물며 선형 규제 체계가 지속되기 어려운 환경을 유발한다. 스마트미디어는 기존 콘텐츠, 플랫폼, 네트워크, 단말기로 이어지는 가치사슬의 수직적 구분을 모호하게 만들었다. 특히 인터넷 네트워크를 근간으로 제공되는 융합 서비스는 현행 법체계에서 포괄하기 어려운 상황을 만든다.

융합 서비스 등장이 가져온 규제 체계 개편의 1차적 이슈는 융합 서비스가 방송 서비스 또는 통신 서비스 가운데 어디에 해당하는지 구분하는 것이 어려워졌다는 것이다. 현행 방송법에서 방송의 개념 정의를 구성하는 요소는 수신자의 범위(공중), 내용 관련 행위(프로그램의 기획·편성·제작), 기술적 요소(전기통신설비의 이용), 공중에 대한 행위(송신)로 나눌 수 있다. 이런 점에서 방송법에서 명시하는 데이터방송의 경우 방송사업자의 채널을 이용해 데이터 위주로 하되 이에 따르는 영상·음성·음향 및 이들의 조합으로 이뤄진 프로그램을 송신하는 방송(인터넷 등 통신망을 통하여 제공하거나 매개하는 경우를 제외한다)으로 정의해 방송법에서는 IP 기반 서비스를 수용할 수 없다.

개방형 IP망을 기반으로 제공되는 서비스의 경우 QoS 요건에 따라 IPTV법에 포섭되기 어려운 상황이다. 인터넷 네트워크 기반의 방송 콘텐츠 서비스의 경우 편성과 송신에서 방송법에 포함되는지 여부가 불분명하다. 전기통신사업법상 분류 기준에 따르면 인터넷 기반 동영상 서비스는 부가통신역무로 분류되어 부가통신사업에 해당된다. 동일한 방송 콘텐츠가 방송 네트워크로 전송될 경우 방송법의 규제를 받지만, 인터넷 네트워크로 전송될 경우에는 부가통신사업에 해당되는 것이다.

문제는 내용적 측면에서 방송의 속성이 강하지만 인터넷 네트워크로 제공되는 형태의 신규 융합 서비스를 부가통신역무로 분류하여 사실상 비규제 영역에 포함시키는 것이 타당한 것인가의 여부이다. 우리나라는 전통적으로 인터넷 전반에 대해 낮은 수준의 규제를 적용했다. 인터넷에 대해 사전 규제 또는 구조 규제를 통한 방식이 아니라 주로 인터넷에 의한 파급효과를 내용적 측면에서 적용한다. 그러나 방송의 경우 구조 규제, 소유 규제, 내용 규제, 행위 규제 등의 측면에서 강한 규제가 적용된다. 기존 방송 사업자와 신규 스마트미디어 사업자가 제공하는 서비스 사이의 차이가 좁혀짐에도 불구하고 규제 수준의 차이는 현격하다. 이처럼 현격한 규제 차이가 존재하는 경우 높은 수준의 규제를 적용받는 사업자에게 규제를 우회하려는 유인이 발생하여 기존 규제 체계의 무력화 또는 우회 양상이 강화될 수밖에 없다.

다음으로 규제의 형평성과 일관성 유지도 정부의 규제 정책에서 중요한 이슈이다. 일반적으로 새로운 미디어가 시장에 진입하는 시기에 정부는 신규 미디어가 기존 미디어에 비해 경쟁력을 갖도록 비대칭 규제를 도입한다. 비대칭 규제는 동일 서비스에 대해 사업자별로 차등적 규제를 적용하거나 별개의 서비스에 동일한 규제를 적용하는 것을 의미한다.

이러한 비대칭 규제는 크게 두 가지 형태로 나타난다. 즉, 기존 서비스에 대한 강도 높은 규제를 통해 기존 서비스의 경쟁력을 약화시키는 유형과, 신규 미디어에 기존 수준보다 월등히 낮은 수준의 규제를 적용하거나 특혜를 부여해 신규 미디어의 경쟁력을 높이는 유형이 있다. 신규 미디어 진입 단계에서는 기존 미디어에 대해 높은 수준의 규제가 유지되고 신규 미디어에 대해서는 낮은 수준의 규제가 적용되며, 신규 미디어에 대한 진흥정책의 적용이 일반적이다. 예를 들어 IPTV는 가정 내 TV를 대상으로 제공되는 방송 서비스로서 케이블TV와 높은 대체성이 존재함에도 불구하고 케이블TV와 다른 수준의 규제를 적용받는다.

그러나 신규 미디어가 시장에 안착하는 단계에서는 미디어 시장상황에 따라 미디어 간 균형 발전 이슈가 대두되면서 정부는 공정 경쟁과 사후 규제를 적용한다. 이는 신규 미디어가 도입되는 시점에서의 비대칭 규제와 표면적으로 유사하게 보이지만 경쟁력이 약화된 기존 미디어와 신규 미디어의 균형 발전이라는 맥락에서 일종의 비대칭 규제가 적용된다. 이때 전통 미디어와 신규 미디어 사이의 규제 격차가 단지 전송 방식으로 인해 나타나는 것이라고 한다면 비대칭 규제 정책의 근거는 취약해질 수밖에 없다. 이는 동일 서비스 동일규제 원칙에 위반된다. 동일한 서비스임에도 불구하고 전송 방식의 차이에 의해 서비스 계층에서 동일 규제가 적용되지 않는 것은 모순이다. 우리나라 방송·통신 규제 체계는 네트워크, 서비스, 규제가 각각 1:1 대응관계를 가진다고 전제한다. 따라서 네트워크와 서비스 사이 대응이 이뤄지지 않을 경우 규제 체계의 모순이 발생한다.

2) 스마트미디어 생태계에 대한 규제 방향

현재의 방송 규제 체계에는 아날로그 시대 법과 제도가 그대로 존재한다. 예를 들어 지상파 방송의 경우 1981년 법제가 현행 법제의 근간을 이루고, 케이블TV의 경우에도 1995년 도입 당시의 법체계가 대체로 유지되는 상황이다. 현행 방송 규제 체계는 이용자보다는 사업자, 정책 결정자의 입장에서 형성되었다. 아울러 전송 체계 중심의 법제가 유지되는데, 이는 스마트미디어 중심의 시장 변화가 일어나는 상황에서 현실 정합성을 약화시킨다.

기존 방송 정책의 철학에서는 방송의 공익성·다양성·독립성을 확보하는 정책이 강조되었다. 그러나 최근의 방송 정책은 스마트미디어의 도입과 확산이라는 시장 환경의 변화에 대응하여 시장 경쟁과 산업적 가치를 강조한다. 기존 방송 정책의 철학은 방송의 공적 가치 증진을 핵심 목표로 설정했지만, 최근의 기술 발전, 이용 행태와 시장 환경의 변화는 방송의 전통적 개념의 변화와 정책 철학의 변화를 요구한다. 따라서 스마트미디어 시대의 규제 철학은 방송의 관점에서 공익성·다양성·독립성을 확보하는 정책과 더불어 시장 경쟁과 산업적 가치의 균형을 도모하는 방향으로의 변화가 필요하다. 즉, 시장이 서비스와 산업을 주도하는 현실에 적합하도록 시장의 산업화·활성화를 추동하는 정책 추진이 요구된다.

스마트미디어 시대에 적합한 규제 체계에 대한 논의는 기본적으로 경제적 측면에서 이뤄진다. 경제적 측면의 규제 정책이 정당화되는 경우는 시장 기능에 방임할 경우 시장 실패가 발생하거나 발생 가능성이 농후한 경우라고 할 것이다. 그러나 최근의 상황은 시장 실패의 가능성보다는 새로운 미디어의 등장과 그에 따른 기존 미디어 시장 잠식의 우려에서 비롯된다.

그동안 우리나라의 신규 미디어 도입에 따른 정책 방향에 비춰볼 때 기존 미디어의 지대가 신규 미디어에 이전되는 경향이 강했고, 진흥 정책 측면에서도 육성 정책과 비대칭 규제가 동시에 사용되었다. 즉, 기존 미디어에 대해서는 높은 수준의 규제가 유지되고 신규 미디어에 대해서는 낮은 수준의 규제가 적용되었으며 신규 미디어에 대해 진흥 정책이 적용되는 것이 일반적이었다. 이러한 양상은 기존 미디어에 대한 강도 높은 규제를 통해 경쟁력을 약화시키는 유형과, 신규 미디어에 대해 기존 수준보다 월등히 낮은 수준의 규제를 적용하거나 특혜를 부여하여 신규 매체의 경쟁력을 높이는 형태였다. 그러나 이러한 규제 정책 방향이 스마트미디어 생태계에서도 적합한지 여부에 대해서는 면밀한 검토가 필요하다.

산업적 측면에서 초기의 스마트미디어는 기존 미디어의 보완적 역할을 수행할 가능성이 크다. 때문에 보완적 서비스에 대한 규제는 오히려 미디어 산업의 성장성이나 효율성을 저하시킬 가능성이 높다. 그러나 스마트미디어가 활성화된 단계에서는 방송 규제 적용의 여부를 검토할 필요도 있다. 방송 규제 적용 여부에 대한 핵심적 판단 기준은 통제력과 영향력이라고 할 수 있다. 통제력의 경우 방송미디어에서의 편성 개념과의 유사성 여부를 검토할 수 있다. 만약 스마트미디어 사업자가 편성력을 이용하여 콘텐츠에 통제를 가할 수 있다고 판단되는 경우 방송 규제를 적용할 필요성이 제기된다. 영향력의 경우 공연성에 입각하여 스마트미디어가 기존 미디어에 비해 커다란 사회적 영향력을 행사한다고 보기는 아직 이르다. 이런 점에 입각해 볼 때, 스마트미디어에 대한 규제 체계 수립의 판단 기준은 콘텐츠에 대한 통제력 보유 여부, 스마트미디어의 사회적 영향력, 서비스의 동질성과 대체성 여부라고 할 수 있다.

기존 규제 정책은 시장 구조 규제에 중심이 주어진 정책이었다. 강력한 시장 구조 규제에서는 사업자 선정 방식에 집중한다. 지원자 중 상대적 우수자를 선택하는 방식이다. 그러나 선정된 사업자가 최선의 성과를 낼 것으로 기대하기 어렵다. 이처럼 시장 진입을 규제하는 단계에서부터 정부 실패의 잠재성이 내재된다. 또한 시장 행위 규제에서 특정 산업전문규제기관은 일반경쟁 규제기관과의 갈등을 내포한 상태에서 일반경쟁 규제기관보다는 사업자 중심의 시장행위 규제를 적용하기도 했다. 반면 시장성과 규제에는 소홀한 측면이 있었으며 시장 구조 규제를 위한 틀이나 법제도는 발달하였으나 시장 행위 규제를 위한 틀이나 제도는 발달하지 못했고, 일반 규제의 틀에 의존할 수밖에 없었다. 시장성과 규제는 국내 산업계가 주요 독과점 사업자 중심의 관리경쟁 체제로 운영되었으므로 성과규제 척도 역시 정립되지 못하였다.

이런 측면에서 스마트미디어 생태계에서는 기존 규제 체계에 대한 패러다임 변화가 필요하다. 과거 시장 구조 규제를 지양하고, 시장의 행위 및 성과를 중심으로 규제 체제를 재정립해야 한다. 특히 시장 진입에 특정한 사업자를 차단하거나 특정한 사업자를 차별적으로 우대하는 규제는 지양할 필요가 있다. 마찬가지로 특정 사업자가 시장 지배력을 바탕으로 특정한 사업자의 진입을 차단하거나 봉쇄하는 것도 시장 행위 규제를 통해 일정 수준의 제재가 필요하다.

이는 기본적으로 모든 사업자로 하여금 시장 진입을 용이하게 하여 개방적 시장 구조를 조성하여 시장 기능을 원활하게 작동하도록 한다는 것이다. 그러나 시장 실패에 대해 적시에 적절한 대응하기 위해 과거와 달리 행위 규제의 틀과 제도를 제대로 만들어 특정 산업 규제기관이 주관해 시장 행위를 규제하게 하는 것이 필요하다. 물론 시장 행위 규제만으로 정책이 추구하는 모든 효과를 얻을 수 없으며 시장성과 규제 척도를 마련하여 성과 규제 중심의 규제를 모색하는 방안도 필요하다. 정책 평가, 시장 평가, 성과 평가가 이루어지고 이를 다시 정책, 시장 행위 규제, 시장성과 규제로 환류시켜야 한다. 이때, 시장 성과에는 여타 산업에서와 같이 요금, 고용, 성장, R&D, 서비스 품질 등 일반적 요소 이외에 미디어 부문의 차별화된 공익성·다양성 등을 포함시켜야 한다.

참고문헌

이경숙 · 김종기 · 모정윤 (2012), 〈IT산업의 혁신생태계 여건 조성과 과제〉(연구보고서 2012-644), 산업연구원.

이상우 (2011), "미디어 생태계 연구의 역사와 방향", 김대호 외 (2011), 《미디어 생태계》, 커뮤니케이션북스.

최계영 외 (2012), ICT 패러다임 변화와 중장기 정책과제, 〈KISDI Premium Report〉, 한국정보통신정책연구원.

_____ (2014), 2013/2014 ICT 주요 이슈 및 전망, 〈KISDI Premium Report〉, 한국정보통신정책연구원.

한영수 (2010), 스마트폰과는 다른 스마트 TV 시장의 전개양상, 〈LG Business Insight〉.

한창수 · 김종년 · 윤영수 · 정두섭 · 김정석 · 김진성 (2011), 2011년 글로벌 기업의 경영 이슈, 〈CEO Information〉, 삼성경제연구소.

현대원 (2009), 스마트미디어 생태계 활성화의 길(http://kodima.dt.co.kr/pdf/1-1. pdf).

Moore, J. M. (1993). Predators and Prey: A New Ecology of Competition. *Harvard Business Review*, May-June.

2

스마트 TV
현황과 이슈

권상희

1. TV 패러다임의 변화와 스마트 TV의 등장 배경

1) TV 패러다임의 변화

TV는 기술적 특성과 수용자의 욕망에 따라 두 가지 차원에서 그 패러다임이 변화했다. 첫 번째는 화면 크기와 선명도(해상도)가 TV의 상품성을 결정하는 '시각적 차원'이며, 두 번째는 최근 주목받는 3D · 소셜 기능의 추가와 더불어 N스크린 등이 추가되는 '융합형 스마트 TV 차원'이다. 전통적 방식인 전달자 중심의 TV에서 수용자 중심의 스마트 TV로 진화한 것이다. TV는 방송 역사에서 중요한 대중 미디어(mass media)이며 동시에 대중문화를 반영하고 만드는 대중 미디어(public media)로 진화했다. 보는 방식으로는 가족 중심의 거실 미디어에서 PC 중심의 책상 미디어(lean forward media)로, 스마트폰을 통한 개인 미디어(personal media)로, 그리고 스마트 TV로 진화했다.

산업적 차원에서 방송 산업은 가전 산업과 전자 산업을 선도하는 후광 효과(halo effect)로 인해 TV 산업을 선도하는 기업이 전자 산업과 문화 산

그림 2-1 TV 패러다임의 변화

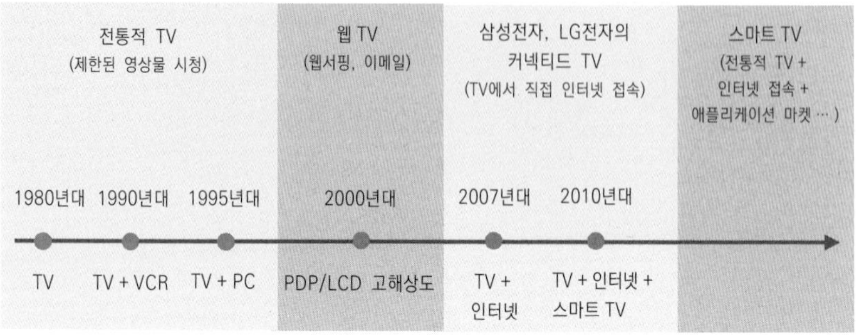

전통적 TV (제한된 영상물 시청)			웹 TV (웹서핑, 이메일)	삼성전자, LG전자의 커넥티드 TV (TV에서 직접 인터넷 접속)		스마트 TV (전통적 TV + 인터넷 접속 + 애플리케이션 마켓 …)
1980년대	1990년대	1995년대	2000년대	2007년대	2010년대	
TV	TV + VCR	TV + PC	PDP/LCD 고해상도	TV + 인터넷	TV + 인터넷 + 스마트 TV	

출처: DMC Media (2010. 5).

업을 융합하는 매우 중요한 산업이다. TV는 문화와 개인 가정의 접점에 있는 매체로 우리의 문화를 전파하는 데 첨병 역할을 하는 미디어이다. 따라서 다른 가전 산업에 미치는 후광효과가 큰 산업이다. TV 산업의 패러다임 변화 과정을 구체적으로 살펴보면 아래와 같다.

① 1940년대부터 1960년대까지 미국의 RCA(1939년 시작)가 흑백 TV 시장을 장악하고 미국의 대중문화를 전파하는 역할을 했다.

② 1970년대부터는 일본의 소니(1969년 시작)가 가전 산업 전반을 휩쓸면서 컬러 TV 산업을 주도하였다. 그 패러다임은 디지털미디어 혁명으로 변화되어 나타났다.

③ 2000년대 초 이후에는 삼성전자, LG전자 등 국내 기업이 디지털·평판화 패러다임에 잘 적응하여 LCD TV 산업을 장악한다.

④ 2014년 디지털 TV 패러다임 이후 최근 TV 시장의 패러다임이 3D, 스마트 TV로 변화해 국내외 업체가 이에 대응하고 있다. 삼성전자는 디자인 중심의 크리스털로즈, LED TV, 3D TV, 스마트 TV로 이어지는 IT 혁신업체로 지위를 확보하고 있다.

⑤ 스마트 TV는 세밀한 방향으로 진화한다. 2014년 1월 개최된 CES

에서 주요 TV 제조업체는 스마트 TV를 전면에 내세우지 않고 대형 화면과 UHD, 그리고 커브드 TV 등 하드웨어 측면을 강조하는 모습을 보였다. 이는 스마트 TV가 예상보다 부진하여 제조업체의 관심이 줄어든 것을 의미하는 것은 아니다. 오히려 스마트 TV는 별도로 강조할 필요가 없을 정도로 TV의 기본 기능임을 의미하는 것이다.

⑥ 2014년 실제로 대부분의 고급형 TV에는 스마트 TV 기능이 기본적으로 탑재되어 있다. 즉, 스마트 TV가 보편화된 것이다. 따라서 국내 TV의 진화는 크리스틸로즈, LED TV, 3D TV, 스마트 TV로 이어지는 IT 혁신으로 진화했다.

이러한 하드웨어 경쟁은 이제 레드오션(red ocean)이 되고, 스마트 콘텐츠를 기반으로 하는 스마트 TV, 즉 스마트 콘텐츠, 킬러 콘텐츠를 기반으로 하는 블루오션(blue ocean) 산업이 새로운 패러다임이 된다. 즉, '스마트 TV 플랫폼'이 그 주인공이 되는 것이다. 이는 TV 산업이 스마트

그림 2-2 TV 기술의 변화 과정

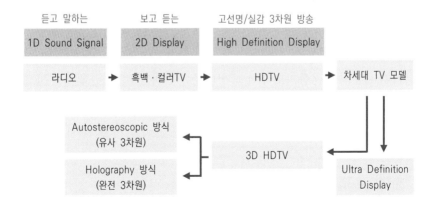

폰이나 PC에서 가능한 콘텐츠를 TV에 가져오는 수준이 아니라 스마트 TV 생태를 구축할 수 있는 프로그램·애플리케이션 마켓과 같은 시장형성을 이야기한다.

2) 스마트 TV 플랫폼의 등장

스마트 TV 플랫폼은 미디어 기술과 콘텐츠라는 두 축으로 진화한다. 즉, 한편에서는 3D, UHD 등 화질의 혁신과 같은 TV 자체의 스마트성과 더불어 외부 인터넷 기능을 연결한 형태로 발전하며, 다른 축은 스마트 콘텐츠 유형이 스마트폰, 인터넷, TV 프로그램 등을 융합하는 형태와 스마트 TV 애플리케이션 프로그램으로 발전한다.

　일반 TV에 비해 스마트 TV는 다양한 '다면 플랫폼'을 제공한다. 전통적인 일반 TV는 지상파 방송과 광고 시장에서 비교적 단순한 양면시장으로 구성된다. 반면 스마트 TV는 방송, 유료방송, 게임, e-커머스, 소셜 TV, 검색, 영화 등으로 구성되므로 다면 플랫폼 전략이 요구된다. 즉, 일반 TV가 하나의 품목을 다루는 스토어(store)였다면, 스마트 TV 플랫폼은 백화점에 해당한다. 플랫폼이 공간(platform)을 제공하면 콘텐츠 생산자는 그 공간에서 판매를 하고, 소비자는 다양한 상품과 서비스를 소비하는 형태이다. 이전 방식과는 매우 다른 방식이다.

　최근 TV는 스마트폰, 태블릿, PC는 물론 스마트 홈을 위한 다양한 가전기기와 조명기구 등과도 연계되기 때문에 스마트 TV의 플랫폼을 선점하는 것은 새로운 융합 서비스에서도 주도권을 가질 수 있다는 점을 의미한다(한국방송통신전파진흥원, 2014). 따라서 스마트 TV의 구성 요인은 다음과 같다.

　첫째, 스마트 TV 콘텐츠이다. TV 드라마, 다큐멘터리, 쇼 등의 TV

영상물과 영화 등 다양한 애플리케이션, 인터넷 서비스가 유통된다. 이는 TV용 영상 스토어 개발에 따라 시장이 새롭게 구축될 것이다.

둘째, 스마트 TV는 상호작용이 높은 플랫폼과 디바이스가 필요하다. 스마트 TV는 PC와 달리 HD, 3D, UHD급 대용량 고화질 트래픽을 장시간 송출하므로 스마트 TV가 급속하게 보급되면 통신망에서 블랙아웃(blackout)이 발생할 수도 있다. 스마트 TV 제조업체에게 망 이용 대가를 요구하면 망 중립성(network neutrality) 분쟁이 나타날 수 있다. 스마트 TV가 PC처럼 널리 보급되고 무리 없이 활용되려면 대량의 정보 전달을 위한 막강한 인터넷 인프라 구축이 필수적이며, 인프라 구축에 따른 재원을 누가 어떻게 감당할지, 그리고 이런 망 중립성 이슈를 어떻게 정리할지에 대한 정책 결정이 선행되어야 한다.

셋째, 스마트 TV만이 갖는 UX가 필요하다. HCI 차원에서 완성도를 높인 원격 리모컨과 같은 음성·동작 인식 마우스, 키보드 일체형 리모컨이 필요하다. 이를 위해서는 개별 차원의 접점(UI)과 통합적·총체적인 사용자 경험 가치접근성(UX)이 필요하다.

넷째, 스마트 TV는 TV에 OS를 장착하여 TV와 인터넷의 기능을 동시에 제공하는 차세대 지능형 단말기로 이해할 수 있다.

이러한 기능이 융합되어 스마트 TV는 단일 플랫폼으로의 기능인 방송만 하는 것이 아니라 소셜 TV나 게임, 쇼핑, 교육 등 다면 플랫폼으로 진화한다. 이러한 요소를 통칭해 스마트 TV 플랫폼이라고 한다. 다면 플랫폼은 스마트 콘텐츠(C)와 스마트 TV 테크놀로지 전반(P-N-T) 다차원에서 이루어진다.

2. 스마트 TV의 개요

1) 스마트 TV의 개념

스마트 TV는 TV, 인터넷, 스마트폰을 하나로 융합하여 웹 영상물 및 애플리케이션 등의 콘텐츠를 제공하는 컴퓨터 OS 기반 TV를 의미한다(송민정, 2010). 2000년에 TV와 인터넷이 결합하면서 인터넷 TV의 형태를 갖추었으며, 2010년에 이르러 이용자 참여를 극대화할 수 있는 본격적인 스마트 TV가 등장했다. 2010년 구글과 애플 등 대형 인터넷 사업자와 컴퓨터 회사의 TV 사업 진출계획이 발표되면서 현재의 스마트 TV 경쟁이 시작되었다.

TV 시청 방식을 변화시키는 기술은 두 가지 차원에서 진행되었다. 하나는 모바일, 즉 이동 시 시청하는 DMB 방식이고, 다른 하나는 TV에 인터넷과 애플리케이션이 내장되는 IPTV와 스마트 TV 형태이다. DMB 방식은 이동형에 집중한 반면, 지능형으로 내장된 스마트 TV는 인터넷, 동영상 다운로드, 검색, 메일 처리, 게임, 애플리케이션, 화상통화에 이르기까지 통합 스마트미디어로 진화한다. 즉, 스마트 TV는 OS를 장착하여 TV와 인터넷의 C-P-N-T를 융합한 통합 미디어로 진화한다.

플랫폼은 하나의 장(*field*)에 여러 제공자(*provider*), 다양한 소비자(*consumer*)를 참여시켜 수익을 내는 방식으로 정의할 수 있다. 스마트 C-P-N-T에서 플랫폼(P), 네트워크(N), 그리고 단말기〔T 또는 D(디바이스)〕는 맥루언(McLuhan)이 이야기하는 매체에 해당한다. 여기에 콘텐츠(C)가 다양한 형태로 조합된다. 스마트 TV는 TV라는 브랜드에 이동 간 방송, 고해상도 방송, 홈쇼핑 방송, 게임·애플리케이션·인터넷 관련 등 거의 모든 IT 서비스를 제공한다. 예를 들어 계열사별로 다른 서

그림 2-3 **스마트 TV의 방식**

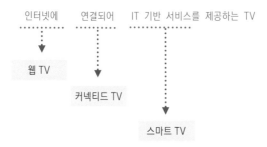

인터넷에   연결되어   IT 기반 서비스를 제공하는 TV

웹 TV

커넥티드 TV

스마트 TV

비스를 제공하지만 삼성이라는 다면 브랜드 플랫폼을 형성하는 것과 같은 것이다.

2) 스마트 TV의 특징

(1) 스마트 TV의 장점

스마트 TV는 미디어 기술의 융합과 수용자 욕망의 융합이 만든 문화기술의 결정체다. 생산과 소비가 결합된 프로슈머의 욕망은 다양한 콘텐츠가 제공되는 디지털 기술이 있기에 가능하며 인터넷 망을 통해 다양한 디바이스의 등장과 융합이 가능해졌다. C-P-N-T의 연동으로 장르가 다른 콘텐츠 산업, 다른 단말기의 연동과 협력이 가능한 플랫폼의 등장, 망 중립성과 무어의 법칙에 이르는 브로드밴드의 확장은 비선형(*non-linear*) 서비스 방송 모델을 가능하게 했고, VOD, 개인선호 콘텐츠 소비 등으로 새로운 방송 문화가 등장하면서 방송은 블루오션임과 동시에 레드오션으로 출렁이고 있다.

유튜브(Youtube), 종합편성, 웹 TV 등 새로운 애플리케이션 유형의 TV 방송이 등장하며 더불어 국경을 넘는 방송의 국제화·개인화 등 수

그림 2-4 **스마트 TV 구성 요소(스트라베이스, 2013)**

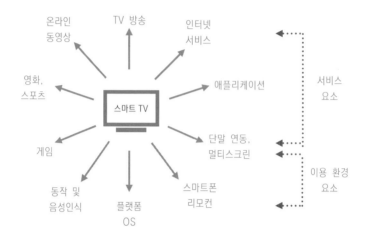

많은 애플리케이션의 소셜 TV 등장도 이어지고 있다. 이전에 없던 새로운 유형의 방송 경험을 제공함으로써 기존의 수동적 TV 시청 문화와 다른, 나아가 방송 시장의 경쟁 구도를 바꿀 수 있는 방송으로서 스마트 TV가 등장한 것이다.

스마트 TV는 서비스 측면에서는 IPTV와 거의 비슷하지만 셋톱박스 (Set-top Box)와 TV가 일체형이기 때문에 사업자에 매여 있지 않는 개방성이 있다. IPTV는 가입자를 기반으로 매월 이용료를 받고 서비스를 제공하지만, 스마트 TV는 TV제조사가 판매하고 애플리케이션 장터를 통해 콘텐츠 사업자가 콘텐츠를 서비스하고 이를 이용자가 선택한다. 따라서 전달 방식, 양방향성, 콘텐츠 이용 방식 등에서 전통적인 TV나 IPTV와 차별화된다.

IPTV는 방송사업자가 서비스를 제공하고 이용자가 수용하는 방식이며, 스마트 TV는 이용자가 원하는 콘텐츠를 요구하고 이를 제공받는 형식이다. 이용 측면에서도 스마트 TV는 다양한 소셜 TV, 스마트형 콘텐

그림 2-5 **스마트 TV에서 양면시장**

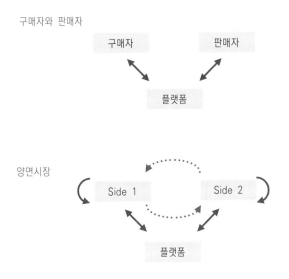

츠 이용에 집중되면서 전통적 TV 소비방식인 린-백(*lean-back*) 방식이
아닌 린-포워드(*lean-forward*) 방식으로서 수동성이 사라지고 고도의 능
동성이 요구된다고 볼 수 있다.

(2) 스마트 TV의 단점

스마트 TV는 그 구성 원리에서도 나타나듯이 복잡하게 융합되어 있다.
수용자·생산자·사업자 차원에서도 경계가 복잡하게 얽혀 있다. 콘텐
츠의 다양성과 규모 면에서 정의하기에도 어려움이 있다. 또한 스마트
TV는 개별화된 서비스를 제공하기 때문에 사용자 선호와 프라이버시 노
출 문제가 제기될 수 있다. 그리고 보편적인 대중 전달매체로서 보편적
시청권의 보장이나 공영성 구현이 어렵다. 기존 TV에 대한 혁신성을 보
여주기 어렵고 공익성과 공공성의 가치를 구현하기 힘들기 때문이다.

3) 스마트 TV 비즈니스 모델: 애플과 구글의 사례

애플과 구글의 스마트 TV는 서로 다른 모델이다. 애플은 스마트폰 중심의 모태 기술을 바탕으로 하고, 구글은 웹기반 검색 기술을 기반으로 한다. 즉, 애플의 경우 아이튠즈(iTunes)와 앱스토어, 그리고 iAd 등 인하우스 플랫폼과 클라우드 기술을 기반으로 자사 기기 간의 연계를 더욱 강화하는 폐쇄적 N스크린 전략을 추구한다. 그리고 참신하고 편리한 UI를 기반으로 기존 TV의 역할을 보완하는 데 중점을 둔다. 반면 구글의 경우는 TV의 PC화라고 할 수 있다. 안드로이드(Android) 기반으로 모든 기기를 연계하는 N스크린 전략, 그리고 크롬 브라우저 기반의 웹콘텐츠 공유 및 커넥티드 홈 구현을 추진한다. 즉, 검색엔진(Google Search), 이메일(Gmail), 구글지도(Google Map), 구글어스(Google Earth) 등 각종 인터넷 서비스를 TV에서도 이용하도록 하겠다는 전략이다.

그림 2-6 **애플과 구글의 비즈니스 모델 차이점**

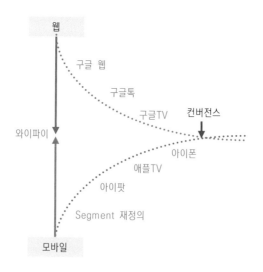

양 사의 비즈니스 모델은 궁극적으로 애플은 모바일에서 웹과 TV로, 구글은 웹에서 모바일과 TV로 영역을 확장하고 있다. 광고 시장 역시 애플은 웹, 구글은 모바일로 서로의 영역을 침범하고 있다.

한편 양 사 모두 주요 방송사의 콘텐츠 제휴 거부로 어려움을 겪는 가운데 어떠한 사업모델이 성공할지 아직까지는 불분명하다. 다만 양자가 추구하는 단말기와 콘텐츠 경쟁력 이외에도 서비스 품질의 보장을 위한 통신사와의 망 차원 협력 여부도 영향을 미칠 것으로 전망된다.

3. 스마트 TV 관련 사업자 동향

1) 관련 산업계에 미칠 영향

(1) 스마트 TV의 진화와 확산

스마트 TV는 디지털 TV로의 전환, 네트워크 통신망의 발전, 소비자 시청욕구의 다양화를 배경으로 다기능 지능형 차세대 멀티미디어 기기로 평가되면서 주목받기 시작했다. 기존 TV가 스마트 TV로 진화하는 이유는 최다 이용 시간 점유 매체, 최고로 매력적인 광고 매체, 최대 이용자 보유 매체, 최고로 선호되는 기기 매체, 최고 엔터테인먼트 이용 선호 매체가 TV이기 때문이다.

기술적으로는 망 속도의 증가, 디자인의 발전, 고해상도 LCD, 다양한 OS 설치, 애플리케이션의 발전 등으로 인해 스마트 TV 시장 형성이 활성화될 수 있는 조건이 마련되었고, 그 동안의 시행착오와 시장 탐색에 이어 2012년을 기점으로 국내외에서 본격적인 스마트 TV 제품이 출시되면서 경쟁도 가속화되고 있다(조희정, 2012).

(2) 확산 모델

스마트 TV 확산 모델에는 크게 두 가지 형태가 있다. 주요 플랫폼이 선두에서 이끄는 애플, 구글, 삼성의 스마트 TV 진화의 안행 모델(*flying geese model*)과 다양한 콘텐츠 제공 연합체가 공동으로 플랫폼을 형성하는 훌루, 넷플릭스와 같이 협업에 의한 스마트 TV 진화의 대나무 모델이다(〈그림 2-7〉 참조).

스마트 TV는 다면 플랫폼의 특성을 가진다. 방송 산업에서 다면 플랫폼의 특징은 플랫폼의 한쪽 면(*one side*)이 늘어나면 다른 면의 활동자가 늘어나는 것이다. 즉, 교차면 네트워크 효과(*cross-side network effect*)

그림 2-7 스마트 TV 플랫폼 확산 모델

안행 모델

애플, 구글, 삼성전자 등과 같이 플랫폼을 구축하고 필요한 콘텐츠, 제공자, 소비자를 끌어 모으는 방식이다.

대나무 모델

IPTV, 지상파, 훌루, 넷플릭스와 같이 다양한 이해관계자의 협업에 의한 방식이다.

이다. 따라서 스마트TV가 산업계에 미칠 영향과 미디어 생태계의 전망은 매우 복잡하다. 스마트TV의 확산에는 방송 산업과 통신 산업에 이르기까지, 또 TV 제조업, 소프트웨어 산업, 콘텐츠 산업까지 IT 산업 안에서 복합적으로 연결되었기 때문이다.

단기적으로는 TV를 제작하는 가전업계, 케이블TV 사업, 지상파 방송사업 등 방송사업 분야에 직접 관련되므로 이와 맞닿는 TV 제조업, 소프트웨어 산업, 콘텐츠 산업에 영향을 미칠 것이다. 중기적으로는 지상파 방송사, 케이블TV 방송사, IPTV 방송사의 경쟁 구도가 변화할 것이고, 지상파 방송사와 PP의 수직적 계열 구조도 붕괴될 것이다.

장기적 관점에서는 IT 분야 가치사슬인 콘텐츠-플랫폼-네트워크-단말(C-P-N-T)의 창의적이고 협력적 기업이 새롭게 구축한 미디어 생태계가 등장하여 사용자의 호응을 획득한 스마트TV가 TV시장을 주도할 것으로 예측된다.

2) 관련 사업자 동향

(1) 애플

애플은 대표적인 안행(雁行, *flying geese model*) 모델의 스마트TV 플랫폼 사업자이다. 애플은 자사의 디바이스와 플랫폼을 바탕으로 콘텐츠(방송·애플리케이션·IT)를 확보하는 전략을 취한다. 특히 모바일 분야에서의 강점을 활용하여 고유의 셋톱박스형 하드웨어와 아이튠즈 및 앱스토어를 제공하는 폐쇄적 플랫폼으로 스마트TV 사업을 이끌고 있다. 또한 OTT 셋톱박스에 가까운 애플TV를 통해 방대한 콘텐츠 라이브러리를 기반으로 한 콘텐츠 대여 및 판매 방식의 동영상 사업을 진행 중이며, 온라

그림 2-8 **애플TV**

그림 2-9 **애플TV의 C-P-N-T**

인 전용 콘텐츠 유통채널인 아이튠즈를 통해 구매한 비디오를 TV로 감상할 수 있는 OTT 서비스를 제공한다. 넷플릭스(Netflix), 훌루(Hulu), 유튜브는 물론이고, 최근에는 HBO, ESPN, Crunchroll, Qello 등과의 제휴 체결로 콘텐츠 경쟁력을 강화하고 있다. 그리고 2007년에 출시된 최초 애플 TV를 보완하여 수익 모델을 개선한 신형 애플TV를 2010년 9월에 출시했다. 그리고 콘텐츠의 다운로드를 허용하던 것에서 스트리밍 방식으로 대여만 할 수 있도록 하였고, 아이폰과 아이패드로 애플TV를 조작할 수 있는 애플리케이션을 보급하였으며, 2010년 11월에는 아이폰, 아이패드에서 보던 영상과 게임을 애플 TV에서도 동시에 볼 수 있는 에어플레이 기능을 선보였다.

애플TV에서는 웹브라우징이나 애플리케이션 이용이 불가능하고 오직 아이튠즈, 팟캐스트, 유튜브, 넷플릭스, 플리커 등에서 제공하는 영상 콘텐츠만을 이용할 수 있다. 애플TV 고유의 고화질 영상제공 기능을 통해 자신의 생태계 내에서 수익 모델을 찾기 위함이다. 이런 맥락에서 애플TV를 스마트 TV라기보다는 애플의 동영상 콘텐츠 판매를 위한 또 하나의 단말기로 보기도 한다.

애플은 다양한 콘텐츠의 판권을 직접 구입하여 콘텐츠 이용료를 과감하게 낮춰 고품질 콘텐츠를 최대한 저렴한 가격에 공급하는 데 주력하였다. 그리고 아이튠즈에서 다운로드할 수 있는 음악과 영상 등의 콘텐츠의 판매 증진을 위해 자사의 아이팟, 아이폰, 아이패드와 동일한 UX를 제공함으로써 간편한 서비스 이용을 추구할 것이며, 콘텐츠의 집중도를 높이기 위해 당분간 앱스토어를 도입하지 않을 것으로 예상된다.

N스크린 전략과 관련해 애플은 두 가지 방법으로 접근한다. 하나는 아이튠즈와 아이클라우드(icloud)를 이용한 클라우드 기반의 N스크린 서비스이고, 다른 하나는 에어플레이를 통한 아이폰, 아이패드, 애플 TV 간 실시간 콘텐츠 공유방식이다.

(2) 구글

구글은 C-P-N-T 가치사슬 구조 측면에서 강점이라고 할 수 있는 강력한 플랫폼의 우위를 바탕으로 스마트TV 사업의 새로운 창의성을 만들고 있다.

구글은 오직 플랫폼 영역만을 가지므로 미디어 콘텐츠 사업자를 대상으로 한 인수합병을 1차로 하고, 네트워크 사업자, 터미널 업체 등과 제휴나 협업을 통한 2차의 생태계를 취하는 사업 생태계를 구축하고 있다. 예를 들어 구글은 로지텍(Logitech)의 무선 셋톱박스(노트북 사용자를 겨냥한 블루투스 방식의 무선 멀티터치 마우스), 소니의 TV 및 블루레이 플레이어, 인텔의 반도체칩 등 세계 최고의 하드웨어 기업과 협력하여 개방형 플랫폼으로 스마트TV 사업을 추진하고 있다.

2010년 5월 스마트TV 상용화 계획 발표 이후 10월에 구글TV를 출시하여 가장 큰 광고 매체인 TV를 통해 광고 영역을 확장하려고 하는 전략에서 웹을 TV에서 그대로 재현하는 것을 우선적인 목표로 삼았다. TV에 구글의 강점인 검색 기능을 넣어 사용자가 자신이 원하는 웹 동영상을 찾아 TV로 시청할 수 있게 한 것이다. 그러나 TV 입력장치로 일반적인 컴퓨터 키보드 배열인 쿼티(Qwerty) 컨트롤러를 도입하였는데, TV 앞에서 편한 자세에 길들여진 사용자에게 복잡한 조작을 하게 만들었고 PC

의 검색엔진과 같이 너무 많은 검색 결과를 화면에 나타냄으로써 오히려 콘텐츠 선택에 혼란을 주었다.

스마트 TV 시장에서는 거대한 미디어 자원을 거느린 방송사 등의 대형 콘텐츠 사업자의 시장 장악력이 막강하다(개인이나 다양한 소형 콘텐츠 사업자가 산재하는 스마트폰의 경우와 차이가 있다). 구글은 이 콘텐츠 사업자인 지상파 방송사, VOD 업체 등에게 뚜렷한 수익 모델을 제시하지 못해 고품질 콘텐츠 확보가 어려웠고, 또한 TV 사용의 번거로움 때문에 구글TV는 콘텐츠 업계와 소비자로부터 호응을 받지 못하고 있다.

이를 해결하기 위해 구글은 2010년 12월에 DRM 업체인 와이드바인(Widevine)을 인수하고, 2011년 2월에 TV용 웹사이트를 제작하는 데 필

그림 2-10 **구글TV**

그림 2-11 **구글TV의 C-P-N-T**

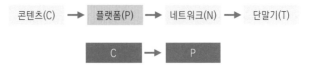

요한 개발 툴을 공개하는 등 TV용 콘텐츠 증가에 노력하고 있다.

또한 구글은 음성·동작인식 등을 이용한 UI, 고품질 콘텐츠 확보, TV용 애플리케이션 마켓 출시 등으로 새로운 구글TV의 출시를 앞두고 있으며, 스마트 TV에서도 개방 전략으로 생태계를 확장하려는 방향으로 진화하고 있다.

(3) 삼성전자와 LG전자

삼성전자와 LG전자 등의 TV 제조사는 플랫폼과 터미널 영역을 보유하므로 콘텐츠 사업자와 네트워크 사업자와의 협력이 필요한 가운데 인터넷에 연결되어 다양한 콘텐츠를 제공하는 기존 커넥티드 TV를 개선한 스마트 TV 사업을 추진하고 있다. 삼성전자는 2009년부터 커넥티드 TV를 출시한 이래 2010년 3월 세계 최초로 TV용 애플리케이션 마켓인 '삼성앱스 TV'를 오픈하였으며, 2010년 7월부터 애플리케이션을 판매하기 시작했다.

삼성전자의 커넥티드 TV는 리눅스 기반의 자체 OS를 탑재하였으며, 주로 위젯 방식으로 서비스를 제공하였다. 스마트 TV 내에 콘텐츠 사업자의 다양한 서비스를 애플리케이션 형태로 입점시켜 스마트 TV 생태계를 확장시키는 전략이다. 또 이미 방대한 콘텐츠를 보유한 다른 미디어 기업과의 제휴를 통해 지역에서 인기 있는 로컬 콘텐츠를 제공받게 하였다. 2010년에는 미국의 블록버스터, 넷플릭스, 영국의 러브필름 등과 제휴하였고, 2011년 1월에는 미국 케이블TV 사업자인 컴캐스트, 타임 워너의 VOD 콘텐츠를 제공받기로 제휴한 바 있다.

삼성전자는 자체 네트워크가 없으므로 N스크린 서비스를 구현하기 어렵다. 그래서 디지털 기기가 같은 네트워크 내에서 콘텐츠를 주고받을 수 있는 DLNA(*Digital Living Network Alliance*) 표준방식을 이용하여 근거리에 있는 스마트폰, 태블릿 PC, 스마트TV 간에 콘텐츠를 무선으로 전송하여 공유할 수 있는 '올쉐어'(*All Share*) 기능을 각 단말에 탑재했다.

그림 2-12 **삼성전자와 LG전자의 스마트 TV**

그림 2-13 삼성전자와 LG전자 TV의 C-P-N-T

콘텐츠(C) → 플랫폼(P) → 네트워크(N) → 단말기(T)

LG전자는 2011년 초에 자체 개발한 '넷캐스트 2. 0' 플랫폼을 탑재한 스마트TV를 출시하였다. 쉽고 단순한 메뉴 화면과 리모컨으로 간편한 UI 환경을 구축하였고, 삼성전자의 올쉐어 기능처럼 DLNA 방식의 '스마트쉐어'(Smart Share) 프로그램을 설치하면 TV 콘텐츠를 이동단말기에서도 공유할 수 있도록 했다. 또한 스마트TV 기능을 '업그레이더'라고 하는 셋톱박스 형태로도 제공한다. 스마트TV 기능을 자사의 TV에 탑재하여 TV 판매를 촉진시키기 위한 수단으로 활용할 뿐 아니라 별도의 셋톱박스로도 판매하여 자사 스마트TV 플랫폼의 저변을 확대하려는 전략이다. 또한 콘텐츠 확보를 위해 전담조직을 구성하고 미국 월트디즈니와 제휴하여 3D 애니메이션 VOD를 제공받고, 클라우드 서비스로 계열사의 디지털 단말기 간에 콘텐츠를 공유하겠다는 계획을 발표한 바 있다.

TV 제조사의 궁극적 목적은 최대한 많은 TV를 판매하는 것이다. 이를 위해 TV에 스마트TV 기능을 탑재함으로써 스마트TV를 위한 콘텐츠를 직접 확보하기보다는 개발자나 콘텐츠 사업자가 다양한 콘텐츠를 공급할 수 있는 환경을 조성하고 있다.

(4) 케이블TV 사업자

케이블TV 사업자는 플랫폼(P)과 네트워크(N) 및 디바이스(T, 셋톱박스) 영역을 가지고 있기 때문에 콘텐츠 확보가 결정적 요인이다. 지상파 방송사의 콘텐츠와 영화 등 고품질 콘텐츠의 확보에는 많은 비용이 소요된다. 그리고 터미널이 셋톱박스로 매우 제한적이어서 N스크린 사업을 추진하려면 단말 제조사와의 협력도 필요하다.

현재 미국 케이블TV 사업자는 'TV-Everywhere' 서비스를 통한 N스크린 전략을 확대하는데 자사 콘텐츠를 제공하는 단말기를 확장하는 것은 새로운 수익 모델 전략이라기보다는 이탈 가입자를 잡아두기 위한 전략이라고 볼 수 있다. TV-Everywhere는 방송사업자가 TV 외에 PC나 스마트폰, 태블릿 PC등에도 실시간 TV와 VOD 서비스를 제공하는 멀티스크린 서비스라 할 수 있다. 2009년 중반에 케이블TV, 위성TV,

그림 2-14 **훌루와 넷플릭스**

그림 2-15 **케이블 TV의 C-P-N-T**

콘텐츠(C)	→	플랫폼(P)	→	네트워크(N)	→	단말기(T)

IPTV, PP 등이 이 서비스에 참여를 선언하면서 온라인 동영상 서비스의 위협에 대한 유료방송 진영의 전략적 대응책으로 주목되는 서비스이다.

한편 대표적인 온라인 동영상 서비스로는 훌루, 넷플릭스, 유튜브, 유뷰(Youview) 등을 들 수 있으며, 이러한 온라인 동영상 서비스를 'OTT' 또는 '커넥티드 TV'라는 개념으로 설명할 수 있다. 넷플릭스, 훌루, 유튜브는 애플 TV와 그 외의 스마트 TV 플랫폼에 콘텐츠 제공자로 참여한다. 최근에는 HBO, ESPN, 크런치롤(Crunchroll), 켈로(Qello) 등도 제휴 콘텐츠로 스마트 TV 플랫폼에 참여하고 있다.

넷플릭스는 1997년 DVD 대여 서비스 사업자에서 2007년 온라인 동영상 스트리밍 업체로 사업을 전환하여 크게 성공하여, 현재 약 3,340만 명의 가입자를 확보 중이다. 2008년 서비스를 시작한 훌루는 넷플릭스의 성장에 위협을 느낀 NBC, Fox 엔터테인먼트, ABC 등의 연합으로 탄생했으며 최근 유료 가입자 5백만 명을 기록하며 성장세를 기록하고 있다. 유튜브의 경우 2005년 서비스를 시작한 이래 전 세계 글로벌 서비스로 주목받으며 한 달 평균 10억 명 이상이 이용한다.

(5) IPTV 사업자

IPTV 사업자는 케이블 TV 사업자와 마찬가지로 플랫폼, 네트워크, 터미널(셋톱박스)을 가졌으나 콘텐츠 확보가 문제이다. 국내 IPTV 사업자는 기기마다 개별적으로 콘텐츠 판권을 구입해야 하므로 N스크린 서비스 제공에 어려움을 겪고 있다. 또한 터미널이 셋톱박스로 제한되어 N스크린 사업 추진을 위해서는 케이블 TV 사업자처럼 단말 제조사와의

그림 2-16 **IPTV의 C-P-N-T**

콘텐츠(C) → 플랫폼(P) → 네트워크(N) → 단말기(T)

협력이 필요하다.

통신사업자가 추진하는 스마트TV 사업은 자사의 IPTV 콘텐츠를 온라인 동영상 서비스로 가입자에게 제공함으로써 시작하였다. 예를 들어 KT는 2011년 5월부터 실시간 채널과 VOD를 제공하는 olleh TV now를, LG U+는 2011년 10월부터 실시간 채널과 VOD를 제공하는 U+ HD TV를, SK텔레콤의 경우 VOD서비스는 2011년 1월부터 SK플래닛의 Hoppin(호핀)으로, 실시간 채널은 SK브로드밴드가 2012년 7월부터 제공하는 N스크린 서비스를 활용한다.

국내 IPTV 사업을 주도하는 통신사업자는 네트워크와 스토리지를 이용한 클라우드 기반의 N스크린 서비스를 제공한다. 또한 다양한 콘텐츠를 확보하기 위해 종전의 폐쇄적 IPTV가 아닌 개방을 통해 애플리케이션 마켓을 구축하기도 한다. 통신사업자 역시 케이블TV 방송사처럼 IPTV용 셋톱박스를 스마트TV용으로 업그레이드하고 IPTV를 개방하는 전략을 구사할 것이다.

케이블TV 사업자가 자사 콘텐츠 제공 통로의 확장에 주력하는 데 비해 IPTV 사업자는 플랫폼을 개방하고 애플리케이션 마켓을 구축하여 다양한 콘텐츠를 확보하는 등 보다 광범위하게 생태계를 구축한다. 즉, 컴퓨터에 익숙하지 않은 사람이라도 리모컨을 이용하여 간단한 인터넷 검색은 물론 영화감상, 홈쇼핑, 홈뱅킹, 온라인게임 등과 같은 다양한 콘텐츠 및 부가 서비스를 이용할 수 있다. 방송·통신의 융합 서비스로 양방향성이 추가되면서 IPTV는 이처럼 개인화된 서비스(*personalization*)라

그림 2-17 IPTV, 온라인, 케이블TV, 이동통신 플랫폼의 메고 시스템

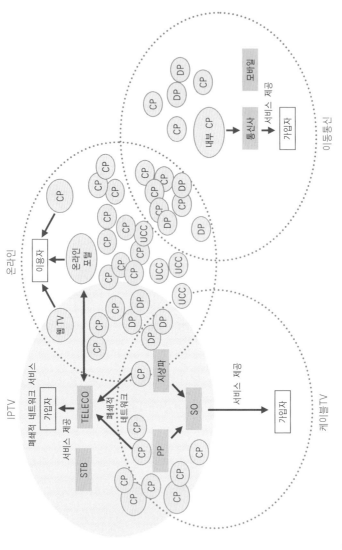

출처: 이경남 (2009).

는 특성을 가진다. 〈그림 2-17〉은 IPTV 스마트 생태계와 다른 온라인 및 이동통신 플랫폼계와의 접점 및 근본적 차이점을 요약해 보여준다.

IPTV 플랫폼은 VoIP와 같은 고속통신망 서비스와 통합되어 많은 장점을 제공한다. 첫째, 초고속 프리미엄 망을 이용하여 전송망이 일반 인터넷 망과 다르다. 둘째, 전국 커버가 가능한 특성이 있다. 따라서 IPTV는 양방향 서비스로 콘텐츠의 내용이 네트워크에 남기 때문에 사용자가 원하는 시간에 콘텐츠를 골라 볼 수 있다. 또한 시청과 동시에 웹 서핑, VoIP를 통한 통신을 할 수 있다(이경남, 2009).

(6) 지상파 방송사

지상파 방송사는 터미널 이외에 모든 영역을 가지며, 터미널의 경우에도 TV 제조사가 지상파 방송사를 위한 TV를 경쟁적으로 출시하므로 서두를 이유가 없다. 스마트 TV 사업을 놓고 지상파 방송사가 타 사업자와의 협력에 소극적인 이유가 여기에 있다.

지상파 방송사는 TV를 통해 매스미디어의 주도권을 잡고 광고시장을 이끌고 있지만, 다양한 대체 방송 서비스의 확장에 따른 광고 수익 감소에 대응하고 콘텐츠 영향력 확대를 위해 직접 온라인 동영상 서비스 시장에 진출하고 있다. KBS, MBC, SBS 등 지상파 방송 3사는 2009년 8월 온라인 VOD 서비스 제공을 위한 통합 플랫폼인 콘팅(ConTing)을 구축하여 유료로 다운로드 서비스를 제공하고, MBC와 SBS는 Pooq(푹) 플랫폼을, KBS가 OSP(Open Smart Platform)를 구축하여 방송 콘텐츠를 제공한다.

또 2010년 하반기부터 애플과 구글 주도의 스마트 TV 사업에 대응하기 위해 지상파 방송사와 삼성전자, LG전자 등이 협력하여 인터넷과 지상파 방송망을 활용하는 'OHTV'(Open Hybrid TV) 플랫폼 구축을 추진하고 있다. OHTV는 스마트 TV보다 확대된 개념으로 지상파 방송망과 인터넷을 함께 이용하여 양방향 방송 서비스를 제공하는 플랫폼이다.

한편 스마트 TV가 대세인 가운데 미국에서는 소셜 TV 서비스가 새로운 플랫폼의 에코 시스템을 형성하면서 그 세력을 확장 중이다. 지상파 중심의 소셜 TV의 에코 시스템은 ●TV 프로그램을 제작하는 할리우드 스튜디오와 방송사 등 CP(*Content Provider*) 진영 ●소셜 미디어 사업자

그림 2-18 Pooq과 OHTV 서비스

그림 2-19 **지상파의 C-P-N-T**

콘텐츠(C) → 플랫폼(P) → 네트워크(N) → 단말기(T)

● 별도의 소셜 TV 서비스 사업자(*Pure Player*) ● 세컨드 스크린 단말 및 기술 벤더 ● 광고주 ● e-커머스 사업자 ● 디지털 광고 사업자 등으로 구성된다. TV를 시청하면서 코멘트를 생산하는 실시간 프로슈머인 소셜 TV 시청자의 특성에 발맞춰 소셜 TV 서비스 에코 시스템에 속한 사업자가 멀티 플레이어로 진화하는 것이다.

4. 스마트 TV 수용과 이슈

1) 스마트 TV의 이슈

애플과 구글은 PC와 스마트폰의 신화를 방송 시장에서 재현하기 위한 구축(아키텍처) 전략 전개 과정을 진행하고, 방송사업자는 콘텐츠연합플랫폼(meta platform)이라는 새로운 전략을 구축하고 있다. 하지만 스마트 TV는 유료방송 시장에서 스마트폰처럼 시장을 혁신하지 못하고 있다. 기술은 빠르게 범용화되지만 구조적 변화가 거의 없는 상태이다. 하드웨어의 변화는 혁신적이지만 소프트웨어 콘텐츠와 개별 UI와 통합 사용자 UX는 아직 형성되지 않았거나 마이너하고 보조적안 변화에 그치는 양상이다.

따라서 여전히 주요 콘텐츠는 실시간 지상파 중심 채널이다. 이를 극복하기 위해서는 개별 프로그램에 대한 최적의 UI와 스마트 TV가 가지

그림 2-20 **콘텐츠연합플랫폼 사례**

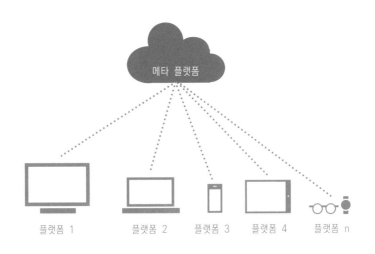

는지는 미디어와 콘텐츠를 결합하는 통합 사용자 UX의 적용이 필요하다. 더불어 스마트 TV가 가지는 다양한 미디어 융합과 크로스미디어 콘텐츠에 대한 광고 응용을 통한 새로운 비즈니스 모델 개발이 필요하다.

또한 '스마트 기술'은 있지만 사용자 중심의 스크린에 도달할 수 없다는 것이 또 다른 이유이므로, 유용한 콘텐츠가 스마트 TV 스크린에 도달할 수 있는 융합 플랫폼이 필요하다. 다양한 TV 사업자와 통신사업자, 플랫폼 사업자, 단말기 사업자가 개별적인 스마트 TV 사업 모델을 제시하면 혁신의 지체가 일어난다. 신규 스마트 사업자와 기존 사업자가 융합된 플랫폼 창조가 필요하다.

스마트 TV에서 다면 플랫폼이 가진 중요한 특징 중 하나는 플랫폼의 한 쪽 면에서 활동하는 수용자의 숫자가 늘어나면 다른 면에서 활동하는 고객에게 돌아가는 가치가 커진다는 '교차면 네트워크 효과'가 존재하기 때문이다. 이런 특징을 일컬어 '간접 네트워크 효과'(*indirect network effect*)라고도 한다. 플랫폼을 둘러싼 설계 결정 중 가장 까다로운 것은 다면 플랫폼을 구성하는 여러 집단 간의 이해 충돌을 초래하거나 다면 플랫폼에 참여하는 집단과 다면 플랫폼 간의 이해 충돌을 초래하는 특징과 관련된 결정이다.

2) 사업자의 플랫폼 전략

애플은 스마트폰에서 플랫폼 구축 경험과 미디어 전략을 바탕으로 스마트 TV 부분에서는 다면 전략을 구축하고 있으며, 구글은 인터넷 검색 광고 부분에서 구축한 플랫폼 전략을 바탕으로 스마트 TV 플랫폼을 구축하려고 한다. 스마트 TV 시장에서도 어떤 계기로 동기화가 만들어지면 방송 시장의 변혁이 스마트폰처럼 단기간 내에 이루어져 방송 시장의 권력 이동이 이루어질 가능성이 있다.

스마트TV는 중장기적으로 방송 시장의 기본 생태계를 변화시킬 DNA 구성원으로 국내의 방송사업자, 통신사업자, TV 제조사, 콘텐츠 업체, 인터넷 포털 업체 등 대부분의 IT 업체가 미래 생존을 위해 스마트 TV 사업에 적극 참여하고 있다. TV시장의 가치 사슬인 C-P-N-T 중 자신이 가졌거나 경쟁력 있는 분야에 대한 강점을 최대한 활용하여 스마트TV 시장에서의 지배력을 확보하려는 전략이 있다.

스마트폰 플랫폼의 지배력을 스마트TV로 옮겨오려는 애플과 인터넷의 지배력을 스마트TV로 옮겨오려는 구글은 다면적 전략을 구사한다. 1차적으로는 스마트TV에 차별화된 플랫폼을 구축하는 전략이다. 2차적으로는 콘텐츠 애그리게이터(*content aggregator*)를 통해 콘텐츠의 집적과 집중을 통해 단기간 내에 규모의 경제를 달성해 사용자의 호응을 얻는 것이다.

그림 2-21 스마트 TV 관련 사업자별 C-P-N-T 사업 영역

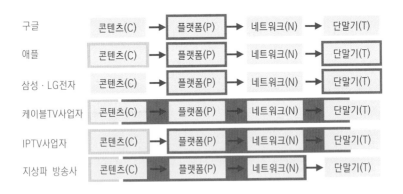

출처: 장희순·이상일 (2012).

'스마트 TV가 방송 시장에 미치는 영향'을 주제로 다룬 〈KISDI Premium Report〉 제3호에서는 스마트 TV의 출현으로 국내 방송 시장에서는 일어날 변화를 다음과 같이 전망했다.

- 킬러 콘텐츠 보유 사업자의 가치 상승
- 콘텐츠 기반이 미약한 방송사업자의 N스크린 전략으로의 사업 다각화
- 통신사업자의 경우 프리미엄 망 수익 확보의 기회 및 모바일과 IPTV 시장에서의 경쟁 관계 형성
- 인터넷·모바일 광고시장의 효율적 광고기법과 마케팅 전략의 활용으로 인한 방송광고 시장의 확대

C-P-N-T 차원에서 스마트 TV 수용과 이슈는 매우 복잡한 형태로 나타난다. 이러한 변화에 따라 스마트 TV의 법적 지위와 규제 원칙에 관한 정책 방향 설정, 엄밀하고 객관적인 관련 시장 획정 (*market definition*) [1] 및 경쟁 상황 평가의 중요성, 스마트 TV에서 유통되는 콘텐츠에 대한 내용 규제 원칙 등에 대한 논의가 선행되어야 한다. 무엇보다도 먼저 스마트 TV 등 새로운 방송·통신 융합 서비스가 방송 시장에서 활성화될 수 있도록 전통적 방송 개념에 근거한 현행 방송법 내 제 개념에 대한 재정비가 이루어져야 할 필요가 있다. 다음은 이와 관련된 주요 이슈다.

---

[1] 상호 경쟁 관계에 있는 시장군의 범위를 정하는 것이다(방송통신위원회, 2012). 상품시장 획정은 경쟁 관계에 있는 상품의 범위를 정의하는 것인데, 유료방송 시장의 경우 케이블 TV(아날로그, 디지털), 위성방송, IPTV 상품 간에 일종의 대체성이 존재하기 때문에 어느 정도까지의 대체성을 경쟁 관계로 보느냐에 따라 시장 획정의 범위가 달라질 수 있다.

① 콘텐츠 소유 입장에서 스마트 TV는 새로운 유통망으로 볼 수 있다. 저작권자 입장에서 지상파를 중심으로 하는 CP는 새로운 전송 사업자가 생길 때마다 추가로 전송료뿐만 아니라 광고 수익도 얻을 수 있는 매력이 있다. 이른바 새로운 비즈니스 모델이 생기는 것이다. 그러나 현실에서는 한 업체가 유통망을 틀어쥐려는 경향이 강하다. 저작권에 대한 법적인 준비가 안 된 정글과 같은 현실에서 CP와 NT 간의 갈등과 충돌이 항상 존재한다.

② 다음은 N사업자와 T사업자 간의 갈등이다. 인터넷은 평등한 접근권을 가진다. 누구나 원하는 곳에서 원하는 곳으로 연결하고 전달할 수 있다. 자사가 구축한 프리미엄 망은 자사가 전용으로 사용할 수 있다. 즉, KT 전용망에서는 LG U+가 망을 전용으로 사용할 수가 없다. 망 중립성에 대한 결정이 나오면 네트워크 사업자는 물리적 사용료뿐만 아니라 콘텐츠 유통에 차별을 가한다. 스마트 TV에서 단말기 제공자에게 전달되는 콘텐츠에 대하여 데이터를 차단할 뿐만 아니라, 이들은 자신들이 C-P-N-T의 모든 사업을 총괄하고자 한다.

③ 사용자 이용과 충족, 문화연구의 대두이다. 구글, 애플, 삼성전자 등이 일제히 TV시장에 뛰어든 이유는 거대한 새로운 경제 폭풍이 다가오기 때문이다. 스마트폰 사업에서 보듯이 삽시간에 휴대전화 시장을 지배했던 스마트폰 사례를 들어 스마트 TV도 한 세기 가까이 지배한 패러다임인 '받아 보는 TV 시대'가 '찾아 보는 TV 시대'로 바뀔 것이다. 당장은 아니겠지만 조만간에 콘텐츠를 찾아서 보고 서로 공유하는 이른바 '스마트미디어 3.0 시대'가 도래할 것은 분명하다.

우리가 TV를 보는 방식은 3-스크린 서비스를 사용하는 것은 아닌가 생각된다. 누가 제공하지 않아도 자기가 가진 디지털 기기를 자유롭게 이용하고자 한다. 'TV-인터넷-모바일'에서 '모바일-TV-인터넷' 패러다 임으로 변한다. '모든 것을 하나의 패키지로 제공할 때 3-스크린'이라고 생각하고 패러다임에서 그 중요도가 변하거나 옮아가고 있다. '스마트한 디바이스' 간에 융합, 단순히 어떤 단말기(예를 들어 TV 속으로) 안에 모든 서비스가 들어가는 것이 아닌 단말기 간의 연결성이 중요하거나, 단말기 간 직접 통신이 아닌 클라우드를 경유한 단말기 간의 통신이 앞으로의 융합 서비스를 가져오거나, C-P-N-T 융합이 스마트 단말기보다 필요한 시기가 아닌가 한다.

5. 스마트 TV의 미래

스마트 TV 시장 변화의 패러다임은 스마트 TV 디바이스에서 '다면 플랫폼'을 통해 콘텐츠, 사용자, 유통에 이르는 UX를 구축하는 것이다. 스마트 TV의 등장은 인터넷 사업자(구글, 마이크로소프트)에게는 기존 인터넷 시장 지배력을 TV 부문으로 확대할 수 있는 기회를, 스마트 단말기 중심 사업자(애플, 안드로이드 스마트폰 사업자)에게는 새로운 TV 시장 창출의 기회를 제공한다. 여기에 사용자와 콘텐츠가 만나는 접점을 매끄럽게 공유하는(seamless share) 전략이 필요하다. 소니가 콘텐츠와 하드웨어의 매끄러운 통합에 실패하면서 몰락의 길로 들어선 것에서 교훈을 얻어야 한다. 더불어 TV 플랫폼을 독점했던 방송사(지상파, 콘텐츠 생산자) 진영에는 다양한 플랫폼의 등장과 소비 확대로 인한 디지털과 스마트 세대에 대한 UX 구축이 필요해 보인다.

구글, 애플, 마이크로소프트를 비롯한 IT 기업은 스마트 TV를 통해 거실을 공략할 수 있는 기반을 마련함으로써 자사 서비스 플랫폼을 확대하는 것은 물론 방송 광고 시장 진출을 위한다면 플랫폼·비즈니스 모델 창출이 필요하다. 구글과 같은 IT 기업은 인터넷이 가진 검색이나 멀티미디어적 특성을 TV에서도 제공할 수 있어야 한다. 예를 들어 TV에서도 용이한 애플리케이션 접근과 매끄러운 통합 UX 제공이 필수다. 더불어 TV에서 검색하는 수용자의 이용과 충족을 파악하고 이에 대한 선순환 구조를 만들어야 한다.

TV 제조사(삼성전자, LG전자 등) 진영에서도 하드웨어 성능 외에 스마트 TV 지원 요소가 새로운 단말 경쟁력 요인으로 등장하고 있다. 새로운 UX, 스마트 단말기 기능에서는 전통 컨트롤을 대체하는 디스플레이와 디바이스 영역의 신규 시장 창출을 할 수 있는 혁신적인 UI와 UX가

나와야 한다.

　지난 5년 동안 스마트 TV가 다양한 시행착오를 거치면서 터득한 지혜는 다면 플랫폼으로 단일화를 통한 에코 시스템을 구축하는 것으로 보인다. 따라서 디지털 콘텐츠 서비스 진영 및 애플리케이션 개발자 진영의 경우, 스마트 TV로 스마트폰 및 태블릿 PC의 애플리케이션이나 게임, 헬스 등의 콘텐츠 서비스 영역 확대를 통한다면 플랫폼의 창조경제가 필요해 보인다. 특히 전통 방송사 진영은 스마트 TV 사업자 및 IPTV 사업과 등과 같은 새로운 유형의 방송 서비스를 제공할 수 있는 통합 체계를 구축하는 것이 필요하다. 이를 바탕으로 스마트 TV의 검색, 쇼핑 등 다양한 부가기능을 활용함으로써 시장 변화에 대응해야 한다.

　스마트 TV 플랫폼이 TV를 보는 방식, 콘텐츠 구성 방식을 완전히 바꿀 수 있을 것인가? 스마트 TV 기술이 사람의 방송 소비 습관을 고칠 만큼 당장 쉽고 편해질 수 있을까? 미디어 환경이 변화하면서 스마트 TV 생태계에 구글, 애플, 삼성전자, LG전자, IPTV 등이 일제히 뛰어들어 스마트 TV 플랫폼 폭풍을 대비하고 있다. 스마트 TV 생태계가 갖추어지면, 스마트폰 사례와 마찬가지로 TV도 한 세기 가까이 지배한 'Feature TV 시대'의 패러다임이 'Smart TV 시대'로 바뀔 것이다. 당장은 아니겠지만 조만간 콘텐츠를 찾아서 보고 서로 공유하는 이른바 '다면 스마트 플랫폼 시대'가 도래할 것이고 이는 피할 수 없는 대세로 보인다. 스마트 디바이스 간 융합, 단말 간 연결성(*trans-media*)이 수용자 간의 소셜 TV 기능 등의 다면적인 수용자 이용과 충족 방식은 고려할 만한 문제이다.

　스마트 TV 시장은 아직은 안정화되었다고 평가하기 어렵다. 기존 TV 매체의 기능이 변화할 수 있는지, 스마트폰이나 PC로 할 수 있는 경험을 TV로 옮길 수 있을 것인지, 누가 얼마나 비용을 부담할 것인지 등의 기술과 정책, 그리고 이용자 수요 측면에서 개선되고 정비되어야 할 과제가 많다(박성철, 2011). 그럼에도 불구하고 N스크린 전략에 따른 사업 다각화, 방송 콘텐츠 보유 사업자의 비즈니스 모델 가치 상승, 방송광고 시장의 구조 변화와 확대, 소비자의 능동적 참여행태 증가 속에서 미래 스마트 TV의 발전 가능성은 낙관적일 것이라 예견된다.

참고문헌

김인성 (2011), 《한국 IT 산업의 멸망》, 서울: 북하우스.
박성철 (2011), 스마트 TV 서비스의 이용 동기와 수용에 관한 탐색적 논의, *Journal of Communications and Radio Spectrum*, 39호.
백강녕 외 (2012. 3. 12), 이 모든 것이 스마트 TV로, 〈조선비즈〉.
송민정 (2010. 6. 25), 〈스마트 TV로의 진화에 따른 미디어 시장 영향 및 시사점〉, KT경제경영연구소 IT 전략보고서.
윤상진 (2012), 《플랫폼이란 무엇인가?》, 서울: 한빛비즈.
이경남 (2009), IPTV 가치사슬 및 경쟁전략 분석과 시사점. 〈정보통신정책〉, 20권 23호.
이만제 (2012. 1. 30), 스마트 환경에서 미디어콘텐츠 사업자의 대응과 과제, 〈KOCCA 포커스〉, 46호.
이상일 (2012), 스마트 디바이스가 몰고 오는 산업지형 변화, 〈주간 기술동향〉, 1529호, 14~26.
이승엽 (2011), 스마트 TV 시장의 전개 양상 및 주요 사업자의 시장전략, *Journal of Communications & Radio Spectrum*, 3호, 1~29.
이은민 (2012), OTT 서비스 확산과 비즈니스 사례 분석, 〈방송통신정책〉, 24권 15호, 1~33.
장희순·이상일 (2012), 〈스마트 TV시장 전개와 전망〉, 정보통신산업진흥원.
정두남 (2011), 〈스마트 TV의 등장에 따른 미디어산업 구조변화에 관한 연구〉, KOBACO.
_____ (2012), 스마트 TV 시대 지상파 디지털 다채널 서비스(MMS)의 재조명, 〈여의도 저널〉, 26호, 103~132.
조경섭 외 (2011), 스마트 TV 서비스 동향 분석 및 전망, 〈전자통신 동향분석〉, 26권 4호, 1~13.
조희정 (2012), 〈스마트 TV의 현황과 정책과제〉. 국회입법조사처.

최윤정 (2012), 〈애플과 구글의 비즈니스 모델 차이점 분석〉. KT정책연구소.

한국방송통신전파진흥원 (2014), 스마트 TV의 최근 동향과 주요 이슈, 〈동향과 전망: 방송
· 통신 · 전파〉, 72호.

한영수 (2011), 스마트폰과는 다른 스마트 TV 시장의 전개 양상, 〈Weekly 포커스〉, 48～
54.

_____ (2013), 구글TV와 애플TV로 미리 본 스마트 TV 시장의 경쟁, 〈LG Business
Insight〉.

MBN (2010), 《스마트 빅뱅》. 서울: 매일경제신문.

_____ (2013), 《스마트 TV Global Summit 2013》. 서울: 전자신문.

Hagiu, A. (2014), *Strategic Decision for Multiside Platform*. MIT SMR.

3

경쟁적 방송 시장에서의 신기술 도입

UHD 방송의 사례를 중심으로*

문상현

1. 방송 산업에서의 시장 경쟁과 기술 혁신

역사적으로 볼 때 방송은 매스미디어 중 가장 규제가 많은 미디어의 하나
였다. 희소한 주파수라는 기술적 제약과 방송의 사회적 영향력으로 인해
미국을 제외한 대부분의 국가는 직접 방송을 소유·운영하거나 공사
(*public corporation*)의 형태로 운영하는 공영 제도를 채택하였다. 따라서
방송은 여타 미디어 산업과 달리 치열한 상업적 경쟁으로부터 보호받으
며 수신료나 광고 수입 등을 통해 안정적 성장을 이루었다. 그러나 1990
년대 들어 디지털 기술이 발전하면서 다매체·다채널 시대가 도래되었
고, 이는 지상파 방송으로 대표되던 방송 시장에 근본적 변화를 가져왔
다. 소수의 지상파 방송사가 독과점적으로 지배하던 방송 시장에 케이블
TV, 위성방송, IPTV, 모바일 방송과 스마트TV 등 새로운 플랫폼 사
업자가 진입하였고, 플랫폼의 다양화에 발맞추어 프로그램 제작 시장 역
시 진입과 퇴출이 자유로운 경쟁적 시장으로 변화되었다.

---

* 이 장은 2014년 〈디지털 융복합연구〉 12권 10호에 게재된 필자의 논문을 수정·보완한 것이다.

방송 시장의 이러한 변화는 플랫폼 및 콘텐츠 사업자를 한정된 시청자와 광고 수입을 놓고 치열하게 경쟁하도록 만든다. 오랫동안 전파매체의 광고시장을 독점한 지상파 방송사의 광고 수입은 새로운 경쟁매체의 출현으로 지속적으로 감소하고 있으며, 시청자의 미디어 소비 형태의 변화는 시청률의 하락으로 이어지고 있다. 케이블TV, 위성방송 및 IPTV 등의 새로운 방송 플랫폼 사업자 역시 이미 포화상태에 이른 유료방송 시장에서 무한경쟁을 벌이며 지상파 방송과 콘텐츠 시장에서 경쟁하는 종합편성채널 및 프로그램 공급자 역시 유의미한 성과에도 불구하고 여전히 지속 가능한 성장을 위한 시청률을 확보하는 데 어려움을 보이고 있다.

한편 1990년대 중반 이후 한류 드라마의 성공은 방송사업자에게 제한된 국내 시장을 넘어 새로운 수익 창구로 해외 시장의 가능성을 볼 수 있게 하였다. 특히 시장 규모가 큰 일본 및 중국에서의 한류 드라마 성공은 시청률 경쟁의 격화와 광고 수입의 감소로 고전하던 방송사업자에게는 가뭄의 단비와 같은 것이었다. 그러나 불과 10년 만에 한류 드라마는 소수 한류 스타의 겹치기 출연과 유사 포맷 및 스토리의 남발로 해외 시장에서 경쟁력을 잃어가는 실정이다.

디지털 융합(digital convergence)이라는 기술 혁신이 낳은 방송 시장에서의 경쟁의 증대는 방송사업자에게 경제적으로 중요한 함의를 갖는다. 일반적으로 시장에서의 경쟁 증대는 이윤을 극대화하고자 하는 기업으로 하여금 비용 절감을 통한 효율성, 소비자의 필요에 대한 면밀한 관찰과 분석, 그리고 끊임없는 혁신을 통해 경쟁자에 대한 비교우위를 추구하도록 만든다. 미디어 산업에서의 기술 혁신은 시장에 경쟁을 증대시키는 결과를 낳았을 뿐 아니라 기술 혁신 그 자체가 시장에서의 경쟁의 수단으로 활용된다.

특히 기술 의존도가 높은 미디어 산업에서는 새로운 기술이나 이에 기반을 둔 서비스가 기업의 시장 선점 혹은 경쟁 기업에 대한 비교 우위 확보의 목적으로 도입되는 경우가 많다. 그리고 이는 국내 시장에서뿐만 아니라 해외 시장에서 외국 기업과의 경쟁에서도 보편적으로 나타난다. 그리고 해외 시장에서의 경쟁은 대체로 정부의 직간접적 지원이나 일종의 대리전 형태로 이루어지기도 한다. 2000년대 들어 미디어 산업이 창조산업의 핵심 분야로 간주되면서 이러한 경향은 더욱 분명해지고 있다.

슘페터(Schumpeter)는 기술의 변화로 인한 새로운 혁신의 등장을 설명하기 위해 '창조적 파괴'(creative destruction)라는 개념을 사용하였다. 그에 따르면 이러한 과정을 통해 기존 기업은 적응하거나 사라진다고 주장하였다(McCraw, 2007). 도일(Doyle, 2013)의 설명에 따르면, 기업이 기술의 진보와 혁신을 추구하면 이는 새로운 비즈니스 창출과 성장의 기회를 기업에게 가져다주지만 동시에 기존의 상품과 서비스는 시장에서 더 이상 설자리가 없게 된다. 따라서 기술의 변화와 혁신에 반응하며 스스로 변화하는 데 실패한 기존 지배적 사업자는 기업의 가치가 하락하거나 종국에는 영향력이 쇠퇴해서 최악의 경우 사라질 수 있다는 것이다.

슘페터의 영향을 받은 진화경제학(evolutionary economics)은 기업의 혁신 능력이 타 기업과의 경쟁에서 우위를 유지하는 핵심적 원천이 된다고 주장한다(Metcalfe, 1998). 슘페터의 논리를 따르자면 기술 혁신으로 인한 새로운 상품과 비즈니스는 끊임없이 기존의 상품과 비즈니스를 대체하고 재구조화하는데 이러한 창조적 파괴의 과정은 경제 성장으로 귀결되는 긍정적인 것이다(Doyle, 2013).

이러한 맥락에서 보면 기업이 기술 발전과 혁신을 추구하는 것은 자연스러울 뿐만 아니라 바람직한 행동이라고 할 수 있다. 특히 첨단 산업에서 기업이 새로운 기술과 상품을 개발하기 위해 막대한 투자를 하는 것은 일반적 현상이라고 할 수 있다. 국내든 국외에서든 시장 경쟁이 치열해

질수록 기업의 기술 발전과 혁신에 대한 동기와 욕구는 더욱 커진다. 타 기업과의 경쟁에서 시장 선점의 이득뿐 아니라 특허와 지적 재산권 확보를 통해 커다란 수익을 얻을 수 있기 때문이다.

전 세계적으로 방송 산업은 가장 큰 시장 규모를 가진 미디어 산업이다. 디지털 기술의 발전으로 방송 콘텐츠와 플랫폼에서의 경쟁이 증대되고 있으며, 영상 미디어로의 통합이라는 미디어 트렌드로 인해 기술 및 서비스 혁신이 매우 빠르게 진행되고 있다. 최근 방송 산업에서 가장 핵심적인 화두는 차세대 방송 서비스로 기대를 한 몸에 모으고 있는 UHD 방송의 도입이다. 화질과 음질 등에서 HD방송을 훨씬 뛰어넘는 UHD 방송은 가전 및 방송 기술 혁신의 결과물이며, 이것이 현실화된다면 디스플레이 및 장비 교체, 관련 콘텐츠 수요의 확대 등을 통해 국내외적으로 엄청난 시장을 창출할 것으로 예상된다. 우리나라에서도 UHD 방송을 창조경제 실현의 가시적 성과물로 삼으려는 미래창조과학부의 주도 하에 지상파 및 유료방송사업자가 UHD 방송 도입에 경쟁적으로 나서고 있다.

각 방송사업자는 갈수록 경쟁이 치열해지는 방송 시장에서 기존 시장 질서를 재편하거나 전략적 우위를 차지하고자 UHD 방송을 추진하고 있다. 이 과정에서 서로 경쟁하는 사업자 간에 심각한 갈등과 대립이 발생하고 쉽게 해답을 찾기 어려운 정책 이슈가 제기되고 있다. 따라서 UHD 방송 도입은 경쟁적 방송 시장에서 새로운 기술과 혁신의 등장이 정부, 규제기구와 사업자 등의 이해당사자 간 관계에 어떠한 영향을 미치며, 제기되는 정책 이슈는 무엇인지 살펴볼 수 있는 좋은 사례가 될 것이다.

2. 새로운 방송 기술 및 서비스로서의 UHD 방송

UHD TV(*Ultra High Definition Television*)란 Full HD TV가 제공하는 화질보다 4배에서 16배까지 선명한 초고화질 비디오 4K(3,840 × 2,160) 또는 8K(7,680 × 4,320)의 해상도를 가지고, 음질도 10채널 이상의 입체 음향을 제공하는 차세대 실감 방송 서비스라고 정의할 수 있다(김광호, 2013). UHD TV는 HDTV보다 자연스러운 영상을 재현하기 위해 초당 프레임 수를 증가시키고 보다 정밀한 표현을 위해 화소당 비트의 수를 늘렸으며, 시야각을 넓혀 실감적인 화면을 제공할 수 있다(김흥익 외, 2013). 음질 역시 최대 22.2채널을 사용하여 실제 현장에서 듣는 것 같은 느낌을 구현할 수 있다.

2012년 6월 국제전기통신연합(International Tele-communication Union)은 UHD TV 4K 및 8K 해상도를 세계 표준으로, 2013년 1월에는 HEVC(*High Efficiency Video Codec*)를 새로운 영상압축 기술표준으로 선정했는데, 이로 인해 고해상도 및 음향의 증가로 발생하는 대용량 데이터를 원활히 처리할 수 있는 기술 표준이 마련되었다(오창희·정회경, 2013). 처음에는 4K, UD(*Ultra Definition*), SHV(*Super High-Vision*), UHD 등의 서로 다른 명칭으로 불렸으나, 전미가전협회(CEA)가 UHD로 통일할 것을 제안하면서 현재는 UHD로 수렴되는 추세이다. 〈그림 3-1〉은 UHD TV와 HDTV의 해상도 및 음질 차이 등을 비교한 것이다.

국내외 관련 기관의 전망에 따르면, UHD TV는 연관 산업 전반에 큰 부가가치를 창출할 것으로 예상된다. 〈그림 3-2〉에서 보듯이, 한국전자통신연구원(ETRI)은 세계 UHD TV 시장이 2015년 100억 달러를 넘어 2020년에는 235억 달러 규모에 달할 것으로 예측하였다. 또한 국내 시장 역시 2015년 2천억 원대를 넘어서 2020년에는 6천억 원을 상회할 것으로

보았다. 가전업계와 관련 연구기관은 일반적으로 TV의 교체 주기가 10
년 정도이기 때문에 2016년 이후가 되면 전 세계적으로 UHD TV에 대한
소비자의 수요가 빠르게 증가할 것으로 예측했다.

　방송 산업은 촬영·저장·편집 등의 제작에서 부터 송출·수신에 이
르는 다양한 과정을 포괄하기 때문에 방송 기술의 혁신은 이 모든 과정에

그림 3-1 **UHD TV와 HDTV의 규격 비교**

2K　1,080 ×1,920픽셀(2백만 픽셀)

4K　2.160 ×3,840픽셀(8백만 픽셀)

8K　4,320 ×7,680픽셀(3천 2백만 픽셀)

	UHD TV		HDTV	비고
	4K	8K		
화면당 화소 수 (픽셀/프레임)	3,840 × 2,160	7,680 × 4,320	1,920 ×1,080	4K: 4배 8K: 8배
화면 주사율(프레임/초)	60Hz	60Hz	30Hz	2배
화소당 비트 수(비트/픽셀)	24~36비트		24비트	1~1.5배
샘플링 형식	4:4:4, 4:2:2, 4:2:0		4:2:0	1~2배
화면비	16:9			동일
오디오 채널 수	10.1~22.2		5:1	2~4.4배
표준 수평 시야각	55°	100°	30°	3.3배
표준 시청 거리	1.5H	0.75H	3H	H:화면 높이

출처: 홍대용 (2013).

그림 3-2 2013~2020년 UHD TV 국내 및 해외 시장 전망

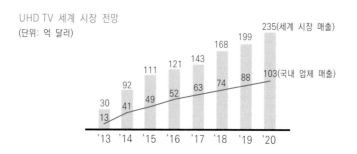

UHD TV 세계 시장 전망
(단위: 억 달러)

235(세계 시장 매출)
199
168
143
121
111
92
30
13 41 49 52 63 74 88 103(국내 업체 매출)

'13 '14 '15 '16 '17 '18 '19 '20

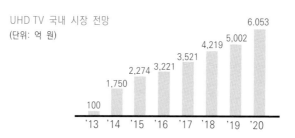

UHD TV 국내 시장 전망
(단위: 억 원)

6.053
5,002
4,219
3,521
3,221
2,274
1,750
100

'13 '14 '15 '16 '17 '18 '19 '20

* 국내 디지털 TV는 2004년 HD 방송 서비스 본격화 이후 급증
출처: 홍대용 (2013).

큰 변화를 가져온다. 따라서 UHD 기술로의 전환은 방송 장비부터 소프
트웨어, 부품, 콘텐츠와 서비스, 네트워크 및 디스플레이에 이르기까지
방송의 전체 생산 및 소비 과정에 엄청난 새로운 수요를 창출한다. 주요
선진국에서 HDTV의 보급 및 확산이 포화상태에 이르고 디지털 전환이
마무리되면서 새로운 수요를 창출할 필요성이 높아졌다. 이와 함께
HDTV 이후 고해상도와 고음질에 대한 소비자의 욕구가 더욱 커지면서
등장한 것이 바로 UHD TV인 것이다. 이에 따라 방송 관련 산업에서 경
쟁력을 보유한 미국, 유럽, 일본 등은 발 빠르게 UHD TV 개발과 상품
화에 나섰다. 디지털 TV 시장에서 가장 높은 점유율을 보이는 우리나라
와 빠르게 성장하는 대표 후발주자인 중국 역시 UHD TV 기술 개발과
제품화에 박차를 가하면서 치열한 경쟁이 벌어지고 있다.

현재까지 UHD TV 기술 개발 및 상품화에 가장 앞선 나라는 일본이다. 일본은 우리나라에 주도권을 빼앗기기 전까지는 전 세계 TV 시장의 최강자였다. 세계 최대 TV 시장인 미국의 대형 가전마트에서 소니를 비롯한 일본의 TV는 여타 국가의 TV와는 다른 프리미엄 대접을 받았다. 그러던 것이 2000년대 초 이후로 HDTV를 비롯한 디지털 TV 시장에서 삼성전자와 LG전자 등 우리나라 TV에 추월당했다. 일본이 차세대 방송 서비스로 각광받는 UHD TV 개발과 상품화에 빠르게 나선 것은 우리나라에 빼앗긴 세계 TV 시장의 주도권을 탈환하기 위한 전략 때문이라고 할 수 있다. 일본은 공영방송인 NHK의 주도로 1995년 SHV(Super Hi-Vision) 개발 프로젝트에 착수해 이후 카메라, 디스플레이, 전송, 부호화 기술 등 방송 관련 전 분야에 걸쳐 연구 개발을 진행했다.

일본은 2005년에 아이치 현 국제 박람회에서 UHD TV 기술을 최초로 시연했고, 2007년에는 UHD TV 실시간 중계 시연에 성공하는 개가를 올렸다. 이어서 2012년 5월에는 세계 최초로 4K UHD TV 시험방송을 개시하였고, 같은 해 7월에 열린 런던올림픽을 영국 BBC와 공동으로 4K UHD로 시험방송하는 단계에까지 이르렀다. 일본은 2013년 총무성 산하에 '차세대 방송 추진포럼'을 조직하였으며, 2014년 7월 브라질월드컵을 기점으로 4K UHD TV 상용 서비스를 개시할 계획인데 이는 당초 계획보다 2년을 앞당긴 것이다. 특히 2014년 1월 일본은 8K UHD 방송의 지상파 전송 실험에 성공했다고 발표하였는데, 2016년에는 8K UHD TV 시험방송을 개시해 2020년 일반 가정을 대상으로 상용화할 계획이다. UHD TV 성공의 관건인 콘텐츠 제작에서도 일본은 방송사, 가전사, 연구개발 관련 기관 등 21개 단체가 컨소시엄을 만들어 콘텐츠 공급 및 유통환경을 구축하고자 하였다.

현재까지 UHD TV 기술 개발은 일본이 제일 앞서지만 차세대 방송 서비스인 UHD TV의 밝은 시장 전망과 함께 미국과 유럽의 움직임도 점차 빨라지고 있다. 미국은 미래 방송 서비스가 가능한 차세대 지상파 표준 (ATSC 3.0)을 개발 중이며, 유럽은 2012년 하반기부터 4K UHD TV 표준 제정을 위한 논의를 본격화하였다(미래창조과학부, 2013).

서홍수(2013)에 따르면, 미국의 경우 FCC(연방통신위원회)가 볼티모어 지역방송사인 WNUV에게 4K UHD TV 실험방송을 허가하였으며, 프랑스, 독일, 이탈리아와 스페인 등의 유럽 국가 역시 4K UHD TV에 대한 높은 관심을 표명하며 실험방송을 추진하거나 계획을 발표하였다. 특히 프랑스는 2013년 6월부터 5개월에 걸쳐 지상파 UHD 방송 실험을 성공적으로 마쳤다(이상진, 2014). 〈그림 3-3〉은 일본, 미국, EU의 UHD 방송 진행 상황을 정리한 것이다.

그림 3-3 2012~2016년 일본, 미국, EU의 UHD 방송 진행 상황

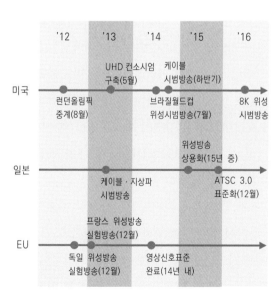

출처: 미래창조과학부 (2013).

3. UHD 방송 서비스 도입 추진의 배경

방송 서비스를 구현하는 데 필요한 기술적 요구와 소비자의 구매 능력을
넘어서는 높은 디스플레이 가격으로 인해 먼 이야기로만 느껴지던 UHD
방송의 도입은 차세대 성장동력으로서 UHD TV의 가능성을 본 각국 정
부의 정책적 드라이브와 이에 부응한 가전사의 디스플레이 가격 인하 경
쟁으로 빠르게 가시화되고 있다. 서홍수(2013)는 국내외에서 차세대 방
송으로 UHD TV가 떠오른 배경으로 다음의 3가지를 든다.

첫째, 고화질·고음질의 TV 기술이 발전하고 HDTV가 대중적으로
보급되면서 보다 실감 있고 해상도가 높은 방송 서비스에 대한 시청자의
요구가 증가했다. 둘째, TV 디스플레이 및 방송장비 시장의 진화 역시
UHD TV에 주목하게 만드는 요인이다. 미국을 비롯해 대부분의 국가에
서 50인치 이상의 대형 TV에 대한 수요가 빠르게 증가하고 있다. 디스플
레이의 대형화로 인해 Full HD급 해상도가 50인치 이상에서는 선명하게
구현되지 않음으로써 자연스럽게 기존 HD급을 뛰어넘는 고화질 기술의
필요성을 높였다. 이는 동시에 카메라를 비롯한 방송장비에서도 UHD
급의 기술을 요구했다. 마지막으로 TV 디스플레이를 비롯한 새로운 기
술의 발전을 통해 차세대 방송 시장에서 비교우위를 차지하고자 하는 시
장 선점의 필요 역시 전 세계적으로 UHD TV에 대한 관심을 높이는 계
기가 되었다.

삼성전자와 LG전자 등의 국내 가전사가 국내외에서 적극적으로 UHD
TV를 출시하는 것 역시 일본을 비롯한 중국 가전사와의 경쟁에서 승리
해 차세대 TV 시장에서도 전략적 우위를 유지하기 위함이라고 할 수 있
다. 특히 TV 시장에서 주도권 탈환을 노리는 소니 등 일본 가전사를 견
제하기 위해서도 UHD 방송 서비스의 빠른 상용화는 가전사에게 매우

중요한 것이다. 박근혜 정부 역시 핵심 수출 산업인 전자 산업의 활성화를 위해 가전사의 요구에 부응해 UHD TV의 내수 시장을 확대할 필요가 있었다. 특히 박근혜 정부는 출범 이후 야심차게 내세운 창조경제 활성화라는 국정과제 추진에서 가시적 성과를 내야 한다는 부담감을 안고 있었다.

이러한 상황에서 UHD 방송이 창조경제의 신성장 동력산업이 될 수 있다고 보고 주무부서인 미래창조과학부를 중심으로 UHD 방송의 조기 도입을 적극적으로 추진하고 있다. 과거 정부 역시 전자 산업의 안정적 성장을 돕고자 새로운 미디어 서비스를 적극적으로 도입해 내수시장을 창출했다. 이전 이명박 정부가 특혜 논란에도 불구하고 미디어 산업의 글로벌 경쟁력 강화와 방송 시장의 경쟁 확대를 위해 IPTV를 도입한 것은 그 대표적 예이다. 박근혜 정부의 정부구조 개편으로 종합유선방송사업자와 IPTV 등을 관장하는 미래창조과학부는 UHD 방송 서비스의 조기 도입을 목표로 유료방송사업자 중심의 서비스 도입을 추진 중이다.

정부의 UHD 방송 서비스 도입 추진에 발맞춰 국내 방송사업자 역시 경쟁적으로 UHD 방송 서비스 제공을 위한 준비를 하고 있다. 특히 최근 몇 년 동안 방송 시장의 환경 변화로 어려움에 처한 방송사업자는 차세대 방송 서비스인 UHD 방송을 통해 새로운 돌파구를 모색하고 있어 UHD 방송 서비스 도입은 예상보다 빠르게 진행되고 있다. 현재 UHD 방송 서비스 도입에 가장 적극적인 것은 종합유선방송사업자이다. 1990년대 중반에 도입되어 2000년대 이후로 국내 유료방송 시장을 지배한 케이블 TV는 위성방송과 위성 DMB 등의 도입에도 시장에서 흔들리지 않는 아성을 구축했다. 그러나 통신사업자에 대한 과도한 특혜라는 비난에도 불구하고 IPTV에 대해 적극적인 정책 지원을 마다하지 않은 이명박 정부 덕분에 IPTV가 빠르게 유료방송 시장을 잠식하였다. IPTV의 유료방송 시장 점유율 확대에 위기감을 느낀 종합유선방송사업자는 UHD 방송 서비스를 현 상황을 반전시킬 핵심적 사업으로 간주하고 가장 빠르게 서비스 상용화에 나서고 있다.

한편 후발 사업자로 지상파 실시간 전송의 어려움과 케이블TV의 약탈적 가격 정책 등으로 가입자 확보에 어려움을 겪었던 위성방송사업자는 IPTV의 공세적 시장 확대로 인해 이중고에 직면했다. 대주주인 KT와의 결합상품 판매 등을 통해 꾸준히 가입자를 늘려온 위성방송사업자는 지역 독점에 기반을 둔 케이블TV에 비해 전국망을 보유한 장점을 UHD 방송 서비스 경쟁에서 우위를 점하는 데 활용하고자 하고 있다.

반면 IPTV의 경우 UHD 방송 서비스를 제공하기 위해서는 통신망 과부하 문제를 해결해야 하기 때문에 위성방송을 소유한 KT를 제외한 SK텔레콤과 LG U+는 UHD 방송 서비스 도입에 상대적으로 소극적 태도를 보였다. 하지만 IPTV사업자 역시 정부의 확고한 UHD 방송 도입 의지와 예상보다 빠른 디스플레이 가격 하락을 보면서 UHD 방송 서비스 도입에 적극적으로 나설 움직임을 보이고 있다.

우리나라의 UHD 방송 서비스 도입과 관련하여 가장 큰 논란의 대상은 바로 지상파 방송이다. 지상파방송사업자는 미래창조과학부의 유료방송사업자 중심의 UHD 방송 추진에 반발하여 관장 규제기구인 방송통신위원회를 앞세워 유료방송과의 동시 상용화를 요구하고 있다. 지상파 방송의 UHD 방송 실시는 주파수 문제와도 밀접하게 관련되어 문제가 더욱 복잡하다. 즉, 지상파 방송의 경우 UHD 방송 서비스를 위해 디지털 전환 후 사용하지 않는 700㎒ 대역의 할당을 강력하게 요구하나 통신사업자가 해당 주파수의 사용을 요구하면서 양자 간 갈등이 심화되고 있다. 통신사업자를 관장하는 미래창조과학부의 경우 해당 주파수를 통신용으로 사용하는 데 찬성하는데 반해, 지상파 방송의 주무기관인 방송통신위원회의 경우 다소 유보적이고 애매모호한 입장을 견지해 논란은 쉽게 해결될 기미가 보이지 않는다.

이상에서 보듯이 국내 방송 시장에 UHD 방송 서비스 도입을 추진한 배경에는 정부, 가전사, 유료방송사업자 및 지상파방송사업자 등 방송 산업에서의 주요 행위자 간 상이한 이해관계가 있다. 지상파방송사업자가 독과점적으로 지배했던 방송 시장에 다양한 경쟁 사업자가 진입하면서 방송 시장의 변화를 야기하는 정부 정책이나 규제를 둘러싸고 관련 행위자 간의 이해관계가 매우 복잡해졌다. 그리고 이렇게 중첩되고 복잡한 이해관계는 정부를 포함한 방송 시장의 관련 당사자 간에 적잖은 갈등과 대립을 낳고 있다.

4. UHD 방송 서비스 도입 추진 현황

1) 정부 정책의 추진 방향

차세대 방송 서비스인 UHD 방송을 둘러싸고 벌어지는 국가 간 기술 개발 경쟁에 우리나라 정부 역시 적극적 대응에 나서고 있다. 창조경제 활성화를 핵심 국정과제로 내세우는 현 박근혜 정부는 UHD 방송을 신성장동력 산업으로 보고 UHD TV 원천기술의 확보와 방송 서비스의 조기 상용화를 통해 차세대 방송 시장에서 우위를 점하는 것을 목표로 한다.

특히 방송 산업을 구성하는 C-P-N-D(콘텐츠-플랫폼-네트워크-디바이스)의 전 과정에서 시장 선점과 비교우위를 누리기 위해서는 종합적 산업진흥책을 마련하는 것이 필요하다 보고 미래창조과학부를 중심으로 관련 부처와의 협조하에 정책을 추진 중이다. 특히 미래창조과학부는 2013년 7월 〈차세대 방송 기술 발전전략: UHD 방송 기술을 중심으로〉를 발표하여 UHD 방송 도입과 관련한 정부의 정책 목표와 구체적인 로드맵 등을 밝혔다.

정부는 이 문서에서 UHD 방송과 관련하여 'UHD 차세대 방송을 통한 국민 행복과 창조경제 실현'이라는 정책 목표를 제시하고, 이를 위한 추진 전략으로 UHD서비스 조기 도입을 통한 세계시장 선도, C-P-N-D의 동시 육성으로 방송 생태계 조성, 두 가지를 내세웠다. 또한 4대 추진 과제로 조기 상용화 추진, 원천기술의 확보, UHD 콘텐츠 활성화와 방송 장비산업 육성을 설정하였다(미래창조과학부, 2013).

각 추진 과제와 관련하여 정부는 산학연이 참여하여 UHD 핵심기술 개발을 추진하고 UHD 방송의 국제 표준화에 적극 대응하도록 하며, 세계 최정상의 디스플레이 산업 외에 관련 방송장비 산업에서도 경쟁력을 확보하기 위한 연구개발 지원을 통해 핵심 장비의 개발을 추진하고, UHD 방송 활성화의 관건인 콘텐츠 제작 여건을 조성하기 위해 장비 임대 및 제작비 지원사업을 벌이는 한편, 콘텐츠 제작업체, 방송사업자, 가전업체 등이 참여하는 콘텐츠 협력 컨소시엄 구축을 지원하기로 했다.

정부가 밝힌 4대 추진 과제 중 사업자 간 큰 논란을 불러일으킨 것은 바로 조기 상용화 추진에 관한 계획이었다. 미래창조과학부는 초기부터 UHD 방송 도입을 지상파 방송사가 아닌 케이블TV 등의 유료방송사업자를 중심으로 추진할 복안을 가졌다. 이는 지상파 방송사의 주무 규제 기관이자 정책부서는 방송통신위원회이고, 미래창조과학부가 중시하는 산업적 논리보다는 공공성이나 공익성 같은 사회적 가치가 강조되기 때문이었다. 특히 지상파 방송사의 경영과 전략 수립 등에는 방송사 노조, 정치권과 시민단체 등의 영향력이 크게 작용하기 때문에 미래창조과학부가 강조하는 경쟁을 통한 방송 산업의 활성화 논리는 쉽게 받아들여지기 어렵다. 그러나 국내 방송 시장에서 여전히 절대적 영향력을 행사하는 지상파 방송사를 배제한 채 차세대 방송 서비스를 추진하는 것이 논란을 불러일으킬 것은 쉽게 예상되는 일이었다.

2012년 12월을 기점으로 디지털 전환을 마친 지상파 방송사는 기존에 사용하던 주파수 700㎒를 반환함으로써 UHD 방송 서비스를 위한 주파수가 없는 상황이었다. 이로 인해 지상파 방송사는 700㎒를 UHD 방송에 사용하게 해달라고 요구했다. 하지만 이를 통신사에게 할당할 계획이었던 미래창조과학부가 난색을 표함으로써 UHD 방송 추진도 논란에 휩싸였다. 특히 미래창조과학부가 2013년 4월과 7월에 발표한 UHD 방송 로드맵에서는 지상파 방송사의 UHD 방송 도입 일정이 케이블과 위성방송보다 늦게 잡혔을 뿐 아니라, 주파수 확보 문제로 지상파 방송의 UHD 상용화 계획이 애매모호하게 적시되어 지상파 방송사의 반발을 불러일으켰다.

2013년 4월에 미래창조과학부가 발표한 로드맵은 케이블TV의 경우 2015년 중반, 위성방송의 경우는 2016년에 4K 방송 상용화를 추진하고, 지상파 방송은 2018년에 상용화한다는 계획을 밝혔다. 하지만 지상파 방송사의 격렬한 반발 속에 방송통신위원회와의 협의를 거쳐 7월에 발표된 최종 로드맵은 지상파 방송사의 기대와는 다른 것이었다.

미래창조과학부가 UHD 방송 추진 계획을 밝힌 공식 문서에 포함된

표 3-1 매체별 UHD 방송 로드맵

연차별		주요 이벤트	케이블 TV	위성방송	지상파 방송
2013년	3Q		4K 실험·시범방송 (SW STB)	4K 실험방송 (실험위성)	4K 실험방송
	4Q				
2014년	1Q			4K 실험방송 (상용위성)	
	2Q	브라질월드컵(6월)	4K 상용화 (STB 내장형 TV)		
	3Q	인천아시안게임(9월)		4K 시범방송 (무궁화)	
	4Q	ITU 전권회의(10월)			
2015년	1Q			4K 상용화	
	2Q				
	3Q		4K 상용화 (HW STB)		4K 시범방송
	4Q				
2016년	1Q				
	2Q	리우데자네이루올림픽(6월)	8K 실험방송	8K 실험방송 (실험위성)	
	3Q				
	4Q				
2017년	1Q				
	2Q				
	3Q				
	4Q				
2018년	1Q	평창동계올림픽(2월)			8K 실험방송
	2Q				
	3Q				
	4Q				

출처: 미래창조과학부 (2013).

로드맵에 따르면, 케이블TV와 위성방송의 UHD 방송 상용화 시기는 2014년과 2015년으로 각각 1년씩 더 앞당겨진데 비해, 지상파 방송의 경우는 실험 및 시범방송 시기는 앞당겨졌지만 4월 로드맵에서 밝혔던 2018년 상용화 계획이 아예 사라졌다. 그리고 지상파 방송사의 가용 주파수 확보 여부에 따라 상용화 시기를 조정한다는 설명만이 부기되었다 (〈표 3-1〉 참고).

2) 방송 사업자별 추진 현황

(1) 유료방송사업자

앞에서도 언급했듯이 미래창조과학부는 UHD 방송 도입을 유료방송사업자 중심으로 추진하고 있다. 미래창조과학부의 입장에서는 주관부처도 아닐 뿐더러 주파수 문제가 해결되지 않으면 UHD 방송 상용화가 쉽지 않은 지상파 방송사보다는 케이블TV나 IPTV 사업자를 UHD 방송 추진에 주 파트너로 삼는 것이 불가피해보이기도 한다. 현재까지 UHD 방송 도입과 관련해서 가장 적극적인 움직임을 보이는 유료방송사업자는 케이블TV이다. 케이블TV의 경우 기존 전송 규격의 변경이 필요 없어서 가장 빠른 UHD 방송 실시와 조기 상용화가 가능하다. 기존 방송망에서 콘텐츠가 전송에 필요한 대역폭만 확대하여 UHD 방송 서비스를 쉽게 제공할 수 있는 것이다(김홍익 외, 2013).

이에 따라 창조경제의 가시적 성과물로 UHD 방송 도입을 추진하는 미래창조과학부는 유료방송사업자 중 케이블TV의 UHD 방송 상용화를 가장 빠른 2014년으로 설정하였다. 케이블TV는 최근 몇 년간 유료방송 시장에서 IPTV의 빠른 시장 잠식으로 고전을 면치 못했다. 게다가 이미 디지털 전환을 끝낸 지상파 방송이나 디지털 서비스로 출발한 IPTV와 달리 아날로그 가입자가 전체 가입자 중 60%를 차지해 디지털 전환 추진 시 가입자 이탈이 예상되는 상황이다. 따라서 수익성 개선을 위해서라도 디지털 전환 시 가입자 이탈을 최소화할 필요가 있다. 케이블 TV는 UHD 방송 서비스가 이 같은 어려운 시장 상황을 타개하는 킬러 서비스가 될 것으로 예상하고 경쟁 사업자보다 빠른 UHD 방송의 도입을 추진하고 있다.

케이블 TV사업자 중 하나인 CJ헬로비전은 2013년 1월 케이블 업계 최초로 '채널 본딩'(channel bonding) 신기술을 적용한 케이블 TV 기반의 UHD 실험방송을 하였다. 이어서 7월에는 5개 케이블 MSO가 일반 가정에 UHD 시범방송을 개시했다. 특히 케이블 TV는 2014년 4월 제주도에서 열리는 '디지털케이블 TV쇼' 개막 일정에 맞춰 세계 최초로 UHD 방송을 상용화할 계획이다. 이는 당초 계획인 2015년보다 한 해 앞당겨 시행되는 것이다. 케이블 TV는 2017년까지 UHD 기술 개발, 인프라 구축과 콘텐츠 확보 등에 6천 5백억 원 규모를 투자할 계획이다.

위성방송은 케이블 TV에 이어 두 번째로 도입된 유료방송 서비스이지만 케이블 TV의 위세에 눌려 가입자 확보에 어려움을 겪었다. 게다가 이명박 정부의 정책적 지원하에 출범한 IPTV가 통신사업자의 적극적인 투자와 결합상품 마케팅 등을 통해 유료방송 시장의 점유율을 높여가는데 반해 한동안 시장 점유율의 정체를 겪었다. 그러나 대주주인 KT와의 결합상품 판매가 호조를 보이면서 빠르게 가입자 수를 늘리고 있다. 스카이라이프는 2012년 8월 수도권 지역을 대상으로 UHD 실험방송을 실시하였는데, 2014년에는 전국 단위 방송으로 확대하고 2015년에 상용화를 할 계획이다. 이는 케이블 TV에 비해 다소 늦은 일정이지만 해당 사업지역을 대상으로 UHD 서비스를 제공하는 케이블 TV와 달리 위성을 통해 전국을 대상으로 실험방송을 한다는 점에 의미가 있다. 최초로 3D 채널

을 개설했으나 콘텐츠 부족으로 사업을 접었던 스카이라이프는 3D TV
의 전철을 밟지 않기 위해 스카이HD 등 PP를 통해 공동으로 UHD 콘텐
츠를 준비할 계획이다.

　스카이라이프를 통해 UHD 방송을 추진하는 KT를 제외한 IPTV 사업
자는 UHD 방송 추진 초기에는 큰 열의를 보이지 않았다. 이는 통신망의
과부하 문제를 야기할 수 있기 때문이다. 2013년 7월에 미래창조과학부
가 발표한 UHD 방송 추진 계획에도 IPTV 사업자는 포함되지 않았다.
그러나 최근 UHD 방송의 시장 전망이 밝아짐에 따라 IPTV 사업자 역시
관심을 기울이기 시작했다. 이에 따라 SK브로드밴드는 UHD 상용화를
앞당기고자 2014년 9월 UHD 셋톱박스를 출시하였다.

(2) 지상파방송사업자

지상파 방송사는 UHD 방송을 프리미엄 서비스로 제공하려는 유료방송
사업자와 정부의 방향에 맞서 UHD 방송이 모든 국민이 보편적으로 무료
시청을 할 수 있어야 한다고 주장한다. 고화질 방송에 대한 시청자의 욕
구, 정보통신 기술의 발달로 인한 기술적 제약의 완화, 빠르게 하락하는
디스플레이 가격과 차세대 경제 성장 동력으로서 UHD 콘텐츠 산업의 중
요성 등을 고려할 때 지상파 방송사가 주도하는 보편적 무료 서비스가 되
어야 한다는 것이다.

　또한 미래창조과학부가 기술적으로 조기 상용화가 가능한 케이블TV
와 위성방송에게 먼저 UHD 방송을 허용하고 주파수 확보 여부가 불투명
한 지상파 방송사의 서비스 도입을 미룬 데 대해 지상파 방송사는 강력하
게 반발하고 있다. 이러한 정부 방침에 대해 지상파 방송사는 관련 콘텐
츠의 공급이 원활하게 이루어지지 않아 사실상 실패한 서비스가 된 3D
TV의 사례를 들며, 경쟁력 있는 UHD 콘텐츠를 제작·공급할 능력을 갖

춘 지상파 방송사를 배제한 UHD 방송 도입 계획은 수정되어야 한다고 주장한다. 이에 따라 지상파 방송사는 유료방송과 함께 UHD 방송 서비스를 시작할 수 있도록 정부에 요구하고 있다.

2012년 4월 지상파 4사(KBS · MBC · SBS · EBS)는 UHD 방송을 성공적으로 실험하고 차세대 방송 서비스 제공 협력을 위한 공동추진 협약서를 체결하기로 하였다. 이후 KBS 송출 실험국(Ch 66)을 통한 4사 공동 실험방송을 실시 중이다. 지상파 4사가 2013년 11월에 공동으로 발표한 '국민행복 700 플랜'에는 지상파 방송사의 UHD 방송 추진 계획이 구체적으로 담겨져 있다. '국민행복 700 플랜'은 지상파 방송의 UHD 방송 추진을 〈그림 3-4〉에서 보듯이 크게 4단계로 구분한다.

이 계획에 따르면 지상파 방송사는 2015년에 수도권을 대상으로 서비스 상용화를 시작하고, 2019년에는 광역시를 비롯한 전국 인구의 80%

그림 3-4 **지상파 방송사 UHD 방송 단계별 추진 계획**

출처: 이상진 (2014).

가량에 UHD 방송 서비스를 제공할 방침이다. 이러한 타임테이블은 미래창조과학부가 밝힌 케이블 TV와 위성방송의 2014년 서비스 상용화 계획과 거의 일치한다.

　UHD 방송 서비스와 관련해서 지상파 방송사가 가장 강점으로 내세우는 것은 역시 콘텐츠 제작 능력이다. 현재 방송 시장에서 지상파 방송사에 필적하는 콘텐츠 제작 능력 및 경쟁력을 보유한 방송채널사용사업자는 없다고 해도 과언이 아니다. 정부의 유료방송 중심의 UHD 방송 추진 계획에 대해 지상파 방송사가 격렬히 반발하는 배경에는 지상파 방송의

그림 3-5 지상파 방송사 UHD 4K 콘텐츠 보유 현황 및 제작 계획

KBS	• 드라마 〈추노〉, 〈각시탈〉, 〈공주의 남자〉, 〈굿닥터〉, 〈정도전〉, 〈드라마스페셜〉(제작중) • 특별기획: 〈사랑과 전쟁〉 • 다큐멘터리: 〈색〉(총 4부), 〈의궤〉(총 2부), 〈요리인류〉(총 8부) 정선, 낙산, 춘천, 한국의 염색, 봉산탈춤 등
MBC	• 상암 신사옥 방송 개시 특별 프로그램 • 한 · 이탈리아 수교 130주년 기념 다큐멘터리(총 3부) • 유실된 문화유산 재조명 다큐(총 3부) • 기후, 환경 문제에 대한 노력을 그린 다큐(총 4부) • 드라마 단막 페스티벌, 〈호텔킹〉 • 뮤직비디오: AOA, 달샤벳, 동방신기 등
SBS	• 뮤직비디오: 글램, 걸스데이, 인피니티 등 • 다큐멘터리: 〈Soul in Seoul〉 • 가정의 달, 창사특집 다큐멘터리 • 서울디지털포럼, 미래한국리포트 • 〈문화가중계〉, 〈SBS 컬처클럽〉 • 드라마 〈별에서 온 그대〉
EBS	• 교육 및 자연 다큐멘터리: 〈우포늪의 사람들〉, 〈Jeju Treasure Island〉, 〈서울의 하루〉(총 2부), 〈식물의 사생활〉(총 3부), 〈감각의 제국〉(총 6부), 〈넘버스〉(총 5부)

출처: 이상진 (2014).

콘텐츠 없이 UHD 방송 도입이 결코 성공하지 못할 것이라는 자신감이 있기 때문이다. 따라서 지상파 방송사는 UHD 방송을 위한 기술적 준비와 인프라 구축에 대한 투자 외에 2025년까지 UHD 편성 비율 90% 확보를 목표로 콘텐츠 제작에 약 7조 원 규모를 투자할 계획이다.

앞의 〈그림 3-5〉에서 보듯이, 지상파 방송사는 이미 보유한 4K UHD 콘텐츠에 더해 올해부터 다큐멘터리, 드라마, 음악 프로그램 등 다양한 장르의 UHD 콘텐츠를 적극적으로 제작하여 실험방송에 활용할 계획이다(이상진, 2014).

5. 경쟁적 방송 시장에서의 UHD 방송 서비스 도입: 이슈와 쟁점

지상파 방송사의 독과점적 지배로 특징되던 방송 시장에 지난 20년간 케이블 TV를 시작으로 종합편성 채널에 이르기까지 다수의 방송 서비스가 새롭게 도입되었다. 이제 더 이상 국내 방송 시장은 경쟁의 무풍지대가 아니며, 감소하는 광고 수입과 파편화되는 시청자를 놓고 다수의 플랫폼과 콘텐츠 사업자가 치열한 생존경쟁을 벌이는 곳이 되었다.

서두에서 언급한 것처럼 시장에 새로운 사업자가 진입하거나 방송 서비스가 도입되는 것은 뚜렷한 산업적·정책적 목표하에 이루어지는 것이다. 방송 시장이 경쟁 시장이 되었다는 것, 그리고 그러한 경쟁적 방송 시장에 지속적으로 새로운 서비스와 기술이 도입된다는 것은 이전에는 존재하지 않던 많은 정책적 문제와 갈등이 필연적으로 발생함을 의미한다. 소수의 방송사가 일종의 독과점적 카르텔을 이뤄 안정적으로 광고 수입을 확보하고, 정책 결정자 및 규제기관과의 유착을 통해 지속적인 성장을 거듭한 것이 경쟁 이전 우리나라 방송 산업의 모습이었다. 이러한 독과점적 구조에서 발생하는 갈등이나 정책 문제는 주로 방송의 공공성이나 거버넌스 구조에 관한 것이었다.

그러나 방송 시장에 경쟁이 치열해지면서 사업자 간 상이한 이해관계에 기인하는 갈등이 폭증하였으며, 정부의 갈등 조정 능력은 방송의 공공성이나 정치적 독립성 같은 이슈와 달리 많은 한계를 보인다. 때로는 정부나 규제기관이 오히려 사업자 간 갈등을 증폭시키거나 악화시키는 경우도 비일비재하다. 특히 사업자가 기술 혁신을 통해 시장 점유율을 높이기 위해서거나 혹은 정부가 산업 진흥을 위해 새로운 방송 서비스의 도입을 추진할 때 관련 이해당사자 간의 정책 갈등이 매우 커진다. 비근한 예로 IPTV와 종합편성 채널 도입을 둘러싸고 야기된 사업자 간 갈등은 이러한 사실을 잘 보여준다.

경제적 이익과 관련하여 사업자 간에 첨예해지는 갈등뿐 아니라 방송 시장의 경쟁 도입은 방송 산업 및 시장에 대해 오랫동안 견지되던 다양한 가치와 태도에도 많은 변화를 야기한다. 그리고 이 역시 정부, 방송사업자, 시민단체 및 시청자 간에 갈등을 발생시킨다. 이러한 이슈들에는 방송의 공공성, 산업 경쟁력, 보편적 서비스, 공공재로서 주파수 활용 등이 포함된다. 이 장에서 다룰 UHD 방송의 이슈는 경쟁 도입으로 인한 방송 산업에 대한 가치 및 태도의 변화, 경쟁 사업자 간 이해갈등, 그리고 정책 및 규제 혼란 등이 집약적으로 나타나는 최신의 사례라고 할 수 있다. 이는 UHD 방송 이후 또 다른 새로운 신규 기술이나 서비스가 방송 시장에 도입될 때 또 다시 동일하게 반복될 가능성이 높다는 의미이기도 하다.

UHD 방송 도입과 관련하여 이해당사자 사이에 논란과 갈등을 야기하는 이슈는 크게 3가지를 들 수 있다. 여기서는 각각의 이슈를 소개하고 핵심 쟁점을 간략히 기술하고자 한다. 이를 통해 경쟁적인 방송 시장에 새로운 기술 혁신이나 서비스가 도입될 때 어떠한 정책 문제가 파생되는지를 살펴볼 수 있을 것이다.

첫 번째 이슈는 UHD 방송이 보편적 서비스여야 하는지 아니면 유료 서비스로 제공되어야 하는지에 대한 것이다. 지상파 방송사는 UHD 방송을 보편적 무료 서비스로 도입해야 한다고 주장하는 데 반해 케이블 TV 등의 유료방송사업자는 제한된 가입자를 대상으로 하는 프리미엄 서비스로 제공할 계획이다. 주무부처인 미래창조과학부 역시 창조경제의 가시적 성과물로 UHD 방송 도입을 추진하고 부처 성격상 방송의 공공성에 대한 고려가 상대적으로 약해 유료방송사업자의 입장에 동조하는 경향을 보인다. 이에 대해 지상파 방송사는 유료 중심의 UHD 방송은 시청자의 경제적 능력 차이로 발생하는 디지털 디바이드를 더욱 심화시킬 것이라고 비판한다.

하지만 여전히 일반 소비자의 구매 능력을 넘어서는 고가의 TV 가격과 UHD 방송을 위해 요구되는 높은 제작·송출 비용, 그리고 디지털 전환 이후 지상파 직접수신 비율이 10% 초반에 머무는 현실 등을 지적하며 UHD 방송을 보편적 서비스로 인식하는 것은 무리라는 의견도 많다. 그러나 다른 한편으로는 고화질·고음질 방송에 대한 시청자의 욕구가 꾸준히 높아지는 현실에서 지불 능력이 있는 제한된 시청자만을 대상으로 UHD 방송을 서비스하는 것은 시청자 복지와 방송의 공공성에 저해된다는 의견 역시 만만치 않다. 이처럼 경쟁적 방송 시장에서는 새로운 서비스가 도입될 때마다 방송의 공공성과 산업 경쟁력이라는 정책 목표가 상충되는 상황이 발생할 가능성이 점점 높아진다.

UHD 방송 추진 과정에서 제기되는 두 번째 이슈는 정부의 플랫폼 중심 신규 서비스 도입 정책이 갖는 한계에 관련된 것이다. 지상파 방송사는 유료방송 중심의 UHD 방송 추진이 전용 콘텐츠가 부족해서 실패한 3D방송의 전철을 밟을 것이라고 주장한다. 즉, 콘텐츠 제작 능력이 가장 앞선 지상파 방송사를 배제한 UHD 방송 추진은 플랫폼과 하드웨어 등 기술은 준비되었지만 막상 변변한 UHD 콘텐츠가 없어 시청자 욕구를 충족시키지 못할 것이고 결국 실패할 것이라는 주장이다. 반면 케이블TV 사업자는 자신이 기술적으로 가장 최적의 조건을 갖추었으며 콘텐츠에도 지속적으로 투자할 계획이기 때문에 우선적으로 서비스를 개시하는 것이 당연하다고 반박한다. 비록 도입 초기 단계에서는 콘텐츠 제작 능력이나 확보한 콘텐츠의 양이 만족스럽지 못하겠지만 서비스 개시 후 지속적 투자로 콘텐츠 확보에는 어려움이 없을 것이라는 주장이다.

〈응답하라 1994〉와 〈꽃보다 할배〉 등 화제의 히트작을 제작한 CJ 계열의 tvN이나 출범 2년차에 접어들며 일부 프로그램이 지상파 시청률에 필적하는 성공을 거둔 JTBC 등의 종편채널 역시 아직은 시장경쟁력이 있는 드라마나 오락·예능 프로그램 제작에서 지상파 방송사에 크게 못 미치는 것이 현실이다. 실제로 프리미엄 서비스로 UHD 방송을 추진하려는 종합유선방송이나 위성방송사업자의 경우 양질의 UHD 콘텐츠를 제작 혹은 수급할 수 있을지는 여전히 불투명하다. 케이블 TV의 경우 8천억 원을 투자해 UHD 콘텐츠를 확보하겠다고 발표했으나, 콘텐츠 제작에 대한 투자가 반드시 양질의 콘텐츠 수급으로 이어진다는 보장이 없기 때문에 유료방송사업자의 UHD 방송 도입은 순탄치 않을 가능성도 있다. 여기에 해외로부터의 콘텐츠 수입도 우리나라를 견제하는 일본 업체 등의 비협조로 수월치 않다고 한다. 실제로 미래창조과학부의 UHD 방송 추진 전략에서 콘텐츠에 대한 계획과 비전이 가장 취약하다. 이런 점에서 디스플레이를 생산하는 가전 산업을 위한 내수 창출이나 선도적 기술 개발을 위해 시장 전망이 불투명하거나 콘텐츠 공급 능력에 대한 고려 없이 신규 서비스 도입을 추진하는 정부의 관행은 지양되어야 한다는 의견이 많다.

마지막 이슈는 주파수 사용에 관한 것으로 UHD 방송 추진과 직접적으로 관련된 이슈는 아니다. 또한 앞의 두 이슈와는 달리 지상파 방송사와 유료방송사업자 간에 갈등을 야기하는 이슈도 아니다. 지상파 방송사는 2012년 12월 디지털 전환을 완료한 후 기존에 사용하던 주파수 700㎒를 정부에 반납했고, 정부는 이를 모바일 트래픽의 증가로 어려움을 겪는 이동통신사에게 할당할 계획이었다. 하지만 지상파 방송사가 반납했던 700㎒를 UHD 방송에 사용하겠다고 주장하면서 갈등이 불거졌다. 지상파 방송사는 UHD 방송을 위한 가용 주파수가 없는 상황이라 만약 700

㎒를 확보하지 못하면 유료방송사업자와의 동시 상용화는커녕 사업 추진 자체가 불가능한 상황이다. 또한 정부가 대안으로 제시한 주파수 사용 방식은 지상파 방송의 UHD 방송 상용화를 지체시킬 것이며, 지상파 방송의 콘텐츠 제작 능력을 고려할 때 이는 UHD 방송의 성공적 정착에도 부정적 영향을 미칠 것이라고 주장한다.

반면 이동통신사는 모바일 트래픽의 증가를 고려하면 이동통신사의 700㎒ 사용은 반드시 필요하며 일종의 글로벌스탠더드라고 주장한다. 또한 이들은 지상파 방송의 낮은 직접 수신율을 고려할 때 UHD 방송의 직접송출보다는 유료방송 플랫폼을 활용하는 것이 더 효율적이라는 의견을 제기한다. 통신용 주파수를 관장하는 미래창조과학부는 이러한 이동통신사의 주장에 동조해왔다. 이에 따라 지상파 방송사는 작년 발표한 '국민행복 700 플랜'에서 700㎒의 최소화 사용 계획과 차후 반납 계획을 제안하였고, 올해 2월 미래창조과학부로부터 UHD 방송 실험을 위한 700㎒ 사용에 긍정적인 답을 얻었다(이상진, 2014).

그럼에도 불구하고 이동통신사의 700㎒ 할당 요구가 강력하고 미래창조과학부가 지상파 방송사에 별로 우호적이지 않다는 점에서 전망이 밝지만은 않다. 지상파 방송사는 UHD 방송 추진과 관련해서는 유료방송 사업자와 경쟁해야 하고 주파수 할당 문제에서는 이동통신사와 갈등하는 이중고에 처한 상황이다. 특히 현 정부 출범 시 미디어 정책 및 규제 기구가 미래창조과학부와 방송통신위원회로 이원화되면서 방송통신위원회는 지상파 방송사의 주관부처가 되고, 미래창조과학부는 유료방송 사업자와 이동통신사를 주관하면서 UHD 방송 추진 과정에서 소외감을 느끼는 일이 많아졌다.

더욱 심각한 문제는 두 부처의 갈등 조정 능력이 부족하여 사업자 간에 발생하는 갈등과 대립이 해소되기는커녕 오히려 증폭된다는 것이다.

따라서 정책 및 규제 기구의 이원화로 인해 발생되는 이러한 비효율성과 갈등 조정 기능의 부재는 시급히 해결되어야 할 문제라고 하겠다.

참고문헌

김광호 (2013), 디지털 전환 이후 지상파 플랫폼의 역할과 과제, 한국방송학회 〈디지털 전환 이후 지상파 방송의 활성화를 위한 전략과 과제〉 세미나 발표문.

김홍익·조용성·정준영·최동준·이종한 (2013), 케이블 UHD TV 방송 기술 동향, 〈한국통신학회 논문지〉, 30권 5호, 18~26.

문상현 (2014), 기술혁신과 방송 산업: UHDTV 도입의 정책적 함의, 〈디지털 융복합연구〉, 12권 10호, 21~34.

미래창조과학부 (2013), 〈차세대 방송 기술 발전전략: UHD 방송 기술 중심으로〉. 미래창조과학부.

서흥수 (2013), 미디어환경 변화와 차세대 방송 UHD TV. 〈방송공학회지〉, 18권 2호, 73~91.

오창희·정회경 (2013), 〈UHD TV 도입에 따른 정책 이슈 연구: UHD 방송 서비스 부문별 과제를 중심으로.〉 한국콘텐츠학회 2013 춘계종합학술대회 발표문.

이상진 (2014), '국민행복 700플랜' 실현, 문제는 주파수, 〈방송문화〉, 389권, 6~11.

홍대용 (2013), UHD 방송 해외동향 및 EBS 추진계획안. 시청자를 위한 지상파 DTV 활성화 자문단 하계 워크숍 발표문.

Doyle, G. (2013), *Understanding Media Economics*. SAGE.

McCraw, T. (2007), *Prophet of Destruction: Joseph Schumpeter and Creative Destruction*. Harvard University.

Metcalfe, J. (2011), *Evolutionary Economics and Creative Destruction*. Routledge.

4

지상파 다채널 방송 도입과
규제 정책 이슈

송종길

1. 지상파 다채널 방송의 개념

지상파 다채널 방송은 MMS(*Multi Mode Service*, 디지털TV 다중모드 방송)라는 용어에서 출발했다. MMS란 지상파 아날로그 방송의 디지털 전환에 따라 주파수 이용의 효율성이 높아져 기존 채널 외에 HD채널 또는 수 개의 SD채널, 오디오·데이터 방송 등을 추가적으로 제공하는 서비스이다. 종래 지상파 아날로그 방송에서는 한 개의 주파수 대역(6MHz)에서 한 개의 TV 채널만을 제공할 수 있었다. 그러나 디지털 전환으로 MPEG-2 방식을 이용할 경우 HD 프로그램의 원 신호인 1.5Gbps를 19.39Mbps 이하로 압축할 수 있다. 그 결과 기존 주파수 대역 내에서 여유대역이 발생해 기존 HD채널 외에 다양한 서비스를 제공할 수 있는 것이다.

기술적 측면에서 MMS는 크게 두 가지 방식으로 구성된다. 하나는 MPEG-2 방식의 기존 HD채널 한 개 외에 MPEG-4 방식의 SD채널 3개, 오디오 방송 또는 HD채널 한 개를 추가하는 방식이다. 다시 말해 MPEG-2 HD영상의 비트레이트(*Bit Rate*)를 쪼개 HD영상은 MPEG-2로 구성하고, 나머지는 MPEG-4로 압축하여 SD채널 3개와 오디오 방

그림 4-1 MMS 개념 구현도

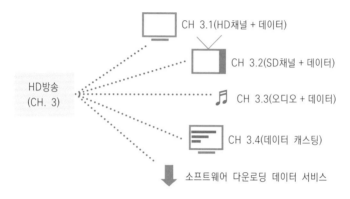

CH 3.1(HD채널 + 데이터)

CH 3.2(SD채널 + 데이터)

HD방송
(CH. 3)

CH 3.3(오디오 + 데이터)

CH 3.4(데이터 캐스팅)

소프트웨어 다운로딩 데이터 서비스

출처: http://tech.kobeta.com/news/articlePrint.html?idxno=1609

송 또는 HD채널 한 개를 제공하는 것이다. 다른 하나는 MPEG-2 방식의 기존 HD채널 한 개 외에 MPEG-2 방식의 SD채널과 오디오 방송을 추가하는 것이다. MPEG-2 방식의 MMS 채널은 기존 HD 포맷인 1920 × 1080i 대신 1280 × 720p를 사용하고, 17Mbps 데이터를 13Mbps와 4.5Mbps로 분할해 기존 HD 프로그램을 유지하면서 SD채널 한 개를 제공할 수 있다.

2006년 MMS라는 용어가 등장하기 전에는 멀티캐스팅(*multicasting*)이란 용어가 보편적으로 사용되었다. 멀티캐스팅이란 한 채널의 주파수 대역을 여러 개의 채널로 나누어 다양한 콘텐츠를 방송하는 것을 말한다. 방송통신위원회도 2006년 2월 '지상파TV 디지털 방송 현황 및 활성화 방안'을 발표하면서 '지상파 DTV 멀티캐스팅'이라는 표현을 사용하였다. 그러나 2006년 지상파 방송사가 방송통신위원회에 멀티캐스팅 시험 방송을 신청하는 과정에서 멀티캐스팅 대신 MMS라는 새로운 용어를 사용하였다. 그로 인해 멀티캐스팅보다는 MMS라는 용어가 널리 알려졌다.

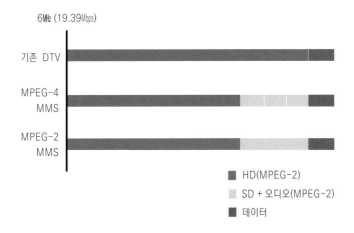

그림 4-2 MMS 비트레이트 비교

6MHz (19.39Mbps)

기존 DTV

MPEG-4
MMS

MPEG-2
MMS

■ HD(MPEG-2)
■ SD + 오디오(MPEG-2)
■ 데이터

그런데, 2013년 9월 10일 KBS, EBS는 MMS에 대한 입장을 기존 MPEG-2 방식의 HD채널 한 개 외에 SD채널 3개를 추가하는 것으로부터 HD채널 한 개만을 추가 제공하는 것으로 변경한다고 밝혔다(송혜영, 2013. 9. 10). 다시 말해 MMS라는 개념에 입각하여 제공할 수 있는 다양한 서비스 중에서 HD채널 한 개만을 추가 제공한다는 입장으로 선회한 것이다. 이런 측면에서 지상파 방송사가 제공하려는 서비스 형태와 MMS를 동일한 의미로 사용하기는 어렵다. 이에 방송통신위원회는 2014년부터 지상파 다채널 방송이라는 용어를 사용하기 시작했으며, 이는 지상파의 디지털 전환에 따라 발생한 여유대역을 이용해 HD채널을 추가 제공함으로써, 결과적으로 지상파 한 개 주파수 대역에서 여러 채널이 동시에 제공되는 서비스를 지칭한다고 볼 수 있다.

2. 지상파 다채널 방송 관련 기존 논의

우리나라에서 지상파 아날로그 방송의 디지털 전환은 1990년대 후반부터 본격적으로 이뤄졌다. 당시 방송통신위원회는 1997년 지상파디지털방송추진협의회를 통해 디지털 전송 방식을 미국식인 ATSC 방식으로 결정하였다. 2000년에는 지상파 방송의 디지털 전환을 위한 종합 계획에 따라 디지털 전환 추진 일정을 확정하였다. 이에 지상파 디지털 방송은 2001년 10월 수도권, 2004년 7월 광역시 권역, 2005년 12월 도청소재지 지역, 2006년 7월 시·군 지역으로 확대되었으며, 2012년 12월 31일 새벽 4시 지상파 아날로그 방송이 종료되었다(DTV코리아 홈페이지).

이 과정에서 기술적으로 지상파 방송사가 MMS를 제공할 수 있다는 것이 알려지면서 지상파 디지털 방송의 활성화를 촉진하고, 주파수 자원 이용의 효율성을 높이며, 시청자의 방송 채널 선택권 확대를 위해 MMS를 도입할 필요가 있다는 주장이 제기되었다. 고화질·고음질 외에는 아날로그 방송과의 차이를 느끼지 못하던 시청자에게 MMS를 제공하여 디지털 방송의 새로운 가치를 부여하고 이를 기반으로 지상파 방송의 디지털 전환을 촉진하자는 것이었다.

이에 방송통신위원회는 지상파 디지털 전환을 촉진하기 위하여 2006년 독일 월드컵 기간 동안 MMS 시험방송을 허용하였다. 당시 MBC, SBS, EBS는 2006년 6월 5일, KBS는 6월 8일부터 시험방송을 실시하였다. 그러나 HD 프로그램의 화질 열화, 일부 디지털TV 및 셋톱박스의 수신 불량 및 오작동 등이 발생하면서 방송통신위원회는 2006년 6월 14일 시험방송 내용에 대한 대폭 축소를 결정했다. 즉, 시험방송 기간의 경우 종전 계획은 2006년 6월 5일부터 7월 10일까지였으나 6월 말까지로 기간을 단축했다. 시험방송 시간대 역시 '종일 방송 시간 중 HD방송 프

로그램 송출 시간'에서 '오전 6시~오후 6시 중 HD방송 시간'으로 한정
했다. 당시 지상파 방송사의 HD방송 시간대는 주로 오후 6시 이후였기
때문에 방송사별 MMS 시험방송 시간은 1일 6~8시간에서 1~3시간으
로 줄었다. 채널 형태는 'HD 주채널 한 개 외에 SD 부채널 등 다양한 형
태'로 규정되어 데이터 방송과 라디오 방송도 가능했으나, 'HD급 주채널
＋SD급 부채널'로 제한되었다. 그 이유는 시험방송 개시 1주일 후에
HD 프로그램의 화질 열화 문제가 제기되고, 일부 디지털TV와 셋톱박스
에서 수신 불량 등에 대한 민원이 제기되었기 때문이다(방송통신위원회,
2006).

2009년 4월 EBS는 국회 업무보고에서 MMS 세부 시행 계획을 발표
하였다. HD 1채널(10-1)은 지성 정보 및 교양 채널(기존 주채널), SD 1
채널(10-2)은 EBS English(부채널)을 운영하고, 이를 위해 2009년 6월
부터 2012년 12월까지 시험방송을 실시한다는 것이 주요 내용이었다.
그러나 방송통신위원회는 SD 1채널(10-2) 시험방송을 불허했다. 2009
년 11월 KBS는 무료 지상파 디지털TV 플랫폼(K-VIEW) 계획을 발표하
였다. K-VIEW는 KBS-1TV, KBS-2TV, KBS드라마, KBS스포츠,
KBS조이, KBS월드와 24시간 뉴스전문채널 그리고 EBS 4개 채널과
MBC, SBS 등을 묶어 시청자가 무료로 디지털TV를 볼 수 있게 한다는
전략이었다(〈아이뉴스24〉, 2010. 1. 19). 이와 관련하여 KBS는 영국의
무료 디지털 지상파 방송 플랫폼인 '프리뷰(FREEVIEW)'를 벤치마킹 모
델로 제시하였다. 그러나 정부의 지상파 MMS 도입 의지가 강하지 못했
고 지상파 방송사 간 협조가 원활하게 이뤄지지 못하면서 K-VIEW 이슈
는 다시 수면 아래로 가라앉았다.

그러나 2013년 12월 방송통신위원회·미래창조과학부·문화체육관
광부가 공동 발표한 방송산업발전종합계획에 시청자 복지 증진 및 사교

육비 절감을 위해 지상파 다채널 방송 도입 방안을 마련하겠다는 내용이 포함되었다(미래창조과학부·방송통신위원회·문화체육관광부, 2013). 이어 방송통신위원회는 2014년 8월 제3기 방송통신위원회 비전 및 7대 정책을 공표하면서 지상파 다채널 방송 도입을 추진하겠다는 입장을 밝혔다. 이처럼 정부가 지상파 다채널 방송 도입에 적극적으로 나섬에 따라 2015년에는 세부적인 정책 방안이 제시될 것으로 예상된다(윤성옥 외, 2014).

한편 방송통신위원회, 미래창조과학부, 지상파 방송 4사, 가전업체로 구성된 협의체에서는 지상파 MMS의 기술적 안정성을 검증하기 위해 2014년 1월 2일부터 실험방송을 수행하였다. KBS 관악산 송신소의 19번 주파수에 실험국을 개설하고, 실험용 콘텐츠는 KBS, EBS, MBC, SBS 순으로 지상파 4사가 번갈아가며 3주씩 제공하였다. 수신 범위는 서울 강남구·송파구·용산구, 인천광역시·안양시 등 서울과 경기 일부 지역 지상파 방송 직접수신 가구이다. 일반 DTV 보유 가구는 채널 5-1번, MPEG-4 디코더 내장 TV 보유 가구는 5-2번에서 시청이 가능하다(DTV코리아 홈페이지). 이번 실험방송은 방송통신위원회가 구형 수상기의 오작동, 시청자가 체감하는 화질 저하 등의 기술적 문제를 종합적으로 검토하고 대처하기 위한 목적에서 수행된 것이다. 나아가 방송통신위원회는 2014년 12월 EBS의 지상파 다채널 방송 시범 서비스 허용을 의결하였다. 이에 EBS는 2015년 2월 11일부터 EBS2 채널을 신설하여 시범 서비스를 제공하기 시작했다.

3. 지상파 다채널 방송 도입 관련 주요 이슈

1) 지상파 다채널 방송 도입 필요성 이슈

지상파 다채널 방송 도입의 필요성과 관련하여 정부, 지상파 방송사, 시민단체, 유료방송사업자 등은 시청자 복지의 증진과 디지털 디바이드 (*digital divide*) 해소 측면에서 원칙적으로 공감대를 형성했다. 다만 실제 지상파 다채널 방송이 도입될 경우 그것이 가져올 수 있는 영향력에 대한 시각 차이가 존재한다.

지상파 방송사, 시민단체 등의 경우 지상파 다채널 방송 도입에 대체로 긍정적 입장이다. 그 이유는 지상파 MMS가 기술적 측면에서 주파수 이용의 효율성을 높일 수 있다는 점, 더 많은 채널을 제공함으로써 보편적 무료 서비스 제공 범위를 확대할 수 있다는 점, 유료방송에 가입하지 않은 저소득층 시청자의 채널 선택 기회를 확대하고 디지털 디바이드를 해소하는 데 기여할 수 있다는 점을 든다. 즉, 지상파 다채널 방송은 지상파를 통해 제공되는 무료 다채널 서비스라는 점에서 누구나 시청할 수 있으며, 특히 유료방송에 가입하지 않은 저소득층 직접수신 가구에게 무료로 더 많은 채널을 시청할 수 있는 기회를 제공한다는 점에서 바람직하다는 것이다.

반면 케이블TV, 위성방송, IPTV 등 유료방송사업자의 경우 지상파 다채널 방송에 대해 다소 부정적 입장을 피력한다. 그 이유는 지상파 다채널 방송이 도입될 경우 유료방송 가입자가 지상파 방송 직접수신 가구로 이탈하여 가입자 수가 감소할 가능성이 있고, 이를 방지하기 위해 유료방송사업자는 저가요금을 앞세운 경쟁을 벌일 수밖에 없어 유료방송 시장의 위축과 저가요금 구조의 고착이 심화될 것으로 예상된다는 것이다. 또한 지상파 다채널 방송에 광고가 허용될 경우 지상파 방송사의 광고 시장 독과점이 심화되고, 광고 수익 확대를 위한 지상파 방송사의 상업주의 현상도 심화될 것이라는 등의 주장을 제시했다. 특히 유료방송사업자는 지상파 다채널 방송에서 광고가 허용될 경우 PP의 광고수익이 감소하고, 이는 PP의 방송 콘텐츠 제작비 투자를 위축시키고 경영이 악화될 것으로 우려하였다. 결국 유료방송사업자의 경우 저소득층 시청자에 대한 보편적 서비스 제공, 채널 선택권 확대를 통한 수용자 복지 증진, 디지털 디바이드 해소와 같은 지상파 다채널 방송의 도입 취지에는 공감하지만, 그것이 도입될 경우 일어날 수 있는 경제적 파급 효과가 유료방송사업자에게 불리하게 작용할 것이라는 우려에서 지상파 다채널 방송 도입 자체에 대해 부정적 입장을 나타내는 것이다(윤성옥 외, 2014).

2) 지상파 다채널 방송 관련 기술 이슈

MMS는 동영상 압축 기술 방식에 따라 MPEG-2 방식의 기존 HD채널 한 개 이외에 MPEG-2 방식의 SD채널 한 개를 추가하거나 MPEG-4 방식의 SD채널 3개 또는 HD채널 한 개를 추가하는 방식으로 구분할 수 있다. 이와 관련해 지상파 방송사는 SD채널 3개를 추가하는 것에서 HD채널 한 개를 추가하는 형태로 입장을 정리한 바 있다. 나아가 기술적 측면에서 지상파 방송사가 한 개 HD채널을 제공할 경우 어떤 압축 기술 방식을 채택하느냐가 향후 지상파 다채널 방송 정책에 많은 영향을 미칠 수 있다. 다시 말해 기존 HD채널이 MPEG-2 방식으로 제공되는 상황에서 추가되는 한 개 HD채널 제공 방식을 MPEG-2 방식으로 하느냐 또는 MPEG-4 방식으로 하느냐에 따라 지상파 다채널 방송 정책 방향이 달라질 수 있다는 것이다.

MPEG-2 방식을 선택할 경우 지상파방송사업자 입장에서 송신기, 중계기 등 전송 장비를 변경할 필요가 없고, VBR(*Variable Bit Rate*)을 지원하는 MPEG-2 인코더 등에 대한 투자비가 비교적 적게 소요된다는 장점이 있다. 시청자 입장에서는 셋톱박스를 구매할 필요가 없어 별도의 비용 지불이 없고 그 결과 비교적 많은 시청가구를 확보할 수 있다. 단점으로는 화질 열화 현상이 발생할 우려가 높아 지상파 다채널 방송 전반에 대한 부정적 인식으로 이어질 가능성이 크다는 것이다.

반면 MPEG-4 방식을 선택할 경우 화질 열화와 같은 기술적 문제는 해소되지만 셋톱박스를 별도로 구매해야 하므로 이는 지상파 다채널 방송의 확산을 더디게 만드는 중요한 요인이 될 것으로 전망된다. 그럼에도 불구하고 직접수신 가구가 지상파 다채널 방송을 시청하기 위해 셋톱박스를 구매할 경우 지상파 플랫폼의 확장 가능성이 높아질 수 있다는 의견도 있다. 다시 말해, 직접수신 가구의 셋톱박스 구매는 지상파 다채널 방송 확산을 지연할 수 있지만 구매한 셋톱박스가 인터넷이나 각종 가전기기와 결합될 경우 지상파 방송사가 인터넷을 통한 양방향 서비스를 제공하는 것이 가능하다는 것이다(윤성옥 외, 2014).

실제로 KBS의 경우 2014년 초고속인터넷과 디지털TV를 보유한 1,000가구를 선정하여 자체 STB와 수신기로 53개 방송 채널을 제공하는 오픈 스마트 플랫폼(OSP, Open Smart Platform) 시범사업을 진행한 것으로 알려졌다. 이는 직접수신과 인터넷을 결합한 OTT 서비스 형태로, TV 48개, 라디오 5개 채널의 실시간방송과 다시보기 서비스를 동시에 제공하는 방식이다(박장준, 2014. 8. 21). 이런 측면에서 지상파 다채널 방송의 한 개 HD채널을 어떤 압축방식으로 제공할 것이냐의 이슈는 중장기적 측면에서 지상파 다채널 방송의 확산 정도, 지상파 방송사 플랫폼 경쟁력 강화에 대한 논의로 연결될 수 있다.

3) 지상파 다채널 방송 도입방식 이슈

지상파 다채널 방송 도입방식 이슈의 경우 지상파 방송사의 부가채널 형태로 MMS를 도입할 것인지 또는 지상파 다채널 플랫폼사업자와 지상파채널사용사업자 구도 속에서 도입할 것인지가 쟁점이라고 할 수 있다.

먼저 지상파 방송사의 부가채널 형태로 지상파 다채널 방송 도입을 선호하는 입장에서는 이미 지상파 방송사에 할당되어 있는 주파수의 여유 대역을 이용하므로 주파수 할당 관련 이슈가 적다는 점, 지상파 방송사 이외에 지상파 다채널 방송을 운영할 의지를 갖거나 실제 운영할 능력을 가진 사업자를 찾기 어렵다는 점, 지상파 방송사가 지상파 다채널 방송을 운영할 경우 방송 콘텐츠 측면에서 기존 채널과 차별화를 추구할 수 있다는 점, 지상파 방송사로 하여금 다양하고 고품질의 방송 콘텐츠를 제공토록 함으로써 시청자 복지를 증진할 수 있다는 점, 기존 법제에 대한 개정수요가 적다는 점 등을 근거로 제시한다.

반면, 지상파 다채널 플랫폼사업자와 지상파 채널 사용사업자 형태를 선호하는 입장에서는 다음과 같은 논거를 제시한다. 즉, 지상파 방송사에 할당된 주파수는 공공의 자산이므로 방송 기술 발전에 따라 주파수 이용의 효율성이 높아질 경우 정부가 지상파 방송사의 주파수 이용 방식을 재조정할 수 있는 권한이 있다는 점, 지상파 방송사의 부가채널 형태로 지상파 다채널 방송을 운영할 경우 지상파 방송 영역에 진출할 의사가 있는 신규 사업자의 시장 진입 기회를 원천적으로 봉쇄한다는 점, 그 결과 방송 시장에 대한 신규 투자와 사업자 간 경쟁의 촉진이 억제될 수 있다는 점, 지상파 방송사의 부가채널 형태로 지상파 다채널 방송을 도입할 경우 지상파 방송사의 기존 사회적·경제적 영향력이 유지 또는 확장될 수밖에 없어 관련 정책이 유료방송사업자의 강한 저항에 직면할 수밖에 없다는 점, 기존 법제에 대한 개정 수요가 늘어나지만 법적 안정성을 도모할 수 있다는 점이 지적되었다. 반면 이러한 도입 방식의 경우 지상파 다채널 플랫폼사업자의 법적 개념을 어떻게 정의할 것인지, MMS 채널을 지상파 다채널 플랫폼사업자로 하여금 직접 운영토록 제한할 것인지 또는 지상파 채널 사용사업자에게 임대하는 것을 허용할 것인지, 임대를 허용할 경우 지상파 채널 사용사업자의 자격 조건은 무엇인지 등에 대한 후속 논의가 이뤄져야 한다는 지적도 있다(윤성옥 외, 2014).

4) 지상파 다채널 방송 도입 순서 이슈

지상파 다채널 방송 도입 순서 이슈와 관련해서는 지상파 다채널 방송이 허용된 모든 방송사업자에게 일정 시점을 기해 모두 제공하도록 강제하는 방안, 지상파 다채널 방송이 허용된 방송사업자가 각자의 상황에 따라 순차적으로 제공하는 방안, 공영방송과 상업방송으로 구분하여 공영방송이 먼저 제공하고 상업방송이 차후에 제공하는 방안 등을 고려할 수 있다(윤성옥 외, 2014).

경제적 측면에서 지상파 다채널 방송이 지상파 방송사에게 높은 수익성을 안겨줄 수 있다면, 모든 지상파 방송사가 경쟁적으로 나설 것이다. 그러나 현재 상황에서 지상파 다채널 방송이 높은 수익을 가져다 줄 것인지 여부는 예측하기 어렵다. 지상파 다채널 방송은 기본적으로 직접수신 가구를 대상으로 제공되는 보편적 무료 서비스로서 광고 수익을 기반으로 운영되는 구조이다. 그런데 우리나라 전체 가구에서 직접수신 가구가 차지하는 비율은 10% 내외에 불과한 것으로 알려졌다. 때문에 지상파 다채널 방송에 광고가 허용되고 이들 채널이 유료방송으로 재송신이 이뤄지지 않을 경우 지상파 방송사가 얻을 수 있는 광고 수익은 제한적일 수밖에 없다.

때문에 정부 입장에서는 지상파 다채널 방송이 허용된 방송사업자로 하여금 특정 시점 이후 또는 특정 시점까지 지상파 다채널 방송을 제공하도록 강제하기는 쉽지 않을 것으로 보인다. 또한 공영방송과 상업방송으로 나누어 공영방송으로 하여금 먼저 실시토록 하는 방안도 논란의 여지가 있어 보인다. 공영방송과 상업방송을 명확히 구분하기가 어려울 뿐만 아니라 광고 수익과 같은 사적 재원에 의존하는 비중이 높은 공영방송의 경우 수익성이 불확실한 지상파 다채널 방송을 제공토록 강제할 경우 저항을 불러올 수 있기 때문이다. 결국 지상파 다채널 방송 도입 순서에 관한 이슈는 허용된 방송사업자가 지상파 다채널 방송 제공 시점을 자율적으로 결정토록 하고 장기적 측면에서 일정 시한 내 서비스를 개시하지 않을 경우 허용을 철회하는 형태가 바람직할 것으로 보인다.

5) 지상파 다채널 방송 편성 규제 이슈

지상파 다채널 방송 편성 규제 이슈는 크게 종합편성으로 운영할 것인지 또는 전문편성으로 운영할 것인지에 대한 것으로 나눌 수 있다. 먼저 지상파 방송사 부가채널 형태로 지상파 다채널 방송을 도입할 경우 지상파 방송사의 기존 채널은 이미 종합편성이므로 추가채널까지 종합편성으로 운영하는 것은 바람직하지 않다는 지적이 많다. 특히 기존 채널과 추가채널 사이의 콘텐츠 차별화를 통해 시청자에게 보편적 서비스 확대와 방송 콘텐츠 선택의 폭을 확대한다는 지상파 다채널 방송 도입 취지를 감안할 때 추가채널은 전문편성이 바람직하다는 것이다. 나아가 이런 입장에는 추가채널이 종합편성일 경우 지상파 방송사가 새로운 콘텐츠를 제작하기보다는 기존 채널에서 방송되었던 콘텐츠를 재방송하거나 뉴스 중심으로 편성할 가능성이 높다는 우려도 작용한다(윤성옥 외, 2014).

한편, 지상파 다채널 플랫폼사업자와 지상파 채널 사용사업자 형태로 지상파 다채널 방송을 도입할 경우에도 추가채널을 종합편성으로 운영하는 것은 바람직하지 않다는 지적이다. 왜냐하면 앞서 언급한 바와 같은 맥락에서 지상파 방송사의 기존 채널이 종합편성인 상황에서 또다시 종합편성이 허용되어야 할 필요성이 크지 않다는 것이다. 또한 종합편성 방송사업자가 지상파 방송사업자와 종합편성채널밖에 없는 현실에서 지상파 방송사업자에게 추가채널 임대권이 있다면 경쟁관계인 종합편성채널에게 이를 임대할 가능성은 크지 않다. 만약 추가채널 임대권이 정부에게 있다 하더라도 지상파 방송사 또는 종합편성채널에게 임대할 수밖에 없고, 종합편성채널에게 임대할 경우 지상파 방송사의 강한 반발에 직면할 수밖에 없다(윤성옥 외, 2014).

이런 측면에서 지상파 다채널 방송은 도입 방식에 관계없이 전문편성으로 운영하는 것이 바람직한 것으로 보인다. 나아가 지상파 다채널 플랫폼사업자와 지상파 채널 사용사업자 형태로 추가채널을 도입해 이를 다른 지상파 채널 사용사업자에게 임대할 경우 홈쇼핑 채널, 종합편성채널, 보도전문채널 등일 경우 임대를 제한하는 것이 바람직하다. 홈쇼핑 채널의 경우 자칫 추가채널이 지상파 다채널 플랫폼사업자의 수익을 얻기 위한 수단으로 활용될 수 있어 지상파 다채널 방송의 도입 취지와 부합되지 않기 때문이다. 또한 종합편성채널과 보도전문채널의 경우 전문편성이라는 추가채널의 성격에 부합되지 않고 기존 채널과의 방송 콘텐츠 차별성을 도모하기 어렵기 때문이다.

6) 지상파 다채널 방송 광고 허용 이슈

지상파 다채널 방송에서 광고 허용 여부는 민감한 이슈이다. 추가채널에 광고가 허용될 경우 유료방송사업자는 자신이 차지하던 광고 매출액이 잠식될 것이라고 생각하기 때문이다. 만약 지상파 다채널 방송이 새로운 광고 시장을 창출할 수 있다면 유료방송사업자가 차지하던 광고 매출액은 줄어들지 않을 것이다. 그러나 국내 광고 시장이 포화된 상황에서 추가채널에 광고가 허용될 경우 기존 광고 시장 점유율을 서로 나눠가질 수밖에 없을 것으로 예상된다. 다만 지상파 다채널 방송이 유료방송사업자의 광고 매출액을 얼마나 잠식할 것인지는 해당 채널의 경쟁력에 따라 달라지므로 예단하기는 쉽지 않다.

한편, 광고 매출액 잠식에 대한 유료방송사업자의 우려에도 불구하고 지상파 다채널 방송에서 광고가 허용될 수밖에 없다는 의견도 있다. 수신료와 같이 공적 재원으로 지원되지 않는 이상 지상파 방송사는 광고를 통해 수익을 확보할 수밖에 없는데, 만약 지상파 다채널 방송에 광고를 허용하지 않을 경우 지상파 다채널 방송을 제공하지 않으려는 방송사업자가 나타날 것이고, 이미 지상파 다채널 방송을 출범시킨 방송사업자라고 하더라도 이를 안정적으로 운영하기는 어려울 것이라는 지적이다.

지상파 다채널 방송이 도입될 경우 추가채널을 운영하기 위한 기본비용은 지속적으로 투입될 수밖에 없다. 따라서 지상파 다채널 방송은 광고 없이 공익적 목적을 위해서만 운영되어야 하고 그에 대한 비용은 공적 재원에서 조달한다는 사회적 합의와 구체적인 재원 조달 방안이 마련되지 않는 이상 운영비용은 광고를 통해 조달될 수밖에 없을 것으로 예상된다. 다만, 유료방송사업자의 입장을 감안하여 지상파 다채널 방송에 광고를 허용하는 방식을 다각적으로 검토할 수는 있다. 예를 들어, 초기에는 광고를 금지하다가 점진적으로 허용하는 방안, 초기에는 제한적으로 허용하고 점진적으로 확대하는 방안, 초기부터 기존 채널과 동등하게 허용하는 방안이다. 어떤 방안이 가장 바람직한 것인지는 지상파 다채널 방송 도입이 기존 광고 시장에 미치는 영향에 대한 면밀한 검토를 기반으로 결정될 필요가 있다.

7) 지상파 다채널 방송 광고 판매 방식

지상파 다채널 방송에 광고가 허용될 경우 광고 판매 방식을 어떻게 설정하는 것이 바람직한가에 대한 이슈가 제기될 수 있다. 지상파 다채널 방송이 지상파 방송사의 부가채널 형태로 운영될 경우 기존 지상파 방송 채널과 동일하게 공영방송의 경우 공영 미디어렙을 통해, 상업방송의 경우 민영 미디어렙에 위탁하여 판매하는 방식을 채택할 가능성이 높다.

반면 지상파 다채널 플랫폼사업자와 지상파 채널 사용사업자 방식으로 추가채널이 운영되는 경우, 만약 지상파 방송사가 추가채널을 직접 운영할 경우 기존 채널과 동일하게 위탁 방식을 채택할 개연성이 크다. 반면 지상파 채널 사용사업자가 추가채널을 임차하여 운영하는 방식의 경우 직접 판매 방식, 위탁 판매 방식 중에 해당 지상파 채널 사용사업자가 선택하도록 하는 방식이 가능하다. 지상파 다채널 방송의 경우 지상파를 통해 제공된다는 점에서 지상파 방송사의 기존 채널과의 형평성, 지상파 채널 사용사업자의 광고 영업 능력 등을 감안해 위탁판매 방식이 바람직할 것으로 보인다. 직접 판매 방식의 경우 방송사업자의 광고 영업 능력에 따라 광고 수익의 편차가 커질 수 있고, 지상파 다채널 방송의 도입 취지를 고려할 때 상업주의를 강조하는 방향으로 운영되지 않도록 하며, 한 지상파 채널 사용사업자가 여러 추가채널을 운영할 경우 광고를 묶어서 판매할 가능성을 배제시키기 위해서는 위탁판매가 바람직해 보인다.

8) 지상파 다채널 방송 재송신 이슈

지상파 다채널 방송 재송신은 광고 허용 여부와 더불어 핵심적 이슈라고 할 수 있다. 지상파 다채널 방송 재송신 이슈에 대한 논의는 크게 3가지로 검토할 수 있다.

첫째, 지상파 다채널 방송을 동시재송신 채널로 규정하여 유료방송사업자로 하여금 의무적으로 동시재송신을 하되 저작권을 면제시키는 방안이다. 지상파 다채널 방송 도입 취지는 유료 다채널 서비스를 이용하기 어려운 저소득층이 더 많은 채널을 무료로 시청할 수 있게 함으로써 시청자 복지를 증진하고 디지털 디바이드를 해소하는 데 있다. 유료방송을 통해 지상파 다채널 방송이 무료로 재송신될 경우 더 많은 시청자가 시청할 수 있는 계기가 될 것이다. 그러나 유료방송사업자에게 지상파 다채널 방송 동시재송신 의무를 부여할 경우 또 다른 이슈가 불거질 수 있다. 정부가 유료방송사업자의 채널 편성권을 침해한다는 것이다. 또한 케이블SO의 경우 디지털 전환이 완료되지 않아 동일한 채널을 여러 주파수로 동시에 방송해 여분이 충분하지 않은 상태이다. 또한 지상파 방송사 입장에서 유료방송이 지상파 다채널 방송을 무료로 재송신하는 것에 대해 반발할 가능성이 있다. 광고 매출액이 줄어드는 상황에서 유료방송사의 재송신 수수료는 지상파 방송사의 안정적 재원이 될 수 있기 때문이다.

둘째, 지상파 다채널 방송에 대한 동시재송신의 범위를 현행과 같이 KBS1, EBS에만 적용하고 다른 지상파 다채널 방송은 사업자 자율에 맡기는 방안이다. 방송법 제78조는 유료방송사업자에게 KBS1, EBS에 대해서만 동시재송신 의무를 부여한다. 따라서 지상파 다채널 방송의 경우도 KBS1, EBS에 대해서만 동시재송신 의무를 부여하고 다른 채널에 대해서는 자율에 맡기는 방안을 검토할 수 있다.

셋째, 모든 지상파 다채널 방송의 재송신을 방송사업자 자율에 맡기는 방안을 검토할 수 있다. 지상파 다채널 방송 추가채널의 동시재송신 여부를 둘러싼 이해관계자 사이에 입장이 서로 다르고, 정부도 지상파 다채널 방송 추가채널의 주요 시청자 계층을 직접수신 가구에서 유료방송 가입 가구로 확대해야 할 필요성이나 논리적 근거를 발견하기가 쉽지 않다. 따라서 방송사업자 사이의 자율적 협상에 의해 재송신 여부가 결정되는 것이 바람직하다는 것이다.

현재 방송법 제78조에서 유료방송사업자로 하여금 KBS1, EBS에 대한 동시재송신 의무를 부여한 것은 이들 채널에 수신료가 포함되기 때문이다. 다시 말해 유료방송 가입자도 KBS 수신료를 납부하기 때문에 유료방송사업자로 하여금 이들 채널을 가입자에게 반드시 제공하도록 의무를 부여한 것이다. 이런 측면에서 KBS, EBS가 제공하는 지상파 다채널 방송의 경우 유료방송사업자에게 동시재송신 의무를 부여하되 저작권법 제85조의 '동시중계방송권에관한규정'을 적용하지 않는 방안 또는 지상파 다채널 방송의 동시재송신 여부를 방송사업자 간 자율 협상에 맡기는 방안이 유력할 것으로 전망된다.

4. 지상파 다채널 방송의 전망

2014년 12월 23일 방송통신위원회는 EBS에 대해 지상파 MMS 시범 서비스 제공을 허용하기로 의결했다. 이에 EBS는 2015년 2월 11일 EBS2라고 하는 명칭으로 지상파 다채널 방송을 제공한다고 밝혔다. EBS는 기존 EBS1에서 충분히 제공되지 못했던 초·중학 교육, 영어 교육, 다문화 가정 프로그램 등을 광고 없이 제공할 예정이라고 밝혔다. 현재 방송통신위원회는 기존 방송 규제의 틀에서 크게 벗어나지 않고, 디지털 컨버전스 시대를 맞아 새로 정립될 규제 체계와도 배치되지 않는 범위에서 지상파 다채널 방송을 도입함으로써 시청자 복지를 증진하는 동시에 방송 시장에 활기를 불어넣고자 모색한다. 이런 측면에서 EBS의 시범 서비스는 향후 지상파 다채널 방송 정책 방향을 정교화하는 데 시금석이 될 가능성이 크다.

지상파 다채널 방송 도입과 관련하여 정부는 최대한 많은 저소득층 직접수신 가구에게 서비스가 제공되도록 함으로써 시청자 복지 증진과 디지털 디바이드 해소에 기여하고 방송 산업에 새로운 활력을 불어넣을 수 있기를 기대한다. 지상파 방송사 입장에서는 지상파 다채널 방송의 제공이 정부가 추구하는 정책 목표 실현에 부응하는 동시에 경제적·사회적 측면에서 지상파 방송의 위상을 끌어올리는 중요한 계기가 되기를 기대한다. 유료방송사업자의 경우 지상파 다채널 방송의 도입은 바람직하지만 유료방송가입자의 이탈을 촉발시키거나 저가요금 경쟁을 더욱 고착화시키는 계기가 되지 않기를 기대한다.

이러한 논의에서 무엇보다 중요한 것은 시청자 입장이다. 지상파 다채널 방송을 통해 선택할 수 있는 방송 채널의 수가 늘어나는 것은 시청자 입장에서 바람직한 일이다. 뿐만 아니라 최대한 많은 시청자가 그 혜택을 누릴 수 있도록 설계하는 것이 필요하다. 현재 지상파 다채널 방송은 저소득층 직접수신 가구의 복지 증진에 초점이 맞춰졌다. 그러나 우리나라 직접수신 가구는 10% 내외 수준에 머무른다. 이와 관련 지상파 다채널 방송의 추가채널이 MPEG-2 방식으로 제공될 경우 시청자는 셋톱박스를 구매하지 않고도 지상파 다채널 방송을 시청할 수 있다. 때문에 직접수신 가구가 곧 지상파 다채널 방송 수신 가구로 식별될 수 있다. 다만 앞에서도 언급했듯이 MPEG-2 방식은 화질 열화와 같은 기술적 문제가 발생할 우려가 있다. 반면 추가채널이 MPEG-4 방식으로 제공될 경우 직접수신 가구 중에서 셋톱박스를 구매한 가구만 지상파 다채널 방송을 시청할 수 있다. 따라서 지상파 다채널 방송 시청 가구를 늘리기 위한 정부나 업계의 지원이 불가피할 것으로 전망된다. 이처럼 추가채널 제공에서 어떤 기술 방식을 채택하든 장단점이 존재하므로 각 선택마다 시청자의 지상파 다채널 방송 이용에 불편함을 최소화할 수 있는 대책이 수반될 필요가 있을 것으로 판단된다.

한편 지상파 다채널 방송을 계기로 유료방송 가입자가 유료방송을 해지하고 직접수신 가구로 전환하는 것도 시청자의 매체 선택권 확대라는 측면에서 바람직하다고 하겠다. 방송사업자가 제공하는 콘텐츠 품질에 따라 시청자가 어떤 매체를 이용할 것인지 선택할 수 있는 환경을 조성할 수 있기 때문이다. 다만 최근 유료방송의 콘텐츠 경쟁력이 상승하고, 가입자가 다채널 방송을 이용하는데 익숙하며, 유료방송 요금 수준이 높지 않고 결합상품을 통해 다른 서비스와 묶인다는 점 등을 감안할 때 유료방송 가입 가구가 직접수신 가구로 급격히 이동할 가능성은 높지 않을 것으로 전망된다.

지상파 다채널 방송에 광고가 포함될 경우 시청자 입장에서 다소 불편을 느낄 수 있으나 광고를 금지할 경우 별도의 수익원을 발굴하기가 어렵기 때문에 지상파 다채널 방송을 안정적으로 제공하는 데 제약 요인으로 작용할 가능성이 크다. 지상파 다채널 방송이 수신료와 같은 공적 재원으로만 운영되기는 곤란하다는 현실을 감안할 때 시청자 입장에서 광고로 인한 시청의 불편함에 대해서는 인내가 필요하다.

유료방송을 통한 지상파 다채널 방송의 재송신 이슈는 시청자 입장에서 해당 채널이 수신료를 기반으로 제작될 경우 직접수신 가구뿐만 아니라 유료방송 가입자까지 포함하여 제공되는 것이 바람직하다. 다시 말해 KBS1, EBS처럼 유료방송사업자에게 동시재송신 의무를 부여하고 지상파 방송사에게 '동시중계방송권에관한규정'을 적용하지 않는 것이 필요할 것으로 보인다. 그러나 공적 재원이 포함되지 않을 경우는 방송사업자 사이의 자율 협상을 통해 동시재송신 여부를 결정하는 것이 필요하다.

지상파 다채널 방송은 유료방송뿐만 아니라 지상파 방송에서도 다채널이 제공될 수 있다는 점에서 우리나라 방송 환경의 변화를 읽을 수 있는 또 하나의 이정표가 될 수 있다. 지상파 다채널 방송이 시청자 복지 증진과 디지털 디바이드 해소에 기여하기 위해서는 해당 채널을 운영하는 방송사업자의 철학, 양질의 방송 콘텐츠 제작과 이를 뒷받침할 수 있는 재원 조달 방안, 시청자의 애정 어린 관심이 함께 어우러져야 한다.

참고문헌

김광호 (2013), 디지털 전환 이후 지상파 플랫폼의 역할과 과제, 한국방송학회 세미나 발표문.
미래창조과학부 · 방송통신위원회 · 문화체육관광부 (2013), 〈창조경제 시대의 방송산업발전 종합계획〉.

방송통신위원회 (2006), 〈MMS 시험방송 결과평가 연구〉.

송혜영 (2013. 9. 10), KBS·EBS, 다채널 서비스 'HD급 채널'로 추진, 광고 허용 땐 사실상 "종편채널 추가" 논란, 〈전자신문〉.

윤성옥 외 (2014), 〈지상파 플랫폼 규제체계 개선방안에 관한 연구〉(방송통신정책연구 KCC 2014-8), 방송통신위원회.

장병희 (2010), 해외 지상파 플랫폼 정책 사례연구: 영국 프리뷰를 중심으로, 〈사회과학연구〉, 49권 1호, 1~36.

정인숙 (2013), 미디어다양성 지수에 대한 평가와 정책 제언. 〈한국언론정보학보〉, 61호, 98~117.

박장준 (2014. 8. 21). KBS '직접수신 + IP' 53개 채널 송출, 유료방송 진출?, 〈미디어스〉.

http://tech.kobeta.com/news/articlePrint.html?idxno=1609
http://www.etnews.com/201309100587
http://www.dtvkorea.org/?page_id=31123

스마트미디어: 시장 **2**

5

신 유형의 방송과 규제 체계

VOD를 중심으로

이상식

1. 신 유형의 방송 서비스 등장

오랜 기간에 걸쳐 TV는 '바보상자'라 불렸다. 그러나 최근 스마트폰처럼 개방형 플랫폼이 적용되면서 '똑똑한 지능형 단말기'로 변화하고 있다. 기존 TV 제조사는 물론 유료방송사와 동영상 콘텐츠 제공업체 등 주요 업체는 새로운 기회를 노리며 속속 신 유형의 방송 시장에 진입하고 있다. 방송사업자는 경쟁에 대응하고 콘텐츠의 부가가치를 높이기 위해 유통 전략을 강화하고 있다. 이 결과, 인터넷 접속을 기반으로 양방향 동영상 서비스는 물론 스마트폰처럼 이용자가 필요로 하는 다양한 애플리케이션을 설치해 유용성을 높일 수 있는 스마트 TV와 같은 신 유형의 방송 서비스가 진화하고 있다.

신 유형의 방송 서비스 정체성은 아직 모호하며 다양한 의미로 해석된다. 이 장에서 다루고자 하는 스마트 TV의 경우 웹 및 애플리케이션 마켓 형태의 자체 오픈 플랫폼 기반으로 영상물 및 애플리케이션 등의 콘텐츠를 제공하는 TV로 이해된다. 또한 TV와 웹의 만남으로 표현하기도 하는데, 웹상에 존재하는 다양한 멀티미디어 콘텐츠, 특히 동영상 콘텐츠

145

를 이용할 수 있는 TV를 의미하기도 한다.

1) 신 유형의 방송 서비스: 국내

지상파 방송사의 콘텐츠연합플랫폼은 2012년 7월 23일 유료방송 상품 Pooq을 출시하였다. KBS는 'K플레이어', MBC와 SBS는 'Pooq'이라는 브랜드명으로 N스크린 서비스 — 한 번 구매한 콘텐츠를 스마트 기기와 PC에서 끊김 없이 볼 수 있는 서비스 — 를 제공하고 있다. Pooq이 제공하는 채널 가운데 특이한 것은 지상파 방송사의 각 채널에서 장르별 프로그램을 모아 만든 연합채널인 Pooq 채널이다.

TV와 같은 실시간 채널과 VOD를 동시에 제공하는 하이브리드 서비스인 CJ헬로비전의 Tving(티빙)[1] 서비스는 2013년 8월 가입자 수가 5백만 명을 넘어섰다. 현대HCN과 판도라TV가 합작으로 설립한 N스크린 서비스인 에브리온TV[2]도 애플리케이션 누적 다운로드 260만 건과 하루 순 방문자 수 10만 건을 기록했다.

판도라TV에서 제작한 에브리온TV 애플리케이션을 이용하면 실시간 TV・케이블TV를 볼 수 있다. 거기에 더해 2백여 개의 채널을 무료로 볼 수 있다. 음악방송, 스포츠 중계, 무료 영화채널, 낚시방송, 당구방송 등도 무료로 볼 수 있다. SK 플래닛의 모바일 VOD로 특화한 N스크린 서비스인 Hoppin은 출시 2년 6개월 만에 가입자 4백만 명을 돌파했다. 이는 3개 통신사 모두 사용 가능하며, 구글 플레이스토어에서 검색해 애플리케이션을 다운로드 받아 사용이 가능하다. 영화나 TV 다시 보

---

1 http://www.tving.com
2 http://www.everyon.tv

기를 유용하게 사용할 수 있는 서비스이다. [3]

2) 신 유형의 방송 서비스: 해외

구글TV나 애플TV를 대표적 사례로 들 수 있다. 구글은 TV 제조 기능 없이 플랫폼 기술력을 토대로 한 웹 검색과 광고 수익 모델로 스마트 TV 시장에 진출하여 제한된 웹이 아닌 풀 웹(*full web*)을 가져와 TV를 위한 애플리케이션 환경을 구축하기 시작하였다. 구글은 인터넷 포털의 능력을 거실의 TV까지 확장할 뿐만 아니라 TV를 보면서 웹 애플리케이션을 동시에 이용할 수 있는 차세대 TV를 개발하였다. 구글TV는 검색에 최적화된 UX 제공을 목적으로 하여 간편한 조작으로 TV 프로그램 및 다양한 온라인 콘텐츠, 각종 웹 애플리케이션 이용이 가능하도록 하였다.

구글TV는 PC 검색과 거의 유사한 검색 시스템을 구현하며 자주 사용하는 검색어를 즐겨찾기로 등록할 수도 있다. 구글TV의 초기 화면은 웹과 동일한 검색창에서 시작하여 고객이 원하는 콘텐츠 검색 후 선택하여 시청한다. 구글TV 콘텐츠는 기존 TV용 동영상과 PC 기반의 웹콘텐츠로 구분할 수 있다. 웹과 TV의 콘텐츠를 구분하지 않고, 검색 키워드에 대한 종합적인 결과를 제공함으로써 웹과 TV 콘텐츠의 경계를 희미하게 만들고 있다. 안드로이드[4] 폰을 이용하여 구글TV 내 콘텐츠의 음성검색 및 리모컨 기능 등의 호환이 가능할 뿐만 아니라 안드로이드 폰에서 바로가기 버튼을 이용해 구글TV로 접속이 가능하다.

구글TV의 등장은 그동안 침체되었던 OTT 셋톱박스 시장을 더욱 확

---

3 http://www.hoppin.com
4 구글이 개발한 스마트 기기 OS로 애플의 iOS와는 달리 어느 제조사든 자사의 스마트기기에 적용할 수 있는 개방형 OS이다.

대하는 기회가 될 수 있다. 케이블TV, IPTV, 위성방송과 같은 유료방송사가 직접적 피해를 볼 것이라고 전망되기도 하나, N스크린을 위한 플랫폼으로 제공할 가능성이 높다.

최근 스마트TV 서비스와 관련해서 가장 많은 주목을 받는 것이 애플과 아마존의 스마트TV 사업이다. 2007년에 애플TV가 정식 판매되었으나 시청자의 이용 행태를 고려하지 않은 불편한 이용자 인터페이스, 지상파 및 유료 TV 방송 서비스와의 차별 실패, 높은 가격 등으로 시장에 큰 영향력을 발휘하지 못하였다. 그 후 2010년에 새로운 애플TV가 출시되었다. 새로운 애플TV는 기존 제품과 비교하여 작아졌으며, 인터넷에 연결된 애플TV를 일반 TV와 연결해 자사 플랫폼 기반의 서비스를 이용하는 것이 가능하다. 가격도 저렴하며(99달러), 비디오 재생 방식도 무단 복제 및 배포 등이 용이한 저장 방식에서 스트리밍 방식으로 변화하였다. 2011년에는 iTV의 출시를 통하여 아이폰 및 아이패드와의 연계를 활용하여 TV 앱스토어 진출 및 클라우드 기반 N스크린 환경에서 서비스를 통합 추진하고 있다.

또한 아이튠즈를 통해 구매한 비디오를 애플TV로 감상할 수 있는 OTT 서비스를 제공한다. 경쟁사와 달리 자사 제품만으로 서비스를 제공한다는 단점을 보완하기 위해 유튜브 등을 지원하는 서비스를 추가로 제공한다. 최근에는 애플TV의 기능을 대폭 개선하여 홈 엔터테인먼트 서비스를 강화할 것이라는 전망이다. 애플은 TV보다 훨씬 저렴하고 보다 폭 넓은 시장 공략이 가능한 셋톱박스를 통해 가정을 공략한다는 전략이다. 또한 아이폰이나 아이패드 등 기존 자사의 모바일 단말기를 게임 컨트롤러로 사용할 수 있도록 해 강점을 강화할 것으로 예상된다.

아마존의 경우 2013년부터 킨들(Kindle)이라는 브랜드의 자체 셋톱박스를 준비 중이다. 또한 킨들TV를 준비 중인데, 이 제품은 OTT 동영상 콘텐츠를 TV에서 쉽게 볼 수 있도록 하며, 안드로이드 기반이기 때문에 다양한 업체의 애플리케이션을 이용할 수 있는 것이 특징이다. 이와 같이 애플과 아마존은 아이폰이 스마트폰 시장의 폭발적인 성장을 견인한 것처럼, 스마트 TV 시장 전체의 성장을 이끌 것으로 보인다(한국방송통신전파진흥원, 2014).

2. 신 융합 서비스에 대한 국내 법규 현황

1) VOD 서비스의 개념적 특성

VOD는 서비스 제공업자가 구성한 프로그램의 범위 내에서 이용자가 개별적으로 선택한 시청각 콘텐츠를 자신이 선택한 시간에 유·무료로 이용하는 서비스를 의미한다. VOD에 대한 이용자의 선택권은 ●자신의 개별적 요청에 의한 프로그램 선택 ●자신이 원하는 시간에 이용이 가능 ●이용 도중 프로그램의 전후를 이동할 수 있는 통제력이다. 즉, VOD를 비선형 서비스라고 하는 것은 공급자가 일방적으로 정한 편성표에 따른 프로그램 제공과 프로그램 전후의 불가역적 흐름을 특징으로 하는 선형 (*linear*) 서비스가 아니라는 의미이다.

VOD는 방송 서비스와 통신 서비스의 특성을 동시에 가진다. 유튜브와 같은 VOD 서비스는 동영상 콘텐츠를 전기통신 설비를 이용하여 주로 사적 개인이 포스팅하거나 상호 공유하는 형태로 통신 서비스에 가깝다. 반면, 넷플릭스, 훌루, 유료방송사, 지상파 방송사의 홈페이지 등이 제공하는 프리미엄 VOD 서비스는 특정 공급업자가 모아 제공하는 콘텐츠(예를 들어 기존 방송 및 영화 콘텐츠 등을 일반 공중을 대상으로 유·무료로 제공하는 서비스)라는 점에서 방송 서비스에 가깝다.

2) VOD 서비스에 대한 국내 법 규정의 미비

국내 방송법은 물론 통신법에서도 VOD 서비스에 대한 명확한 개념 규정이 없다. 방송법의 경우, VOD에 대한 직간접적 개념 규정이 전혀 없다. 방송법상 '방송'의 정의를 이루는 핵심 개념인 '방송 프로그램'의 법적 정의(방송편성의 단위가 되는 방송내용물)는 '방송편성'(방송되는 사항의 종류·내용·분량·시각·배열을 정하는 것)이라는 매우 공급자 중심의 일방향적 개념이기 때문에 VOD의 개념을 포함할 수 없다. 전기통신사업법의 경우, VOD 서비스를 통상 부가통신역무로 분류하지만, 사실상 명확한 법적 개념이 없는 상황이다. 전기통신사업법상 '기간통신 역무'[5]의 개념과 '부가통신 역무'[6]의 개념에서도 VOD 정의를 구체적으로 규정하지 않는다.

3) 국내 VOD 서비스 진입 절차 및 규제 현황

특정 매체에 기반을 두어 규제 대상을 구분하는 현행 방송법과 통신법의 이원적 체계하에서 VOD 서비스는 각기 서로 다른 진입 절차와 규제를 받는다. 디지털케이블 TV는 VOD 서비스 제공을 위해 관련 사업자가 연합하여 별도의 법인(홈초이스)을 설립하고, 방송법상 방송채널사용사업자 등록 절차를 거쳐 운영 중이다. 따라서 홈초이스가 제공하는 VOD 서비스에 대해서는 일반 방송채널사용 사업에 대한 방송법상의 규제가 동일하게 적용된다.

IPTV의 경우 VOD 서비스는 전기통신사업법상의 부가통신사업자로 신고 절차를 거쳐 운영 중이다. 따라서 IPTV가 제공하는 VOD 서비스에 대해서는 전기통신사업법상 부가통신사업자에 대한 규제가 적용된다.

---

5 전화·인터넷 접속 등과 같이 음성, 데이터, 영상 등을 그 내용이나 형태의 변경 없이 송·수신하게 하는 전기통신역무 및 음성, 데이터, 영상 등의 송·수신이 가능하도록 전기통신회선설비를 임대하는 전기통신역무를 말한다(전기통신사업법 제2조 제11항).
6 기간통신역무 외의 전기통신역무를 말한다(전기통신사업법 제2조 제12항). 또한 '특수한 유형의 부가통신역무'란 저작권법 제104조에 따른 특수한 유형의 온라인서비스제공자의 부가통신역무를 말한다(전기통신사업법 제2조 제13항).

표 5-1 국내 VOD 서비스 규제 현황

매체	법적 근거	사업자 지위	규제
디지털케이블 TV	방송법	방송채널사용사업자	등록
IPTV	전기통신사업법	부가통신사업자	신고
디지털위성방송	방송법	위성방송사업자	법적 진입 절차 없음

디지털 위성방송의 경우, 전국 단일 사업자로서 특별히 별도의 법인 설립을 통한 등록 절차 없이 방송법상 허가사업자로서 준주문형(*near Video On Demand*) 및 PPV(*Pay Per View*) 서비스를 제공한다. 방송법상 VOD 서비스 제공을 위해 특별한 법적 진입 절차가 없기 때문에 자체 사업으로 서비스를 제공한다.

3. 해외 신 유형의 방송 서비스 규제 동향

1) EU와 영국의 신 유형의 방송 서비스 규제[7]

영국이나 EU (유럽연합)의 신 유형 방송 서비스에 대한 규제 체계는 잘 정립되어 우리에게 시사하는 바가 커서 자세히 살펴볼 필요가 있다.

영국은 2003년 이전까지는 TV와 온라인을 통한 주문형 서비스도 방송의 범주로 포함시켜 규제하였으나, 2003년 커뮤니케이션법을 개정하면서 전통적인 방송과 인터넷 서비스를 구분해 규제하기 시작했다. 2009년에는 VOD도 규제에 포섭하였다. 온라인 동영상 서비스를 ODPS (On-Demand Programme Services)로 정의하고 커뮤니케이션법에 추가했다. 커뮤니케이션법의 주문형 콘텐츠 관련 정의와 서비스 조건을 보면 '서비스가 TV와 유사한 프로그램을 포함하는가', 'VOD 서비스 여부', '편집 책임이 존재하는가', '공중을 대상으로 한 콘텐츠인가' 등이 주요 요소이다.

영국은 방송 콘텐츠를 '공공 서비스 지상파'(PSB), '디지털 지상파 플랫폼'(DTPS), '면허가 필요한 콘텐츠'(TLCS), '온라인 동영상 콘텐츠'(ODPS)로 나눠 방송 콘텐츠에 대한 규제를 차등적으로 적용한다. 특히, VOD 서비스와 같은 신 유형의 방송 서비스에 해당하는 온라인 동영상 콘텐츠에 대해서는 기존 방송과의 유사성, 사회·문화적 영향력 등을 고려하여 다른 인터넷 콘텐츠보다 규제를 엄격히 적용한다.

영국의 신 유형의 방송 서비스에 대한 규제는 EU의 시청각 미디어 서비스 지침 (Audiovisual Media Services Directive, 2009)에 근거한다. EU의 시청각 미디어 서비스 지침의 제정 배경을 살펴보면, 방송·통신의

---

7 김정현(2013. 10. 30) 참조.

융합으로 초래된 콘텐츠 계층의 환경 변화에 적절한 규제 정책 수립의 필요성이 제기되었다. 인터넷이나 모바일과 같은 통신 서비스와 방송 서비스의 융합, 디지털 TV나 3G 네트워크, PPV, VOD와 같은 주문형 서비스의 활성화 등 환경 변화에 따라 콘텐츠 계층에 대한 새로운 접근이 필요했기 때문이다.

EU 규제의 주요 내용은 지상파 방송뿐 아니라 주문형 서비스(EU나 영국에서는 *on-demand service*라고 불림) 등 디지털 시대의 모든 시청각 서비스에 적용된다. 시청각 미디어 서비스는 경제적·문화적 서비스이므로 정보 자유, 언론 및 문화의 다양성 확보 등을 위해 공익성 규제가 정당화된다. 또한 축소 규제(*graduated regulation*)를 원칙으로 하여 주문형 미디어에 대해 소비자에게 광범위한 선택과 통제권을 제공하며 방송의 사회적 영향에 따라 차등 규제한다. 주문형 서비스는 기존의 방송과 차이가 존재하므로 기존 방송에 비해 약한 규제를 적용한다. 유사한 성격의 커뮤니케이션 서비스에 대해서는 동일 규제가 적용될 수 있도록 가능한 큰 분류로 서비스를 정의한다. 그리고 새로운 미디어 서비스 발전을 위해 공정 경쟁 환경을 조성해야 하며, 사회·문화적 규제는 자율 규제를 중시하지만 정부 규제의 여지는 남겨둔다.

EU에서 정의한 '시청각 미디어 서비스'란 미디어 서비스 제공자가 편집권(*editorial responsibility*)를 가지고, 일반 공중에게 정보·오락·교육 프로그램 제공을 목적으로 전자통신 네트워크를 통해 제공하는 서비스를 말한다. 즉, TV 방송 서비스와 주문형 서비스를 모두 포함한다. 여기서 '편집권'이란 TV 방송의 편성표나 주문형 서비스의 카탈로그를 통해 프로그램의 선택과 구성에 미치는 효과적 통제력의 행사를 의미한다. 그리고 '주문형 서비스'란 이용자가 프로그램 카탈로그 내에서 개별적으로 요청한 프로그램을 선택한 시간에 이용할 수 있도록 하는 서비스를 말한다.

EU 지침의 주요 내용을 살펴보면 규제 대상이 되는 콘텐츠 계층의 범위에 기술이나 네트워크의 종류에 상관없이 TV 방송 서비스와 주문형 서비스를 모두 포함한다. 시청각 미디어 서비스의 개념은 일반 공중을 대상으로 상당한 정도의 사회·문화적 영향력을 미치는 경제 활동과 관련된 시청각 콘텐츠를 제공하는 서비스에 한정된다. 규제 영역에 해당하지 않는 것은 제한된 수용자에게 전달하는 이메일, 개인 간 서신, 개인 웹사이트, 사적 개인 간의 공유나 교환을 목적으로 하는 콘텐츠의 제공이나 유통 등이다.

그리고 이용자 선택 및 통제력, 사회적 파급력의 차이에 따라 TV 방송 서비스(linear)와 주문형 서비스 간 규제를 차별화한다. TV 방송 서비스는 아날로그 및 디지털 TV, 실시간 방송, 웹캐스팅, 준주문형 방송(near-VOD)을 포함한다. 동일한 미디어 서비스 제공업자에 의해 주문 방식으로 제공되는 TV 방송 프로그램은 선형 서비스에 해당하는 규제를 적용한다. 규제 대상인 주문형 서비스의 특징인 '유사 방송'(Television-like)의 의미는 'TV 방송과 동일한 수용자를 대상으로 경쟁함'이다. 콘텐츠 규제에서는 국가 규제와 자율 규제를 혼합한 협력 규제를 강조한다. 가능한 조건 하에서 EU 개별 회원국의 지침 이행에 대한 재량권을 인정하고, 국가 차원에서는 타율적 규제와 산업계의 자율적 규제를 조화롭게 유지하는 지침을 각국에 전달하였다.

이러한 EU의 규제 지침에 따라 영국에서는 주문형 서비스에 대해 공동 규제 체계(co-regulation)를 확립한 것이 특징이다. EU 지침을 기본으로 선형 방송 서비스는 국가 기구인 Ofcom과[8] 방송사의 대표적인 자율 규제 기구인 BBC Trust가 BBC1, BBC2 및 BBC의 기타 채널 및 서비스

---

8 Office of Communications의 약자로 우리나라 방송통신위원회와 같은 규제위원회이다.

의 규제에 개입한다. VOD와 같은 주문형 서비스의 경우에는 산업계의 자율규제를 실행에 옮기기 위해 전문 규제 기구인 ATVOD[9]를 설립하였고, 타율규제 기구인 Ofcom이 ATVOD와 공동으로 주문형 서비스를 규제한다. 그렇지만 VOD에 대한 규제는 대부분 ATVOD에서 자율적으로 담당하며, 방송 사업자가 ATVOD의 규제 결정에 승복할 수 없을 때 상급 관할 기구인 Ofcom이 담당하는 형태로 규제 체계가 운용된다.

2) 미국의 신 유형의 방송 서비스 규제

미국은 시장 상황을 고려해 방송 시장을 획정하고, 경쟁 상황을 고려하여 규제 수준을 검토한다. 온라인 비디오 유통사업자(*online video distributors*)의 시장 점유율이 높아지자 OVD를 MVPD(*Multichannel Video Programming Distributor*),[10] 지상파와 함께 방송 시장에 포함시키고 이에 대한 규제 방향을 논의하는 상황이다. FCC는 OVD 사업자의 정의를 '인터넷을 통해 소비자에게 콘텐츠를 유통시키는 사업자'라 했다. FCC는 컴캐스트와 NBCU 합병 승인 과정에서 온라인 시청이 늘어나는 반면, 전통적인 비디오 편성 서비스의 이용을 중단하는 일은 흔치 않아 OVD 서비스를 MVPD의 대체재(*substitute*)라기보다는 보완재(*complement*)라 판단했다. 아직도 OVD를 MVPD의 대체재라기보다는 보완재로 판단하지만, 잠재적으로는 대체재가 될 가능성이 있다고 전망한다.

FCC의 〈MVPD Annual Report 2012〉는 융합 환경 혹은 스마트 환경에서 방송 규제에 대한 내용을 담았다고 보기는 어려우나 'OVD'를 포함

---

9 Authority for Television on Demand의 약자로 VOD 서비스를 규제하기 위해 설립한 전문 규제 기관이다.

10 케이블 TV · 위성방송 · IPTV 사업자를 포함한다.

시켜 경쟁 상황을 분석했다. 또한 OVD와 관련된 망 중립성에 대한 FCC 의 입장을 고려할 때, OVD 사업자에 대해 MVPD 수준의 규제를 적용할 가능성은 낮을 것으로 보인다. FCC는 MVPD를 전송 경로(transmission path) 소유 여부로 판단했는데, 향후 어떠한 기준으로 MVPD를 판단할지가 쟁점이다.

3) 일본의 신 유형의 방송 서비스 규제

일본의 경우 콘텐츠 영역의 규제와 관련해 '공연성'의 유무를 기준으로 '공연성을 지닌 콘텐츠'와 '공연성을 지니지 않은 콘텐츠'로 구분한다. 전자의 경우 '특별한 사회적 영향력' 존재 여부에 따라 다시 '미디어 서비스 콘텐츠'와 '오픈 미디어 콘텐츠'로 구분한다. '미디어 콘텐츠'를 송신 수단이 아닌 '사회적 기능과 영향력'의 정도에 따라 분류하는 것이다.

특별한 사회적 역할을 담당하는 '특별 미디어 서비스'에는 현재의 방송 프로그램에 대한 규제를 유지하고, 기타 '일반 미디어 서비스'에는 완화된 규제를 적용해야 한다는 것이 일본 규제 당국의 입장이다. 또한, 영향력을 어떻게 측정할 것인가에 대해서는 ●영상, 음성, 데이터 등 콘텐츠의 종류 ●단말에 따른 접근의 용이성 ●시청자의 수 ●현실적인지 여부 등의 기준을 제시한 바 있다.

여기서 '공연성'은 불특정 다수인이 인식할 수 있는 상태의 여부와 특별한 사회적 영향력의 존재 여부를 의미한다. 이는 EU의 시청각 미디어서비스 지침에서 규정되는 선형·비선형 서비스의 기준과도 부합하는 부분이 있다. 공연성을 지니지 않은 콘텐츠는 편지, 이메일 등 특정인과 특정인 사이의 의사소통을 지칭하며, 통신 비밀이 최대한 보장되도록 한다.

이렇듯 해외 주요국은 융합 서비스에 대한 규제 체계를 마련하여 일반

방송 콘텐츠와 온라인 동영상 서비스를 분류해 차등 규제를 적용한다. 특히, 온라인 동영상 서비스와 관련해 사회·문화적 영향력과 '편성 책임'을 주요한 요소로 꼽고, 이를 기준으로 온라인 동영상 서비스를 일반 인터넷 콘텐츠보다 강력히 규제한다. 미국의 경우 경쟁 상황의 평가를 통해 시장 상황을 고려하여 그에 따라 온라인 동영상에 대한 규제 수준을 검토한다.

4. 결론: 신 유형의 방송에 대한 규제 체계 정립 방안

1) 신 유형의 방송 규제 필요성

애플TV, 구글TV, 유튜브, 판도라TV 등 인터넷을 통한 동영상 서비스인 OTT가 빠른 속도로 시장에 자리를 잡아감에도 불구하고 국내 방송 정책의 대응 속도는 매우 더디다. 현행 방송 관련법으로 방송의 개념에 포섭할 수도 없거니와 방송사업자로 분류할 수도 없다. 규제의 법적 근거도 마련되지 않고 정책의 방향성도 제대로 수립되지 않았다. 이에 Tving과 같은 방송 권역 외 OTT 사업 추진에 대해 다른 경쟁 케이블TV 사가 기존 권역 기반의 사업 모델을 위협하는 행위라고 주장하는데 대해 정부는 어떠한 조처를 취할 수도 없는 상황이다.

방송·통신 융합 서비스에 대응하기 위해 그동안 추진한 방송통신사업법(가칭) 제정은 요원하다. 현실적으로는 방송법과 인터넷멀티미디어방송사업법만이라도 통합하는 것이 시급하다. 현행 방송법상 아날로그 방송 개념에 VOD와 같은 공간 편성을 하는 사업자를 위한 법적 근거를 마련해야 한다. 스마트TV와 같은 신 유형의 방송 서비스 제공업자를 새로운 방송 사업자로 분류해야 한다. 이를 위해 미래창조과학부와 방송통신위원회는 업무 관할권을 서로 미루지 말고 협력하여 통합방송법 제정을 서둘러야 한다.

국내 방송·통신 관련 법령에서 나타난 방송과 통신 개념의 불완전성을 고려할 때 국내 신규 융합 서비스를 현행 방송법이나 통신 관련법으로 규율하는 것은 현실적으로 어려워 보이므로 방송법 개정을 통해 새로운 방송 사업 개념을 포함해야 한다.

2) 영국 규제 체계 사례의 시사점

신 유형의 방송 서비스에 대한 영국의 규제 체계는 제대로 확립되어 있고, 서비스 판단 기준이 매우 구체적이므로 국내에서 제도 수립 시 반영할 필요가 있다(ATVOD, 2012). 영국에서 스마트 TV나 VOD 서비스에 대한 방송법상의 법적 지위와 규제를 적용하기 위한 요건은 다음과 같다.

① 스마트 TV 및 VOD 서비스 사업자가 제공하는 서비스의 성격이 방송 프로그램과 유사해야 한다. 즉, TV 프로그램에 일반적으로 포함되는 형식 및 내용과 유사해야 한다. 주문형 서비스와 TV 방송 서비스는 동일한 이용자를 대상으로 경쟁한다. 사내 교육용 비디오, 특별한 편집 의도 없이 TV 프로그램으로부터 간단히 발췌한 것은 해당되지 않는다. 그 자체로 완결된 한 편의 뮤직비디오는 해당된다. 일반적으로 과거에 TV 방송을 통해 제공되었던 프로그램은 해당된다. 오디오 서비스는 해당되지 않는다.

② 이용자 선택에 의한 주문형 서비스인가 여부도 중요하다. 짧은 영상광고 스팟에 부가되는 비(非)영상 서비스, 온라인 게임이나 도박 서비스에 연동된 동영상 등과 같이 이용자가 선택하지 않았는데도 메인 서비스에 부가되어 자동적으로 제공되는 서비스는 해당되지 않는다. 비(非) 시청각 미디어 서비스 사업자, 예를 들어 온라인 쇼핑 사업자, 인쇄매체 사업자 등이 자신의 상품 및 서비스를 구성해 하나로 개별적인 VOD를 제공하는 경우에는 규제 대상이 된다. 개별적으로는 독립된 서비스이기 때문이다. 즉, 온라인 신문사가 텍스트 서비스를 보조하는 VOD를 제공하는 경우는 이에 해당되지 않지만, 신문 콘텐츠와는 관련 없이 별도의 VOD를 제공하는 경우

는 해당된다. 인터넷을 통해 TV 채널을 선형 형태로 제공하는 경우 주문형 서비스가 아닌 TV 방송 서비스의 규제를 적용한다.

③ 편집권의 존재 여부가 주요 판단 기준이다. 일반적으로 단순 공유나 교환을 목적으로 하는 UCC로 구성된 프로그램의 제공은 편집권이 없는 것으로 간주한다. 반면, 특정 사업자가 경제적 이윤을 위해 특정 종류의 콘텐츠를 유통하는 서비스는 편집권이 있는 것으로 간주한다.

규제 적용 여부를 판단하는데 보다 구체적 주요 사례를 살펴보면 흥미롭다. 일반적으로 주문형 영화 서비스, 웹사이트, 기타 전송 기술을 통해 제공하는 주문형 영화 서비스는 규제 대상에 포함된다. 방송사 홈페이지도 규제 대상에 포함된다. 규제 대상에 포함되지 않는 서비스로는 일반적으로 TV 방송과 경쟁하지 않는 비(非)경제적 차원의 서비스다. 다만, 국가로부터 재정적 지원을 받는 공영 서비스, 광고 기반 서비스 등은 경제적 서비스에 해당된다.

일반 공중을 대상으로 정보·교양·오락을 제공하는 것을 주목적으로 하지 않는 서비스는 규제 대상이 아니다. 예를 들어 복권, 도박, 온라인 게임, 검색엔진 등이 해당된다. 반면, 온라인 형태의 신문 또는 잡지는 해당되지 않는다. 개인 간에 공용되는 동영상 콘텐츠는 경제적 대상이 아니기에 규제 대상이 아니다. 정치·종교·노조·직업 단체 등에서 공중이 아닌 관련 종사자 및 내부원을 위한 동영상 콘텐츠 역시 규제 대상이 아니다.

3) 국내 규제 정책의 방향

향후 국내 방송법 적용에서 VOD의 경우는 기존 방송 사업과 분리함으로써 관련 산업의 활성화를 도모함과 동시에 콘텐츠 영향력을 감안해 최소한의 규제를 적용하는 것이 바람직하다. 이용자가 통제 능력을 보유한 비선형 서비스에 대해서는 자율 규제를 중심으로 하되, 국가기관에 의한 타율 규제를 보완적으로 시행하는 것이 영국 등 외국 입법 사례를 고려할 때 바람직하다.

진입 규제와 관련해서는 신고제나 등록제 수준으로 진입 장벽을 최대한 낮추고 내용 및 광고 규제 등의 영역에서도 기존 규제를 완화해 적용하는 것이 바람직하다. 다만 사회·문화적으로 나쁜 영향을 미칠 수 있는 내용에 대한 규제는 필요하다. 어린이 및 청소년의 육체적·정신적·윤리적 성장을 심각하게 저해할 수 있는 내용(폭력, 음란물 등)에 접근할 수 없도록 방지하는 보안장치를 제공토록 한다.

광고 규제에서는 국내에서 실시 중인 과대광고, 허위광고, 부당광고와 협찬이나 간접광고에 적용되는 규제를 적용할 필요가 있다. 광고 심의는 한국광고자율심의기구에서 행하기에 주문형 방송의 내용 심의를 위한 별도의 기구를 설치하지 않고 한국광고자율심의기구에서 담당하는 것이 바람직하다.

또한 주문형 방송 사업을 플랫폼 계층으로 분류하고, 실시간 방송 프로그램을 제공하는 경우에는 기존 방송사업자(방송채널사용사업자, 지상파방송사업자 등)와 동일한 규제 방식을 적용받도록 하여 비대칭 규제가 발생하지 않도록 하는 것이 필요하다.

참고문헌

김정현 (2013. 10. 30), 신규, 융합 서비스의 이용자 보호에 관한 영국의 법 적용 사례 및 시사점, 방송통신위원회 TFT 비공개 발제문.

미디어미래연구소 (2013. 5. 9), 〈해외 온라인 비디오 서비스 규제 동향〉.

이종원 (2011. 6. 23), 스마트 TV/VOD 서비스 특징 및 사업 분류, 방송통신위원회 통합 방송법 TFT 발제문.

한국방송통신전파진흥원 (2014. 3), 스마트 TV의 최근 동향과 주요 이슈, 〈동향과 전망〉, 72호, 5~29.

ATVOD (2012), Rules & Guidance: Statutory Rules and Non-Binding Guidance for Providers of On-Demand Programme Services(ODPS).

6

N스크린 서비스의
사례와 이슈

김도연

1. 모바일, 스마트, N스크린

최근 미디어 서비스와 이용의 트렌드를 대표하는 몇 가지 키워드를 들자면 모바일, 스마트, N스크린 등이 빠지지 않는다. ●모바일은 미디어 단말기의 경량화로 장소의 제약에서 벗어나 어디서나 TV 방송을 포함한 미디어 이용이 가능한 현상을 말한다. ●스마트는 단말기의 기능이 고도화되어 미디어 이용자가 이용 전반을 통제할 수 있도록 '똑똑해진' 모습을 가리킨다. ●N스크린은 미디어 이용자가 이용할 수 있는 단말기가 여러 개가 되어 각자의 처지와 목적에 맞게 이용하는 환경을 일컫는다. 미디어 이용자의 입장에서는 모바일과 스마트의 결과로 N스크린 환경을 맞이하였고, 다양한 N스크린 서비스를 목적에 맞게 이용할 수 있게 된 셈이다.

N스크린 환경에서의 미디어 이용자는 전통적인 미디어 이용에서 제약되었던 시간과 장소로부터 어느 정도 자유롭다. 모바일 인터넷과 주문형 서비스를 이용하면 전통적인 방송사의 편성표는 더 이상 절대적인 미디어 이용 시간이 되지 않는다. 다양한 모바일 단말기를 이용함에 따라 미

디어 이용자는 장소와 처지에 따라 최적의 단말기를 선택할 수 있으며, 더 나아가 복수의 단말기를 동시에 사용하면서 미디어 이용의 효과와 만족이 더욱 높아질 수 있다. 미디어 기술 전문가들은 미디어의 발전과 진화의 방향을 단순수신형에서 정보선택형과 정보맞춤형으로, 그리고 궁극적으로 정보창조형 서비스로 그린다(박승권, 2013).

기술을 직접 개발하는 기술 전문가의 비전이 실제 비즈니스와 이용에서도 반드시 그대로 실현되는 것은 아니다. 그러나 현재까지의 추세를 보면 미디어 이용의 측면에서 N스크린 미디어 환경은 정보맞춤형 서비스까지를 제공하는 셈이다.

한편 미디어 서비스 제공자에게 N스크린 환경은 새로운 비즈니스의 기회일 수 있지만 기존 비즈니스가 침식되고 수많은 경쟁자를 맞이하는 달갑지 않은 상황이 될 수도 있다. 국내외 N스크린 서비스의 모습을 보더라도 매우 다양한 주체가 서비스를 제공하며, N스크린 서비스로 인해 미디어 산업의 전통적 가치사슬이 파괴되거나 재구성되는 등 커다란 변화의 소용돌이가 눈앞에 있다.

N스크린은 기존의 미디어 정책 및 규제 환경에도 변화를 요구하지만 워낙 변화의 속도가 거센 관계로 국내외의 정책 및 규제는 구체적이고 분명한 결론을 제시하기보다는 아직 이를 예의주시하면서 관망하는 상황이다. 이 장에서는 N스크린 미디어 서비스의 의미와 국내외 대표적인 N스크린 서비스 제공자의 움직임에 대해 살펴보고, 미디어 이용자에게 주는 의미와 향후 구체적 정책 및 규제를 정비하기 위한 주요 이슈와 고려 사항을 제시하고자 한다.

2. N스크린 서비스의 의미

N스크린은 "동일한 콘텐츠를 단일 단말기(디바이스)가 아닌 TV, PC, 스마트폰, 태블릿 PC, 노트북 등 다양한 단말기를 통해 끊김 없이 이용할 수 있는 미디어 서비스 혹은 환경"을 가리키는 용어이다(이원태 외, 2011). 다양한 단말기를 이용할 수 있으면서 미디어 이용자는 이제 특정 콘텐츠를 이용하고자 시간과 장소에 구애받지 않게 된다. 특히 스마트폰, 태블릿 PC 등 OS를 탑재한 모바일 단말기와 LTE, 와이파이 등 광대역 무선 네트워크가 널리 보급됨에 따라 과거 특정 장소에 국한된 미디어 이용 방식에서 벗어나 야외나 이동 중, 혹은 사무실이나 공공장소 등 무선 네트워크가 미칠 수 있는 곳이면 어디서건 원하는 콘텐츠를 이용할 수 있는 환경이 구비되었다.

본래 N스크린이란 용어는 미국 통신회사인 AT&T가 TV, PC, 휴대폰 등 각기 다른 단말기를 대상으로 동기화된(synchronized) 콘텐츠를 제공하면서 이를 3-스크린(three screen) 서비스라고 부른 데서 연유한다. 이후 제공되는 단말기가 더 늘어나자 'N스크린'이라는 용어로 고쳐 불렀다. N스크린은 이미 국내외 미디어 산업계와 규제 기관, 연구 기관 등에서 광범위하게 사용되는 용어이지만 아직 학술적으로 분명히 정의되지는 않았다. 누가 쓰느냐에 따라 정의와 뜻이 다소 차이가 나는 경우도 빈번하다.[1] 또한 몇 가지 유사 개념이 사용되기도 한다.

예를 들어 일각에서는 N스크린 서비스를 흔히 OTT(Over The Top) 서비스라고 부르기도 한다. OTT는 TV 프로그램을 비롯하여 영화, UCC

---

[1] 일각에서는 N스크린을 독립된 서비스나 환경이라기보다 미디어의 스마트 · 모바일화와 어우러진 복합적 현상으로 보려는 견해도 있다.

등의 동영상 콘텐츠를 인터넷 망을 통해 제공하는 서비스이다. 미디어 이용자는 전용 셋톱박스를 가지고 TV를 비롯하여 PC, 태블릿 PC, 스마트폰 등의 다양한 기기를 통해 원하는 콘텐츠를 이용한다. OTT는 본래 기존의 방송 플랫폼이 없었던 사업자가 TV에 셋톱박스를 설치하여 인터넷 망을 통해 제공하는 서비스이다. 그러나 이제는 셋톱박스의 유무를 막론하고 여러 기기를 통해 기존의 방송·통신사업자 혹은 독립적 사업자가 제공하는 인터넷 기반 동영상 서비스까지를 포괄하는 말로 쓰인다. 따라서 OTT는 현재 N스크린 서비스라는 용어와 사실상 같은 의미로 혼용된다.

N스크린 서비스는 여러 단말기로 연결된 네트워크가 인터넷 망이라는 점과 주로 제공되는 콘텐츠가 동영상이라는 점, 그리고 편성에 입각한 선형적 서비스라기보다는 각 이용자 주문에 입각한 주문형 서비스라는 점에 주목하여 '모바일 VOD'나 '온라인 동영상 서비스'라 불리기도 한다. 업계에서는 N스크린을 VOD의 확장 내지는 복수의 기기로 VOD를 이용하는 것으로 간주한다. 그러나 공통점은 이러한 서비스가 전통적인 TV 이외의 단말기와 가정 밖의 장소와 상황에서 동영상 콘텐츠를 이용할 수 있도록 하고, 이용 시점도 방송사의 실시간 방송뿐 아니라 원하는 시간을 이용자가 정할 수 있도록 한다는 것이다.

N스크린 서비스가 제공하는 미디어 환경은 다음과 같은 몇 가지 조건으로 구성된다. 우선, 방송의 디지털화가 완료되어 모든 미디어 플랫폼이 디지털 서비스를 제공한다. N스크린을 구성하는 TV, PC, 태블릿 PC, 스마트폰, 노트북 등 모든 단말기는 디지털 환경에서 작동하며 서로 콘텐츠를 호환할 수 있다. 네트워크 측면에서 국내 광대역 인터넷 망은 유·무선 인프라를 통해 무리 없이 동영상 등의 콘텐츠를 전송한다. 여기에 스마트폰이 놀랄 만한 속도로 전파되어 전 세계 보급률 1위를 기

록하고 있고, 갤럭시탭과 아이패드 등 태블릿 PC의 보급도 함께 진행되어 사실상 4번째 혹은 5번째 스크린을 구성했다. 게다가 단말기가 모두 스마트화되어 OS와 동기화된 솔루션을 갖추어 연계 이용을 할 수 있다. 이에 지상파 방송, 케이블 SO, IPTV, 독립 동영상 서비스 사업자 등 다양한 주체가 N스크린 서비스 제공자로 등장하여 N스크린 환경을 완성하였다.

임준 등(2012)은 N스크린 환경의 전제 조건으로 스마트 기기의 확산과 클라우드 컴퓨팅 서비스의 발달, 동영상 콘텐츠를 어디서나 제공받을 수 있는 환경 등을 들었는데, 우리나라는 이런 조건을 두루 갖춘 셈이다.

최세경(2010)은 N스크린 서비스의 미디어 이용 측면에서의 핵심적 요소를 연결성(connectivity), 이동성(portability), 그리고 통합성(integration)으로 표현하였다. 연결성이란 이용자가 원하는 콘텐츠와 서비스에 대해 플랫폼과 단말기를 통해 항상 연계·연결된다는 것이다. 이동성은 이용자가 동일한 콘텐츠와 서비스를 여러 단말기를 통해 이동·변경하면서 소비할 수 있다는 것이다. 통합성은 복수의 플랫폼과 기기를 통합하여 고유의 서비스와 기능을 확장할 수 있고 동시 이용 등을 통해 미디어 이용의 시너지 효과를 거둘 수 있다는 것이다. 이러한 요소를 통해 N스크린 서비스는 더 능동적 미디어 이용이 가능한 환경이 된다.

N스크린 서비스를 통해 동일한 콘텐츠가 각기 다른 기기로 제공될 때 미디어 이용자는 각자 원하는 시간과 장소에서 원하는 기기로 이를 이용할 수 있다. 또한 미디어 이용자가 복수의 기기를 동시에 이용하면서 기기별로 각기 다른 용도를 부여할 수도 있다. 이러한 현상을 '다중 미디어 이용'이라 표현하기도 한다. 즉, 단순히 동일한 콘텐츠를 여러 기기로 이용하는 것 이외에 복수의 기기를 통해 동영상 콘텐츠와 이에 관한 정보를 함께 이용하는 경우를 말한다(이재현, 2011).

3. N스크린 서비스의 국내외 사례 *

1) 국내 사례

우리나라의 N스크린 서비스는 2010년 11월 케이블 MSO인 CJ헬로비전
이 Tving의 모바일 버전을 출시하면서 시작되었다. 이후 여러 사업자가
뒤이어 제공하고 있는 국내의 N스크린 서비스는 제공 주체의 성격에 따
라 지상파 방송 계열, IPTV 계열, 케이블SO 계열, 그리고 독립 플랫폼
사업자 계열로 구분된다.

첫 번째 사업자군은 지상파 방송이다. 지상파 방송은 유료방송 계열
뉴미디어의 도전과 기존 방송광고 매출의 정체로 인한 어려움을 극복하
고 새로운 활로를 모색하고자 N스크린 서비스에 나섰다.

스마트폰, 태블릿 PC 등이 보급되면서 지상파 방송은 각 사별로 개별
애플리케이션을 개발하여 출시하면서 모바일 환경에 대응하였다. KBS
는 'K플레이어'를 출시하여 KBS뿐 아니라 유료방송 채널과 주요 콘텐츠
의 실시간방송과 VOD를 통합적으로 이용할 수 있는 플랫폼을 제공한다.

본격적인 N스크린 서비스로서는 MBC와 SBS가 2011년 10월부터 합
작사를 만들어 'Pooq'이라는 브랜드로 지상파연합 플랫폼을 구성하여 서
비스를 제공한다. Pooq은 초기에 지상파TV 채널을 비롯하여 지상파 3
사가 운영하는 유료방송 채널에 한정된 서비스였지만 점차 채널 수를 늘
렸다. 지금은 지상파 3사 채널과 EBS 계열 채널, 뉴스Y, Disney 채널,
Disney Junior 채널과 Pooq 자체 채널을 포함한 다채널을 제공한다. 이
밖에 수천 편의 VOD를 확보하고 가입자 증대를 위해 노력하고 있다.

---

* 이 장은 김도연(2014)의 해당 부분을 바탕으로 수정·보완한 것이다.

Pooq은 유료방송 플랫폼의 가입자를 통한 안정적 회원 확보를 위해 먼저 케이블 SO인 C&M과 제휴하여 C&M푹을 상품화하였고, 이후 olleh TV 모바일과도 제휴한 상품을 내놓는 등 타사와의 제휴에도 적극성을 보이고 있다.

IPTV 사업자, 즉 통신사업자는 회사별로 N스크린 서비스를 제공한다. KT의 olleh TV now, SK브로드밴드의 Btv모바일, LG U+의 U+ HDTV가 IPTV 사업자의 N스크린 서비스 상품이다. 특히 기존 유료방송 가입자를 기반으로 하여 N스크린 서비스를 독립적으로 제공하는 것은 물론이고, 초고속인터넷, 이동전화 등을 결합한 상품을 제공하는 전략을 가장 적극적으로 구사한다. 서비스 시작은 Tving보다 조금 늦었지만, 다양한 실시간 채널과 수만 편의 VOD 콘텐츠를 확보하고 자신들의 강점인 강력한 마케팅 전략을 펼친다. 예를 들어 월 정액제 상품뿐 아니라 일일이용권, 타 서비스와의 결합상품 등 다양한 요금제로 가입자를 모집한다. 이미 유선·이동전화, 초고속인터넷, IPTV 등 서비스하는 상품이 많고 자본력과 유통망, 마케팅 노하우 등에서도 상당한 역량을 보유해 다양한 전략을 구사할 여지가 많은 셈이다. IPTV 사업자는 특히 N스크린 서비스를 통해 기존 유료방송 가입자를 계속 유지하면서 (lock-in) 이들을 통해 새로운 수익을 창출하여 가입자당 수익을 높이는 것을 목표로 한다.

케이블 MSO인 CJ헬로비전의 Tving은 우리나라에 스마트폰 보급이 본격적으로 시작된 지 약 1년 후인 2010년 11월부터 Tving 애플리케이션을 스마트폰 등 모바일 단말기와 PC, 그리고 TV 등에 제공하기 시작하였다. Tving은 CJ 계열의 PP채널은 물론이고 지상파를 포함하여 약 2백 개가 넘는 실시간 채널과 5만 편 이상의 VOD 콘텐츠를 확보하는 등 상당한 투자를 통해 본격적인 N스크린 서비스를 제공한다. 이에 힘입어

Tving은 지상파팩(패키지), 베이직팩, TV플러스팩, 스포츠팩 등 다양한 월정액 상품과 채널별 이용권 같은 다양한 과금제도를 활용하면서 가입자를 모으고 있다. 특히, 지역 제한 규제를 받는 케이블SO의 한계를 극복하면서 자신들의 콘텐츠 패키징 노하우를 발휘하여 수익 증대 효과를 거두고자 한다.

주요 케이블 MSO 중 하나인 현대HCN도 에브리온TV라는 이름으로 2012년 5월부터 N스크린 서비스를 제공 중이다. 비록 경쟁사보다 시작이 다소 늦었지만 2백 개가 넘는 무료 실시간 채널과 VOD 서비스로 영화·성인채널 등의 유료 채널을 확보하고, 다양한 콘텐츠를 확보하기 위해 동영상 포털인 판도라TV와 제휴하는 등 다양한 노력을 기울이고 있다. 그러나 지상파 방송 채널은 시청할 수 없다. 그 이외의 N스크린 제공자로는 SK플래닛이 서비스하는 Hoppin이 있다. 2011년 1월부터 VOD 위주로 서비스를 제공하는 Hoppin은 영화와 TV 콘텐츠를 중심으로 다양한 방식의 정액요금제를 판매하여 가입자를 모으고 있다. 또한 다양한 콘텐츠를 확보하기 위하여 해외의 유니버설 스튜디오, 워너브라더스, 파라마운트 등의 할리우드 콘텐츠 배급사, BBC 등과 계약을 맺어 특히 영화 콘텐츠에 강세를 보이면서 빠르게 고객 기반을 확대하고 있다.

이상과 같이 국내 N스크린 서비스는 지상파 방송, 케이블TV와 IPTV 등 유료방송 플랫폼, 그리고 독립 플랫폼이 주된 제공자로 부각된다. 제각기 다양한 콘텐츠와 채널을 제공하고 실시간 방송과 VOD 등의 조합을 통해 가입자를 증대시켜 매출액을 높이려 노력 중이지만 미묘한 비즈니스 목적의 차이도 존재한다.

Pooq의 경우 N스크린 환경이라는 미디어계의 대세를 따라가는 의미가 있지만, N스크린 서비스의 활성화는 지상파 방송 시청률의 하락을 가져올 수밖에 없다. 따라서 서비스를 선도하는 적극적 모습을 기대하기

표 6-1 **국내 N스크린 서비스 제공자의 사례**

구분	사례	목적	특이사항
지상파 방송	• K플레이어(KBS) • Pooq(MBC, SBS)	• 뉴미디어사업자의 도전과 광고 매출 정체 극복 • 새로운 환경 선점	Pooq은 C&M풍, olleh TV풍 등 유료방송과의 제휴에도 적극적
IPTV	• olleh TV now(KT), • Btv모바일(SK텔레콤), • U+ HDTV(LG U+)	유료방송 가입자의 락인(lock-in) 효과	다양한 요금제, 초고속인터넷, 이동전화 등과의 결합상품 적극 활용 등 강력한 마케팅 전략
케이블 MSO	• Tving(CJ헬로비전), • 에브리온TV(현대HCN)	권역 외 가입자 포함 광범위한 이용자 확보	가장 많은 채널과 콘텐츠 라인업, 다양한 과금제도 등 보유
기타 사업자	Hoppin(SK플래닛)	네이트의 자매사이트로 동영상 제공	• VOD중심 • 다양한 콘텐츠 위해 해외 사업자와도 제휴

는 어렵다. 반면 IPTV 계열의 N스크린 제공자는 자신들의 유료방송 가입자, 더 나아가 여타 통신 서비스 상품 가입자를 고착시키고 결합상품 등을 통해 가입자를 받아들여 가입자당 매출을 높이는 것이 근본적 목적이라고 볼 수 있다.

사업 구역의 규제를 받는 케이블 MSO의 경우 N스크린 서비스를 통해 지역 제한이 없는 경쟁을 추구할 수 있고, MSP(*Multiple System Operator and Program Provider*) 사업자의 경우 자신의 콘텐츠 역량도 발휘할 수 있는 장점이 있다. 기존 방송 플랫폼이 없는 독립 플랫폼 사업자의 경우 국내외 콘텐츠 보유사와의 제휴를 통해 VOD 위주의 서비스에 주력하며 영화 등의 콘텐츠 다양성을 장점으로 내세우고 있다.

2) 해외 사례

해외에서도 지상파 계열, 유료방송 계열, 그리고 독립 플랫폼 등의 여러 주체가 N스크린 서비스를 제공한다. 미국에서는 2007년 NBC 유니버설과 FOX, 그리고 디즈니-ABC의 지상파 방송 3사가 연합하여 N스크린 서비스인 훌루(Hulu)를 출범시켰다. 훌루는 처음에는 광고 기반의 주문형 스트리밍 서비스로 시작하였다가 본격적인 N스크린 서비스의 면모를 갖추고자 훌루 플러스(Hulu plus)라는 브랜드로 가입자 기반 유료 서비스를 제공하였다. 훌루는 가입자 저변을 넓히기 위해 애플TV나 티보(TiVO) 등 다양한 플랫폼에서 훌루 플러스가 이용될 수 있게 하는 등 저변 확대를 위해 노력하고 있다. 그러나 제휴 대상 플랫폼 자체도 비즈니스에 어려움을 겪고 있어 아직 장래를 낙관적으로만 보기는 어렵다. 그러나 2012년 매출액이 약 7억 달러에 이르고 이후 계속 흑자를 내는 등 훌루의 경영 상황이 호전된다는 발표가 있었다. 현재는 미국과 일본에서 서비스가 제공된다. 2011년부터는 기존의 채널로부터 콘텐츠를 확보하는 이외에 웹 시리즈(*web series*)라 이름붙인 최초의 오리지널 콘텐츠 〈The Morning After〉를 시작으로 콘텐츠 제작에도 관심을 보이고 있다.

 N스크린 서비스와 관련하여 가장 큰 주목을 받는 업체는 넷플릭스이다. 넷플릭스는 본래 1997년 비디오 렌탈 사업을 위해 미국 캘리포니아에 설립된 기업이지만 현재는 대표적인 독립 N스크린 서비스(혹은 OTT) 사업자로 거명된다. 본래 지상파 방송 콘텐츠와 영화 등 기존 콘텐츠 이외에 오리지널 콘텐츠 제작에도 나서는 등 적극적인 행보를 보인다. 2013년 미국 에미상 시상식에서는 자체 제작한 3편의 웹 시리즈인 〈Arrested Development〉, 〈Hemlock Grove〉, 그리고 〈House of Cards〉 등이 수상 후보에 올라 화제를 낳기도 하였다. 이러한 노력에 힙

입어 넷플릭스는 매출액에서도 상당히 규모를 키워 나가 대표적인 N스크린 플랫폼이 되었다. 글로벌 전략에도 매우 적극적이어서 미국뿐 아니라 남아메리카, 카리브 해 연안국, 영국, 아일랜드, 스웨덴, 덴마크, 노르웨이, 핀란드 그리고 네덜란드 등에서도 서비스된다.

미국의 또 다른 N스크린 서비스로는 웨어에버TV(WhereverTV)를 살펴볼 만하다. 웨어에버TV는 미국 피츠버그에 있는 사업자로 2006년에 무료 스트리밍 방송 서비스 제공으로 비즈니스를 시작하였다. 특히 글로벌 IPG(*Global Interactive Program Guide*)라는 인터넷 TV 소프트웨어를 통해 서비스를 제공하였는데, 이후 PC뿐 아니라 TV, 스마트폰, 태블릿 PC 등 다양한 단말기와 구글TV, 애플TV, 로쿠(Roku), 박시(Boxee) 등 스마트 TV 플랫폼에 서비스를 제공하고 있다. 현재는 미국과 전 세계의 350여 개 채널을 제공하며, 이에 힘입어 전통적인 케이블TV, 위성방송 등 기존 유료방송의 대안으로 부각된다.

주요 유료방송 플랫폼은 자신의 가입자를 기반으로 N스크린 서비스를 제공하는 경우가 많다. 대표적인 경우로 미국의 최대 케이블 SO인 컴캐스트도 XFINITY라는 브랜드로 TV뿐 아니라 스마트폰, 태블릿, PC 등에 수많은 채널과 주문형 영상을 제공한다. 이러한 서비스를 채널수에 따라 각기 다른 가격으로 서비스하고 기존의 케이블TV, 인터넷, 인터넷전화 등과 결합한 상품으로도 판매한다.

한편 영국의 공영방송 BBC는 2007년 12월 베타버전 출시를 시작으로 자사의 N스크린 플랫폼에 해당하는 iPlayer 애플리케이션을 통해 N스크린 서비스를 제공한다. 처음에는 자사의 다양한 비디오·오디오 채널의 실시간 방송과 VOD를 중심으로 제공되던 iPlayer는 2011년부터 영국의 다른 지상파 채널인 ITV, ITV2, ITV3, ITV4, Channel 4 등 훨씬 많은 채널을 서비스하며, 콘텐츠 검색과 추천 등 소셜 미디어와의 연계도 지원하는 등 편의성을 높이기도 하였다. 무엇보다도 iPlayer를 통한 N스크린 서비스를 공영방송의 중요한 책무로 설정하면서 무료로 제공한다. 물론 무료 이용은 영국 내에서만 가능하다.

영국의 위성방송인 BSkyB도 2012년 7월에 시작한 Now TV를 통해 유료방송사업자로서 N스크린 서비스를 제공한다. 초기에는 스카이 브랜드의 영화 채널을 제공하다가 2013년 3월부터는 스카이 브랜드의 스포츠 채널을 제공하기 시작하였고, 2013년 10월부터는 엔터테인먼트 채널도 제공한다. 가입자는 다양한 월정액 서비스를 통해 이를 받아볼 수 있는데, 예를 들어 스카이 영화 특선, 스카이 영화 쇼케이스, 스카이 영화 코미디 등의 장르별 상품이나 스포츠 경기의 생방송 패스, 유명 채널

표 6-2 해외 N스크린 서비스 제공자의 사례

구분	사례	목적	특이사항
지상파 방송	훌루 (NBC, FOX, ABC)	• 새로운 환경에 적극 대처 • 처음에는 광고기반 주문형 서비스에서 유료 서비스 (Hulu plus)로 전환	• 애플TV, 티보와의 제휴 등 저변 확대 노력 • 2012년 흑자전환하였으나 미래 불투명 • 웹시리즈 등 오리지널 콘텐츠 제작에도 관심 • 미국, 일본에서 서비스 중
공영 방송	iPlayer(BBC)	• 공영방송의 책무로서 서비스 제공	• 영국 내에서는 BBC의 비디오, 오디오 채널뿐 아니라 ITV 등 타 지상파 채널 등을 무료 제공 • 콘텐츠 검색과 추천 등 소셜 미디어와의 연계 기능도 추가하는 등 편의성을 높임
케이블 MSO	XFINITY(컴캐스트)	수많은 동시방송채널과 주문형비디오 제공	케이블, 인터넷, 인터넷전화와 결합 상품 판매
기타 사업자	넷플릭스(Netflix), 웨어에버TV	초기 비디오 렌탈 사업에서 기존 비즈니스 모델을 대체하는 인터넷을 통한 대표적인 N스크린 서비스 제공	• 넷플릭스가 제작한 웹시리즈가 2013년 에미상 수상 후보가 됨 • 적극적인 글로벌 전략 진행 중

별 월정액 상품 등을 이용할 수 있다. 2013년 7월에 출시된 Now TV 박스를 설치할 경우 TV를 통해 Now TV 채널뿐 아니라 BBC iPlayer 등 여타 애플리케이션이나 플랫폼의 채널 및 콘텐츠도 받아볼 수 있다.

이들 해외 N스크린 서비스에서 발견되는 몇 가지 특징을 정리하면 다음과 같다.

첫째, 이들이 제공하는 서비스나 콘텐츠의 상당수가 기존 지상파나 유료방송 서비스에서 나온 것이기는 하지만 적어도 일정 부분은 새로운 콘텐츠나 새로운 패키징을 지향하는 모습을 보여준다. 필요하다면 일부 사업자의 경우 직접 제작에도 참여하는 모습도 보인다.

둘째, 일부 N스크린 사업자는 인터넷 망의 특징을 활용한 글로벌 전략을 구사한다. 즉, 자국 이외의 특정 국가 해외 이용자를 위한 상품이나 패키지를 제공하기도 하고, 여러 국가에 동시 서비스를 제공하는 경우도 볼 수 있다. 게다가 보다 많은 이용자가 접근할 수 있도록 이미 서비스 중인 다른 플랫폼과 과감하게 제휴하는 사례도 많이 발견된다. 특히 스마트폰이나 스마트 TV 플랫폼을 구성한 사업자를 적극적으로 활용하려는 모습도 보인다. 이러한 특징은 국내 N스크린 사업자도 적극 고려할 필요가 있을 것이다.

4. N스크린 서비스의 이용

우리나라의 N스크린 서비스는 아직 초기 단계이다. 2014년 하반기 추정치로 가입자가 약 2, 250만 명이고 시장 규모가 약 1천억 원 정도로 추산되지만 아직 여러 면에서 불확실성이 더 많은 것이 현실이다(조양준, 2014. 9. 12). 앞서 우리나라와 몇몇 외국의 서비스 사례를 소개하였지만 이들 서비스도 아직 사업 초창기로 시범 서비스를 막 벗어난 상황으로 가입자의 N스크린 이용 패턴의 형성을 지켜보는 실정이다. 이런 점을 고려하여 지금까지 보고된 N스크린 서비스의 이용 행태를 제한적으로 살펴보겠다.

먼저 N스크린 서비스를 이용하기 위해 주로 어떤 단말기를 이용하는지에 대한 조사 결과부터 살펴보자. 한국방송통신전파진흥원이 2014년 3월에 진행한 조사 결과(2014. 4)에 의하면 우리나라 미디어 이용자는 스마트폰, PC, 그리고 태블릿, (스마트)TV의 순서로 N스크린 서비스를 이용하는 것으로 나타났다. 특히, N스크린 서비스 이용을 위해 1순위로 사용하는 단말기는 스마트폰(78. 5%)이였고, 이어서 PC(11. 0%)와 태블릿 PC(8. 0%) 순이었다. 2순위로 이용하는 단말기로는 PC(50. 6%), 태블릿 PC(26. 0%), 스마트폰(15. 2%) 순이었다. 한편 이원태 등 (2011)도 3년 전에 비슷한 조사를 진행했는데, 그 결과에서도 N스크린 서비스의 이용을 위해 가장 많이 이용되는 단말기는 스마트폰(54. 2%)이었으며, 데스크탑 PC, 노트북, 태블릿, 디지털 TV, 스마트 TV의 순이었다.

두 조사의 결과를 비교하면 N스크린 서비스를 위해 1순위로 스마트폰을 꼽은 사람이 훨씬 증가한 점과 2순위 선호 기기에서 태블릿 PC의 비중이 높아진 것을 발견된다. 이러한 추세는 모바일 기기의 보급과 이용

친숙도가 증가한 결과로 짐작된다.

N스크린 서비스 이용자는 여느 뉴미디어 서비스의 초기 채택자 구성과 마찬가지로 특히 젊은 연령층이 주를 이루는 듯이 보인다. 정보통신정책연구원에서 진행한 한국미디어 패널조사 자료에 의하면 2012년 N스크린 서비스 이용 경험자는 조사 대상자의 18.5%로 전년 대비 약 3.1%p 증가하였는데, 이 중 20대가 약 33%가량으로 가장 높은 비중을 보였다. 아울러 10대 및 30대도 약 25% 내외로 결국 10대에서 30대까지의 연령대가 N스크린 서비스의 주이용자를 구성한다는 것을 보여준다. 반면 40대에 이르러서는 비율이 약 12.3%로 급격히 낮아지고, 50대 이상에서는 불과 3~4%만이 이 서비스를 이용한다(김윤화, 2013).

향후 N스크린 서비스의 이용 활성화를 위해서는 20대를 중심으로 10~30대의 보급률을 높이는 것과 함께 40대 이상의 이용 지체가 해소될 수 있는 방안을 마련하는 것이 필요할 것이다. 위의 결과를 통해 미디어 이용자 중 특히 10~30대의 젊은 디지털 원주민(digital native) 세대의 TV 이탈 및 모바일 등 여타 단말기로의 이동 현상을 어렴풋이 유추할 수 있다. 이에 덧붙여 복수의 미디어를 동시에 이용하는 모습도 주목된다.

송요섭 등(2009)은 청소년 사이에서의 다중 미디어 이용 패턴을 확인한 바 있다. 이 연구에서는 중학생 그룹을 대상으로 한 초점그룹 인터뷰를 통해 청소년이 일상적으로 여러 미디어를 항상 켜 놓은(turned on) 상태에서 동시에 이용한다고 하였다. 황주성(2012)도 우리나라 미디어 이용자 가운데 다중 미디어를 보유하고 이를 서로 연계하여 연속적으로 이용하는 모습이 점차 증가한다고 보고한 바 있다. 구체적으로 이 연구에서는 동일한 콘텐츠를 TV, 스마트폰, 태블릿 PC 등 각기 다른 기기를 통해 순차적으로 이용하는 교차 이용, 서로 다른 기능을 중심으로 동일한 시간대에 복수의 단말기를 연계·비연계로 함께 이용하는 동시 이용,

그리고 동일 시간에 복수의 단말기를 내용적 연계성을 가지고 이용하는 연결이용 등의 개념으로 설명하였다. 이는 구글(Google, 2012)의 멀티스크린 연구에서 미디어 이용자의 N스크린 행동의 주요 특징을 연속이용과 동시 이용으로 구분한 것을 더 세분화한 셈이다.

교차 이용을 중심으로 N스크린 이용이 늘어나면서 기존의 전통적 TV 시청률 조사의 타당성에 대한 문제가 제기된다. 여러 미디어를 합산한 새로운 통합 시청률 측정이 필요하다는 주장도 이미 별로 새로울 것이 없다. 최근 시청률 조사회사가 발표하는 통합 시청률의 시범조사 결과도 이를 뒷받침한다. 시청률 조사회사인 TNmS가 2013년 9월 한 달간 TV와 스마트폰, PC를 모두 보유한 1천 명의 패널을 대상으로 조사한 바에 의하면 9월 22일 방영된 KBS의 〈1박 2일〉의 시청자 중 TV 시청자는 전체의 71%에 머물렀다. 스마트폰 시청자는 25%, PC 시청자는 4%로 나타났다. 전체 시청자의 30%가량이 TV가 아닌 여타 스마트미디어를 통해 해당 프로그램을 시청한다는 의미다(봉지욱, 2013. 10. 25).

콘텐츠 소비에서 TV 이탈 현상은 N스크린 서비스가 제공되는 해외의 경우에도 비슷하게 관찰된다. 특히, 각 단말기의 스마트화와 모바일화로 인해 본방송 시청의 비율이 점차 낮아지고 미디어 이용자가 특정 콘텐츠의 이용 시간을 이전(time shift)하는 현상도 나타난다. 최근 유럽의 한 조사에서는 2010년 이후 주요 프로그램의 시청자 가운데 이용 시간을 이전해 이용하는 시청자의 비중이 평균 30% 내외라고 보고되었다(TNmS, 2013).

이러한 추세는 TV 시청의 새로운 지형을 확인시켜준다. 즉, 전통적 TV 콘텐츠의 시청에서 TV 이외에 PC와 스마트폰, 태블릿 PC, 그리고 노트북과 같은 모바일 기기가 점점 더 많이 이용된다. 그리고 TV 콘텐츠가 점차 다양한 플랫폼을 통해 제공된다. 이제는 'TV를 본다'고 했을 때

꼭 TV 앞에서 보는 것만이 아니라 더 많은 경우가 포함된다. 즉, TV 콘텐츠를 '어디서나, 그리고 언제나' 시청할 수 있는 환경으로 이전되는 것이다.

또한 N스크린 서비스 이용과 관련해 우리가 추정할 수 있는 것은 같은 콘텐츠를 각기 다른 단말기를 통해 이용하는 것과 함께 특정 콘텐츠를 특정 단말기로 이용하면서 동시에 다른 단말기도 이용하는 미디어 동시 이용(simultaneous usage)의 경우가 늘었다는 것이다.

세계적 시청률 조사회사인 닐슨(Nielson, 2012) 보고서에 의하면 미국의 태블릿 PC나 스마트폰 이용자 중 85%가 TV를 시청하면서 한 달 기간 중 적어도 한 번 이상 태블릿이나 스마트폰을 동시 이용 경험이 있고, 41%는 매일 이와 같은 미디어 동시 이용 경험이 있다고 했다. 미디어 동시 이용의 전형적인 모습은 태블릿 PC의 경우 TV 프로그램 관련 정보 검색, 웹서핑, 이메일 확인, 그리고 스포츠 경기 점수 체크 등이었고, 젊은 그룹은 TV 시청 중 스마트폰을 통해 소셜 미디어 이용과 이메일 확인, 그리고 쇼핑 등을 행했다. 또한 미디어 동시 이용의 빈도는 나이가 젊을수록 더 잦은 것으로 나타났다.

이러한 N스크린의 이용 유형은 미디어 환경의 진화 수준에 따라 변화할 수 있다. 그동안의 미디어 연구에서는 새로운 미디어 환경하의 여러 미디어 이용 그룹을 유형화하려는 노력이 미디어 레퍼토리 연구를 중심으로 하여 이루어졌다. 즉, 특정 미디어를 주로 이용하는 특정 미디어중심 그룹을 발견하면서도 점차 단일 미디어가 아닌 복합 미디어 이용집단이 분명하게 나타난 경우가 두드러진다(윤해진·문성철, 2010). N스크린 환경이 확립되고 이용자가 늘어나는 추세에 따라 복합 미디어 이용 집단의 비중은 점차 늘어날 것으로 예상된다.

5. N스크린 서비스와 미디어 산업

지금 추세로는 국내외를 막론하고 N스크린 서비스가 확산 곡선을 그릴 것으로 보인다. N스크린 서비스의 발전이 미디어 산업 전반에 어떤 구체적 영향을 줄 것인가에서, 현재까지의 모습에 비추어 몇 가지 예상을 하면 다음과 같다.

우선 미디어 생태계는 이전에 비해 미디어 이용자가 콘텐츠에 접근·이용할 수 있는 다양한 플랫폼과 단말기가 서로 교차·연계·통합되는 매우 복잡한 환경이 될 것이다. 달리 표현하면 전통적 미디어 산업의 가치사슬인 C-P-N-D의 수직구조가 수평구조화되어 이른바 '가치사슬의 수평화'로 나아갈 것이다(최세경, 2010). 다른 한편, 미디어 이용자가 콘텐츠를 선택하고 이용하는 접점이 되었던 플랫폼이 N스크린 서비스로 인해 점차 무력화된다는 지적도 있다. 그동안 유료방송 산업에서 플랫폼은 상단의 콘텐츠 영역과 하단의 가입자·이용자 영역을 효율적으로 연결시키며 부가가치를 높이고 수익을 이끄는 효과적 존재로 기능했다. 그러나 복수의 플랫폼이 등장하고 플랫폼 간 경쟁이 한도를 넘어서는 상황에서 단일 플랫폼은 점차 '콘텐츠와 이용자의 접점을 통제하고 (이용자 간의) 네트워크를 창출할' 능력을 상실할 가능성이 있다(임소혜·김영주, 2013). 물론 N스크린 서비스가 플랫폼의 무력화의 직접적 원인이라 볼 수는 없지만 이를 가속화시키는 데는 일조한다고 볼 수 있다.

콘텐츠 다양성과 관련해 N스크린 서비스는 대개 실시간 방송과 VOD로 이루어지며, 이는 필연적으로 콘텐츠 시장의 롱테일(long tail)화를 이끌 것으로 예상된다. 이는 최근 국내 영화 시장의 VOD 서비스 성과에서도 확인할 수 있다. 국내의 영화 VOD 시장은 이제 막 커지기 시작하는 단계이지만, 최근 극장 관객의 20%를 넘어서면서 영화 산업의 부가 시장 가능성을 분명히 보여준다(조윤주, 2013. 8. 1). 그런데 영화의 VOD 시장 이용 행태 분석에 의하면 극장 관객에 비해 선호되는 장르가 매우 균일해서 특정 장르나 작품에의 쏠림 현상이 매우 적었다(오경수, 2013). 이런 모습은 국내뿐 아니라 글로벌 영상 콘텐츠 부문에서 공통적으로 관찰된다. 전 세계적으로 유튜브는 2013년 현재 이용자가 약 10억 명을 넘어섰고, 서버에는 1분에 100시간 분량의 비디오가 업로드된다. 이는 결과적으로 N스크린상에서의 시청자의 분화(segmentation)를 더욱 심화시키고 TV와 동영상 이용에서의 롱테일 현상을 이어간다고 주장하였다(TNmS, 2013).

인터넷이 기반이 되는 N스크린 환경은 글로벌화를 극대화시키는 역할도 한다. 예를 들어 SM엔터테인먼트가 개설한 유튜브 채널을 이용하는 사람의 90%는 해외 이용자다. 유튜브의 경우 전체 이용자의 60%가 타국에서 업로드된 콘텐츠를 이용하는 것으로 보고되었다(TNmS, 2013). 중국 등 일부 국가를 제외하고는 인터넷에서 국경이 별 의미가 없다는 점을 고려할 때 향후 N스크린 환경은 글로벌화를 더욱 촉진시킬 것이다.

콘텐츠 제공자와 N스크린 서비스 제공자는 이러한 추세를 적극 활용할 필요가 있다. 최근 영화 배급사는 극장 상영과 동시에 혹은 이후에 유료 VOD 시장에서 다양한 플랫폼을 통해 홀드백 기간을 과거에 비해 매우 융통성 있고 탄력적으로 적용한다. 여기에 덧붙여 N스크린 서비스 제공자가 다양한 영화 라이브러리를 구축하여 콘텐츠의 롱테일 전략을 구사한다면 N스크린 서비스와 영화 콘텐츠 비즈니스 모두에 긍정적 영향을 줄 수 있을 것이다.

아울러 정보탐색형 N스크린 이용 유형을 고려하여 영화 상영에 도움이 되는 정보를 체계적으로 정리하여 제공한다면 N스크린 서비스의 활성화와 매출 증대에 도움을 줄 것으로 보인다. 이는 영화 콘텐츠뿐 아니라 다양한 영상 콘텐츠 제공에서 동일하게 적용될 수 있을 것이다. 최근 국내외 N스크린 서비스 업자가 가입자의 데이터를 취합한 빅데이터를 분석하여 개인 맞춤 기능의 정교화에 더욱 공을 들이는 것은 이러한 점에 착안한 것이라고 하겠다(한국방송통신전파진흥원, 2014. 6).

다만, N스크린 서비스 업자가 너무나 많은 국내 현실에서 새로운 서비스가 참여자 모두에게 큰 수익을 안겨 주리라 기대하기는 어려울 것이다. 이미 서비스한 지 3년을 넘어가고 회원 수도 수백만 명을 넘긴 주요 N스크린 서비스도 대개 유료회원은 10% 수준에 머무는 현실이 이를 말해준다. N스크린 서비스의 활성화가 탄력을 받기 위해 시장의 구조조정이 어느 시점에서는 이루어질 것으로 예상된다. 이와 함께 현재 제도의 공백을 보충할 적절한 제도화 역시 필요할 것이다.

6. N스크린 서비스의 정책 및 규제 이슈

현행 규제 체제하에서 N스크린 서비스는 '인터넷 망을 통한 동영상 데이터 서비스의 일종'으로 부가통신 서비스에 해당한다. 기존의 방송사업자나 인터넷사업자가 이 서비스를 제공하기 위해 별도의 허가나 승인 등의 절차를 거칠 필요는 없으며, 비교적 간편한 행정절차를 통해 원하는 서비스를 제공할 수 있다. 굳이 표현하자면 제공되는 콘텐츠는 대개 방송에 가깝지만 서비스 성격상 통신적 요소도 많은 방송·통신 융합적 서비스라 할 수 있다.

이러한 이유로 다른 융합 서비스가 그러하듯이 아직 이 서비스만을 대상으로 하는 확정된 정책 및 규제가 마련되지는 않았다. 물론 기존의 미디어법, 특히 방송법을 중심으로 규제를 고려할 수 있으나 적절하지 않은 부분도 있다. 스마트 TV 등 새로운 기술과 연계된 부분도 매우 많아서 정책과 규제를 마련하려면 고려해야 할 요소도 많을 것이다. 게다가 기술 발전에 따라 최근 몇 년간 N스크린 서비스는 계속 진화하고 있다. 이러한 가운데 N스크린 서비스의 이용자는 계속 늘고 있다. 이러한 모습을 규제 공백 속의 발전이라 표현할 수 있을지도 모른다.

규제에 매우 익숙한 미디어사업자로서는 이러한 공백이 익숙하지 않은 상황일 수 있고 언젠가는 N스크린 서비스에 대해서도 이런 저런 정책기구와 규제기관의 간섭이 시작되는 것이 아닌가 우려하기도 한다. 그러나 N스크린 서비스의 사례는 빠른 기술 진보와 기존 서비스와의 관계에서 보면 파괴적 혁신(disruptive innovation)이 포함된 비즈니스에 대한 정책과 규제가 어떠해야 하는가를 생각하는 계기가 될 수도 있다. 공교롭게도 해외의 N스크린 서비스 사례에서도 기존의 인터넷 관련 규제를 벗어난 N스크린 서비스에 대한 별다른 특정 규제가 나타나지 않았다는 사실도 시사하는 바가 크다.

그럼에도 불구하고 현재의 시점에서도 N스크린 서비스와 관련하여 규제기구가 유념해야 할 규제 이슈는 분명히 존재한다.

가장 먼저 고려해야 할 점은 이용자 보호에 관한 사항이다. 대개 인터넷 망을 통해 제공되는 N스크린 서비스를 이용자가 안정적으로 이용하기 위해서는 모바일 스미싱(smishing), 해킹 가능성으로부터의 차단부터 악의적 애플리케이션을 통한 개인정보 유출과 악성 바이러스 공격 등의 여러 가능성을 고려한 이용자 보호 장치를 마련할 필요가 있다. 이를 위해서는 인터넷 서비스의 이용자 보호 제도와 함께 방송 서비스의 이용자 보호 제도도 참고하는 것이 요망된다. 특히 개인 단말기를 통한 N스크린 이용을 염두에 두어 연령별 보호장치와 콘텐츠 심의제도 등을 연계한 이용자 보호도 고려할 수 있을 것이다.

이와 함께 N스크린 서비스를 제공하는 다양한 사업자군 간 서비스 제공에 공정한 경쟁을 보장해야 할 것이다. 특히, N스크린 서비스의 중요 요소인 콘텐츠를 구성하는 데 플랫폼과 수직적 통합구조를 가진 일부 콘텐츠 권리 소유자가 특정 사업자에게만 유리하거나 불리한 거래 조건을 부과함으로써 불공정한 경쟁 상황을 야기하지 않도록 해야 할 것이다. 이 문제는 방송통신위원회 등 규제기관이 특별히 관심을 기울이면서 모니터링하는 것이 필요하다.

최근 몇 차례 사회적 이슈로 부각된 망 중립성 이슈는 N스크린 서비스의 정책 및 규제와도 밀접하게 관련된다. 안정적인 유·무선 네트워크의 구성과 지속적인 업그레이드는 N스크린 서비스의 질에도 큰 영향을 미칠 것이다. 유·무선 네트워크를 이용해야 하는 N스크린 서비스 제공자는 네트워크 이용의 대가를 합당하고도 공정한 원칙에 의해 네트워크 제공자에게 지불하여 지속적인 네트워크 업그레이드에 선순환되게 하는 망 중립성 정책이 마련되어야 할 것이다.

N스크린 서비스와 관련하여 글로벌 사업자의 움직임은 특히 주목할 만하다. 최근 구글은 크롬캐스트(Chromecast)라는 초소형 디지털 단말기를 통해 와이파이로 사실상의 N스크린 서비스를 제공하기 시작하였다. 불과 30~40달러의 단말장치를 TV 수상기에 연결하면 바로 세계 어디에서건 구글이 제공하는 공통된 콘텐츠에 접속할 수 있다. 그러나 국내 규제의 대상에서는 벗어나 있다. 이런 환경은 자칫 섣부른 N스크린 규제가 국내 사업자에게만 불이익을 주는 형평성 문제를 야기할 수도 있음을 의미한다.

N스크린 서비스는 향후 미디어 산업계에 적지 않은 지형 변화를 가져올 것으로 보인다. 미디어 산업계와 미디어 이용자에게 N스크린 서비스가 긍정적 변화를 이끌기 위해서는 관련 당사자(stakeholder) 모두의 노력이 필요하다. 다만, N스크린 서비스에 대한 제도와 규제가 아직 갖추어지지 않았다고 완전한 규제의 무풍지대에 있는 것은 아니다. 내용심의 등 필요한 부분에서는 기존 방송·통신 관련 규제가 적용되고 있다. N스크린 서비스에 특화된 규제는 만약 제도의 공백으로 시장과 이용자에게 구체적 폐해가 나타나거나 명백히 나타날 가능성이 있을 때 시행되는 것이 바람직할 것이다. 물론 이를 위한 준비는 미리 진행될 필요가 있다.

참고문헌

김도연 (2014), ICT 생태계와 N스크린, 김대호 외 (2014), 《ICT 생태계》(208~233쪽), 커뮤니케이션북스.
박승권 (2013), TV 기술 변화와 세계 시장에서 대한민국의 선도적 역할, TNmS 창립 15

주년 기념 국제컨퍼런스 〈TV의 미래: 시청자의 진화 그리고 TV 산업의 변화〉 발표
　　자료.
봉지욱 (2013. 10. 25), 요즘 시청률 손바닥 TV 무시 못하겠네, 〈중앙일보〉.
송요셉·오상화·김은미 (2009), 다매체 환경에서 청소년의 미디어 활용 방식에 대한 FGI
　　연구, 〈언론정보연구〉, 46권 2호, 33~65.
오경수 (2013), 유료 VOD, 어떻게 소비되나?: 유료 VOD 이용실태 및 유통활성화 방안,
　　〈KOFIC Issue Paper〉, 13호.
윤해진·문성철 (2010), 미디어 레퍼토리 유형에 따른 콘텐츠 소비, 《2010년 한국언론학
　　회 봄철 정기학술대회 발표집》.
이원태·김윤화·최세경 (2011), 〈N 스크린 환경에서 콘텐츠 이용 경험과 미래 정책 이
　　슈〉, 한국정보통신정책연구원 디지털 컨버전스 기반 미래연구(Ⅲ) 시리즈 11-08.
이재현 편 (2011), 《컨버전스와 다중 미디어 이용》, 커뮤니케이션북스.
임소혜·이영주 (2013), N 스크린 서비스 이용자의 이용 동기와 불만족 요인에 관한 연구,
　　〈한국콘텐츠학회 논문지〉, 13권 3호, 99~108.
임　준·박준석·김윤화·김성규 (2012), 〈N 스크린이 방송통신 시장 및 규제에 미치는
　　함의에 관한 연구〉, 한국정보통신정책연구원 기본연구 12-02.
조양준 (2014. 9. 23), 유료방송 사업자 OTT 판매 경쟁, 〈서울경제〉.
조윤주 (2013. 8. 1), 스마트미디어 시대 안방이 영화관이다, 〈파이낸셜뉴스〉.
최세경 (2010), N 스크린 시대에 TV 비즈니스의 전망과 대응전략, 〈방송문화연구〉, 22권
　　2호, 7~28.
최세경·곽규태·이원태 (2014), N 스크린 서비스의 능동적 이용에 대한 영향: 이용 동기,
　　지각된 유용성 그리고 애착, 〈한국언론학보〉, 58권 4호, 371~401.
한국방송통신전파진흥원 (2014. 4), 온라인 동영상 서비스 이용자 조사, 〈동향과 전망: 방
　　송·통신·전망〉, 2014년 4월호, 78~87.
＿＿＿＿＿ (2014. 6), 개인화 기능 방송 서비스의 신경쟁 축으로 부상, 〈동향과 전망: 방송·
　　통신·전망〉, 2014년 6월호, 5~26.
황주성 (2012), 멀티디바이스 환경에서 디바이스 간 연계이용, 〈사이버커뮤니케이션학보〉,
　　29권 2호, 131~171.
STRABASE (2013. 4. 17), 4가지 유형의 멀티스크린 이용 행태에 따른 맞춤형 마케팅
　　전략, 〈SNAPSHOT〉.
TNmS (2013), TV의 미래: 시청자의 진화 그리고 TV 산업의 변화, TNmS 창립 15주년
　　기념 국제컨퍼런스 발표자료.

Nielson (2012), 〈The Cross-Platform Report: Quarter〉, 2012-US, The Nielson
　　Company.
Wikipedia (2013), Comcast, retreived on 2013. 11. 30 (http://en.wikipedia.org/

wiki/Comcast)

Wikipedia (2013), Hulu, retreived on 2013. 11. 30 (http://en.wikipedia.org/wiki/Hulu)

Wikipedia (2013), Netflix, retreived on 2013. 11. 30 (http://en.wikipedia.org/wiki/Netflix)

Wikipedia (2013), Now TV(UK), retreived on 2013. 11. 30 [http://en.wikipedia.org/wiki/Now_TV_(UK)]

Wikipedia (2013), WhereverTV, retreived on 2013. 11. 30 (http://en.wikipedia.org/wiki/WhereverTV)

7

다채널 유료방송의 시장 점유율 규제

김관규

1. 다채널 유료방송 시장의 정의

무료방송과 유료방송의 구분은 시청자 혹은 이용자가 방송 서비스에 대한 이용료를 직접 지불하는지의 여부이다. 일반적으로 무료방송은 시청자 혹은 이용자가 방송 이용의 대가를 방송사업자에게 직접 지불하지 않고 광고비를 주된 수입원으로 삼는 방송으로 지상파 TV, 지상파 라디오, 지상파 DMB가 해당된다. 유료방송은 이용자가 방송 이용의 대가를 방송사업자에게 직접 지불하는 수신료(fees)를 주된 수입원으로 하고 광고비가 일부 추가되는 방송으로 케이블 TV, 위성방송, IPTV가 해당된다.

방송법 및 관련법에서 유료방송의 정의는 현행 방송법 제 2조(용어의 정의) 20항에서 "시청자와의 계약에 의하여 수개의 채널 단위·채널별 또는 방송 프로그램별로 대가를 받고 제공하는 방송"이라고 규정한다. 이른바 IPTV법이라고 불리는 인터넷멀티미디어방송사업법 제 13조에는 시장 점유율 규제와 관련하여 "인터넷멀티미디어방송, 종합유선방송, 위성방송을 포함한 유료방송사업 가입가구의 1/3을 초과하여 서비스를 제공할 수 없다"고 규정한다. 지상파 방송 이외의 다채널 방송사업자를

그림 7-1 **유료방송 시장의 거래 구조**

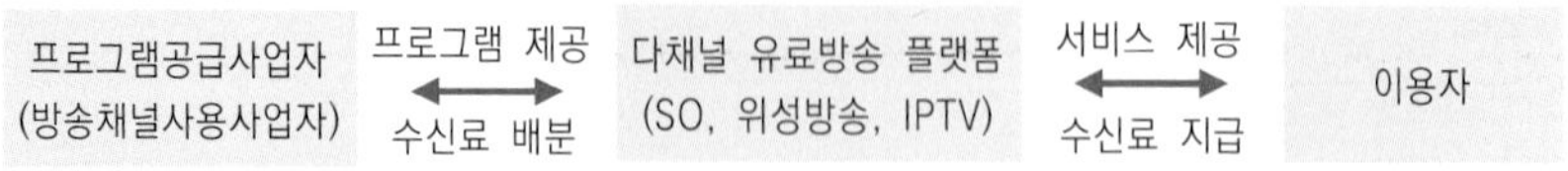

프로그램공급사업자 (방송채널사용사업자)	프로그램 제공 수신료 배분	다채널 유료방송 플랫폼 (SO, 위성방송, IPTV)	서비스 제공 수신료 지급	이용자

사실상 유료방송사업자로 규정한다.

유료방송 시장은 일반적 인식이나 방송법에 입각하여 판단하면 '유료방송사업자가 서비스를 제공하고 이용자가 수신료를 지불하는 형태의 거래가 형성하는 방송 시장'이라고 정의할 수 있다. 케이블TV・위성방송・IPTV 등 이른바 다채널 방송 서비스의 출현으로 형성되었다는 점에서는 '다채널 유료방송 시장'이라고 부르는 것이 더 정확하다고 볼 수 있다. 미국에서는 MVPD라는 용어로 다채널 유료방송 시장을 나타낸다 (김성환・박민수, 2012).

다채널 유료방송 시장은 이용자에게 방송 서비스를 제공하는 플랫폼 사업자(케이블TV SO, 위성방송, IPTV 등)와 플랫폼 사업자에게 프로그램을 공급하는 방송채널사용사업자로 구성된다. 시장 구조는 〈그림 7-1〉처럼 플랫폼 사업자가 방송채널사용 사업자로부터 프로그램을 공급받는 대가로 사용료를 지급하고, 공급받은 프로그램을 시청자에게 서비스하여 수신료를 받는 거래 구조를 형성한다.

플랫폼을 중심으로 보면 다채널 유료방송 시장은 다채널 유료방송 플랫폼 사업자↔프로그램공급사업자의 거래 관계로 형성되는 시장과, 다채널 유료방송 플랫폼 사업자↔이용자의 거래 관계로 형성되는 시장으로 나눌 수 있다. 먼저 플랫폼 사업자와 프로그램공급사업자 사이의 거래로 형성되는 시장에서는 소수의 프로그램공급사업자가 플랫폼 사업자의 채널을 과도하게 점유하는 것을 방지하려는 점유율 규제가 작동한다. 그리고 플랫폼 사업자와 이용자 사이의 거래로 형성되는 시장에서는 특정 플랫폼 사업자가 이용자를 과도하게 점유하는 것을 방지하는 점유율 규제가 작동한다.

이 장에서는 이 2개의 유료방송 시장에 적용되는 점유율 규제 가운데 특정 유료방송 플랫폼 사업자가 이용자인 가입가구 수의 일정 비율을 초과하여 점유하지 못하도록 규제하는 유료방송 시장의 가입자 점유율 규제를 중심으로 논의한다.

2. 다채널 유료방송 시장에서의
가입자 점유율 규제 현황

2012년 12월 말 현재 유료방송별 시장 점유율을 조사한 자료에 따르면, 케이블TV의 SO가 전체 유료방송 가입자의 58.6%(가입자 1,480만 명)를 점유하며, IPTV가 25.9%(가입자 655만 명), 일반위성방송(스카이라이프)이 15.0%(가입자 379만 명) 순으로 나타났다. 유료방송 시장 점유율 규제는 개별방송사업자 단위로 이루어진다. 케이블TV 부문에서는 77개 방송구역에서 복수의 SO를 소유한 이른바 MSO의 지배력이 확대되고 있다. 5대 MSO가 2012년 현재 75개의 SO를 소유하며, 독립 SO는 19개에 불과하다.

〈표 7-2〉는 2013년 6월 말을 기준으로 유료방송사업자별 시장 점유율을 산출한 결과이다. KT의 Olleh TV(IPTV)가 16.6%, KT의 스카이라

표 7-1 **유료방송 시장 점유율 변화 추이(2010~2012년)**

유료방송 플랫폼		2010년		2011년		2012년	
		가입자 수 (만 명)	점유율 (%)	가입자 수 (만 명)	점유율 (%)	가입자 수 (만 명)	점유율 (%)
종합유선	전체	1,486	63.6	1,478	60.9	1,480	58.6
	디지털	342	16.6	419	17.3	517	20.4
	아날로그	1,144	49.0	1,059	43.6	963	38.2
중계유선		18	0.8	18	0.7	12	0.5
일반위성		283	12.1	326	13.5	379	15
위성DMB*		185	7.9	117	4.8	0	0
IPTV**		365	15.6	489	20.1	655	25.9
합계		2,337	100.0	2,428	100.0	2,526	100.0

* 위성DMB는 2011년에 방송 서비스 종료
** 2012년 말 현재 KT의 스카이라이프와 IPTV 결합상품 가입자 161만 중복 포함
출처: 방송통신위원회 (2013).

이프(일반위성)가 15.3%를 점해 단일 사업자로서 30%를 넘는다. 이 가운데 Olleh TV와 스카이라이프 결합상품에 가입하여 중복 계산된 가입자 수가 192만 명(5.3%)이므로 이를 제외하면 26.6%에 달한다. Olleh TV는 KT의 자회사이며, 스카이라이프는 KT가 주식의 51%를 소유해 법률적으로 특수관계자에 해당된다. 현행 방송법 및 인터넷멀티미디어방송사업법에 의해 단일사업자로 간주되기 때문에 시장 점유율 산정에 합산되어야 한다. 케이블TV MSO에서는 CJ헬로비전이 13.5%, 티브로드가 11.9%의 시장 점유율을 나타낸다.

이 자료가 유료방송의 시장 점유율 규제 논의에서 가장 기초가 된다. 하지만 방송법과 '인터넷멀티미디어방송사업법'은 이와 같이 명확한 자료에 근거하여 시장 점유율을 규제하는 것이 아니라 상이한 규제조항을 적용하기 때문에 혼란을 초래한다. 현재 국내 관련법은 별도로 이 3개

표 7-2 유료방송 개별 플랫폼의 시장 점유율 (2013년 6월말 현재)

유료방송 사업자		SO · 플랫폼수	가입자 수(명)	점유율(%)
티브로드	종합유선	22	3,125,749	11.9
CJ헬로비전	종합유선	19	3,549,408	13.5
C&M	종합유선	17	2,469,821	9.4
현대HCN	종합유선	8	1,283,928	4.9
씨엠비	종합유선	9	1,338,005	5.2
독립SO	종합유선	19	3,076,454	11.7
KT	스카이라이프	일반위성	1	4,006,850	15.3
	KT(Olleh TV)	IPTV	1	4,352,733	16.6
SK브로드밴드(Btv)	IPTV	1	1,704,562	6.5
LG U+(myLGTV)	IPTV	1	1,317,651	5.0
가입자 및 점유율 합계			26,225,161	100.0

* 스카이라이프와 IPTV의 결합상품 가입자 192만(5.3%) 중복 포함(중복제외 시 26.6%)
** IPTV는 실시간 IPTV 기준
출처: 방송통신위원회(2013).

표 7-3 **유료방송별 시장 점유율 규제 현황 (2014년 현재)**

구분	케이블 TV(방송법)	위성방송(방송법)	IPTV(인터넷멀티미디어방송사업법)
방송구역	지역(전국 77개)	전국	전국
점유율 규제	전체 유료방송(케이블 TV · 위성방송 · IPTV의 합) 가입가구의 1/3초과 금지	-	방송구역별 전체 유료방송 가입가구 1/3 초과금지

유료방송 플랫폼의 가입자 점유율을 규제한다.

'방송법'은 지상파방송사업자, 케이블TV사업자, 위성방송사업자를 규제하는 법으로 시장 점유율 관련 규제 또한 이 3개 방송사업자에 국한하여 규정한다. 그리고 '인터넷멀티미디어방송사업법'은 IPTV사업자를 규제하는데 케이블TV SO 방송 구역별로 유료방송 가입가구에 대하여 점유율 제한을 규정한다. 이처럼 법체계가 통합되지 못하는 것이 유료방송별로 시장 점유율 규제 기준을 상이하게 만든 주원인이다. 케이블 TV, 위성방송, IPTV가 도입될 때마다 관련법이 제정되었고, 기존 사업자의 반발을 완화시키면서 신규 서비스를 도입해야 하는 현실적 고려 때문에 통합 법체계를 아직 구비하지 못한 것이다.

〈표 7-3〉에서 보는 것처럼 유료방송 플랫폼별로 상이한 시장 점유율 규제 법조항이 적용된다. 케이블TV의 SO에 대한 시장 점유율 규제를 전체 유료방송을 기준으로 하도록 개선한 것도 2014년 1월이고, 이전에는 77개 방송구역 단위로 규제를 적용하였다. 케이블TV 사업자 측에서는 이것이 과도한 규제라고 완화해 줄 것과 더불어 위성방송과 IPTV와의 경쟁을 염두에 둔 '동일 서비스 · 동일 규제'의 적용을 주장했다.

위성방송에 대한 시장 점유율 규제에는 관련된 법 규정이 없다. 따라서 위성방송의 시장 점유율이 확대되더라도 정책 당국이 규제를 부과할 수 없는 것이 현실이다. IPTV의 방송구역은 전국 단위로 설정되고 시장 점유율의 규제는 케이블TV SO의 방송 구역별(전국 77개)로 산정하여 전체 유료방송 가입가구의 1/3을 초과하지 못하도록 규정된다. 케이블 TV에 대해서는 방송 구역별 규제에서 전국 단위로 방송법 시행령을 변경했음에도 불구하고 IPTV는 케이블TV의 방송 구역별 규제를 받아야 하는 등의 혼동이 발생한다. 정책 당국에서도 이러한 혼동을 심각한 문제로 인식하고 SO의 시장 점유율 기준을 전국 단위로 개선하여 규제를 완화했고, SO·위성방송·IPTV의 가입가구 전체를 기준으로 하여 일정 비율 이하로 제한해 통합성을 추구하려 한다(미래창조과학부·방송통신위원회·문화체육관광부, 2013).

단일 유료방송 시장으로 통합하여 시장 점유율을 규제하는 통합법을 마련하려는 정책방안과 더불어 유료방송의 시장 점유율을 법에 명시하여 사전 규제를 하는 정책에 대한 당위성 논의도 활발하게 진행 중이다. 시장 점유율 규제가 법에 사전 명시를 해야 하는 사전 규제의 대상인지 혹은 사전 규제를 부과하는 것이 방송의 핵심 가치인 공익성·공공성에 비추어 과도한 규제인지를 둘러싼 논쟁이 벌어지고 있다.

적어도 해외 주요 선진국에서 사전 규제를 통해 유료방송 시장의 점유율을 규제하는 사례를 찾아볼 수 없다는 것도 최근 논의의 필요성을 제기한다. 해외 주요 선진국은 처음부터 도입하지 않았거나 유료방송 출현 초기에 도입했지만 폐지하였다. 해외 주요 국가에서는 특정 사업자가 타 방송사를 인수하려고 할 경우나 신규 서비스로 방송 사업을 확장하려고 할 경우 시장지배적사업자가 되어 독과점 폐해가 발생할 소지가 있는지를 정책 당국이 판단하여 승인 혹은 불허하는 사후 규제의 형태로 시장 점유율 규제를 시행한다.

우리의 법체계가 미비함에도 불구하고 그동안 시장 점유율 규제가 현안으로 부상하지 않은 이유는 최근 4~5년까지 유료방송 시장의 경쟁이 심하지 않았기 때문이다. 종합유선방송이 등장하기 이전에는 소규모의 유선방송이 존재했으나 주로 난시청 해소를 목적으로 지상파 방송을 중계하는 기능에 머물렀다. 1988년 당시 문화공보부가 시·도지사에게 유선방송의 허가권을 위임했을 때 이미 허가를 받은 상태이거나 허가를 신청한 사업자는 모두 1,250개사에 달했다. 유선방송은 등장 이후 급격하게 확대되어 1996년에 약 669만 3천 가구 이상의 이용자를 확보했는데 당시 가입 대상 가구 중 47%가 유선방송에 가입했을 정도였다 (이상식, 2008).

이러한 성장세에도 불구하고 유선방송은 그 기능이 난시청 해소를 위한 지상파 방송 재전송과 지상파 방송 프로그램을 녹화하여 이를 재생하는 정도의 서비스에 머물렀고, 이용료 또한 지상파 방송의 중계에 해당하는 소액을 징수하였다. 이러한 의미에서 본격적인 다채널 유료방송 매체라고 보기 어려웠다.

국내에 다채널 유료방송의 시작은 케이블TV가 종합유선방송이라는 공식 명칭을 갖고 출범한 시기부터이다. 1991년 종합유선방송법을 제정하고 이에 근거하여 SO (종합유선방송사업자), PP (방송채널사용사업자), NO (Network Operator, 전송망사업자)를 선정하는 과정을 거쳐 1995년부터 상용 방송을 개시하였다. 도입 초기에 유선방송과의 경쟁, 과도한 규제, 전송망 구축의 어려움 등의 이유로 고전을 겪었지만 산업 활성화를 위한 정책 당국의 적극적인 탈규제 정책에 힘입어 2000년 이후에는 안정적인 성장을 하였다. 유료 다채널 방송의 가입가구 측면에서 최고점에 이른 2006년에는 케이블TV 가입자가 1천 237만 9천 641명으로 전국 대상가구 수 대비 68.7%의 높은 가입률을 보였다.

유료방송의 시장 점유율이란 관점에서 보면 종합유선방송의 등장에서 위성방송 (2001년)의 출현까지의 기간은 종합유선방송의 독점 시기이다. 케이블TV 자체가 77개의 방송구역으로 나뉘어 배타적 승인을 받았기 때문에 시장 점유율 규제에 해당하는 법조항을 설치할 필요가 없었고, 소유를 제한하는 진입 규제가 중심이었다. 하지만 정책 당국의 규제완화로 인해 복수 방송구역의 SO를 소유하는 MSO와 SO와 PP를 겸영하는 MSP가 허용되면서 과도한 시장집중 현상을 방지하려는 목적에서 시장 점유율의 제한을 두는 소유규제 법조항을 마련하였다. 이 규정이 최근 전체 유료방송(케이블TV + 위성방송 + IPTV) 가입가구의 1/3 초과 금지로 개정되었는데, 이전의 시행령에서는 케이블TV 가입가구의 1/3에만 해당하는 것으로 해석되었다.

케이블TV에 이어 유료 다채널 방송 시장에 진입한 매체는 위성방송이다. 2000년에 지상파 방송, 종합유선방송, 그리고 위성방송을 통합적으로 규정하는 통합방송법이 제정되었고, 이 법에 근거하여 KT를 1대 주주로 하는 컨소시엄이 독점사업자로 허가받아 스카이라이프라는 이름으로 위성방송 서비스를 제공한다. 위성방송사업자는 독점사업자이므로 시장 점유율 규제에 대한 필요성이 논의되지 않았고 규제가 없는 상태가 지금까지 지속되고 있다. 스카이라이프는 이미 케이블TV가 완전히 정착된 단계에서 신규로 진입했기 때문에 경쟁력이 취약했고, 지상파 재송신 문제가 오랫동안 해결되지 않아 가입자 확보에 오랫동안 고전했다. 이러한 이유로 IPTV가 등장하기 이전까지는 다채널 유료방송 시장에서 매우 한정된 가입자 점유율에 머물러 시장 점유율 규제를 사회적 현안으로 부상시키지 못했다.

KT, SK텔레콤, LG U+ 3대 통신사가 인터넷 망을 활용한 IPTV를 2008년 12월부터 서비스하면서 다채널 유료방송 시장에서의 가입자 유치 경쟁은 매우 격렬해졌다. IPTV의 도입과정은 방송·통신 융합이라는 미디어 환경의 변화로 인해 통신사업자가 방송 시장에 진출하는 과정이므로 많은 사회적 논란과 더불어 사업자 간의 이익이 첨예하게 대립했다. 이 대립 과정이 2008년 2월에 '인터넷멀티미디어방송사업법'의 제정으로 결론에 이르렀고, 2009년부터 본격적인 방송 서비스가 실시되었다. 이렇듯 IPTV의 도입은 케이블TV 업계의 강력한 반대 속에 추진되었다. 케이블TV 업계의 반대를 다소 완화시키려는 목적에서 시장 점유율 규제를 법조항으로 명시하였다.

IPTV는 방송구역은 전국 단위로 이루어지지만 시장 점유율 규제는 케이블TV의 SO 방송 구역별로 유료방송사업 가입가구 수의 1/3을 초과하지 못한다(인터넷멀티미디어방송사업법 제13조 제1항)고 규정했다.[1] 이 법조항은 최근 방송법 시행령이 개정되어 케이블TV의 SO에 대한 시장 점유율 규제가 전체 유료방송 가입가구 수의 1/3을 초과할 수 없다는 규정과 불일치하게 됐다. 케이블TV는 77개 방송 구역별로 방송 서비스를 제공하지만 시장 점유율을 산정할 때는 전국 가입가구 수를 모수 (100%)로 한다. 이와는 반대로 IPTV는 전국 단위로 방송하지만 시장 점유율을 77개 방송구역별로 별도로 산정해야 한다.

이러한 법체계의 모순점은 정책 당국만이 아니라 다채널 유료방송 사업자에게도 많은 혼동을 준다. 그 대표적 사례가 앞에서 언급한 KT Olleh TV와 스카이라이프의 시장 점유율 합산 규제를 둘러싼 논쟁이다. 스카이라이프는 KT가 51%의 주식을 소유하면서 자회사로 편입되어 관련법상 특수관계자에 해당된다. 다시 말해 법적으로 단일사업자로 간주되어 이에 해당하는 규제를 받아야 할 상황이다. KT가 Olleh TV와 스카이라이프의 결합상품을 만들어 판매하는 전략으로 이용자를 급격히 늘

---

1 ① 특정 인터넷 멀티미디어방송 제공사업자는 해당 사업자와 특수관계자인 인터넷 멀티미디어방송 제공사업자를 합산하여 '방송법' 제12조 제2항에 따라 미래창조과학부 장관이 고시한 방송 구역별로 인터넷 멀티미디어방송, 종합유선방송, 위성방송을 포함한 유료방송 사업 가입 가구의 1/3을 초과하여 서비스를 제공할 수 없다.

린 관계로 두 유료방송 플랫폼의 합산 점유율이 30%에 육박한다. 이에 케이블TV 업계가 위기의식을 느끼면서 KT Olleh TV와 스카이라이프를 합산해 시장 점유율을 산정해야 하며 합산 점유율이 30%를 초과하지 못하도록 해야 한다는 주장을 강력히 제기하였고, 이를 방송법과 인터넷멀티미디어방송사업법을 개정하여 반영하려는 법안이 2013년에 발의된 바 있다. 하지만 법조항에 시장 점유율에 대한 규제 근거가 존재하지 않는 위성방송의 시장 점유율을 합산하는 등 기존법과 상호 모순된 부분들로 인해 아직 합의점을 찾지 못하고 있다. 법체계 차원에서만 보아도 현재의 방송법과 인터넷멀티미디어방송사업법은 다채널 유료방송 전체를 통합적으로 규정하지 못하고 서로 충돌을 일으켜 정책 당국에서도 통합법의 개정을 추진하고 있다.

법체계의 미비뿐만이 아니라 다채널 유료방송의 시장 점유율 규제를 관련법에 명시해 정책 당국이 사전 규제하는 것에 대한 당위성 논쟁도 KT Olleh TV와 스카이라이프의 시장 점유율 합산 규제를 둘러싼 논의를 통해 활발하게 이루어졌다. 이 논의는 우리의 다채널 유료방송 시장에서 처음으로 표출되어 국내 법체계의 미비점을 명확하게 각인시켰다. 나아가 향후 유료방송 시장에서의 매각과 합병을 통한 구조 변화가 예상되는 상황에서 반드시 현 시점에서 합리적 결론을 내려야 한다는 필요성도 제기되었다.

3. 유료방송 시장 점유율 규제의 근거

방송은 신문과 달리 법적 규제를 받는다. 신문은 저널리즘 윤리강령 차원에서의 자율적 규제가 중시되지만 방송에는 다양한 규제가 법규정에 기반을 두어 시행된다. 방송법에는 프로그램에 대한 내용 규제, 소유 규제, 시장 점유율 규제, 시청 점유율 규제 등이 법조항으로 명시된다. 이렇게 다양한 규제는 방송의 공익성 구현을 근거로 정당화된다. 방송의 공익성이란 '일반 사기업처럼 사적 이익만을 추구해서는 안 되고 사회 전체의 이익을 추구해야 한다'는 일종의 공적 책무라고 정의할 수 있는데, 방송법 제1조(목적)에 "방송의 자유와 독립을 보장하고 방송의 공적 책임을 높임으로써 시청자의 권익 보호와 민주적 여론 형성 및 국민 문화의 향상을 도모하고 방송의 발전과 공공복리의 증진에 이바지함을 목적으로 한다"고 광의적으로 정의된다.

그리고 이 목적에 부합하도록 '방송의 자유와 독립', '방송의 공적 책임', '방송 시청자의 권익 보호', '방송의 공정성과 공익성'을 세부적으로 구현하는 법조항을 마련한다. 이들 법조항에서 규정하는 공익성을 구체적으로 시행하기 위해서 방송법은 프로그램 내용 규제, 소유 제한 규제, 시청 점유율 규제, 시장 점유율 규제와 관련된 법조항을 구비한다.

이 가운데 소유 규제 제한, 시청 점유율 제한, 시장 점유율 제한과 관련된 규제는 프로그램 내용에 대한 규제가 아니라 방송사업자의 시장 진입과 시장 행위가 공익성을 저해하는 것을 방지하려는 목적에서 시행되는 규제이다. 대기업의 방송 소유 제한, 외국 자본의 방송 소유 제한, 플랫폼과 콘텐츠 사업자의 겸영 제한, 방송 시장 점유율 제한, 여론다양성 침해 제한을 방송법에 명시하여 방송 시장에서 독과점으로 인한 폐해가 발생하는 것을 방지하고 방송사업자 간의 경쟁을 통해 다양성을 제고하

그림 7-2 방송법에 정의된 공익성

제 4조: 방송의 자유와 독립
- 방송 편성의 자유와 독립
- 방송편성책임자의 자율편성권 보장
- 방송 편성 규약의 제정

제 5조: 방송의 공적 책임
- 민주적 기본 질서 존중
- 국민 화합
- 조화로운 국가 발전
- 민주적 여론 형성
- 타인의 명예와 권리 존중
- 범죄, 사행심, 부도덕한 행위 조장 방지
- 음란, 퇴폐, 폭력 조장 방지

제 1조: 방송의 목적
- 자유와 독립
- 공적 책임
- 시청자 권익 보호
- 민주적 여론 형성
- 국민문화 향상
- 방송 발전
- 공공복리 증진

제 3조: 방송 시청자의 권익 보호
- 시청자의 참여 보장
- 시청자의 이익 실현

제 6조: 방송의 공정성과 공익성
- 보도의 공정성과 객관성
- 종교, 성별, 직업, 인종 등 차별 금지
- 기본권 존중
- 국제 친선 기여
- 국민의 알 권리와 표현의 자유 신장
- 지역사회 발전
- 민족문화 창달
- 사회교육기능 담당
- 유익한 생활정보 확산
- 표준어 보급 및 언어 순화
- 편성의 균형성

여 공익성을 구현하려는 목적에서 실시되는 규제라고 볼 수 있다.

이 장에서 논의하는 유료방송 시장의 점유율 제한도 공익성 구현이라는 기본 가치를 구현하기 위한 목적으로 방송법에 마련된 법조항에 근거하여 실시된다. 방송법에 명시된 공익성 구현 차원에서 보면 유료방송 시장의 점유율 제한은 특정 플랫폼 사업자가 전체 유료방송 가입자(혹은 가구) 점유율 측면에서 시장지배적사업자가 되어 가입자 이익에 반하는 시장 행위를 하는 것을 방지하려는 목적이라고 볼 수 있다. 예를 들어 수신료의 부당 인상이나 인하, 시청자의 채널 선택권 제한 혹은 타 사업자의 사업 활동을 방해하거나 새로운 경쟁 사업자의 진입을 방해하는 행위 등으로 인하여 유료방송 가입자의 이익을 저해하는 폐해를 방지하기 위한 규제로 규정할 수 있다. 방송만이 아니라 시장에서 거래되는 모든 상품에 대해 시장지배적사업자의 폐해를 방지하기 위해 독점 규제 혹은 공정 거래와 관련된 법이 이미 일반화되어 있다. 이 장에서 논의하는 유료방송 시장 점유율 규제는 일반 상품의 독점 규제와 매우 유사한 개념으로 볼 수 있다.

국내의 '독점 규제 및 공정 거래에 관한 법률'에는 "시장지배적사업자라 함은 일정한 거래 분야의 공급자나 수요자로서 단독 또는 타 사업자와 함께 상품이나 용역의 가격·수량·품질 기타의 거래 조건을 결정·유지 또는 변경할 수 있는 시장 지위를 가진 사업자를 말한다"고 정의된다 (제 2조). 또한 제 3조 2(시장지배적 지위의 남용금지)에 시장지배적사업자가 상품의 가격이나 용역의 대가를 부당하게 결정·유지 또는 변경하는 행위, 상품의 판매 또는 용역의 제공을 부당하게 조절하는 행위, 타 사업자 활동을 부당하게 방해하는 행위, 소비자의 이익을 현저히 저해할 우려가 있는 행위 등을 금지한다.

방송법의 '유료방송의 시장 점유율 1/3 제한'과 독점 규제 및 공정 거

표 7-4 방송법 · 인터넷멀티미디어사업법에 규정된 소유/점유율 규제

구분	소유/점유율 제한 규제(방송법, 인터넷멀티미디어방송사업법)
보도방송 소유 제한	• 지상파 방송, 종편, 보도전문PP 동일인 지분 40% 제한 • 대기업집단 소속 계열사 또는 일간지나 뉴스통신의 지상파 방송 지분 10%, 종편 또는 보도전문PP 지분 30% 제한 • 구독률 20% 이상 일간지는 지상파 방송, 종편 또는 보도전문PP 겸영 및 지분 소유 금지 • 일간지나 뉴스통신의 SO, 위성방송의 지분 한도 49%
방송 시장 점유율 한도 및 플랫폼 간 소유 제한	• 전체 방송 시장에서의 점유율 한도 규제(시행령 제4조 제5항 제1호) 　- 특정 방송사 매출액이 전체 방송사 매출액 총액의 33% 초과 금지 • 지상파의 위성방송 지분 소유, 위성방송의 SO 지분 소유, 지상파의 SO 지분 소유, SO의 지상파 지분 소유 한도 33%
플랫폼과 콘텐츠 간 겸영 제한	• 지상파 방송의 방송채널사업 겸영 제한 　- TV 방송PP, 라디오 방송PP 및 데이터 방송PP별로 사업자 수의 3% 이상 경영(겸영 또는 지분 5% 이상 소유) 금지(시행령 제4조 제6항 제1호) • SO 및 위성방송의 방송채널사업 겸영 제한 　- TV 방송PP, 라디오 방송PP 및 데이터 방송PP별로 사업자 수의 20% 이상 경영(겸영 또는 지분 5% 이상 소유) 금지 • PP의 SO 겸영 제한 　- 전체 SO의 1/3을 초과하는 구역에서 SO 경영 금지(제3호)
플랫폼별 지분 소유 및 점유율 제한	• 지상파 간 지분 7% 이상 소유, 5% 이상 상호 소유 및 사업자 수 10% 초과 지분 소유 금지(시행령 제4조 제7항 제1호) • 지상파가 지상파이동멀티미디어방송 권역별 사업자 수 일정 비율을 초과한 경영 금지(제2호) • SO 전체 유료방송 가입가구 수의 1/3 초과 금지
PP사업자의 점유율 제한	특정 PP의 매출액이 전체 PP 매출액 총액(홈쇼핑채널 제외)의 33% 초과 금지 (시행령 제4조 제8항)
IPTV법상 겸영금지 (법 제8조)	• 신문 또는 뉴스통신의 IPTV 제공 사업자의 지분 한도 49%(제2항) → 방송법 제8조 제5항에 대응 • 대기업집단 또는 신문이나 뉴스통신의 종편 또는 보도전문 IPTV 콘텐츠사업자 지분 한도 49% → 방송법 제8조 제3항에 대응 • IPTV 방송제공사업자의 방송채널사업 겸영 제한 　- TV 방송PP, 라디오방송 PP 및 데이터방송 PP별로 사업자 수의 20% 초과 경영(겸영 또는 지분 5% 이상 소유) 금지 (제4항) → 방송법 제8조 제7항, 시행령 제4조 제6항 제2호에 대응
IPTV법 시장 점유율 제한 (법 제13조)	• IPTV 방송제공사업자 방송구역별 유료방송사업 가입가구 수의 1/3 초과 금지(제1항) ※ 방송구역별로 유료방송 시장이 별개의 시장이라고 전제

래에 관한 법률의 '시장지배적 지위의 남용금지 및 시장지배적사업자를 규정하는 시장 점유율 50/100'은 모두 가입자 혹은 소비자의 이익을 보호하기 위한 규정이다. 그런데 이 두 법은 동일한 목적이지만 시행 단계에서 주요한 차이를 보인다. 방송법의 유료방송 시장 점유율 제한은 사전 규제이며 그 적용 비율도 1/3 이하로 매우 엄격하다. 반면 독점 규제 및 공정 거래에 관한 법률에서 시장지배적 지위 남용 방지는 사후 규제이며, 시장지배적사업자의 적용비율도 50/100으로 방송법의 시장 점유율 제한 규제보다 약하게 규정된다.

이 두 가지 차이점이 유료방송의 시장 점유율 규제를 둘러싼 논의의 핵심이다. 방송의 공익성 중 하나인 시청자의 이익 실현을 위해 유료방송의 시장 점유율 규제를 제도화하고 실행하는 데 사전 규제와 1/3이라는 매우 엄격한 규제를 유지하는 것이 과연 적절한지에 대한 논의인 것이다. 독점 규제에서는 시장지배적사업자를 50/100 이상의 점유율을 가진 사업자로 규정하며, 이 시장 점유율 내에 있는 사업자의 경우 특정 행위가 시장지배적 지위를 남용한 것에 해당하는지를 판단하는 사후 규제를 원칙으로 한다. 공익성 실천을 위해 다른 상품보다 방송이 규제를 더 강하게 받는다는 설명 외에는 유료방송 시장 점유율의 엄격한 규제의 이유는 부재하다. 지금까지 시장 점유율 규제가 주요 현안으로 부상하지 않아 논의되지는 않았지만, 현행과 같은 엄격한 규제가 왜 필요한 지에 대한 명확한 근거 제시가 없다는 것도 부인할 수 없다.

4. 유료방송 시장 점유율에 대한 사전 규제와 사후 규제를 둘러싼 논의

방송의 공익성 구현은 국내뿐만 아니라 주요 선진국에서도 방송에게 요구한다. 이런 점에서 주요 선진국에서 유료방송 시장 점유율 제한에 대해 어떤 정책을 실시하는지를 살펴보는 것이 논의에 참고가 될 것이다.

OECD 30개 회원국 중 5개국에 유료방송 시장 점유율에 대한 소유 규제가 있었으나 폐지되어 지금은 우리나라에만 존재한다. 25개국에서는 유료방송의 시장 점유율을 처음부터 별도 규정하지 않았다. 특히 위성방송과 IPTV에 대한 소유/시장 점유율 규제를 도입한 국가는 없었다.

다만, 미국의 경우 케이블TV법 도입 당시 대형 케이블TV사업자의 시장 지배를 방지하기 위해 의회 차원에서 FCC에 시장 점유율 규제를 위임하였다. FCC는 이 법에 근거하여 케이블TV SO의 시장 점유율을 30%로 제한하려는 사전 규제 조항을 마련하려고 했지만 법원의 판결에

표 7-5 OECD 유료방송 시장 점유율 규제 현황

	과거	2014년
미국	케이블TV사업자가 가입자 수의 30%를 초과하여 SO를 보유할 수 없다는 규칙을 제정하려고 시도	법원 판결에 의해 FCC 규칙이 무효
프랑스	방송구역 인구가 6백만 명에 도달한 SO는 추가 면허를 보유할 수 없음	2004년 폐지(이로 인해 90% 시장 점유율의 거대 케이블TV사업자 출현)
이탈리아	한 기업이 케이블TV/위성 자본의 30% 이상을 통제할 수 없음	2003년 2개 위성사업자 합병 승인 조건 이외에는 유료시장 규제 자체가 없음
스페인	한 SO 사업자의 가입자 수가 1.5백만 명을 초과할 수 없음	2005년 Ono-Auna 합병에 의해 사실상 1개 케이블TV사업자 체제 형성
한국	SO 시장 점유율 33% 상한 규정	규제 유지
나머지 25개국	-	-

출처: KT (2013) 참조 및 재구성.

의해 무산된 사례가 있다. 이 사례는 현재 국내에서 논의되는 유료방송 시장 점유율에 관해 주요한 시사점을 제공한다.

1) FCC의 시장 점유율 제한 규칙을 둘러싼 소송

FCC는 케이블TV사업자에게 가입자 기준 시장 점유율 제한을 둘 수 있는 권한을 미국 의회로부터 위임받고 있다. 1992년에 제정된 '케이블TV 소비자보호와 경쟁에 관한 법'(Cable Television Consumer Protection and Competition Act)에서 FCC는 효율적인 경쟁을 촉진시키기 위해 합리적 배경과 논리를 바탕으로 수직적 제한(프로그램 편성 관련 콘텐츠 제공업체의 수직 결합) 또는 수평적 제한(가입자 기준 시장 점유율)에 대한 규제를 부과할 수 있다고 규정한다. 이를 근거로 FCC는 1993년에 케이블TV사업자가 소유하거나 제휴 관계에 있는 채널 편성을 40%로 제한(수직 결합 제한)하고 가입자 기준 시장 점유율을 30%로 제한(수평적 집중제한)하는 규칙을 처음 발표했다. FCC는 새로운 케이블TV사업자가 무리 없이 사업을 영위하기 위해서는 40%의 잠재고객이 있어야 한다고 판단했다. 또한 두 과점 사업자가 존재하는 것을 가정할 경우 양 사의 시장 점유율 합계가 60%가 넘는 것을 제한하기 위한 것이라고 설명했다. 이후 1999년 10월 FCC는 당시 성장하던 위성방송 서비스를 고려하여 30% 시장 점유율 제한을 산정할 때 위성방송과 케이블TV 가입자를 포함한 전체 유료방송 서비스 가입자로 기준을 변경하기도 했으나 2001년 타임워너가 이 시장 점유율 제한의 부당함에 대해 소송한 결과 FCC가 패소하여 FCC의 시장 점유율 제한은 유명무실화되었다(United Status Court of Appeals for the District of Columbia Circuit, August 28, 2009).

한편 미국에서는 위성방송사업자나 IPTV사업자에게는 의무재전송과 재전송 동의와 같은 프로그램 편성 관련 부분 외에는 별도의 규제 사항을 두고 있지 않다. 하지만 FCC는 2001년 패소 후 약 5년이 지난 2005년 유료방송 시장에서의 경쟁 다양성과 혁신을 보장하기 위해 특정 사업자가 다수의 가입자를 독점하는 상황을 막을 장치가 필요하다 밝히고 시장 점유율 제한 규정을 다시 마련하였다. FCC는 2008년 3월에 약 3년 가까이 준비하여 마련한 케이블TV사업자의 30% 시장 점유율 제한 규칙을 FCC위원 투표 결과 3:2로 가결시키며 발효한다고 발표했다(조대곤, 2012).

FCC가 시장 점유율 제한을 둔 이유는 당시 약 2, 390만 명의 가입자를 유치하여 미국 유료방송 시장에서 24.8%의 점유율을 보유하며 독점력을 키우던 컴캐스트를 견제하려는 의도가 강했기 때문이다. 하지만 이 규칙 역시 미국 콜롬비아 항소법원(US Court of Appeals for the District of Columbia Circuit)이 2009년 컴캐스트가 제기한 항소를 받아들여, FCC가 제정한 '30% 시장 점유율 제한 규정'은 근거가 빈약하다며 컴캐스트의 승소 판결을 내리고 FCC의 규칙을 다시 한 번 무효화시켰다(Broadcasting & Cable, 2009. 8. 28). 이 과정은 조금 상세하게 살펴볼 필요가 있다.

FCC는 우선 프로그램공급사업자가 시장 지배력이 가장 높은 1위 케이블TV사업자와의 제휴 없이도 다른 유료방송사업자와 거래를 통해 사업을 영위하며 시장에서 자리 잡을 수 있는 것을 생존 기준으로 삼았다. 그리고 자체적인 시장조사와 가정을 통해 특정 프로그램공급사업자가 5년 후 70% 확률로 생존하기 위해 확보해야 할 최소한의 가입자 규모를 1천 9백만 명으로 추정한 후, 추가 가정과 분석을 통해 전체 9,570만 명의 유료방송 가입자 중 6,940만 가입자(전체 가입자 중 약 72%)를 잠재 서비스 고객으로 보유해야 한다는 결론을 내렸다.

이러한 FCC의 논리에 따라 산정한 결과 시장 점유율 제한은 약 28%라는 결론이 나왔고, 이 숫자는 10년 전 마련되었던 30%라는 숫자로 재조정되기에 이르렀다. 즉, 표면상으로는 10년 전과 같은 결론이지만, FCC는 위성방송과 IPTV 등의 경쟁 플랫폼의 등장으로 더욱 경쟁적으로 변화한 시장 환경에서도 한 사업자가 30% 이상의 가입자를 점유할 경우 효율적인 시장 경쟁을 침해할 수 있다고 판단한 것이다(United Status Court of Appeals for the District of Columbia Circuit, August 28, 2009).

그렇지만 당시 가입자 제한 규칙 제정을 반대한 두 명의 FCC 위원은 새로운 규칙 역시 법원에 의해 기각될 수 있다는 우려를 언급했다. 결국 예상대로 미 항소법원은 FCC의 새로운 규칙의 부당함을 다시 한 번 지적하며 FCC의 가입자 시장 점유율 제한 규정을 무력화시켰다. 미국 콜롬비아 항소법원은 FCC의 30% 제한 규정이 방송편성 시장의 경쟁과 다양성을 보장한다는 주장을 증명하는 데 실패했다고 판단하고 논리적 취약성과 비현실성을 근거로 원고인 컴캐스트의 승소판결을 내렸다. 법원은 FCC가 30% 기준을 산정하는 과정에서 다른 플랫폼의 영향을 거의 고려하지 않았다는 점을 지적하였다.

재판부는 2001년 판결에서 FCC가 유료방송 시장의 수평적 집중을 규제할 경우 대표적 경쟁 플랫폼인 위성방송사업자를 충분히 고려해야 할 필요가 있다고 분명히 지적했음에도 불구하고, FCC가 이 사항을 다시 한 번 무시했다고 적시했다. 또한 최근 시장 관련 자료와 통계가 더 이상 케이블TV가 유료방송 시장에서 독점적 위치임을 보여주지 못하며 플랫폼 간 경쟁이 점차 치열해지는 양상으로 전개된다고 밝혔다. 이는 1992년 케이블법 제정 당시 의회가 우려했던 독점 케이블TV사업자의 시장 왜곡과 효율성 저하 가능성이 더 이상 유효하지 않다는 점을 보여준다(United Status Court of Appeals for the District of Columbia Circuit,

August 28, 2009).

이 판결로 인해 컴캐스트를 비롯한 대형 케이블TV사업자가 규제 없이 원활하게 가입자를 늘릴 수 있는 기회가 제공된 셈이다. 그로 인해 2014년 초에 미국 최대 케이블TV사업자인 컴캐스트는 2위 사업자인 타임워너 케이블(Time Warner Cable)을 452억 달러(약 48조 원)에 인수한다는 사실을 공식 발표하였다. 두 사업자가 합병하면 컴캐스트는 미국 케이블 가입자의 3/4에 해당하는 규모의 가입자를 보유하며, 초고속인터넷 가입자 수에서도 미국 시장의 36%에 해당하는 점유율을 가지게 된다(〈한국경제〉, 2014. 2. 13).

이 합병안에 대해 FCC와 법무부가 최종 승인을 해야 합병이 성공할 수 있다. FCC는 '공공의 이익'에 해가 될 것인지의 여부에 집중하는 반면, 법무부는 '독점금지법' 위배 여부에 집중할 예정이기 때문에 심사에서 서로 다른 두 규제 당국의 입장이 반영될 것으로 보인다. 심사에서 FCC가 중점을 두는 또 하나의 쟁점은 방송 시장 내 독점 행위에 대한 것이다. 합병 회사는 가입자 수를 기준으로 볼 때 케이블 시장에서 3/4의 점유율을 가진다. 뚜렷한 제3의 케이블TV사업자가 없는 가운데 합병 회사가 사실상 케이블TV 시장을 독점하는 셈이다.

FCC는 시장 경쟁 감소를 방지하기 위해 주요 사업자의 인수 및 합병을 반대한 전력이 있다. 2011년에는 이동통신 1위인 AT&T가 4위인 T-Mobile을 390억 달러에 인수하려던 계획 신청을 거부했으며, 2014년 2월 초에는 일본 소프트뱅크의 T-Mobile 인수에 대해 시장 경쟁 감소를 이유로 반대를 표명했다. 그러나 컴캐스트는 유료방송 시장을 전체 통신사업자, 위성TV사업자 등 모든 유료방송 서비스를 포함하는 시장으로 확대해서 볼 경우 신규 합병 회사의 점유율이 30% 정도로 떨어진다고 반박하며, 점유율을 낮추기 위해 컴캐스트는 3백만 명의 가입자를 타 사업자에 매각하는 데 이미 합의한 상태이다(박병선, 2014).

또한 FCC는 망 중립성 훼손 가능성과 관련해 합병을 금지할 가능성도 있으나, 오히려 합병을 통해 망 중립성이 강화될 수도 있다는 명분으로 승인할 가능성 또한 있다. 망 중립성 훼손과 관련해 FCC가 우려하는 부분은 케이블TV부터 동영상 서비스에 이르기까지 막강한 영향력을 자랑할 합병 회사가 망을 통해 횡포를 부릴 가능성이 있다는 점이다. 반면, 2011년 컴캐스트는 NBC유니버설 인수 당시 2018년까지 '오픈 인터넷 규칙'을 준수하겠다고 서약했는데, 두 회사가 합병할 경우 이 원칙이 타임워너 케이블에도 적용될 수 있기 때문에 오히려 시장 전체로 볼 때 망 중립성이 강화되는 결과를 낳아 승인 가능성이 높아진다는 전망 또한 존재한다.

미국 법무부가 관심을 가질 만한 주요 이슈는 반(反) 독점법 검토와 브로드밴드 시장에서의 경쟁 약화라고 볼 수 있다. 반독점법과 관련해서는 합병 회사가 콘텐츠 제공업체와의 협상 시 실질적으로 시장에서 독점적 영향력을 행사할 우려가 있다는 점에 주목할 것으로 보인다.

이와 관련해서는 2013년 타임워너 케이블과 콘텐츠 사업자로서의 CBS 간 재송신료(retransmission fee)를 두고 벌어진 공방이 시사점을 줄 수 있다. 이 분쟁으로 인해 뉴욕, LA, 댈러스 등지에서 수백만 명의 타임워너 케이블 가입자는 약 한 달간 CBS 프로그램을 시청하지 못하였다. 이 사건으로 인해 타임워너 케이블에서 30만 명이 넘는 가입자가 빠져나갔으며, 2012년에서 2014년에 걸쳐 미국 전역에서 재송신을 둘러싸고 유사한 사례가 80건 넘게 발생한 바 있다. 당시 타임워너 케이블-CBS 간 협상에서는 CBS를 비롯한 콘텐츠 사업자가 승리한 것으로 평가되었으나, 컴캐스트와 타임워너 케이블이 합병할 경우 콘텐츠 사업자가 불리한 입장으로 전환될 수 있다(박병선, 2014).

2) 우리나라의 KT-스카이라이프 결합상품에 대한 법적 판단

국내에서 분출된 유료방송 시장 점유율 합산 규제 논란의 중심이 된 KT-스카이라이프의 결합상품도 그 동안 방송통신위원회, 검찰, 공정거래위원회에서 행정적·법적 판단을 받았다. IPTV-스카이라이프 결합상품이 2009년에 출시되어 빠른 속도로 가입자를 늘려 나가자 위기의식을 느낀 한국케이블TV산업협회(KCTA)가 '시장지배적 지위남용'과 '계열회사에 대한 부당한 지원' 등을 이유로 2011년부터 2013년에 행정적·법적 판단을 요구했다. 2011년에 방송통신위원회와 검찰은 법규 위반에 대해 무혐의 처분을 내렸고, 2013년 공정거래위원회에서도 역시 무혐의 처분을 내렸다.

케이블TV 측에서는 IPTV-스카이라이프의 결합상품이 현행 방송법·인터넷멀티미디어방송사업법·독점 규제 및 공정거래에 관한 법률에 저촉되지 않는다는 판결이 나오자, 더욱 적극적으로 방송법이나 인터넷멀티미디어방송사업법에 시장 점유율을 30%로 규제하는 법규정의 신설을 요구하고 나섰다. 이러한 요구를 반영하여 IPTV의 특수관계자 범위를 케이블TV, 위성, IPTV 등 모든 유료방송 사업자로 확대하는 IPTV법 개정안(2013. 6. 14)과 전체 유료방송 특수관계자의 보유 가입자를 합산규제하는 방송법 개정안(2013. 8. 07)이 국회에서 발의된 바 있다. 두 법안 모두 유료방송 매체 중 유일하게 가입자 상한규제를 받지 않는 스카이라이프 가입자를 점유율 규제에 포함시키는 내용을 담고 있다.

국내에서 논의되는 유료방송 시장 점유율 규제는 규제 당국과 사업자 간 갈등이 아니라 유료방송 시장의 점유율을 놓고 경쟁하는 플랫폼 사업자 간 갈등이다. '동일 서비스·동일 규제' 원칙을 적용하여 관련법을 개정하자는 입장이 케이블TV 업계의 주장이다. 이에 대해 시장 점유율을

30%로 제한하는 법규정을 마련하는 것은 해외에서 전례를 찾아볼 수 없는 사전 규제이고, 그 비율에서도 30%라는 엄격한 규정을 마련하는 것은 과도한 규제라는 반대 입장 또한 적지 않다.

특히 최근 방송·통신의 융합, 결합상품의 활성화, 스마트미디어의 등장 등으로 인해 유료방송 시장의 경계가 모호해지는 환경을 고려하면 법조항이 신설된다고 해도 적용하는 과정에서 많은 부작용이 만들어질 수 있다.

5. 스마트미디어 환경에 적합한
시장 점유율 규제 방안

스마트미디어 환경에서 유료방송 시장의 모습도 빠르게 변화하고 있다. 방송 환경이 다채널·디지털화에 이어 모바일로 변화하면서 시청자의 TV 시청 행위가 다양해지고 있다. 시청자는 더 이상 지상파 채널에만 머물지 않으며, 가정 내 TV를 통해서만 시청하지도 않는다. 국내 시청자의 대부분은 케이블TV, 위성방송, IPTV 등 다채널 방송망을 통한 TV 시청만이 아니라, 실시간 방송이 아닌 VOD나 PPV 등의 서비스를 이용한다. 가정 내에서도 TV만이 아닌 PC나 스마트미디어를 이용하여 TV 프로그램을 시청하며, 외부에서도 스마트미디어나 DMB를 통한 시청이 일반적 이용 행위로 정착되었다.

　시청자 이용 행태의 변화는 방송사가 동일한 콘텐츠를 다양한 디바이스를 통해 시청자에게 전달하는 이른바 OTT 서비스를 제공하기 때문에 가능하다. OTT 서비스는 인터넷 망으로 전송되기 때문에 지상파 방송만이 아니라 케이블TV, 위성방송, IPTV 등의 다채널 방송, 그리고 스마트미디어를 통해 실시간 방송 서비스도 가능하다. 그리고 실시간 방송이 끝난 콘텐츠는 VOD나 PPV 형태로 TV, 스마트미디어를 통해 이용자에게 다시 제공된다. 스마트미디어 시대의 TV 시청은 anytime, anyplace, anydevice의 모습으로 나타난다. 이러한 OTT 서비스가 등장한 배경에는 스마트미디어의 확산을 들 수 있다. 스마트폰, 태블릿 PC, 스마트TV 등이 등장하면서 TV나 PC 이외의 단말기에서도 각종 콘텐츠의 이용이 가능해졌다. 그리고 클라우드 컴퓨팅 서비스의 발전으로 OTT 서비스 사업에 걸림돌이 되던 스토리지 부족 문제가 해결되었다. 콘텐츠를 이용자의 단말기에 보관하는 것이 아니라 특정 사업자의 서버에 저장함으로써 디바이스의 저장 용량 문제로부터 자유로워졌다.

또한 스마트미디어와 클라우드 컴퓨팅의 확산으로 인해 다양한 OTT 서비스가 출시되고 있다. 국내의 경우 케이블TV사업자인 CJ헬로비전의 Tving을 필두로 하여, 통신사업자 KT의 olleh TV now, SK플래닛의 Hoppin, LG U+의 U+ HDTV, 그리고 지상파방송사연합의 Pooq이 출시되었다. 아직까지 국내에서는 방송사업으로서 수익성이 입증된 비즈니스 모델이 존재하지 않지만 각 방송사업자가 자신들의 역량 및 처한 상황에 따라 다양한 비즈니스 모델을 시도하는 중이다(임준·박준석·김윤화·김성규, 2012).

반면 미국에서는 넷플릭스를 비롯한 OTT 사업자가 기존 유료방송 사업자와 경쟁한다. 넷플릭스는 미국에서 케이블TV 방송보다 3~4배 저렴한 가격으로 콘텐츠를 제공해 가입자를 빠르게 흡수했다. 스마트미디어의 확산으로 OTT 서비스가 보편화되면 이 역시 유료방송 시장을 구성하는 주요 방송사업자로 규정될 수밖에 없을 것이다. 이는 가입자 시장 점유율 규제에서 항상 제기되는 유료방송의 시장 획정이 변할 수밖에 없다는 것을 의미한다. 시장 점유율 규제에서 가장 주요한 기준 확립은 유료방송 시장의 100% 범위를 정하는 것이다. 방송만이 아니라 모든 일반 상품의 시장 점유율 규제는 명확한 시장 획정을 전제로 이루어진다.

그러나 국내에서는 유료방송 시장 전체를 대상으로 한 시장 점유율 규제가 적용된 사례가 없어 시장 획정을 위한 기준이 명확하게 설정되어 있지 못하다. 법에 규정된 것은 케이블TV 가입자, 위성방송 가입자, IPTV 가입자를 모두 합산한 가입자 수를 유료방송 시장의 전체 가입자로 간주하는 것이다. 하지만 케이블TV 가입자 가운데는 단순히 지상파 재전송 수준의 서비스를 이용하는 가구에서부터 디지털 프리미엄 서비스를 이용하는 가구까지 그 구성이 다양하다. 경쟁 관계에 있는 위성방송과 IPTV 가입자는 다채널 프리미엄 서비스를 이용할 수 있는 상황이므로 대등하게 경쟁 관계를 파악하기는 어렵다. 또한 스마트미디어를 통해 방송 서비스를 유료로 이용하는 이용자의 증가가 예상되는 상황에서 이를 포함하는 시장 획정도 필요하다. 개인적으로 유료방송을 이용해도 역시 유료방송의 정의인 수신료를 지불하고 서비스를 직접 구매하는 것에 해당하기 때문이다.

이처럼 변화하는 방송 환경이 유료방송의 시장 획정에 적지 않은 혼선을 빚을 수 있다. 따라서 해당하는 매체를 한정하기보다는 방송 서비스를 직접 구매하는 가구 혹은 개인이라고 폭넓게 정의하여 새롭게 등장하는 방송 서비스를 포괄할 수 있어야 한다. 또한, 시장 점유율의 가장 주요한 목적인 지배적 사업자의 불공정행위로 시청자의 복지가 훼손되지 않도록 공정 경쟁 환경을 조성해야 하지만 지나친 사전 규제로 시청자의 복지 증진에 역행하는 규제를 실시해서는 안 된다. 이를 위해 사전 규제를 최소화하여 사업자의 자율성 보장 및 경쟁 활성화를 촉진해야 한다.

먼저 첫 번째 조치로 유료방송 시장에서 매체별로 다르게 적용되는 비대칭 규제를 정비하여 동일 시장·동일 규제 원칙을 적용하여 공정한 경쟁 환경을 조성해야 한다. 구체적으로는 현재 이원화된 방송법(SO, 위성방송)과 인터넷멀티미디어방송사업법(IPTV)을 통합한 일원화된 규제 체제(단일 법령)를 마련할 필요가 있다.

두 번째 조치로 현재 사전 규제의 형태로 방송 사업자의 시장 점유율을 제한하는 규정을 그대로 유지할 것인지 혹은 사후 규제로 전환할 것인지에 대한 공개적 논의와 과학적 검증이 필요하다. 과학적 검증이란 시장점유율 제한이 가진 정책 목표인 독점으로 인한 폐해를 방지하는 데 우리 유료방송 시장에서 사전 규제 혹은 사후 규제가 더 적절한지에 대한 검증을 말한다. 우리 유료방송 시장에서 시장지배적사업자의 지위 남용

위험이 현저하게 발생한 가능성이 높은 것인지, 아니면 시장에서 이러한 행위가 나타났을 때 충분히 사후 시정할 수 있는지에 대한 평가이다. 사전 규제 혹은 사후 규제는 궁극적으로 경쟁 촉진을 제한하여 시청자 복지를 훼손할 가능성이 우리 유료 방송시장에 얼마나 높은가에 따라 결정될 것이다.

참고문헌

김성환 · 박민수 (2012), 〈다채널 유료방송 시장분석〉, 공정거래위원회.
미래창조과학부 · 방송통신위원회 · 문화체육관광부 (2013), 〈창조경제시대의 방송산업발전 종합계획〉.
박병선 (2014), 미국 케이블 TV 시장의 재편과 시사점: 컴캐스트와 타임워너 케이블 합병을 중심으로, 〈초점〉, 26권 6호, 1~20.
방송통신위원회 (2012), 〈2012년도 방송 시장 경쟁상황 평가〉.
_____ (2013), 〈2013년 방송산업 실태조사 보고서〉.
이상식 (2008), 《한국케이블 TV 산업정책론》, 서울: 나남.
임 준 · 박준석 · 김윤화 · 김성규 (2012), 〈N스크린이 방송통신 시장 및 규제에 미치는 함의에 관한 연구〉, 한국정보통신정책연구원.
조대곤 (2012), 미국 케이블 TV 사업자에 대한 가입자 소유 규제 현황 및 쟁점, 〈Trend Analysis〉, 49~58.
한국경제 (2014. 2. 13), 美 컴캐스트, 타임워너 48조 원에 인수 … 업계 1, 2위 간 합병 '케이블 공룡' 탄생.
KT (2013), 〈바람직한 유료방송 정책방향〉.

Broadcasting & Cable (2009. 8. 28), Court Throws Out Fcc's Cable Subscriber Cap.
United Status Court of Appeals for the District of Columbia Circuit, August 28, 2009, No.08-1114, National Cable & Telecommunications Association et al., Intervenors Vs. Federal Communication Commission And United Sates of America, Respondents.

8

유료방송 시장에서의 콘텐츠 거래[*]

이상우

1. 미디어 시장과 다양성, 그리고 콘텐츠 거래

최근의 미디어 환경은 '스마트'라는 단어로 대표된다. 스마트폰, 스마트패드, 스마트TV, 스마트미디어 등 우리가 사용하는 대부분의 미디어 관련 기기에는 '스마트'라는 말이 따라 붙는다. 스마트로 대표되는 미디어 환경은 분명 기존 미디어 환경과 여러 가지 측면에서 큰 차이를 보인다. 특히 스마트미디어의 등장은 동영상 콘텐츠의 시청 방식에 큰 변화를 가져왔다. 시청자는 기존의 전통적 TV 시청 방식에서 벗어나 동일한 프로그램을 PC, 스마트폰, 태블릿 PC, 게임콘솔, 스마트TV 등 다양한 단말기에서 시청한다.

스마트미디어 서비스의 확산으로 전통적 미디어 기업은 위기감을 느끼고 이로 인한 저항도 만만치 않다. 예를 들어 미국의 전통적 미디어 기업인 AT&T와 컴캐스트는 넷플릭스, 훌루와 같은 온라인 동영상 서비스를 자사 네트워크에서 차단한 적이 있고, 우리나라 KT의 경우에도 삼

---

[*] 이 장은 2009년 〈정보통신정책연구〉 16권 2호에 게재된 필자의 논문을 수정·보완한 것이다.

성전자의 스마트 TV 서비스를 일시적으로 차단한 바 있다. 이는 온라인 동영상 서비스 사업자가 아무런 대가 없이 통신사업자나 케이블 사업자가 구축한 네트워크를 사용한 행위에 대한 일종의 경고로 볼 수 있으나, 그 이면에는 향후 동영상 시청 방식이 전통적인 실시간 TV 시청 방식에서 온라인 동영상 서비스 시청 방식으로 변화될 수 있다는 심각한 위기감이 깔려 있다.

그러나 전통적 미디어 기업도 최근 들어 온라인 동영상 서비스를 경쟁자로 보는 관점에서 벗어나 이를 적극적으로 활용하는 전략으로 선회하고 있다. 온라인 동영상 서비스 사업자가 전통적 미디어 기업의 콘텐츠를 제공하기 시작한 초기에 전통적 미디어 기업은 자신들의 콘텐츠가 무단 복제되고 도용됨으로써 발생할 수 있는 수익 감소를 우려했지만 점차 인터넷 포털을 새로운 수익 창구로 인식하기 시작하고 이를 적극 활용하기 시작한 것이다. 즉, 전통적 TV 기업과 영화 배급사는 인터넷을 통한 콘텐츠 배급을 통해 자사 콘텐츠에 대한 새로운 수요를 적극적으로 충족시키는 데 힘을 쏟는다. 스마트미디어 환경의 도래에 맞추어 전통적 미디어 사업자와 온라인 동영상 서비스 사업자는 상호 경쟁 또는 보완을 하면서 시청자 수요에 대응하는 것이다.

문제는 스마트미디어로 인한 변화가 아무리 크다 하더라도 과거부터 미디어 정책의 가장 중요한 목표로 간주되었던 다양성 정책의 중요성은 사라지지 않는다는 것이다. 과거부터 미디어 시장의 가장 중요한 정책 목표는 다양성을 확보하는 것이었다. 스마트 환경의 도래로 플랫폼의 수가 급격히 증가함으로써 이용자가 선택할 수 있는 매체가 다양해졌다는 것은 다양성을 추구하려는 정책 당국의 입장에서는 반가운 일이다. 그렇지만 매체의 다양화가 곧 콘텐츠와 소비의 다양화로 이어지는 것은 아니다. 아무리 매체가 다양화되었다 하더라도 각 매체가 제공하는 콘텐츠가 획

일적이라면 정책 당국이 바라는 다양성은 확보되지 못한 것이다. 그리고 각 매체가 제공하는 콘텐츠가 다양하더라도 소비자가 이용하는 콘텐츠가 다양하지 못하다면 이 역시 다양성이 확보되었다고 볼 수 없을 것이다.

미디어 시장에 다양한 매체가 존재하고, 이를 통해 다양한 콘텐츠가 제공되며, 소비자가 다양한 콘텐츠를 골고루 이용할 수 있는 환경을 마련하기란 결코 쉽지 않다. 어쩌면 정책 당국이 꿈꾸는 미디어의 다양성이라는 게 애초부터 확보되기 어려운 정책 목표였는지도 모르겠다. 그러나 미디어 시장에서 다양성이 확보되어야 한다는 것은 오랜 기간 동안 지속된 정책 목표였고, 여전히 많은 국가에서 이를 추구하기 위한 정책이 추진된다.

미디어 다양성이 무엇이고 어떻게 확보되어야 하며, 스마트미디어 환경에서의 다양성 정의는 어떻게 변화되어야 하고, 스마트미디어 환경에서의 다양성 정책은 어떻게 달라져야 하는지에 대한 논의는 이 장의 범위를 벗어난다. 단지 이 장에서는 미디어 다양성 확보라는 측면에서 채널 사업자와 플랫폼 사업자[1] 간의 채널 거래에 초점을 맞출 것이다. 많은 사람에게 인기 있는 콘텐츠가 가급적 많은 플랫폼을 통해 제공될 수 있다면 다양한 플랫폼 사업자의 생존이 보장될 것이고, 이는 결국 다양한 콘텐츠의 생산으로 이어질 수 있기 때문에 플랫폼 간 경쟁이 활성화되는 시점까지 인기 콘텐츠에 대한 접근을 보장해야 한다는 정책이 힘을 받을 수 있을 것이다. 그러나 플랫폼 간 차별화된 콘텐츠를 제공할 수 있는 환경이 마련되어야 플랫폼 간의 다양성이 확보될 수 있기 때문에 정책 당국이 인기 콘텐츠에 대한 접근을 강제하지 말아야 한다는 주장 역시 다양성 확보라는 정책 목표에 부합될 수 있다. 이러한 측면에서 핵심적이고 인기

---

1 케이블 TV, 위성방송, IPTV 등과 같이 시청자 대상으로 방송 서비스를 제공하는 사업자를 뜻한다.

있는 콘텐츠에 대한 접근권과 미디어 다양성 간의 관계를 살피는 것은 의미 있는 작업이 될 것이다.

최근에 지상파방송사업자를 포함한 케이블채널사업자, 케이블TV, IPTV, 위성방송사업자 간 채널 거래를 둘러싼 갈등은 전 세계적으로 높아지고 있다. 특히 우리나라의 경우에는 난시청 해소와 보편적 시청권 보장을 위해 지상파 재송신이 불가피하기 때문에 저작권 보호의 예외가 되어야 한다는 주장과 지상파 채널의 저작권도 재산권으로 인정해야 한다는 주장이 맞서면서 지상파 채널의 사용 대가 문제가 불거지고 있다. 유료 채널의 경우에는 사적 재산권을 인정해야 한다는 데에는 대체로 동의하지만 인기 채널에 대한 접근이 거부될 경우 신규 매체의 성공 가능성이 희박해지므로 이에 대한 적절한 규제가 필요하다는 주장이 제기된다.

그러나 채널 거래 문제를 다양성의 관점에서 접근한 사례는 드물다. 이 장에서는 최근 들어 채널 거래 문제가 왜 주목되는지를 살펴보고, 이를 미디어 시장에서의 다양성 정책 관점에서 접근할 것이다.

2. 지상파 채널과 유료 채널 거래의 현황

스마트미디어 환경의 도래로 다양한 미디어 사업자의 등장이 이루어지지지만 미디어 사업자가 원하는 채널에 대한 접근이 쉽지 않고, 접근이 이루어진다고 하더라도 이해 당사자 간 만족할 만한 채널 이용가격에 대한 협상이 어려워지고 있다.

채널에 대한 접근 거부 이슈는 2002년 우리나라에 위성방송이 도입되면서 시작되었다. 출범 초기 위성방송은 의무 재송신 채널인 KBS1과 EBS를 제외한 SBS와 MBC 채널 전송을 거부당했고, 2005년에 이르러서야 SBS와 MBC 채널의 전송이 가능했다. 이로 인해 위성방송사업자는 가입자 모집에 상당한 어려움을 겪었다. 지상파 채널에 대한 접근 이슈는 2008년 IPTV 진입 때에도 반복되었다. 지상파 채널에 대한 높은 재송신료로 인해 지상파방송사업자와 IPTV사업자 간 협상이 지연되었고, 지상파 채널 없이는 가입자 모집에 한계가 있는 국내 현실 때문에 IPTV 사업자는 높은 재송신료를 지급하면서 지상파 방송을 재송신했다.

한편, 그동안 지상파 채널을 아무런 대가 없이 재송신하던 케이블TV 사업자도 최근 들어 지상파 방송에 대한 재송신료를 지불해야 한다는 법원의 판결로 지상파방송사업자와 심한 갈등을 빚었다. 사실 케이블TV는 1995년 출범 이후 지상파방송사업자에게 콘텐츠 사용에 대한 아무런 대가 없이 지상파 채널을 재송신했다. 난시청 지역이 많은 우리나라의 특성상 케이블TV를 통한 지상파 재송신은 지상파방송사업자의 시청자 기반을 넓히는 효과가 있었기 때문에 케이블TV사업자가 아무런 대가 없이 지상파 채널을 송신하는 것에 큰 불만이 없었다.

그러나 유료방송 시장의 경쟁이 치열해지면서 광고 시장에서의 입지가 줄어든 지상파방송사업자로서는 더 이상 케이블TV사업자의 무단 지상파 재송신을 그냥 두고만 볼 수는 없었다. 여전히 우리나라에서 가장 인기 있는 콘텐츠를 제작하는 지상파방송사업자로서는 자신의 콘텐츠를 사용하는 유료방송사업자로부터 콘텐츠 이용 대가를 충분히 받음으로써 줄어든 수익을 보충하는 것이 필요했던 것이다.

그러나 케이블TV사업자는 지상파 방송 재송신이 지상파방송사업자의 가입자 기반을 확대하는 데 기여했을 뿐만 아니라 지상파방송사업자가 해결했어야 할 난시청 문제를 해결했으며, 공익적 프로그램을 가급적 많은 사람에게 전송함으로써 보편적 서비스 제공에 기여했음을 근거로 지상파방송사업자의 채널 이용대가 요구를 거부하였다. 수차례의 법원 소송이 이어졌으며 법원은 결국 지상파방송사업자의 손을 들어주었다.[2] 따라서 케이블TV사업자는 앞으로 디지털 지상파 채널을 재송신할 경우 지상파방송사업자가 요구하는 콘텐츠 사용료를 지불해야 한다.

일반 유료 채널에 대한 접근 이슈도 새로운 플랫폼이 등장할 때마다 빠지지 않고 불거졌다. 위성방송 초기엔 인기 유료 채널에 대한 접근이 거부되었는데, 당시 온미디어의 투니버스, 슈퍼액션, MTV 등이 2003년부터 송출 중단을 선언했고, CJ미디어가 2003년에 채널CGV, 2005년에 엠넷과 올리브네트워크의 송출을 중단하면서 유료 채널의 배타적 거래에 대한 이슈가 쟁점화되었다. 위성방송은 출범 초기부터 지상파 채널과 인기 있는 유료 채널에 대한 접근에 어려움을 겪으면서 가입자 확보가 쉽지 않았고, 이로 인하여 최근까지도 적자에 시달린 경험이 있다.

한동안 잠잠하던 유료 채널에 대한 접근 거부 이슈는 2008년 CJ 미디어의 인기 채널인 tvN이 위성방송에 대한 송출을 중단하면서 또다시 쟁

---

2 서울고법은 종합유선방송사업자가 지상파방송사업자의 디지털 지상파 방송을 수신하여 실시간으로 가입자에게 재송신한 사안에서, 지상파방송사업자의 동시중계방송권을 침해하는 종합유선방송사업자의 동시 재송신을 금지하였다.

점화되었다. 현재는 송출이 이루어지지만 약 6개월 동안 위성방송과 tvN과의 채널 전송에 관련한 논란이 지속되었다. 2009년에 이르러서는 신규 매체인 IPTV의 등장과 함께 인기 채널에 대한 접근 이슈가 다시 쟁점화되기 시작하였다. 특히 2011년 공정거래위원회는 티브로드, CJ헬로비전, C&M, HCN, 큐릭스 등 5개 MSO가 담합하여 PP였던 온미디어가 IPTV와 계약하지 못하도록 방해한 사실을 적발하고 총 97억 3천만 원의 과징금을 부과하고 티브로드와 CJ헬로비전 등 2개사에 대해 검찰에 고발했다(김하나, 2011. 5. 15).

이 사건은 경쟁 플랫폼인 IPTV에서 인기 채널이 나오지 못하게 함으로써 IPTV사업자의 가입자 확보를 지연시키려는 케이블TV사업자의 담합 행위를 제재한 사건이다. 공정위는 5개 MSO가 IPTV에 채널을 공급한 온미디어를 자사 플랫폼에서 축소하거나 고급형 상품에만 포함시킴으로써 온미디어의 가입자 기반을 축소시켰음을 지적하고, 이러한 담합 행위가 다른 방송채널사용사업자로 하여금 학습효과를 일으키게 함으로써 IPTV사업자의 채널 수급을 어렵게 만드는 것으로 이어졌음을 제재의 이유로 들었다.

요약하면, 우리나라에서는 신규 매체가 등장할 때마다 핵심 채널에 대한 접근 이슈가 불거졌고, 특히 지상파 채널에 대한 접근이 거부되는 경우 가입자 확보에 큰 어려움을 겪었던 역사를 가진다. 따라서 신규 매체는 사업 초기 지상파 채널 확보를 가장 중요한 사업 목표로 삼고 이를 위해 사활을 건다. 지상파 채널에 대한 확보가 이루어진다고 하더라도 문제가 되는 것은 지상파 채널에 대한 이용 대가를 얼마나 지불해야 하는가이다. 국내에 존재하는 모든 콘텐츠 중에 가장 강력한 경쟁력을 가진 지상파 채널은 유료 매체에 대해 가격 협상력을 가질 수 있고, 이로 인하여 유료 매체는 지상파 콘텐츠 확보에 상당한 비용을 지불해야 한다.

지상파 유료화가 문제가 되는 것은 지상파방송사업자는 희소 자원인 주파수를 무료로 사용하는 특권을 받는 대신 공익적 성격의 콘텐츠를 가급적 많은 사람에게 제공해야 하는 보편적 서비스의 의무를 지니기 때문이다. 그렇기 때문에 공공 자산인 주파수를 독점적으로 사용함으로써 형성된 지상파 채널의 경쟁력을 과연 유료 매체에 대한 상업적 거래에 이용할 수 있는가가 문제이다.

　유료 채널의 경우에는 이해 당사자 간의 상업적 거래이므로 정책 당국의 개입이 정당화되지 않을 수 있으나, 플랫폼 시장의 활성화가 장기적으로 방송채널사용사업자의 성장으로 이어져 유료방송 시장 전체에 긍정적 영향을 미친다면 정책 당국의 일시적 개입으로 인기 유료 채널에 대한 신규 플랫폼 사업자의 접근권을 보장하는 것이 적절할 수도 있다. 다음에는 이러한 이슈에 대한 해외 주요 국가의 사례를 살펴본다.

3. 지상파 채널 재전송에 대한 해외 사례

1) 미 국

미국은 지역 지상파 방송사를 보호함으로써 지역성 및 다양성이 확보될
수 있다는 논리로 케이블TV사업자가 지역 지상파 방송 채널을 의무적으
로 재송신해야 한다는 규제를 도입했다. 사회적으로 바람직하고 공공의
이익에 기여한다고 판단되는 지상파 채널은 반드시 케이블TV사업자에
의해 전송되어야 한다는 규제이다. 의무전송 규제의 탄생 배경과 목적은
국가마다 다소 차이가 있지만, 그 근본 목적은 지상파 채널이 의무 재송
신 규제를 통해 가급적 많은 사람이 시청할 수 있게 함으로써 사회의 민
주적 다양성이 성취될 수 있으리라는 가정에 기반을 둔다(The Cable
Television Consumer Protection and Competition Act of 1992, §§ 614 and
615).

미국은 1992년 케이블TV 가입자 보호 및 경쟁법을 통해 지상파 재전
송을 위한 채널 용량 및 재전송에 대한 보상 규정을 신설하였다. 채널이
12개 이상인 케이블TV사업자는 전체 채널의 1/3을 지역방송 재전송을
위해 할당해야 하고(Cable Television Consumer Protection and Compe-
tition Act of 1992), 지상파방송사업자가 케이블TV사업자에게 재전송에
대한 보상 요구(*re-transmission consent*)를 가능하게 하였다. 또한 1997년
3월 케이블TV의 의무 재송신 이슈로 제기되었던 Turner Broadcasting
System vs. FCC의 판결에 따르면, 지상파 방송은 케이블TV나 위성과
달리 무료로 일반 대중에게 제공되는 매체이고 다양한 의견, 사상, 표현
이 제공되는 중요한 매체이기 때문에 지상파 방송의 생존이 유지되도록
하기 위한 국가적 노력이 필요함을 강조했다.

위성방송의 경우, FCC는 1999년 11월 위성수신촉진법[3]을 개정하여 다채널 시장에서 경쟁을 촉진시키고 지역시장을 보전한다는 정책 목표 하에 위성방송의 지역방송 재송신을 조건적으로 허용하였다. 조건부 재송신 규정에 따르면, 위성방송이 한 개의 지역방송을 재송신하면, 해당 지역시장의 지역방송을 모두 재송신하도록 하는 일명 'carry one, carry all' 규칙을 제정하였다(Implementation of the Satellite Home Viewer Improvement Act of 1999).

디지털 지상파 방송 채널 재송신과 관련해서 FCC는 2001년 1월 케이블 시스템을 통한 디지털 지상파 방송 재전송에 관한 규칙을 발표하였다. 이에 따르면, 디지털 전환 기간에 디지털과 아날로그를 동시에 방송하는 상업TV 방송사는 아날로그 신호에 대해서는 의무 재송신이나 재전송 동의 중 하나를 선택할 수 있으며, 디지털 신호에 대해서는 재전송 동의를 선택할 수 있다. 반면, 디지털방송만을 전송하는 상업TV 방송사는 재전송 동의나 의무 재송신 가운데 하나를 택할 수 있고, 디지털방송만을 전송하는 비상업방송사에게는 의무 재송신 자격이 주어진다. 새로 설립된 디지털방송사 또는 디지털방송을 시작하는 방송사는 방송 개시 전 60일부터 방송 개시 후 30일 사이에 언제나 재전송 동의와 의무 재송신 가운데 하나를 선택할 수 있으며, 의무 재송신을 선택할 경우 케이블TV 사업자는 이로부터 90일 이후에 의무 재송신을 시작해야 한다.

그러나 최근 들어 미국에서는 재송신 동의를 선택하는 지상파 방송사

---

3 미국은 1988년에 위성수신법을 통해 지상파 난시청 가구에 한해 위성방송사업자가 지상파를 역외 재송신할 수 있도록 저작권 이용 허락을 했다. 하지만 1990년대 말에 난시청지역 가구의 측정이 실질적으로 어렵고, 사실상 유료방송 시장의 독점 사업자인 케이블 TV의 비싼 시청료를 인하하고 유료 방송의 경쟁을 촉진하기 위해 위성방송사업자에게 지역방송을 재송신하도록 허용하도록 법을 개정하였다.

가 증가하면서 재송신료를 둘러싼 분쟁이 늘어나고 있다. 2010년에는 뉴욕과 필라델피아 지역의 케이블TV사업자인 케이블비전(Cablevision)에서 해당 지역의 지상파 채널인 ABC의 송출이 21시간 동안 지연된 사건이 발생하였다. 이는 케이블비전과 ABC를 제공하는 지역방송사와의 재송신료 협상이 결렬되었기 때문이다.

2013년에는 미국의 인기 지상파 방송사인 CBS와 미국 2위 케이블TV 사업자인 타임워너 간 지상파 재송신료 협상이 깨지면서 타임워너가 서비스를 제공하는 8개 지역(뉴욕, 로스앤젤레스, 댈러스 등)에서 CBS가 제공되지 않는 사건이 발생했다. 2013년 7월로 양 사업자 간 지상파 재송신 동의 계약일이 끝나면서 CBS는 재송신료 인상을 요구하였고, 타임워너는 CBS의 급격한 재송신료 인상이 부당하다는 이유로 맞섰다. 공개된 자료에 의하면 CBS는 기존 가입자당 재송신료를 종전의 0.65달러에서 2달러로 100% 인상할 것을 요구하였다(Gustin, 2013. 8. 6).

결국 양 사업자 간의 대립은 타임워너에서 CBS가 제공되지 않는 사태로까지 발전하였고 이로 인해 미국에서 타임워너가 서비스하는 지역 내 시청자는 미국 제1의 인기 지상파 채널인 CBS를 보지 못하는 불편을 감수해야 했다.

지상파 재송신료를 둘러싼 갈등은 유료방송사업자의 경쟁력이 높아지면서 광고 수익의 기반이 점차 축소된 지상파방송사업자가 줄어든 수익을 충당하기 위해 케이블TV사업자에게 재송신 비용 인상을 요구하면서 비롯되었다. 그러나 급격히 인상된 재송신료 비용을 충당하기 어려운 케이블TV사업자는 이를 수용하기가 어렵다는 입장을 내세웠고, 이로 인해 양측의 갈등이 깊어졌고 급기야 지상파 채널이 케이블 TV에서 나오지 않게 된 것이다.

특히 최근 미국의 지상파방송사업자가 유료방송사업자로부터 받는 재송신료 수입은 수십억 달러에 이르는 것으로 알려졌다(Richmond, 2013. 4. 2). 예를 들어 2012년 현재 미국의 지상파 방송사가 재송신료로 받는 금액은 23억 6천만 달러로 나타났고, 2018년도에는 60억 달러로 증가할 전망이다(Spangler, 2013. 7. 26). 천정부지로 치솟는 지상파 재송신료는 많은 유료방송사업자의 부담을 가중시키고, 이러한 부담은 결국 소비자에게 전가될 가능성도 배제할 수 없다.

이러한 가운데, 최근 등장한 에어리어(Aereo) 서비스는 현재 논란이 되는 지상파 방송의 재송신 이슈에 전환점을 마련해줄 수 있다는 기대를 받은 바 있다(Richmond, 2013, 4, 2). 에어리어 서비스는 지상파 신호를 잡을 수 있는 작은 안테나를 핵심 데이터센터(*main data center*)에 수천 개 설치해 이용자로 하여금 이들 중 하나의 안테나를 일·월별로 빌려서 지상파 방송을 스트리밍으로 시청할 수 있게 하는 새로운 유형의 사업자이다. 가입자는 한 달에 8달러로 하나의 안테나를 배정받고 인터넷을 통해 지상파 채널을 시청할 수 있는 것이다.

문제는 에어리어가 지상파 방송사에게 재송신료를 지불하지 않는다는 것이다. 이로 인해 지상파방송사업자로부터 서비스 중지소송을 당했으나, 법원은 두 차례의 판결에서 에어리어의 손을 들어주었다. 그 이유는 작은 크기의 안테나 시스템을 통해 지상파 프로그램을 개별 가입자에게 제공하는 에어리어의 스트리밍 방식은 공연(*public performance*)에 해당되지 않기 때문에 지상파 방송사의 저작권을 침해하지 않는다는 것이었다. 에어리어가 안테나를 소유해서 지상파 방송을 재송신하는 것이 아니기 때문에 재송신료를 지불할 필요가 없다는 것이다.

이렇게 될 경우, 에어리어와 유료방송사업자가 협력해서 지상파 방송 프로그램을 무단 송신하면서 이에 대한 재송신료를 지불하지 않는 시나리오가 예상될 수 있었다(Winslow, 2013. 4. 11). 즉, 지금까지는 유료방송사업자가 지상파 채널을 재송신하는 대가로 지상파 채널사업자에게 재송신료를 지불했는데 만일 에어리어와 유료방송사업자가 협력하여 지상파 채널을 재송신하는 경우, 그리고 이러한 행위가 불법이 아니라는 판정이 확정될 경우 지상파방송사업자는 재송신료라는 엄청난 수익을 잃는 것이다. 그러나 2014년 6월 미국 연방대법원은 에어리어의 지상파 재송신은 공연이므로 지상파 방송사의 저작권을 침해하는 것으로 판결하였다. 유료방송사업자가 재송신료를 지불하지 않고 지상파 방송을 재송신하리라는 기대감이 사라진 것이다.

결국 치열한 경쟁 환경에서 살아남기 위한 지상파 방송사의 재송신료 인상 요구가 높아지고, 이를 감당하기 어려운 유료방송사업자의 저항으로 일부 지역에서 지상파 재송신이 중단되는 사태가 잦아지고 있기 때문에 지상파 재송신료 협상이 원활히 이루어지도록 하기 위한 논의는 치열해질 전망이다.

2) 유 럽

유럽에서는 의무송신이라는 개념이 존재하지 않다가 1999년 커뮤니케이션 리뷰(Communication from the European Commission, 1999)가 발표되면서, 의무송신이라는 개념이 처음으로 등장하였다. 이에 따르면, 공공에게 라디오나 TV 방송을 제공할 목적으로 전자 커뮤니케이션 네트워크를 소유한 사업자는 특정 라디오나 방송 채널을 전송할 의무가 부여된다. 의무송신 규제의 적용을 받는 전자 커뮤니케이션 네트워크 사업자는 네트워크 용량을 고려하여 합리적이고 투명하며 비차별적인 조건으로 적절한 보상을 받을 수 있도록 정부가 보장하며, 이 경우 전송사업자가 채널사업자로부터 전송 비용을 받아야 한다고 되어 있다(Communication from the European Commission, 2000).

EU의 의무송신 제도는 2002년에 제정된 보편적 서비스 지침 제31조 1항에서 보다 포괄적으로 다루는데, "상당한 수의 최종 사용자가 라디오 및 TV 방송을 수신하기 위한 목적으로 이용하는 전자 커뮤니케이션 네트워크를 제공하는 사업자에게 의무송신이 부과되며, 이는 명백히 정의된 공익을 성취하기 위해 필요한 경우에 비례적이고, 투명하게 부과되어야 하며, 이에 대한 성과를 판단하기 위해 정기적으로 검토하여야 한다"고 명시되었다(Communication from the European Commission, 2002).

의무송신 제도의 목적은 특정 라디오 및 TV 방송 채널의 전송을 위해 공중에게 라디오 또는 TV 방송을 제공할 수 있는 전자 커뮤니케이션 네트워크 사업자에게 의무 재송신의 의무를 부과하는 것이다.

그러나 디지털 기술의 발달로 다양한 전송매체가 등장하고 디지털 환경에서 전송매체는 과거 아날로그 기술의 채널 용량 부족을 상당 부분 해결한다. 디지털 케이블이나 IPTV 등은 수백 개의 채널 제공이 가능하기 때문에 시장에 존재하는 대부분의 채널을 제공할 수 있다. 이러한 환경에서 현재의 의무송신 규제가 타당한 것인가에 논란이 EU에서 본격적으로 제기되고 있다.

의무송신 규제가 과거 아날로그 환경에서 제한된 전송사업자와 이로 인한 채널 용량의 부족에 기인했다는 사실을 고려한다면, 다양한 전송사업자의 등장으로 채널 용량의 문제가 충분히 해결될 것으로 보이는 최근의 기술 환경에서는 이용자에게 매력적인 콘텐츠 제공이 필요한 전송사업자를 중심으로 논의가 진행되어야 한다는 것이다. 즉, 케이블TV와 위성방송 그리고 향후 등장할 신규 방송 서비스 매체에게 경쟁력 있는 채널을 제공할 수 있도록 보장함으로써 신규 매체의 안정적 시장 진입과 경쟁력을 제고할 수 있도록 하는 의무제공 제도의 필요성이 부각되었고,

실제로 의무제공 제도를 채택하는 국가가 증가하고 있다(OECD, 2007).

의무제공이란 콘텐츠 사업자는 전송사업자가 요청할 경우 자사 채널을 반드시 제공해야 한다는 것이다. 이는 경쟁력 있는 채널이 신규 유료 매체에서 제공되지 않는다면 신규 매체의 성장은 현실적으로 불가능하다는 인식에 근거한다. 사실 의무전송 제도나 의무제공 규제는 상반된 것처럼 보이나 공통의 목적을 가진다. 의무전송 제도가 공익적이고 다양한 채널의 제공을 보장함으로써 다양성이라는 방송 규제의 목적을 추구하는 반면, 의무제공 제도도 다양한 전송사업자의 출현을 촉진시킴으로써 방송의 다양성을 추구한다는 점에서 두 제도는 동일한 목적을 공유한다고 볼 수 있다.

4. 유료 채널 거래에 대한 해외 사례

미국의 경우, 1992년 이전에는 유료 채널의 배타적 거래 행위를 금지하는 제도가 없었기 때문에 법원 소송을 통해 배타적 거래 행위의 문제를 해결하는 것이 일반적이었다(이상우, 2006). 독점적 프로그램 거래 행위에 대한 법원 판결은 일관된 결과를 제시하지는 않았지만 독점적 콘텐츠 제공의 정당성을 인정하는 사례가 많았다. 이는 독점적 프로그램 거래 행위가 반경쟁적 폐해보다는 경쟁을 촉진시키고 효율성을 높일 수 있는 결과를 가져올 수 있다는 인식에 기인한다.

그럼에도 불구하고 1992년에 FCC가 수직적으로 결합된 케이블사업자의 독점적 프로그램 거래 행위를 금지하는 프로그램 접근 규정(*program access rule*)을 제정하였다는 것은 시사하는 바가 크다. 프로그램 접근 규정의 논거는 프로그램 접근 규정을 통해서 프로그램 배급 시장의 경쟁이 활성화될 수 있고 이는 다시 장기적 측면에서 프로그램 공급 시장의 성장에도 도움이 된다는 것이다. 물론 미국도 독점적 프로그램 거래가 합리적 비즈니스 행위임을 인정하기 때문에 프로그램 접근 규정은 한시적이어야 한다는 점을 강조한다.

따라서 미국의 프로그램 접근 규정에는 MVPD 시장이 치열한 경쟁 구조로 전환되는 경우, 동 규정이 폐지될 것임을 명시한다. 그러나 2007년 다채널 유료방송 시장에 대한 경쟁 평가 결과 아직 유효한 경쟁 환경에 도달하지 못했다고 판단하고 2012년까지 프로그램 접근 규정의 연장을 결정하였다. 2012년에 프로그램 접근 규정의 폐지 여부를 분석한 FCC는 더 이상 프로그램 접근 규정이 미국 유료방송 시장에서 불필요하다고 결론지었고, 이때부터 수직적으로 결합된 거대 케이블TV사업자는 독점적 채널거래라는 새로운 마케팅 수단을 확보했다.

한편, EU는 경쟁법을 통해 프로그램 접근에 관련된 문제를 해결한다. EU는 2002년 전자 커뮤니케이션 네트워크와 서비스에 대한 규제 지침 수립을 통해 이미 접근 규제 지침(access directive)이 존재한다. 이에 따르면 상당한 시장 지배력이 존재하는 경우, SMP를 보유한 사업자에 대한 접근 규제를 통해 콘텐츠 접근 이슈를 해결하라고 규정되어 있다.

요약하면, 유료방송 시장의 경쟁이 불충분하다고 판단되는 시점에서 미국은 시장의 활성화를 위해 경쟁력 있는 채널의 배타적 거래를 금지하는 정책을 도입했으나, 유료방송 시장에 충분한 경쟁이 일어났다고 판단되는 시점에서는 플랫폼 사업자 간 독점적 채널 거래를 인정했다는 점에서 시사하는 바가 크다. 결국, 미국의 사례는 시장의 경쟁 상황을 평가하면서 시장 상황에 맞게 탄력적인 채널 거래 정책을 채택했음을 보여준다.

5. 국내 채널 거래 정책의 방향

지상파 채널에 대한 접근 문제가 국내에서 지속적으로 반복되는 이유는 지상파 채널의 높은 경쟁력에 기인한다. 또한 국내에서 지상파 채널에 대한 접근에 모든 유료매체가 사활을 거는 이유는 그만큼 지상파 채널의 영향력이 높다는 것을 의미한다. 일각에선 새로운 매체는 새로운 채널로 경쟁하는 것이 바람직하다는 전제하에 새로운 매체는 기존 채널에 의존하지 말고 새로운 채널 개발에 초점을 맞추어야 함을 강조한다. 그러나 우리나라에서 지상파 채널에 대한 제공 없이 신규 채널만으로 다채널방송 서비스 사업을 시작한다는 것은 현실적으로 어렵다.

문제는 지상파 채널에 대한 접근이 이루어진다고 하더라도 지상파 채널에 대한 가격협상이 제대로 이루어지기가 어렵다. 이는 지상파 채널이 일반 유료 채널에 비해 강력한 경제적 지대(rent)를 보유하므로 지상파 방송사에 의해 협상 가격이 결정될 가능성이 높기 때문이다. 경제적 지대란 '유사하나 품질의 차이가 있는 서비스(재화)에 대한 보상(가격)의 차'를 의미한다. 지상파 채널은 일반 유료 채널에 비해 현저히 높은 시청률과 채널 인지도로 인해 채널의 가치가 상당히 높기 때문에 이에 해당하는 높은 채널 사용료를 요구한다. 유료방송사업자는 강력한 경제적 지대가 존재하는 지상파 채널의 요구를 거부하기 어렵고, 지상파 채널에 대한 높은 재송신료를 지불한 유료방송사업자는 시청자에게 그 부담을 전가시킬 가능성이 높다.

결국, 지상파방송사업자와 유료방송사업자 간 적절한 채널 사용료 배분 방안에 대한 논의가 절실한 때이다. 사실 기존의 여러 연구에서 지상파 재송신료를 어떻게 산정할 것인가에 대한 논의가 있었다(변상규, 2009; 이상규, 2008; 염수현·박민성, 2010; 안종철 외, 2011; 홍종윤·정영주, 2012). 그러나 기존의 연구는 대체로 지상파 채널의 재송신에 따라 지상파방송사업자와 유료방송사업자 양 측에 발생하는 이익을 공정하게 배분해야 한다는 전제하에 대가산정 방안을 제시한다. 양 측에서 발생하는 이익의 산정이 가능하다고 하더라도 그러한 이익을 어떻게 배분하는 것이 공정한 것인지에 대해서는 객관적 기준을 제시하지 못하고 있다.

대체로 이들 연구는 발생한 이익을 동일하게 배분하자는 식으로 논의를 전개하는데 동일한 배분은 형평성을 만족할 수는 있으나 결코 공정하다고 볼 수는 없다(김성환·이상우, 2014). 원칙적으로 공정한 배분이 이루어지려면 가치창출에 대한 기여도에 비례해야 하겠으나 그러한 기여도를 정확히 파악하기란 불가능하다. 각자의 입장에서는 자신이 더 많이 기여했다고 보기 때문에 공정성 기준을 사용하면 끝없는 논쟁만 되풀이될 뿐이다. 따라서 합리적인 지상파 재송신 대가모형을 도출하기 위해서는 재송신 분쟁이 왜 발생했는지에 대한 시장 구조와 환경적 요인을 우선적으로 분석해야 한다.

서울고법의 판결을 보면 지상파 방송사가 가진 동시중계권을 정당한 권리로 인정하였고, 지상파 방송사가 이러한 권리의 행사를 그동안 사실상 유보한 것으로 보았다. 그 원인은 정부의 규제 및 난시청 해소에 따른 수신 범위의 확대라는 지상파 스스로의 이해관계가 존재했기 때문일 것이다. 그렇다면 지상파 방송사가 그동안 유보했던 권리를 행사한 원인을 파악하는 것이 문제 해결의 실마리가 될 것이다.

이러한 점을 고려하여 지상파 채널의 재송신 대가모형을 고민하는 것이 필요하다. 특히 신규 플랫폼의 생존권이 걸린 지상파 재송신이 이루어지지 않는 경우 다양한 플랫폼 간 경쟁은 어려워질 것이고, 이는 미디어 다양성 확보라는 미디어 정책의 취지에 어긋나는 것이다. 많은 사람이 합리적으로 받아들일 수 있는 지상파 방송의 재송신료 산정 방안 도출이 절실한 시기이다.

한편, 유료 채널의 배타적 거래 행위 또는 높은 채널 사용료 문제는 어떻게 해결하는 것이 바람직한가? 유료방송사업자의 경쟁력은 누가 우수한 콘텐츠를 보유했는가에 의해 결정될 것이므로 콘텐츠에 대한 배타적 권리의 확보는 유료방송사업자의 입장에서 보면 생존을 위한 전략적 행위라고 할 수 있다. 또한 유료 채널은 그야말로 사적 재화에 해당한다. 사적 재화의 거래에 정책 당국이 나서서 이래라 저래라 할 명분도 없다. 따라서 유료 채널의 거래는 시장에 맡기는 것이 타당할 것이다.

그러나 만일 핵심적 채널에 대한 배타적 거래 행위로 인해 신규 플랫폼 사업자의 진입이 억제되거나 경쟁 플랫폼 사업자가 시장에서 퇴출된다면 이야기는 달라진다. 유료 채널에 대한 거래를 시장에 맡기면 진입이 억제된 신규 플랫폼 사업자나 퇴출될 위험에 놓인 경쟁 플랫폼 사업자를 구제하기가 어려워질 것이다. 사업자 간의 갈등을 해결하기 위한 법원 소송은 상당한 시일이 소요될 것이고, 이 기간을 견디지 못한 사업자는 시장에서 퇴출될 것이기 때문이다.

미국의 사례를 고려하더라도 프로그램의 접근과 관련한 문제는 일반 경쟁법으로 해결하기보다는 이와 관련한 구체적인 방송 관련 법령을 도입하는 것이 효율적일 수 있다. 미국이 프로그램 접근 규칙을 제정한 가장 큰 이유 중의 하나는 수직적 봉쇄가 가져오는 정적(static)인 관점에서의 경제적 효율성에도 불구하고 새로운 기술을 가진 사업자가 유료방송 시장에 활발히 진입하게 함으로써 장기적(dynamic) 관점에서 유료방송 시장의 성과를 높일 수 있으리라는 기대였다는 점을 상기할 필요가 있다. 결국 유료방송 시장에서의 채널 접근 정책도 다양성 관점에서 바라보아야 할 것이다. 플랫폼 간 차별화된 콘텐츠 경쟁을 보장하는 정책과 일정 기간 동안 모든 플랫폼에 인기 있는 콘텐츠에 대한 접근이 보장되도록 하는 정책 중 어떤 것이 미디어 다양성 확보 측면에서 바람직한가에 대한 고민이 필요하다.

마지막으로 고려되어야 할 사항은 플랫폼사업자와 채널사업자(지상파 방송사업자 또는 방송채널사용사업자) 간 적정한 채널 사용료 배분 문제이다. 만일 유료방송사업자가 채널사용사업자에게 적정한 채널 사용료를 지불하면 채널사용사업자는 이를 프로그램에 재투자함으로써 채널의 질이 향상되고 채널의 시청률이 높아질 것이다. 이로 인해 유료방송사업자가 이용자로부터 벌어들이는 수입이 증가하면 다시 채널사용사업자에게 적절한 보상이 지급되고 채널사용사업자는 보다 경쟁력 있는 프로그램을 만드는 바람직한 선순환 구조가 형성될 것이다. 이러한 선순환 구조가 제대로 작동하는 경우 증가된 제작비가 시청자가 선호하는 프로그램 제작으로 이어질 것이기 때문에 소비자의 이익은 증가할 것이다.

그러나 채널사용사업자의 증가된 수익이 프로그램 재투자로 이어질 것인가에 대해서는 의문의 여지가 있다. 또한 선순환 구조가 제대로 작동된다는 가정하에 유료방송사업자가 채널사용사업자에게 지불하는 채널 사용료가 과다하게 책정될 경우 이러한 비용 부담은 결국 소비자에게 전가될 수밖에 없다. 따라서 채널사용사업자에게 돌아가는 채널 사용료가 증가함으로써 발생하는 프로그램 제작 유인 증가의 효과와 소비자 부담증가 효과 간 관계를 충분히 고려하는 것이 중요할 것이다.

최근 기술의 발달로 급격히 증가하는 스마트미디어가 성장하기 위해서는 경쟁력 있는 콘텐츠를 확보하는 것이 중요하다. 케이블TV, 위성방송, IPTV등의 유료방송사업자는 KBS1과 EBS 등의 지상파 채널에 대한 의무 재송신 규제를 적용받으나 신규 스마트미디어사업자에게는 이러한 규제가 적용되지 않기 때문에 유료방송사업자에 비해 채널 수급이 불리할 수 있다. 또한 MBC와 SBS를 포함하여 경쟁력 있는 유료 채널사업자와의 협상력에서도 스마트미디어사업자는 불리할 수밖에 없다.

　시청자와의 접점을 형성하는 플랫폼사업자의 수가 증가한다는 것은 좋은 일이다. 우리나라처럼 소수의 플랫폼사업자가 시장을 지배하는 상황에서 다양한 플랫폼사업자의 진입은 그만큼 플랫폼 시장의 경쟁을 치열하게 만들 것이고, 이는 장기적으로 방송채널사용사업자나 콘텐츠사업자에게 긍정적 영향을 미칠 것이다. 스마트미디어 시대의 도래로 활발해지는 플랫폼 시장의 활성화를 위한 정책 당국의 고민이 시작되어야 할 때이다. 지금이 콘텐츠 강국으로 도약할 수 있는 기회를 제대로 살릴 수 있는 중요한 시점임을 명심하고 모두의 지혜를 모아야 할 것이다.

참고문헌

김성환 · 이상우 (2014), 증분가치 비교에 따른 지상파 채널 재송신 대가의 합리적 산정 방안, 〈산업조직연구〉, 22권 4호, 171~196.

김하나 (2011. 5. 15), IPTV 볼거리 왜 이리 없나 했더니 MSO 답합 탓?, 〈한국경제〉.

변상규 (2009), 유료방송 매체를 통한 지상파 채널 재전송의 후생효과 연구, 〈한국언론정보학보〉, 48호, 63~89.

안종철 · 이기태 · 최성진 (2011), 지상파 방송 재송신을 감안한 지상파 방송사와 케이블 방송사의 수익전망 예측, 〈방송통신연구〉, 여름호, 89~115.

염수현 · 박민성 (2010), 〈방송채널의 거래와 가격에 관한 연구〉. 서울: 한국정보통신정책연구원.

이상규 (2008), 지상파 채널 재전송의 적정가격 산정방안, 〈사이버커뮤니케이션학보〉, 25권 4호, 199~222.

이상우 (2006), 다채널 방송 시장에서 배타적 프로그램 거래 행위에 관한 연구: 미국과 한국 사례의 비교분석, 〈한국방송학보〉, 20권 1호, 322~359.

_____ (2009), 융합환경에서 콘텐츠에 대한 접근과 합리적 거래체계: 지상파 채널을 중심으로, 〈정보통신정책연구〉, 16권 2호, 47~82.

홍종윤 · 정영주 (2012), 지상파 방송 재송신 대가 산정을 위한 손익 요인 도출 및 이익형

량에 관한 연구, 〈언론정보연구〉, 49권 1호, 259~294.

Cable Television Consumer Protection and Competition Act of 1992 (1992), Pub. L. No. 102~385, 106 Stat. 1460.

Communication from the European Commission (1999), *Towards a New Framework for Electronic Communications Infrastructure and Associated Services: The 1999 Communications Review*, Brussels: European Commission.

_____ (2000), *Proposal for a Directive of the European Parliament and of the Council on Universal Service and Users' Rights Relating to Electronic Communications Networks and Services*, Brussels: European Commission.

_____ (2002), *Directive 2002/22/EC of the European Parliament and of the Council of 7 March 2002 on Universal Service and Users' Rights Relating to Electronic Communications Networks and Services(Universal Service Directive)*, Brussels: European Commission.

FCC (2001), *In the Matter of Carriage of Digital Television Broadcast Signals. First Report and Order and Further Notice of Proposed Rulemaking*, FCC 01-22. Retrieved March 30, 2007(http://www.fcc.gov/Bureaus/Cable/Orders/2001/fcc01022.txt).

Goldfarb, C. (2007), *Re-transmission Consent and Other Federal Rules Affecting Programmer-Distributor Negotiations: Issues for Congress.* CRS Report for Congress. Order Code RL34078. Congressional Research Service.

Gustin, S. (2013, 8, 6), CBS calls Time Warner cable proposal a 'Shan'-and blackout continues. Business & Money. Online available from http://business.time.com/2013/08/06/cbs-calls-time-warner-cable-proposal-a-sham-and-blackout-continues

Implementation of the Satellite Home Viewer Improvement Act of 1999 (2000), 15 FCC Rcd. 5445.

OECD (2007), *OECD Communication Outlook.* OECD.

Richmond, W. (2013, 4, 2), Aereo's court victory puts re-transmission consent fees into spotlight. Video Nuze. Online available from http://www.videonuze.com/carticle/aereo-s-court-victory-puts-retransmission-consent- fees-into-spotlight

Spangler, T. (2013, 7, 26), Why Aereo's free ride will ultimately crash. Variety. Online available from http://variety.com/2013/biz/news/why-aereos-free-ride-will-ultimately-crash-1200568247/

Turner Broadcasting System, Inc. v. FCC. (1997), 95-992, 520 U. S. 180.

Winslow, G. (2013, 4, 11), How Aerer would(n't) work in an alliance with MVPDs. Broadcasting & Cable. Online available from http://www. broadcastingcable.com/article

9

스마트미디어 시대의
프라이버시 보호[*]

문재완

1. 스마트미디어 시대의 명암

습관처럼 페이스북을 살펴보다가 한 친구가 올린 포스팅에 눈이 멈췄다. 카드 사용액 기준으로 서울 25개 구의 매출 1위 식당을 연령대별로 구분해서 서울 지도 위에 그린 것이었다. 매출 1위 식당은 연령대별로 차이가 있었다. 내가 아는 식당도 있었고, 모르는 식당도 있었다. 다음에 한번 찾아가 보고 싶은 생각이 들었다. 꽤 재미있고 상당히 유용한 정보였다.

페이스북에서 이런 종류의 글은 그리 어렵지 않게 접할 수 있다. 스마트미디어 시대가 되면서 과거에는 엄두도 내지 못했던 유용한 정보를 아주 쉬운 방법으로 취득하니 참 편리한 세상이다. 그러나 이러한 편리성 뒤에는 위험성이 도사린다. 우리 동네에서 제일 카드 매출이 많은 식당, 다시 말해 제일 인기 좋은 식당이라는 정보는 개별 카드 소지자의 이용정보를 누군가가 집적해 분석하였다는 사실을 전제로 한다.

인터넷 서점에서 책을 검색하다보면 책 추천을 받는다. 내가 검색한

* 이 장은 2011년 〈언론과 법〉 10권 2호에 게재된 필자의 논문을 수정·보완한 것이다.

있는 책을 샀던 다른 사람이 그 책과 함께 샀던 다른 책의 목록이다. 책 추천을 통해 내가 몰랐던 정보를 발견하면 기분이 좋다. 하지만 인터넷 서점의 책 추천 역시 다른 이용객의 구매정보를 집적해 분석한 결과다. 내 구매정보도 그렇게 사용되리라고 생각하면 등골이 오싹하다. 내가 하는 모든 행위를 누군가가 본다는 두려움 때문이다.

총량으로서, 결과로서의 정보는 유용하다. 하지만 그러한 결과가 나오기 위해 사용된 개별적 정보는 개인의 성향, 기호, 행태가 고스란히 드러나는 정보이기 때문에 그것이 공개될 경우 해당되는 정보의 주체는 난처한 상황에 처할 수 있다. 이른바 프라이버시 침해가 우려된다.

스마트미디어 시대는 정보 활용의 시대이다. 스마트미디어는 정보에 기반을 둔다. 스마트미디어 시대는 스마트미디어를 통해서 다른 사람이 제공하는 정보를 편리하게 이용하는 시대이고, 스마트미디어를 통해서 내 정보를 다른 사람에게 제공하는 시대이다. 스마트미디어 시대에는 내 정보가 얼마나 누구에게 어떻게 흘러가는지 알기 어려운 시대이다. 나 혼자 알고 싶은 정보, 다른 사람에게 감추고 싶은 정보, 심지어 내 스스로 인지하지 못하는 나에 관한 정보가 다른 사람 사이에 흘러 다니는 경우가 스마트미디어 시대에는 비일비재하다.

스마트미디어 시대에는 편리성을 제고하는 것 못지않게 위험성을 줄이는 것이 필요하다. 편리성은 시장에 맡겨도 이를 통해 이윤을 창출하려는 기업 활동으로 충분히 달성할 수 있지만, 위험성은 사적 영역에만 맡기기 어렵다. 세계 각국은 스마트미디어 시대의 위험성, 즉 프라이버시 침해를 최소화하기 위하여 노력을 기울인다. 스마트미디어는 지역적 한계가 사실상 없기 때문에 프라이버시를 보호하고 정보를 효율적이고 안전하게 이용하도록 하기 위한 노력은 국가 개별뿐 아니라 국제 공조를 통해서도 이루어진다.

하지만 스마트미디어 시대의 프라이버시 보호는 쉬운 일이 아니다. 첫째, 프라이버시가 무엇인지 그 개념이 뚜렷하지 않다. 프라이버시 개념이 분명할 때 이를 통하여 보호하려는 목적이 분명해지고, 이를 달성하기 위한 노력이 성과를 거둘 수 있다. 하지만 프라이버시라는 단어의 의미를 정확하게 이해하고 사용하는 사람이 많지 않다. 더구나 프라이버시 권리는 우리 법제에서 사용되는 용어가 아니다. 영미 법제에서 생성되어 발전한 개념이다. 영어 중심의 세계화로 인하여 프라이버시는 스마트미디어 시대의 일상생활을 지배하는 용어가 되었지만, 우리 법제상의 개념이 아니기 때문에 발생하는 마찰이 있다.

둘째, 기술 발전이다. 정보통신 기술의 발전으로 프라이버시 침해는 전에 볼 수 없었던 새로운 형태로 나타났다. 과거 프라이버시 침해를 상정하고 만들어진 법과 제도가 무력해지면서 혼란이 발생하고 있다.

이 장은 스마트미디어 시대의 가장 어두운 측면인 프라이버시 침해를 최소화하기 위한 방안을 모색한다. 먼저 프라이버시의 개념을 검토하고, 종전 프라이버시의 개념으로 해결하기 힘든 새로운 유형의 프라이버시 침해를 살펴보고, 프라이버시 보호를 위한 방법을 제시하는 방식으로 논의를 전개하고자 한다.

2. 프라이버시권의 의미

서양에서 프라이버시권(right to privacy)은 사적 공간에 대한 보호에서 시작되어, 의사 결정의 자율성 보장, 개인정보의 자기결정권 등으로 발전하는 중이다. 사실 프라이버시권은 미국과 유럽 국가가 사용하는 용어로, 헌법에 인간으로서의 존엄과 가치(제 10조)와 사생활의 비밀과 자유(제 17조)를 명시적으로 규정하는 우리나라에서 이 용어를 그대로 사용하는 것은 적절하지 못하다. 하지만 세계를 주도하는 미국과 유럽에서 프라이버시라는 용어가 보편적으로 사용되고, 그 영향으로 일반인뿐 아니라 많은 법조인도 프라이버시권의 개념을 거리낌 없이 받아들이므로 여기서도 프라이버시권을 사용한다.

1) 혼자 있을 권리

프라이버시권은 1890년 워렌(Samuel Warren)과 브랜다이스(Louis Brandeis)의 공동 논문인 "프라이버시에 대한 권리"(The Right to Privacy)가 하버드대 법률잡지에 게재되면서 주목받기 시작하였다. 19세기 말 미국에서는 신문이 대중화되면서 자극적인 소재를 다루는 황색 저널리즘(yellow journalism)이 극성을 부렸다. 또한 카메라 등 새로운 기술이 발전하면서 과거에 볼 수 없었던 새로운 유형의 사생활 침해가 걱정거리로 대두되었다.

프라이버시 침해는 보도뿐 아니라, 다른 사람의 집이나 호텔 방에 무단 침입하는 사건, 다른 사람의 집 안을 몰래 들여다보는 사건, 집에서 대화하는 내용을 도청하는 사건 등에서도 발생한다. 이러한 종류의 불법행위를 '혼자 있을 권리'(right to be let alone)에 대한 침해라고 한다.

혼자 있을 권리란 사적 영역의 보호를 의미한다. 인간은 사회적 동물이기 때문에 다른 사람과 교류하면서 자아를 형성하고 발전하지만, 때로는 다른 사람의 주목에서 벗어나 혼자 있고 싶어 한다. 남에게 보여주고 싶지 않은 모습도 있고, 스스로 생각하고 감정을 추스르는 시간도 필요하다. 고독 또는 스스로 선택한 소외도 인간이 살아가는 데 필요한 모습이다. 혼자 있을 권리는 특히 국가 권력으로부터 개인의 자유를 보장하는 데 중요한 의의를 가진다.

미국의 경우 수정헌법 제4조는 불합리한 압수 · 수색(*unreasonable search and seizure*)에 대하여 신체, 주거, 서류, 물건의 안전을 확보할 권리를 보장한다. 주거에 대한 압수 · 수색에는 법관이 발부한 영장이 필요하다. 이 조항은 미국 프라이버시 권리의 근거 조항이라고 이해된다.

1960년에는 프라이버시권 발전에서 주목할 만한 또 다른 논문인 "프라이버시"(Privacy)가 발표되었다. 버클리대 로스쿨 학장이었던 프로서(William Prosser)는 워렌과 브랜다이스가 논문을 발표한 이후 70년 동안 결정된 3백여 건의 법원 판결을 분석하였다. 프로서는 법원 판결에서 나타난 프라이버시 침해를 하나의 불법 행위라고 볼 수 있을 만한 공통점을 찾을 수 없다고 결론짓고, 그 대신 프라이버시 침해를 4가지 유형으로 구분하여 제시하였다.[1] 프로서의 분류는 지금도 유용하게 활용된다.

첫째는 원고의 은둔 내지 고독 또는 사적 문제에 대한 침입(*intrusion upon the plainitff's seclusion or solitude, or into his private affairs*)이다.

첫 번째 유형은 과거에 있던 전형적인 프라이버시 침해이다. 당초 주거 침입과 같이 사적 공간에 대한 침입에서 시작된 프라이버시 침해는 전화 도청, 은행 계좌와 같이 사적 영역에 대한 침입으로 진화하였다. 이

---

1 William Prosser, Privacy, 48 Cal. L. Rev. 383 (1960).

러한 유형의 침입도 불법 행위를 구성하며, 프라이버시 침해의 전형적인 유형이다.

두 번째는 난처한 사적 사항의 공개(*public disclosure of embarrassing private facts about the plaintiff*)이다. 난처한 사적 사항이라고 함은 해당 정보의 주체가 창피하게 여겨 공개를 꺼리는 사항이라고 하겠다. 워렌과 브랜다이스가 주로 관심을 가졌던 영역이 이 두 번째 유형이다. 공개란 많은 경우에 언론 보도를 의미한다. 19세기 말 황색 저널리즘이 판치면서 새로운 인격권 침해가 발생하자 난처한 사항의 공개도 불법 행위로 인정할 필요성이 커졌다.

세 번째는 왜곡된 인상(*publicity which places the plainitiff in a false light in the public eye*)이다. 이 유형은 두 번째 유형과 마찬가지로 사생활 영역을 침입하면서 발생하는 것이 아니고, 사생활 영역에 관한 내용을 공표함으로써 발생하는 프라이버시 침해다. 따라서 공표, 즉 표현 행위가 문제되기 때문에 표현의 자유와의 관계에서 침해 여부를 판단하는 것이 중요하다. 사람은 누구나 사회생활을 하기 때문에 다른 사람에게 비치는 자신의 모습에 대해서 신경 쓴다. 세 번째 유형은 정보주체가 원하지 않는 모습으로 정보주체를 묘사하여 공표함으로써 발생한다. 그렇기 때문에 세 번째 유형은 공표의 대상이 된 정체성에 대한 침해라고 할 수 있다.

네 번째는 성명, 동일성 등의 사적 유용(*appropriation, for the defendant's advantage, of the plaintiff's name or likeness*)이다. 앞의 세 유형은 정보주체의 인격성을 침해하는 경우인 반면, 이 유형은 정보주체를 사적으로 이용하여 경제적 이익을 보는 경우다. 사진관에서 내 동의를 받지 않고 내 사진을 밖에 걸어놓고 홍보할 경우, 학원에서 대학 입학한 수강생 명단을 공개하면서 내 이름을 넣은 경우 등이 해당된다. 이는 경제적 이익을 얻을 수 있는 상황이므로 주로 연예인이 침해의 대상이 된다.

2) 사생활에 관한 의사결정의 자유

사생활에 관한 의사결정의 자유는 프로서가 분류한 유형과 전혀 다른 유형의 새로운 프라이버시다. 프로서의 유형 중 가장 큰 비중을 차지하는 두 번째와 세 번째 유형은 공표로 인하여 발생하는 프라이버시 침해로 명예훼손과 밀접한 관련을 맺는다. 사생활에 관한 의사결정의 자유와 가장 유사한 유형이 첫 번째 사적 영역의 침입에서 발생하는 프라이버시 침해다. 차이가 있다면 프로서의 첫 번째 유형은 사생활의 '평온성과 안정성'이 프라이버시 보호의 목적이라면, 사생활에 관한 의사결정의 자유는 사생활 영역에서의 '의사결정의 자율성'을 보호하기 위한 것이다.

미국에서 사생활에 관한 의사결정의 자유가 주목받기 시작한 때는 인권운동이 한창이던 1960년대 중반이다. 1965년에는 그리즈월드 vs. 코네티컷(Griswold v. Conneticut) 사건이 주목받았다. 연방대법원은 피임약 사용을 금지한 코네티컷 주 법률을 위헌이라고 판시하면서 그 논거로 프라이버시 침해를 들었다. 즉, 피임약을 먹을지, 먹지 않을지는 개인의 자유로운 의사결정에 맡기는 것이지, 정부가 피임약을 먹으면 안 된다고 강요할 권한은 없다는 것이다.

이 판결에서 말한 프라이버시는 종전 프라이버시 논의와는 차원이 다른 것이다. 그동안의 논의는 새로운 유형의 불법 행위를 프라이버시 침해라고 유형화하는 수준이었다. 즉, 이런 경우도 불법 행위가 되어 손해배상책임이 있다는 것이다. 1965년 판결에서 미국 연방대법원은 주 의회가 제정한 법률을 프라이버시 침해라는 이유로 무효라고 선언했다.

그 후 프라이버시권은 미국 역사상 가장 뜨거운 논쟁거리인 낙태 허용으로 이어진다. 1973년 연방대법원은 로 vs. 웨이드(Roe v. Wade) 사건에서 여성의 프라이버시권을 헌법상 기본 권리(*fundamental right*)로 인정하고, 여성의 낙태를 일률적으로 금지하는 법률이 위헌이라고 판시하였다. [2] 이 사건에서 연방대법원은 임신부가 아이를 낳을지, 낳지 않을지 스스로 결정할 자율권을 갖는다고 보았으며, 그 자율권을 프라이버시권이라고 설명하였다. 그동안 미국에서 의사결정의 자유라는 내용의 프라이버시권이 인정된 것을 보면, 남녀가 결혼할지 여부, 성행위를 할지 여부, 피임할지 여부, 아이를 낳을지 여부, 자녀에게 어떠한 교육을 시킬지 여부 등이다. 하지만 우리나라에서는 위 사례가 프라이버시권이라는 이름으로 논의되지는 않는다. 우리 헌법은 헌법 제 17조에서 사생활에 관한 의사결정의 자유를 명시할 뿐 아니라 제 10조에서 인간의 존엄성과 행복추구권을 규정함으로써 일반적 행동자유권을 인정한다.

헌법재판소는 미국에서 말하는 프라이버시권의 내용을 일반적 행동자유권의 하나로 인정하는 경향이 있다. 즉, 일반적 행동자유권에는 자기운명 결정권이 포함되며, 자기운명 결정권에는 성적 자기결정권이 포함된다는 것이 헌법재판소의 판례 태도다. [3]

3) 개인정보 자기결정권

컴퓨터가 등장하면서 새로운 유형의 프라이버시를 보호해야 할 필요가 생겼다. 정보는 낱개로 흩어진 때는 큰 가치가 없지만, 한 곳에 모이면 큰 힘을 발휘한다. 정보는 많으면 많을수록 유용하다. 과거에 사람이 정보를 수집하고 분석할 때는 작은 정보가 곳곳에 널리 퍼져 있으면 이를 수집해서 가공하기 어려웠다. 하지만 컴퓨터가 등장하면서 데이터베이

2 Roe v. Wade, 410 U.S. 113 (1973).
3 헌재 1990. 9. 10, 89헌마82, 판례집 제 2권, 306; 2008. 10. 30, 2007헌가17, 판례집 제 20권 2집 상, 696 등.

스(DB)가 구축되고 정보를 분석하는 일이 어렵지 않게 되었다. 특정 개인이나 집단의 성향을 파악할 수 있는 자료 분석도 가능해졌다. 개인정보의 활용 가치는 더욱 커지고 있다. 동시에 개인에 관한 정보를 그의 허락 없이 수집·보관·사용하는 것이 타당한지 의문을 품는 사람도 늘어났다.

개인정보 자기결정권이란 자신에 관한 정보가 언제 누구에게 어느 범위까지 알려지고 이용되도록 할 것인지를 정보주체가 스스로 결정할 수 있는 권리를 의미한다. 컴퓨터의 등장과 보급으로 개인정보를 대량으로 수집하여 보관하다 용도에 맞게 처리할 수 있게 되면서 새로운 법률문제가 발생하였고, 이를 해결하기 위하여 도입된 개념이 개인정보 자기결정권이다.

정보 프라이버시 연구의 선구자는 컬럼비아대의 웨스틴(Alan Westin)이다. 그는 일찍이 1967년에 프라이버시를 "개인, 집단 또는 기관이 자신에 관한 정보를 언제, 어떻게, 또 어느 범위에서 다른 사람에게 전달할 것인지 결정할 수 있는 요구"라고 정의하였다.[4] 즉, 자기 정보에 대한 관리, 편집 및 삭제의 권리가 프라이버시권이라 이해하였다.

1970년대 들어 세계 각국은 프라이버시를 보호하는 법을 제정하였다. 미국은 1974년 '프라이버시법', 독일은 1977년 '연방정보보호법', 프랑스는 1978년 '정보처리·축적·자유에 관한 법'을 각각 입법하였으며, OECD는 1980년 '개인정보의 국제적 유통과 프라이버시 보호에 관한 가이드라인'을 작성·공포하였다. 우리나라는 공공기관의 컴퓨터에 의하여 처리되는 개인정보의 보호를 위하여 1994년 '공공기관의 개인정보보호에 관한 법률'을 제정·시행하다가, 공공·민간 부문을 망라하여 개인

---

4 Alan Westin, PRIVACY AND FREEDOM (1967).

정보를 보호하는 일반법인 '개인정보보호법'이 2011년 3월 29일 제정됨에 따라 이 법을 폐지하였다.

개인정보 자기결정권의 법적 성격에 대해서 여러 가지 논란이 있다. 독일 등 유럽에서는 개인정보의 수집, 보관 및 이용을 개인의 인격권 보호의 관점에서 접근하는데 반해, 미국에서는 이 밖에도 개인정보를 재산권의 대상으로 이해하는 견해가 아직도 유력하다.[5] 소비자의 개인정보보호에 관해서는 유럽의 법제가 미국보다 앞선다는 평가를 받는다.

유럽식 사고에 의하면, 나에 관한 개인정보가 모이면 내가 생각하는 나의 모습과 다른 사람이 생각하는 나의 모습이 달라지기 것이 문제라고 본다. 내 정체성은 내가 결정할 수 있어야 하는데, 이를 다른 사람이 결정한다면 그것은 잘못이라는 접근이다. 따라서 정보주체인 내가 나에 관한 정보를 누가 얼마나 어떻게 수집해서 활용하는지 알아야 하며, 내가 원하지 않는다면 다른 사람은 나에 관한 정보를 수집, 보관, 이용하는 모든 행위를 할 수 없다는 사고이다.

따라서 개인정보 자기결정권의 보호 대상이 되는 개인정보는 개인의 신체, 신념, 사회적 지위, 신분 등과 같이 개인의 인격 주체성을 특징짓는 사항으로서 그 개인의 동일성을 식별할 수 있게 하는 일체의 정보를 말하며, 이러한 정보는 반드시 개인의 내밀한 영역이나 사적 영역에 속하는 정보에 국한되지 않고 공적 생활에서 형성되었거나 이미 공개된 개인정보까지 포함한다고 보는 것이[6] 논리적이다. 이에 반하여 미국은 컴

---

5 미국에서는 개인정보 보호의 적절한 수준도 시장에서 결정될 수 있다 보는 견해가 있다. 개인정보에 대하여 재산권과 유사한 권리를 인정하면 개인정보 주체는 개인정보를 이용하고자 하는 기업과 협상을 통해 공개범위를 결정함으로써 자신의 개인정보를 완전히 통제할 수 있다고 보는 것이다. 프라이버시의 경제적 분석에 대해서는 Richard A. Posner, The Right of Privacy, 12 Ga. L. Rev. 393 (1978); 정상조 · 권영준(2009), 개인정보의 보호와 민사적 구제수단, 〈법조〉, 58권3호 참조.

6 헌재 2005. 5. 26. 99헌마513, 판례집 17권 1집, 681.

퓨터 사용 및 데이터베이스 구축의 일반화로 인하여 정보주체도 모르게 개인정보가 수집, 보관, 이용되고 거래되는 것이 문제라는 데는 동의하지만, 개인정보 처리가 정보주체의 인격권을 침해한다는 데 대해서는 전적으로 동의하지 못하는 분위기다. 오히려 개인정보는 표현의 자유의 소재로서 이를 처리하는 것 역시 표현의 자유의 하나로 이해할 수 있기 때문에 정보주체의 권리만을 고려하기 어렵다고 본다. 특히 공적 영역에 나온 개인정보의 경우 정보주체의 보호보다 공중의 자유로운 이용을 중시하는 경향이 있다. 그렇다고 개인정보가 함부로 처리되는 것을 방치할 수는 없기 때문에 개인정보를 재산권의 보호 범위에 넣어 관리 체계를 구축하자는 주장이 제기된다. 미국의 전반적인 분위기는 개인정보 자기결정권을 헌법상 권리라고 이해하지 않는다.

우리나라의 개인정보 보호 법제는 미국보다 유럽의 법제에 가깝다. 개인정보의 활용보다는 보호를 중시하고, 개인정보 자기결정권을 인격권 보호 차원에서 접근하는 경향이 있다. 개인정보 자기결정권은 헌법상의 권리로 본다.

4) 프라이버시권 정리

프라이버시권의 발전 과정에서 다음과 같은 몇 가지를 확인할 수 있다.

첫째, 프라이버시권은 그 개념을 일의적으로 정의내리기 어렵다. 앞서 살펴본 것처럼 시간이 흐르면서 프라이버시권의 개념은 확대되었다. 19세기 말 등장한 프라이버시권은 사적 공간에 대한 보호를 중시한 개념이어서, 오늘날 프라이버시권의 중심 내용인 개인정보 자기통제권과는 다른 개념이다. 프로서가 프라이버시권을 4가지 유형으로 분류한 것도 프라이버시권을 하나의 개념으로 설명할 수 없었기 때문이다.

솔로브(Daniel J. Solove)는 모든 경우를 확인할 수 있는 공통분모를 찾는 방식으로 프라이버시 개념을 정립하는 방식은 실패했다고 주장한다.[7] 따라서 그는 철학자 비트겐슈타인(Ludwig Wittgenstein)이 주장하였던 '가족 유사성'(*family resemblance*)[8]이라는 용어를 차용하여, 방해 유형과 방해받는 행위에 초점을 맞추어 프라이버시 개념을 정립하여야 한다고 강조한다. 방해 유형과 방해받는 행위 사이에는 공통점은 없지만 유사성이 있다는 것이 그의 주장이다. 결국 프라이버시권은 동일한 이름 아래 일군의 불법 행위가 조금씩 다른 모습으로 존재하는 것이라고 말할 수 있다.

둘째, 프라이버시권은 기술 발전에 따른 사회 변화를 수용하여 형성된 권리다. 워렌과 브랜다이스가 처음 이 권리에 주목하여 논문을 발표한 것은 19세기 말 급성장한 신문 산업과 보급형 카메라의 등장으로 사생활 침해의 우려가 커졌기 때문이다. 또 1960년대 정보 프라이버시 개념이 등장한 것은 컴퓨터의 발전으로 개인정보가 데이터베이스화되고, 이렇게 수집된 개인정보가 함부로 사용되는 일이 많아졌기 때문이다. 1990년대 중반 이후 인터넷 사용이 보편화되고 정보통신 기술이 급속도로 발전하면서 프라이버시 침해의 유형이 더욱 늘어났는데, 이러한 변화가 새로운 프라이버시권의 탄생을 가져올지 주목되는 시점이다.

셋째, 프라이버시는 역사와 경험의 산물이다. 따라서 국가와 시대에 따라 개념이 다를 수밖에 없다. 동·서양이 다르고, 같은 서양에서도 미국과 유럽이 다른 것이 프라이버시에 대한 인식이다. 프랑스인이나 독일

---

7 Daniel J. Solove, Conceptualizing Privacy, 90 Cal. L. Rev. 1087 (2002).
8 자녀 개개인은 부모와 닮은 점이 있지만, 자녀 모두가 닮은 점을 모두 공유하는 것은 아니라는 것이다. 다시 말해 가족 구성원 모두를 만족시키는 공통점은 없을 수 있지만, 가족 구성원은 서로 닮았다고 할 수 있다.

인은 햇빛 좋은 날에는 남녀 구별 없이 웃옷을 벗고 일광욕을 즐기지만, 월급을 대화 소재로 삼는 것은 꺼린다. 이에 반하여 미국인은 금융 정보의 공개에 대해서는 관대하지만, 공개된 장소에서의 누드(nude)를 꺼려 한다.[9] 프라이버시권에 대한 인식 역시 유럽과 미국의 차이가 크다. 유럽의 경우 프라이버시권의 보호 이익은 개인의 인격권 보호에 있다. 다른 사람에게 비춰지는 자기 모습을 보장하는 권리가 프라이버시권의 핵심인 것이다. 따라서 프라이버시를 침해할 수 있는 주범은 미디어라고 이해한다. 즉, 원하지 않는 보도로 사회적 평가가 훼손되는 것을 가장 우려한다. 이에 반하여 미국에서는 공권력에 의하여 자유가 침해되는 것을 가장 우려한다.

프라이버시권의 핵심은 국가에 의하여 가정의 평온성이 침해받지 않도록 방어하는 데 있다. 가정 안에서 벌어지는 사안에 대해서는 개인 또는 가족의 자기결정권을 철저하게 보호하려고 한다. 미디어에 의한 프라이버시 침해는 크게 우려하지 않는다. 언론의 자유를 절대적으로 보호하여야 한다는 인식이 더 강하기 때문이다. 상대적으로 미국은 자유를 최우선적 가치로, 유럽은 인간의 존엄성을 최우선적 가치로 삼는다.[10] 현재는 사적 부문의 영향력이 커지면서 유럽식 접근이 더 설득력을 얻는다.

---

9 유럽과 미국의 프라이버시 문화 차이에 대해서는, James Q. Whiteman, The Two Western Culture of Privacy: Dignity versus Liberty, 113 Yale. L.J. 1151 (2004) 참조.
10 Edward J. Eberle, DIGNITY AND LIBERTY: CONSTITUTIONAL VISIONS IN GERMANY AND THE UNITED STATES (2002); Robert C. Post, Three Concepts of Privacy, 89 Geo. L. J. (2001).

3. 새로운 유형의 프라이버시 침해

1) 디지털 메모리와 주홍글씨

기술 발전은 우리의 기억을 도와준다. 문자가 발명되면서 기억이 비로소 기록될 수 있었고, 카메라와 녹음기가 발명되면서 기억은 더욱 생생히 기록될 수 있었다. 기억이 희미해지면 문서를 찾아보고, 사진을 뒤적여서 기억을 되살릴 수 있다. 디지털 기술은 이 수준을 뛰어넘는다. 기술이 과거를 그대로 재현함으로써 인간의 기억을 대체하는 것이다. 아날로그는 인간의 기억처럼 시간의 흐름에 따라 서서히 소멸하지만, 디지털로 남은 기억(*digital memory*)는 그렇지 않다.

디지털은 정보 확산에 기여한다. 복사를 해도 시간과 비용이 크게 들지 않고, 품질도 원본과 동일하다. 최근 인터넷과 모바일 등 통신 기술의 발전은 정보 확산을 더욱 가속화하고 있다. 디지털에 의한 정보 확산은 긍정적인 면이 많음에도 불구하고 기억을 완전히 대체한다는 점에서 새로운 문제를 발생한다. 디지털 메모리가 인터넷에 한 번 공개되면 무한 복제되어 영원히 사라지지 않는 것이다. 한순간 잘못한 행동이나 잘못 내린 판단의 결과물이 디지털 주홍글씨(*digital scarlet letter*)가 되어 평생, 더 나아가 사후까지 따라다닌다.

검색 기술의 발전은 디지털 주홍글씨의 문제를 더욱 심각하게 만든다. 기억한다는 것은 정보를 보유한다는 것보다 보유한 정보를 필요에 따라 찾을 수 있다는 것을 의미한다(Schonberger, 2011). 아날로그 시대에선 필요한 정보를 얻기 위해 큰 도서관을 방문해서 힘들여 서고를 뒤져야 했지만, 디지털 시대에는 언제 어디서나 정보 검색이 가능하다. 내 입장에서 정보를 찾기 쉽다는 것은 다른 사람 입장에서 보면 숨기고 싶은 정보를 숨길 수 없다는 의미이기도 하다. 인터넷과 같은 정보 네트워크에 한 번 공개된 디지털 정보는 영원히 공개된다고 보아야 할 것이다.

프라이버시권은 개인정보에 대한 자기통제권을 그 내용으로 한다. 하지만 디지털 메모리의 고유한 특성으로 개인정보에 대한 자기통제권를 행사하는 일은 점점 어려워졌다(Schonberger, 2011).

2) '잊힐 권리'라는 새로운 권리의 필요성

디지털 메모리로 인하여 발생하는 부작용을 해결하기 위한 방안을 놓고 세계 각국이 고심 중이다. 하지만 아직까지는 만족스러운 해결책이 나오지 않았다. 최근 유럽 등 여러 나라에서는 '잊힐 권리'(right to be forgotten)라는 새로운 권리의 도입을 논의하는데, 정보 프라이버시권 또는 개인정보 자기결정권이 위에서 살펴본 모든 유형의 개인정보를 온전히 보호하지 못하기 때문이다. 정보통신 기술의 발전은 과거 프라이버시의 합리적 기대 안에 있던 개인정보를 그 밖으로 밀어냈다. 전과 기록의 경우 개인정보 당사자가 합리적으로 기대하는 프라이버시 배제 기간은 형벌 집행 후 일정 기간 정도일 것이다. 아날로그 시절에는 전과자라는 기억은 시간이 흐르면 지워지고, 새로운 사회인이 그 자리를 대신했다. 그러나 디지털 시대, 인터넷 시대가 되면서 몇십 년 전 범죄 기록이 오늘의 사건처럼 검색되고 사람들에게 정보로 제공된다.

죄를 저지른 자가 받아야 할 형벌은 확정적이지만, 그에게 향한 사회적 비난은 세월이 지나도 지워지지 않는다. 인간의 기억은 유한하지만 디지털 메모리는 영원하다. 디지털 메모리로 인한 영속적인 사회적 비난은 우리의 합리적 기대의 범위를 벗어난 것이다. 프라이버시의 역사에서 알 수 있듯이, 프라이버시권은 기술의 발전으로 나타나는 새로운 유형의 피해를 배상하기 위하여 고안된 것이다. 19세기 말 '혼자 있을 권리'라는 프라이버시권이 새롭게 주장되었던 것처럼, 1970년대 개인정보자기통제권이 세계 주요 국가에서 입법되던 것처럼, 새로운 유형의 프라이버시권이 필요하다는 목소리가 커지고 있다. 새로운 유형의 프라이버시권은 인터넷 프라이버시(*internet privacy*) 또는 네트워크 프라이버시(*network privacy*)에 대한 권리라고 부를 수 있다.

인터넷을 중심으로 발생하는 프라이버시 침해는 종전의 것과 성격이 다르다. 개인정보 자기결정권은 주로 컴퓨터로 인해 개인정보의 데이터베이스화가 가능해지면서 나타나는 문제점, 즉 국가에 의한 개인정보 오남용 및 유출의 우려 등을 방지하고자 도입된 것이다. 하지만 인터넷에서 벌어지는 프라이버시 침해는 국가가 아닌 개인, 특히 인터넷서비스제공자(ISP)가 침해 주체라는 점에서 차이가 있다. 또 개인정보 자기결정권은 개인정보의 관리자를 상대로 행사하기 때문에 삭제 등 개인정보보호의 효과가 직접 나타나지만, 인터넷 프라이버시권은 개인정보의 관리자가 아닌 인터넷서비스 제공자를 상대로 행사하기 때문에 그 효과가 제한적이라는 점에서도 차이를 보인다.

'잊힐 권리'는 인터넷 프라이버시의 핵심 개념이다. 이것이 주목받기 시작한 것은 2012년 1월 25일 EU가 현행 개인정보보호지침(Directive 95/46/EC)이 개인정보 보호에 미흡하다고 보아 이를 규정으로 격상하고, 개인정보주체의 권리를 강화하는 내용의 개정안을 발표하면서부터다. 그 개정 내용 중 하나가 잊힐 권리의 명문화다. EU는 2014년 말까지 개정안을 확정하고, 2년의 경과 기간을 거쳐 2016년 개인정보 보호에 관한 일반 규정(*General Data Protection Regulation*)을 시행한다는 계획이다.

하지만 미국과 영국 등에서 개정안에 반대하는 목소리가 크기 때문에 최종 입법 내용은 당초 제안된 개정안과 다를 것으로 보인다. 개정안의 법적 성격과 내용이 현행 개인정보 보호 지침과 크게 다르기 때문에 선뜻 수용하지 못하는 회원국이 있다.

차이를 살펴보면, 먼저, 지침은 EU 회원국에 대하여 구속력이 없는 가이드라인에 불과하지만 규정은 회원국이 해당 내용을 국내법으로 수용하지 않더라도 바로 적용할 수 있는 강행 규정이다.

둘째, 개정안은 EU에 사무소를 둔 단체뿐 아니라, EU에 사무소가 없더라도 EU 주민의 개인정보를 처리할 경우 그 단체에 대해서도 적용된다. 즉, 페이스북이나 구글과 같은 미국 기업이라도 EU 주민이 그 서비스를 이용하면 그 주민의 개인정보를 처리하므로 규정의 적용을 받는다.

셋째, 규정 위반의 경우 과징금 상한은 1억 유로 또는 전 세계 1년 매출액의 5% 중 큰 액수이다. 당초 2012년 초안 발표 때는 과징금 최대 액수가 1억 유로 또는 전 세계 1년 매출액의 2% 중 큰 액수였는데, 회원국 간 협상 과정에서 최대금액이 상향 조정되었다.

마지막으로, 잊힐 권리가 도입되었다. 규정안 제 17조는 정보주체가 동의를 철회하는 경우 또는 개인정보가 더 이상 필요하지 않고 정보처리자가 이를 보유하는 데 적법한 이유가 없는 경우 개인정보는 삭제되어야 한다고 규정한다.

EU가 잊힐 권리를 입법하겠다는 의사를 밝힌 것은 비교적 최근의 일이지만, 유럽에서 잊힐 권리에 관한 논의는 오래 전부터 있었다. 이탈리아, 스페인, 프랑스의 개인정보 담당기관(Data Protection Authorities)은 현재 잊힐 권리 또는 망각권을 명시적으로 인정한다. 인간의 인격적 가치를 중시하여 사람의 과거 행적의 보도를 금지하는 판결은 유럽에서 어렵지 않게 찾아볼 수 있다. 잊힐 권리 또는 망각권은 인격권을 보호하기 위한 수단으로 유용하다. 인격권은 인간은 누구나 존엄하고 가치 있는 존재라는 사고에서 보장된다. 사회에 해악을 끼친 인간이라도 그 해악에 합당한 사회적 제재를 받는 것으로 충분하며, 그 사람의 인격적 가치를 부정해서는 안 된다는 사고가 유럽 법조계의 주류적 시각이다.

3) 잊힐 권리의 한계

(1) 기록의 가치와 알 권리에 의한 한계

잊힐 권리의 대상이 되는 개인관련 정보는 진실한 경우다. 잊힐 권리를 주장하는 사람은 공표된 내용이 허위라는 점을 따지는 것이 아니라 진실한 사실이 반복해서 재현되는 것을 문제 삼는다. 잊힐 권리의 대상이 되는 정보는 개인 관련 정보이기는 하지만, 정보주체만의 것이라고 할 수 없다. 개인 관련 정보의 삭제는 역사적 사실의 말소에 해당하여 언론 및 학문의 자유에 대한 중대한 침해가 발생할 수 있기 때문이다. 과거 공인에 대한 과거 기사는 역사적 기록으로 모든 사람이 접근할 수 있는 일반적 정보다. 따라서 잊힐 권리는 일반적 정보원에 대한 접근의 제한, 즉 알 권리에 대한 제한을 의미한다. 알 권리는 표현의 자유와 표리의 관계에 있기 때문에 알 권리의 제한은 표현의 자유에 대한 제한을 의미한다.

사회적 관심사에 대한 기록은 사건 발생 후 시간이 흐를수록 사회적 관심도가 저하되면서 보도의 공익성보다 인격권을 중시해야 하지만, 일반적 정보원 및 학문의 자유의 대상으로서 가치를 상실하지 않는다. 따라서 잊힐 권리는 이러한 헌법적 가치와 조화를 이루기 위해 제한되어야 하는 한계를 갖는다고 하겠다.

(2) 노하우 축적과 영업의 자유에 의한 한계

정보는 보호의 대상일 뿐 아니라 활용의 대상이기도 하다. 최근 프라이버시가 중시되면서 전자의 성격만 강조되지만, 현대 정보사회에서 후자 역시 중요하다. 이를 부인할 수는 없다. 기업이 매출을 늘리기 위하여 소비자 및 소비 행태를 분석하고, 매출 증대 전략을 수립하는 것은 기업이 당연히 추구해야 할 영업 활동의 핵심이다. 개별 소비자의 요구에 따라 원 자료에서 특정 소비자 및 그의 소비 행태가 삭제된다면 그 자료는 더 이상 가치가 없으며 기업은 적절한 전략을 수립할 수 없다.

단골손님 명단과 같은 개인정보 파일이 사회적 해악을 끼치는 것은 개인정보를 회사 밖에서 사용하는 경우다. 즉, 개인정보를 이용하여 정보주체에게 판촉 활동을 벌이거나, 제3자에게 개인정보를 제공하는 경우 등이다. 이러한 경우 정보주체의 동의를 받게 하거나, 고지를 의무화하거나, 정보주체가 동의하지 않을 경우 더 이상 이용하지 못하도록 하는 조치가 필요하다. 하지만 정보삭제권을 광범위하게 허용하여 기업이 축적한 정보를 영업 목적에 이용하는 것을 사실상 금지하는 것은 영업 자유에 대한 과도한 제한이라고 본다. 잊힐 권리는 영업의 자유에 의해서도 그 행사가 제한될 수 있다.

(3) 인터넷의 개방성에 의한 한계

잊힐 권리를 인정한다고 하더라도 인터넷의 개방성을 감안하면 인터넷 상 개인정보의 완전한 삭제는 기술적으로 가능하지 않다. 정보주체의 삭제요구권이 실효성을 갖는 영역은 극히 일부분이다. 개인정보처리자가 개인정보를 취득할 목적으로 정보주체로부터 직접 개인정보를 수집한 경우 정보주체의 요구에 따라 해당 개인정보를 삭제하도록 강제하는 것은 큰 문제가 없다. 하지만 개인정보를 직접 수집할 목적이 아니더라도 다른 서비스를 제공하는 과정에서 부수적으로 개인정보가 모아져 프라이버시 침해가 되는 경우가 있을 수 있다.

인터넷 검색 서비스 회사는 정보 검색을 주된 목적으로 서비스를 실시하는데, 개인 관련 정보가 검색되면서 정보주체의 프라이버시를 침해하거나, SNS 서비스 회사처럼 회원이 올린 다른 사람에 관한 글 또는 정보로 인하여 정보주체의 프라이버시를 침해하는 경우가 발생한다. 이때 개인 관련 글 또는 개인정보를 모두 삭제하도록 요구할 수 있을까? 이런 유형의 경우 개인 관련 정보는 이미 인터넷상에 산재하므로 그 모든 정보를 삭제하는 것은 기술적으로 가능하지 않을 뿐 아니라, 법리적으로도 문제가 있다. 누구를 상대로 삭제를 요구할 것이며, 요구를 받은 주체는 삭제의 권한이 있는가 하는 문제다. 인터넷의 개방성은 복사와 변형이라는 새로운 문화를 창조하였다. 누구나 다른 사람의 글과 사진을 손쉽게 복사하고, 그 내용을 자기 마음대로 변형하는 문화가 생성된 것이다.[11]

인터넷에 한번 공개된 정보는 다른 누군가에 의하여 사용될 수 있는 상태에 놓이기 때문에 정보의 완전한 삭제는 사실상 불가능하다. 특히 개인정보가 한 사람의 정보가 아니고 최소한 두 사람이 공유하는 정보일 경우 일방 정보주체의 요구만으로 해당 정보를 삭제할 수 있는지는 의문이다. 특정인에게는 지우고 싶은 과거일 수 있지만 관계된 다른 사람이 소중한 추억으로 세상과 공유하고자 할 경우 누구의 의사를 존중하여야 할 것인가? 또 관련된 모든 사람의 의사를 확인하여야 할 것인가? 등 삭제요구권, 즉 잊힐 권리를 도입하기에 앞서 해결하여야 할 과제는 많다.

---

11 볼킨(Jack M. Balkin)은 디지털 기술이 표현의 사회적 조건을 변화시켰으며, 이에 따라 표현의 자유의 이론도 민주적 과정이나 민주적 심의를 보호하는 공화주의적 사고에서 민주적 문화를 보호하고 장려하는 사고로 전환되어야 한다고 주장한다. Jack M. Balkin, Digital Speech and Democratic Culture: A Theory of Freedom of Expression for the Information Society, 79 N.Y.U. L. Rev. 1 (2004).

4. 프라이버시 보호를 위한 정책 방향

1) 개인정보보호법

그동안 프라이버시 보호를 위하여 제정된 법률이 꽤 있다. 대표적 법률이 과거 '공공기관의 개인정보 보호에 관한 법률'이다. 종전에는 프라이버시 침해라고 하면 으레 공권력에 의한 프라이버시 침해를 생각했다. 또한 컴퓨터의 등장으로 정부에 의한 개인정보 침해가 우려되는 상황이었기 때문에 우리나라도 다른 나라의 입법례를 따라 '공공기관의 개인정보 보호에 관한 법률'을 제정하였다. 이 법은 1994년 1월 제정되어 1995년 1월부터 시행되었다. 그러나 정보통신 기술의 보편적 활용으로 정부뿐 아니라 사기업에 의한 개인정보 침해가 큰 사회 문제로 등장하면서 2011년 9월 공적·사적 영역에 모두 적용되는 개인정보 보호법이 제정되었다. 이 법의 수범자(규범의 적용을 받는 이)는 개인정보처리자로 공과 사를 구별하지 않는다. '공공기관의 개인정보 보호에 관한 법률'은 '개인정보 보호법'에 흡수되어 폐지되었다.

통합법으로서 개인정보 보호법이 제정된 것은 우리의 법제가 미국식이 아닌 유럽식을 좇는다는 것을 의미한다. 세계의 개인정보 보호 법제는 유럽식(통합형)과 미국식(개별형)이 있다. 유럽 국가는 일반법으로 개인정보 보호법을 제정해서 공적·사적 영역에 모두 적용하는 데 반해, 미국은 사적 영역에서 발생하는 개인정보 침해를 보호하기 위한 일반법을 제정하지 않았다. 사적 영역의 경우 개인정보 침해가 문제되는 분야별로 개별법을 제정해 대응한다.

우리나라 개인정보 보호법 제정은 2003년 교육행정정보시스템(NEIS) 도입을 놓고 인권 침해 논란이 벌어지면서 가속화되었다. 정부는 그 해 7

월 개인정보 보호정책 토론회를 개최하여 개인정보 보호 기본법 제정을 논의하기 시작하였다. 8년이 지난 2011년 3월 29일 개인정보보호법이 마침내 제정되었다. 개인정보 보호법의 주요 내용을 보면 다음과 같다.

① 공공기관, 법인, 단체 및 개인 등 공공 부문과 민간 부문을 불문하고 모든 개인정보처리자를 수범자로 함.
② 개인정보 보호위원회를 설치하고, 개인정보의 수집, 이용, 제공 등 단계별 보호 기준을 마련함.
③ 고유식별 정보의 처리 제한을 강화하고, 영상정보 처리기기 설치 제한의 근거를 마련함.
④ 개인정보 영향평가 제도, 개인정보 유출 사실의 통지·신고 제도, 집단분쟁조정 제도 및 단체소송 등을 도입.

개인정보 보호법은 최근 EU가 도입하고자 하는 '잊힐 권리'를 명문으로 규정한다. 개인정보 보호법에 따르면, 정보주체는 개인정보처리자에게 자신의 개인정보에 대한 열람을 요구할 수 있으며(제35조 제1항), 열람 후 개인정보의 정정·삭제를 요구할 수 있다(제36조 제1항). 다만, 다른 법령에서 개인정보를 수집 대상으로 명시하는 경우 삭제를 요구할 수 없다(동조 제1항 단서).

개인정보처리자는 삭제 요구를 받으면 다른 법령에 특별한 절차가 규정되지 않는 한, 지체 없이 개인정보를 조사하여 정보주체의 요구에 따라 정정·삭제 등 필요한 조치를 취하고 그 결과를 정보주체에게 알려야 한다(동조 제2항). 또 개인정보처리자는 개인정보를 삭제할 때 복구·재생되지 않도록 조치해야 한다(동조 제3항).

개인정보 보호법은 삭제요구권의 실효성을 담보하기 위하여 민·형사적 방안을 마련한다. 정보주체는 삭제 요구가 받아들여지지 않을 경우 개인정보처리자에게 개인정보 보호법 위반을 이유로 손해배상을 청구할 수 있으며, 개인정보처리자는 고의 또는 과실이 없음을 입증하지 않는 한 책임을 면할 수 없다(제39조).

또 개인정보처리자가 제36조 제2항을 위반하여 삭제하지 않으면 과태료가 부과되며(제75조 제2항 제11호), 삭제하지 않고 개인정보를 계속 이용하거나 제3자에게 제공할 경우 2년 이하의 징역 또는 1천만 원 이하의 벌금에 처해진다(제73조 제2호). 다만 제58조 제1항에서 개인정보의 정정·삭제 요구를 거부할 수 있는 예외사유를 명시한다.

개인정보 보호법에 삭제요구권이 포함된 것은 정보주체의 개인정보 자기결정권을 두텁게 보호한다는 면에서 바람직하지만, 개인정보처리자의 영업의 자유 등 다른 헌법적 가치가 훼손될 수 있기 때문에 좀더 신중하게 접근하였어야 했다고 본다. 일반법으로 개인정보 보호법 제정을 위해 상당 기간의 논의가 있었던 것은 사실이지만, 잊힐 권리를 도입할 경우 그로 인해 배제되어야 하는 다른 헌법적 가치를 충분히 고려하였는지는 의문이다.

2) 정보통신망법

개인정보 보호법의 정보삭제청구권과 유사한 내용은 '정보통신망 이용촉진 및 정보보호 등에 관한 법률'(이하 '정보통신망법')에서도 발견된다. 정보통신망법은 2007년 1월 26일 개정(법률 제8289호)을 통하여 제44조의2를 신설하고, 정보통신망을 통하여 일반 공개를 목적으로 제공된 정보가 사생활 침해나 명예훼손 등 타인의 권리를 침해할 경우 침해받은 자는 정보통신 서비스 제공자에게 침해 사실을 소명하여 그 정보의 삭제 또는 반박 내용의 게재를 요청할 수 있으며(제1항), 정보통신 서비스 제공자는 위 요청을 받으면 지체 없이 삭제·임시 조치 등의 필요한 조치를 하고 즉시 신청인 및 정보 게재자에게 알려야 하며(제2항 제1문), 삭제 요청에도 불구하고 권리의 침해 여부를 판단하기 어렵거나 이해 당사자 간에 다툼이 예상되는 경우 최장 30일 해당 정보에 대한 접근을 차단하는 조치를 할 수 있도록 하였다(제4항).

여기서 개인정보의 주체는 정보통신망법에 따라 인터넷 검색 서비스 회사를 상대로 잊힐 권리를 주장할 수 있는 것처럼 보인다. 하지만 정보 주체가 삭제를 주장할 수 있는 내용은 모든 개인정보가 아니다. 정보통신망법에 따라 삭제할 수 있는 정보는 사생활 침해나 명예훼손 등 타인의 권리를 침해하는, 즉 인격권을 침해하는 정보에 한한다.

이에 반하여 잊힐 권리라는 새로운 권리가 필요한 것은 정보주체가 자신에 관련된 모든 정보를 삭제하여 자신이 추구하는 인격상과 사회에서 평가하는 인격상을 일치시키려 하는 데 있다. 또 개인정보법은 정보주체가 자신의 당연한 권리로 삭제를 요구할 수 있는 것이 아니라, 침해가 있음을 소명할 것을 요구한다는 점에서 EU에서 논의 중인 잊힐 권리와는 다르다. 그렇기 때문에 정보통신망법상의 정보삭제권은 잊힐 권리의 취지와 목적이 다르다는 평가를 받는다.

그럼에도 불구하고 정보통신망법은 정보주체의 인격권을 과도하게 중시하여 표현의 자유 등 다른 헌법적 가치가 소홀히 다뤄지는 결과를 낳았다. 권리 침해를 주장하는 사람이 '소명'만 하면 정보통신 서비스 제공자는 지체 없이 삭제·임시 조치를 해야 하는 점, 권리 침해 여부를 판단하기 어렵거나 이해당사자 간 다툼이 예상되는 경우 사업자는 임시 조치를 할 수 있다는 점, 임시 조치의 여부가 정보통신 서비스 제공자의 재량에 맡긴 것 같지만 삭제·임시 조치 등 필요한 조치를 할 경우 배상 책임이

경감·면제된다는 점에서 해당 정보에 대한 조치를 유도한다는 점, 임시 조치 등에 대하여 정보 게재자가 불복할 경우 복원할 수 있는 절차가 마련되지 않은 점 등을 고려하면 정보 게재자의 표현의 자유를 과도하게 제한해 위헌의 소지가 크다(박용상, 2008). 정보 게재자의 권리를 더 강화하고, 정보주체와 정보 게재자 간 다툼이 생긴 경우 이를 해결할 수 있는 절차 조항의 보완이 필요하다.

3) 프라이버시 관련법의 개정 방향

정보통신 기술의 발전에 따라 개인의 프라이버시를 보호하기 위한 법률은 더욱 강화될 수밖에 없다. 그동안 프라이버시 침해 여부를 결정하는 큰 기준은 미국의 판례로 발전한 프라이버시에 대한 합리적 기대(*reasonable expectation of privacy*)였다. 인간은 사회적 동물이기 때문에 개인에 관한 모든 것을 프라이버시 보호 안에 둘 수는 없다. 프라이버시 침해 여부는 프라이버시라고 합리적으로 기대하는 범위 내의 것인지, 그 밖의 것인지에 따라 달라진다. 이를 달리 말하면, 우리나라의 판례가 자주 표현하듯 상대방의 행위가 수인할 수 있는 것인지, 참을 수 없는 것인지에 따라 달라진다. 결국 법적으로 평가한 합리적 기대의 수준 또는 수인 한도의 수준은 프라이버시에 관한 사회 규범에 따라 달라진다고 봐야 할 것이다. 우리 법원의 경우 사회 통념상 일반적으로 인정되는 수인 한도를 넘는지를 가지고 침해 여부를 결정한다.

프라이버시에 관한 사회 규범은 정보통신 기술의 발전에 따라 바뀐다. 과거엔 드물게 발생하는 일이기 때문에 수인할 수 있는 수준 또는 프라이버시에 대한 합리적 기대 범위 밖에 있는 것으로 평가했던 일이 정보통신 기술의 발전으로 보편적 현상이 된다면 그 평가는 바뀔 수밖에 없다. 일상생활에서 본인 확인을 위해 주민등록번호를 요구하고, 그러한 내용을 공책에 적어놓는 것은 큰 문제가 안 된다. 사람의 기억력은 한계가 있어서 그 공책을 보더라도 기억할 수 있는 개인의 주민등록번호는 몇 개 안 되고, 공책의 내용을 필사하는 일은 시간과 비용이 많이 들기 때문이다. 주민등록번호를 묻고 답하는 일이 일상화되더라도 그로 인하여 프라이버시 침해가 발생하리라고 기대하는 것은 합리적이지 않다.

달리 말하면, 본인 확인을 위해 주민등록번호를 알려주는 것은 사회생활에서 수인해야 할 범위라고 할 수 있다. 하지만 정보통신 기술의 발전이 모든 전제를 바꾸었다. 특정한 목적에 사용하기 위하여 알려준 주민등록번호가 저장되고, 다른 목적에 광범위하게 사용되는 일이 다반사가 되었기 때문이다.

정보통신 기술의 발전으로 프라이버시가 침해될 가능성이 커졌기 때문에 그러한 위험성을 최소화하고 침해가 발생한 경우 사후 구제 수단을 마련하는 입법은 계속 진행되어야 한다. 다만 입법 시에는 프라이버시 보호만 고려해서는 안 된다. 프라이버시 보호와 상충하는 다른 헌법적 가치(예컨대 표현의 자유)를 고려하여 두 헌법적 가치를 모두 충족할 수 있는 방법이 있는지 살펴보고, 그러한 방법이 없을 경우 두 헌법적 가치를 서로 비교하여 특정한 상황에서 더 중시해야 할 헌법적 가치를 선택해야 할 것이다. 만약 특정한 상황에서 프라이버시 보호의 비중이 더 크다면, 다른 헌법적 가치는 부득이 제한될 수밖에 없다. 그렇다고 프라이버시 보호를 위한 모든 조치가 허용된다는 취지는 아니다. 다른 헌법적 가치에 대한 제한을 최소화하는 입법이 필요하다.

그동안의 경험을 보면 신중한 입법보다 성급한 입법이 많았다. 어떤 사건이 발생하면 그러한 종류의 사건이 더 이상 발생하지 않아야 한다는 여론이 형성되고, 그 여론에 힘입어 과감한 입법이 이루지는 경우가 많다. 정보화사회에서 개인정보는 보호의 대상이면서 동시에 활용의 대상이다. 개인정보 유출이 사회 문제가 되었다고 개인정보의 활용을 도외시하고 개인정보 보호만 강조하는 입법은 곤란하다.

정보화사회가 성숙될수록 개인의 프라이버시 보호는 예전보다 더 중요한 가치를 가진다. 하지만 프라이버시는 사적·공적 영역의 구분을 전제로 한다. 사적 영역을 두텁게 보호하는 대신 공적 영역에서는 공적 기능이 제대로 작동할 수 있도록 프라이버시 보호에 대해 합리적으로 기대수준을 낮추고, 프라이버시 제한을 수인하는 자세도 필요하다.

참고문헌

박용상 (2008), 《명예훼손법》, 현암사.

Eberle, E. J. (2002), *Dignity and Liberty: Constitutional Visions in Germany and The United States.*

Schonberger, V. M. (2011), *Delete: The Virtue of Forgetting in the Digital Age*, Princeton University Press, 구본권 역 (2011), 《잊혀질 권리》, 지식의 날개.

Solove. D. J. (2007), *The Future of Reputation: Gossip, Rumor, and Privacy on the Internet*, Yale University Press.

Solove. D. J., Rotenberg, M., & Schwartz P. M. (2006), *Information Privacy Law* (2d ed).

Warren, S. & Brandeis, L. (1890), *The Right to Privacy*, 4 Harv. L. Rev. 193.

Werro, F. (2009), *The Right to Inform v. the Right to be Forgotten: A Transatlantic Clash*, Georgetown University Center for Transnational Legal Studies Colloquium, Research Paper No. 2.

Westin, A. (1967), *Privacy and Freedom.*

Whiteman, J. Q. (2004), *The Two Western Culture of Privacy: Dignity versus Liberty*, 113 Yale. L.J. 1151.

스마트미디어: 인간 3

10

스마트미디어 시대의
시청률 조사 현황과 개선 방안

조성호

1. 우리나라의 시청률 조사 현황

우리나라의 시청률 조사는 피플미터식 방법 도입 이전까지는 일기식, 면접식, 전화조사식 방법을 간헐적으로 사용하였다. 피플미터식 방법은 1991년 민영방송인 SBS가 출범하면서 본격적으로 도입되었다. 자체 개발한 피플미터기를 사용하는 한국갤럽과 영국 AGB에서 도입한 피플미터기를 사용하는 MSK (Media Services Korea) 와의 경쟁 체제로 시작하였다. SBS는 MSK의 자료를, MBC는 한국갤럽의 자료를 이용하면서 양 사 시청률 자료에 대한 신뢰성 공방이 제기되었다. 두 회사의 경쟁은 1992년 방송위원회가 시청률 조사회사 선정 조건으로 피플미터식 방법을 사용하되, 가구의 모든 TV에 피플미터기를 설치해야 한다는 기준을 제시함에 따라 이에 부합하는 MSK가 독점 조사회사로 남았다.

　　MSK는 1991년 6월에 서울지역 275가구의 패널을 대상으로 피플미터식 시청률 조사를 실시하였다. 지상파 방송 3사의 경쟁 속에 시청률이 낮게 나온 방송사는 시청률 조사 과정에 대한 신뢰성 문제를 지속적으로 제기하였다. 이를 일부 반영하여 1995년 MSK는 패널을 25가구 증대하여 총 300가구를 운영하였다. 그럼에도 불구하고 학계, 방송광고계 등을 통해 패널 수가 적고, 조사 대상 지역의 확대가 필요하고, 특히 시청률 조사 과정에 대한 체계적 검증이 필요하다는 문제가 지속적으로 제기되었다. 그러나 MSK의 독점 속에서 자료 이용자의 요구는 쉽게 반영되지 않았다. 동시에 시청률 조사에 대한 검증을 누가 하느냐에 대한 합의도 이루어지지 않았다.

이런 와중에 TNS미디어코리아가 1998년 6월 전국 대도시 1천 가구(수도권 500가구, 부산 200가구, 대구·광주·대전 각 100가구)를 대상으로 화면일치 방식을 통해 시청률 조사를 실시하면서 본격적인 경쟁 체제가 열렸다. 화면일치 방식은 조사 대상 패널에서 어떤 채널을 시청하는지를 피플미터기가 탐지하는 방식의 하나이다. 시청하는 TV 화면에 변화가 있을 때마다 영상을 샘플로 저장한 후 조사회사에서 녹화한 원 프로그램의 영상과 매치하여 채널을 인식하는 방법이다. TNS는 이 방법이 MSK가 사용하는 채널 주파수를 탐지하여 채널을 인식하는 방법보다 디지털 시대에 더 정확하고 적합하다고 주장하였다.

이후 MSK는 1998년 AC닐슨에 인수되고 조사 대상 지역을 전국 5대 도시로 확대하면서 양 사의 패널 확대 경쟁이 시작된다. AC닐슨은 패널 규모를 2002년까지 1,550가구까지 꾸준히 증대하면서 TNS의 패널 규모를 능가한다. 전 세계적으로 어느 나라든지 시청률 조사회사의 매출 규모는 크지 않기 때문에 일시적으로 경쟁 체제에 돌입하더라도 일정 시간이 지나면 독점 체제로 정리가 된다. 우리나라의 경우도 그런 상황이 예측되었지만 현재까지도 여전히 전 세계에서 유일하게 경쟁 상황을 지속 중이다. 양 사의 패널 규모 경쟁은 2004년 양 사가 1,500여 패널로 일시 동일한 수준으로 유지되는 듯했지만 2006년 AC닐슨에서 사명을 변경한 AGB가 패널 규모를 2천 가구로 증대하면서 다시 균형이 깨졌다.

보다 본격적인 패널 확대 경쟁은 방송법 제 69조 2에 따른 방송통신위원회 산하 미디어다양성위원회의 시청 점유율 조사로 촉발된다. 이는 특정 방송사업자가 TV를 기준으로 산정한 시청 점유율이 30%를 초과할 수 없도록 한 규정의 준수 여부를 확인하기 위해 채널별 시청률을 시청 점유율로 환산하기 위한 것이었다. 이를 위해 기존의 주요 도시 위주의 시청률 조사는 실질적인 전국 대상 조사로 확대 개편되었다.

패널 규모는 2010년 3천 가구를 시작으로 매년 250가구씩 확대하여 2015년에는 4천 3백 가구 이상을 대상으로 조사한다는 계획이다. 시청 점유율 조사회사의 선정 과정에서 양 사는 시장 지배력을 선점하기 위해

표 10-1 **시청률 조사 규모의 변화(1991년~2013년)**

(단위: 가구 수)

	닐슨코리아	TNmS	조사 대상 지역
1991	275	–	서울
1995	300	–	서울
1998	300	1,000	TNS: 5대 도시
2000	850	1,000	양 사 5대 도시
2001	1,450	1,000	
2002	1,550	1,000	
2003	1,550	1,200	
2004	1,550	1,500	
2006	2,000	1,550	5대 도시 외 청주, 전주, 구미, 마산, 춘천, 울산, 천안
2010	2,350	2,000	전국
2011	3,237	2,889	전국
2012	3,723	3,535	
2013	3,969	3,010	

* 패널 규모는 조사 시점에 따라 차이가 있음.
** AGB는 AC닐슨 → AGB → AGB닐슨 → 닐슨코리아로 이름이 변경됨.

매년 최저가로 입찰에 응하는 바람에 적정한 운영비용을 보장받지 못한다. 이런 악순환은 2014년까지도 지속되면서 전국패널 운영에 따른 적자폭이 늘어났다. 2010년에는 TNmS(TNS에서 사명 변경), 2011년에는 닐슨코리아(AGB에서 사명 변경), 2012년에는 TNmS, 2013~14년에는 닐슨코리아가 시청 점유율 자료공급 회사로 선정되었다.

최근 시청 점유율 조사회사 선정 과정에서 탈락한 TNmS는 2013년 적자 규모를 타개하기 위해 패널 규모를 500가구 줄여 현재 3천여 패널을 운영한다. 닐슨코리아의 경우는 다국적기업이기 때문에 적자를 감수하고 본사의 지원을 받아 운영이 가능하지만 TNmS의 경우는 개인기업이고 지속적인 적자 상황에서 투자 한계에 직면했기 때문이다. 그러나 양사가 운영에 어려움을 겪는 보다 근본적인 이유는 다음과 같다.

첫째, 패널 규모의 확대에 따른 적정 수준의 자료 이용료가 지불되지 않았기 때문이다. 양 사 경쟁 체제 이후 시장 선점을 위해 패널 규모를 지속적으로 확대했지만 자료 구매자는 수도권 이외의 자료에는 관심이 없었고 또한 경쟁 체제를 활용하여 자료 구매자가 그에 부응하는 가격을 지불하지 않았다. 따라서 수도권 이외의 지역으로 확대된 패널에서 산출된 자료는 주로 지역방송사에서만 구매하였고 패널 유지에 지속적 적자 요인으로 작용하였다.

둘째, 방송통신위원회의 시청 점유율 조사를 위해 패널을 전국으로 확대하고 패널 규모도 지속적으로 늘렸지만 수도권 이외의 지역만 패널 규모가 확대되었기 때문에 자료 판매 및 공급가 인상에 도움이 되지 않았다. 양 사가 적극적으로 이 조사에 참여한 주된 이유는 공신력 있는 정부기관의 자료 공급자가 되고 이로 인해 시장 지배력에 영향을 줄 것이라고 판단했기 때문이다. 그러나 궁극적으로는 양 사의 재정에 부정적인 영향을 미쳤다. 특히 TNmS의 경우는 2013년 시청 점유율 조사 탈락 이후 심각한 재정적 타격을 받고 있다.

또한 최근에는 고정형 TV를 통한 실시간 시청 시간이 줄어들고 VOD나 PC, 각종 이동 매체 등을 통한 다양한 시청이 늘어남에 따라 이에 대한 통합 시청률 산출 대책도 필요한 실정이다. 이 장에서는 시청률 조사 현황에 이어 시청률 조사 과정을 개략적으로 설명하고, 조사 과정상의 문제점을 짚어본다. 마지막으로 다양한 형태의 시청을 통합할 수 있는 통합 시청률 조사 방향 및 진척 사항에 대해 설명한다.

2. 시청률 조사 과정

일반적인 사회조사의 경우 조사 대상이 되는 모집단을 규정한 후 그 모집단을 대표할 수 있는 표본을 선정하여 조사를 실시한다. 일회성 조사를 위해 선정된 표본의 경우에는 한 번의 조사로 활용 가치가 종결되기 때문에 표본 관리란 개념이 필요 없다. 하지만 동일한 표본을 대상으로 지속적으로 조사하는 경우에는 표본을 선정하는 과정에 특별히 신경 써야 하고 표본 관리에도 지속적인 관심을 기울여야 한다. 일회성 조사에 활용하기 위해 선정된 집단은 일반적으로 표본(*sample*)이라고 불리는 반면, 지속적 조사에 활용하기 위해 선정된 집단은 패널(*panel*)이라고 한다. 따라서 장기간 활용되는 패널의 모집에는 대표성 유지에 각별한 신경을 써야 한다. 피플미터 조사 패널의 선정 과정도 여타 사회조사와 마찬가지로 모집단의 일반 가구를 대상으로 직접 표본을 선정하는 방법이 있지만 그보다는 대규모 표본을 선정한 후 다시 그 표본에서 패널 가구를 선정하는 2중의 과정을 거치는 게 대부분이다. 그 이유는 TV 시청률 조사에 적합한 대표 표본을 선정하기 위해서다.

TV 시청 정도에 영향을 주는 주된 요인은 가구의 TV 대수, 가구원 수, 소득, 유선방송 가입 여부 등으로 파악된다. 즉, 가구에 TV 대수가 많을수록, 가구원 수가 많을수록, 소득이 낮을수록, 유선방송에 가입한 경우에 TV 시청량이 많아진다는 것이다. 단순히 모집단에서 직접 패널을 선정할 경우 이러한 요인이 대표성 있게 반영되지 않을 우려가 있기 때문에 이러한 요인을 파악하기 위해서는 기초조사(*establishment survey*)를 우선 실시한다. 따라서 피플미터를 활용한 시청률 조사를 실시하기 위해서는 일반적으로 ① 기초조사, ② 조사 대상 선정, ③ 피플미터 설치 및 측정, ④ 패널 관리, ⑤ 시청률 산출까지의 총 5단계를 거친다.

그림 10-1 **피플미터 방식의 시청률 조사 과정**

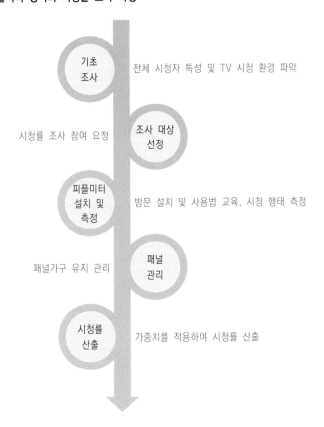

1) 기초조사

기초조사는 단어 그대로 대표성 있는 TV 패널을 선정하기 위한 기초 작업이기 때문에 대규모로 실시되며 그 목적은 다음과 같다.

첫째, TV 시청 환경의 변화와 인구 통계적 속성을 파악하기 위해서이다. 'TV 시청 환경'이란 변화하는 가구의 TV 및 관련 기기의 소유 여부, 유선방송 가입 여부 등을 의미하고, '인구통계적 속성'은 가족 수, 연령, 성별, 소득, 거주의 형태 및 지역 등을 의미한다. 최근에는 TV를 시청할 수 있는 기기가 TV뿐만 아니라 PC, 모바일 기기 등으로 다양하기 때문에 관련 기기의 소유 여부를 모두 포함하여 조사한다.

둘째, 대표성 있는 패널 가구를 선정하기 위해서이다. 기초조사에 응답한 가구를 대상으로 패널 가구를 선정하는데 충분한 숫자의 응답자가 확보되지 않으면 대표성 있는 패널을 선정하기 어렵다. 그 이유는 응답 및 참여 거부 등의 비율이 높기 때문이다.

셋째, 향후 기존 패널의 확대나 교체를 위한 리스트를 확보하기 위한 목적으로 실시한다. 패널은 일반적으로 1년에 25%～30% 정도가 교체된다. 뿐만 아니라 패널의 확대 및 조정의 경우까지 고려하면 기초조사는 대규모로 엄격하게 이루어져야 한다. 기초조사는 비용이 많이 들기 때문에 1년에 한 번 정도 실시하지만 TV 시청 환경의 변화가 심할 경우에는 두 번 정도 실시하기도 한다. 기초조사는 면접조사법이 원칙이나 비용 문제로 인하여 전화조사법을 활용하기도 한다.

2) 조사 대상 선정

기초조사 결과를 근거로 조사 대상 지역의 대표성 있는 패널 가구를 선정한다. 예를 들어 우선 기초조사 응답자를 TV 시청 정도에 영향을 주는 변인인 가구의 TV 대수, 가족원 수, 소득, 유선방송 가입 여부에 따라 부표본으로 정리한다. 즉, TV가 1대인 가구와 2대 이상인 가구, 소득은 상중하, 가족원 수는 1～2인, 3～4인, 5인 이상, 유료방송은 가입·비가입으로 구분한다. 다시 TV가 '1대'이면서 소득이 '상', 가족원 수가 '1～2인', 유선방송 '가입'에 해당되는 가구를 일정 규칙에 따라 정렬한다. 이런 식으로 각 조합에 맞는 가구를 정렬한 다음 조사 대상 지역의 기초조사 및 인구주택총조사 자료를 기초로 하여 대표성 있게 표본을 선정하는 과정을 거친다. 특정 조합에 해당되는 가구가 선정되면 기초조사에서 파악된 전화로 접촉하여 패널 참여 의향을 물은 후 좀더 자세한 설문조사를 실시한 후 문제가 없으면 패널로 선정한다.

3) 피플미터기 설치 및 측정

패널 참여 가구에는 가구에서 시청하는 모든 TV에 MDU(*Memory & Display Unit*)와 CDSU(*Control Data Storage Unit*)라는 장치를 포함한 피플미터기를 설치한다. 물론 이 장치의 명칭은 기기에 따라 다르게 불리기도 한다. MDU란 전자시계와 유사한 장치로 평상시에는 전자시계의 역할을 하기도 한다. TV 상단 또는 하단에 설치하는데 TV의 전원 상태 및 어떤 채널을 시청하는지를 초 단위로 자동 기록하여 일시 저장한다. 누가 시청하는지는 핸드셋을 통해 구분한다. TV 리모컨과 유사한 모양인 핸드셋에는 가족 구성원의 개인번호가 지정된다. 예를 들어 가족이 3명이면 아버지에게 1번, 어머니에게 2번, 자녀에게 3번을 지정하는데, TV를 켜고 특정인이 시청을 하면 자신의 번호를 누르고, 시청하지 않으면 다시 번호를 눌러 시청 기록에서 제외시키는 방법이다.

〈표 10-2〉는 TNmS와 닐슨코리아의 시청 기록 일부를 가공하여 제시한 것인데 TNmS의 경우, 06:41:05에는 첫 번째 TV가 채널 9번에 맞춰져 있고, 06:41:09에는 가구원 2번이, 06:41:10에는 4번으로 지정된 가구원이 들어와 두 사람이 동시에 시청했다. 06:45:37에는 채널이 302번으로 변경된 것을 보여준다. MDU에 저장된 시청 기록은 CDSU로 수시로 이관되어 저장된다. CDSU는 전화선으로 시청률 조사회사의 모뎀과 연결되어 있으며, 하루 동안 CDSU에 수집된 자료는 실시간 또는 새벽 2~6시 사이에 전화선 또는 케이블/IPTV 네트워크 회선을 통해 조사회사의 서버로 전송된다.

표 10-2 **피플미터 시청기록 일부**

```
TNmS
06:41:05  DEVICE: TV            1                              09
06:41:09  PERSON: DEPARTED          2
06:41:10  PERSON: ARRIVED           2  4
06:45:37  DEVICE: TV            1                             302
07:00:37  DEVICE: TV            1                             304
07:15:27  DEVICE: TV            1                             491

닐슨코리아
07:45:02  BU 01: TV on Chn 111
07:45:03  BU 01: member 2 has entered
07:45:06  BU 01: member 1 has entered
07:45:07  BU 01: member 2 has exited
07:57:40  BU 01: TV on Chn 119
09:09:06  BU 01: all persons have exited
09:09:06  BU 01: TV Off
```

4) 패널 관리

패널 가구에 피플미터기의 설치가 완료되면 가구원의 협조가 절대적으로 필요하다. TV를 시청하거나 중단할 때마다 자신에게 부여된 번호를 누른다는 것이 쉬운 일은 아니다. 더구나 모든 가족이 협조하기도 쉽지 않은 일이다. 매번 자신에게 부여된 번호를 누르겠다는 동기 부여가 확실하고 습관화되어야 한다. 그래서 조사회사는 보조금의 형식으로 일정 금액이나 선물을 정기적으로 제공한다. 가전제품이 고장 나면 수리해주기도 하고 정기적으로 편지나 전화를 해서 인간적 관계를 맺기도 하며, 시청률 자료를 산출하는 일원이라는 자부심을 갖게 독려하기도 한다. 처음 패널 가구가 되면 조사회사는 몇 주간 관찰을 한다. 기계상의 문제는 없는지 가구원이 협조를 잘 하는지 등을 점검한 후 어느 정도 습관화가 되면 정식 패널로 영입한다.

정식 패널이 된 이후에도 가구의 TV 교체나 TV 관련 기기의 추가 구입, 가족원 변화 등을 수시로 점검해야 하고, 가족원 중에 비협조 가구원은 없는지 등도 점검해야 한다. 또한 이사를 한다든지 탈퇴를 원한다던지, 가입 연한이 초과되었는지 등도 세밀하게 체크해서 교체해야 한다. 이런 모든 일은 조사회사 내부의 패널 관리 담당과 현장의 기계 설치 작업 직원이 공조해서 해야 된다. 이 부분에 조사회사의 관리 노하우가 작용하기도 하지만 패널이 많아지면 기본적으로 관리 직원이 많아져야 하기 때문에 비용과 연결되어 점점 인간적이고 철저한 관리가 쉽지 않은 상황이다.

5) 시청률 산출

조사회사는 각 패널 가구에서 수집된 데이터를 1차적으로 미리 정한 편집 규칙에 따라 검증한 후 시청률 산출에 활용할 자료를 골라낸다. 편집 규칙은 양 사가 상이한데 기본적으로 걸러내는 자료는 ●기계적 오류로 채널을 감지하지 못할 경우 ●TV는 켜 있는데 시청인의 번호 입력이 지체되거나 없는 경우 ●특정 채널만을 고정해서 장시간(예를 들어 8시간 이상) 시청한 경우 ●TV를 통해 게임이나 다른 용도를 지나치게 많이 사용한 경우 등이 포함된다.

검증을 통과한 자료는 기본적으로 1분 단위로 정렬된다. 현재 방송통신위원회 시청 점유율 산정 자료는 30초 단위로 정렬된다. 1분 단위 정렬의 경우도 1분 동안 여러 채널을 시청한 경우에는 가장 많이 본 채널을 시청한 것으로 간주한다. 만약 세 채널을 동일하게 20초씩 시청한 경우에는 중간 30초에 걸린 채널을 시청한 것으로 간주한다.

가구·개인별 1분 단위 시청률이 정리되면 이를 그대로 사용하는 것이 아니라 기초조사와 인구주택총조사의 결과를 기준으로 가중치를 부여한다. 그 이유는 실제 검증이 통과되어 시청률에 사용되는 자료와 모집단 추정치 간에 차이가 나기 때문에 보정 과정을 거쳐야 하기 때문이다. 예를 들어 특정 지역을 대표하는 패널 가구 수가 100가구가 돼야 하는데 최종 검증이 통과되어 시청률에 활용될 가구 수가 80가구라면 100가구의 비중으로 환산하는 것을 의미한다. 그런데 80가구에 가중치를 부여하여 100가구로 환산하면 또 다른 기준변인, 예를 들어 특정 케이블TV 가입 가구의 비율도 달라진다. 그렇기 때문에 가구 시청률에 영향을 주는 기준변인을 바꾸면서 가중치를 준다. 이런 가중치 방식을 림 가중치(rim weight)라고 한다. 닐슨코리아의 예를 들면 가구 시청률의 경우 기준변인을 지역별 가구 수, 플랫폼(스카이라이프·케이블TV 서비스 사용 여부), 가족 수, TV 대수 기준을 바꾸면서 추정된 모집단의 비율이 최대한으로 맞을 때까지 가중치를 준다. 닐슨코리아의 개인별 가중치 기준변인은 지역·성별·연령별 인구와 플랫폼을 활용한다. 가중치를 부여한 1분 단위 가구와 개인별 시청률이 정렬되면 채널별 프로그램과 광고를 실제 방영 시간과 일치시키는 작업으로 넘어간다.

각 채널별 프로그램, 광고의 명칭과 시작·종료 시간은 닐슨코리아의 경우 KADD에 의뢰해 정리하고, TNmS의 경우는 자체적으로 입력한다. 당일 새벽 2시까지 방송된 프로그램과 광고가 입력된 모든 자료를 받으면 앞서 검증된 시청률 자료와 합쳐 다양한 종류의 시청률 산출에 활용되는 기초자료가 완성된다. 이 자료는 시청률 자료 구매 고객에게 매일 새벽 6시 전후에 전송된다. 이 자료를 근거로 조사회사에서 제공한 분석 소프트웨어를 이용하면 다양한 프로그램 및 광고 시청률이 산출된다. 이외에도 시청률 조사회사는 고객이 원하는 형태로 일보를 제공하거나 주간, 월간, 계간, 연간 단위의 특별 분석보고서를 제공하기도 한다.

3. 시청률 조사의 구체적 현황과 문제점

1) 기초조사

기초조사는 조사 대상 집단의 인구통계적 속성과 TV 시청 환경의 변화를 파악하고 패널 가구 추출 및 교체 틀을 확보하는 데 목적이 있다. 현재 조사 대상 지역은 전국이지만, 엄밀히 말하면 닐슨코리아는 96.1%, TNmS는 93%를 대상으로 한다. 그 이유는 전국을 시군구 단위까지 세분화하여 기초조사를 할 수는 있지만 기초조사에 근거해 최종 패널로 영입할 경우 관리가 어렵기 때문이다. 즉, 패널이 지나치게 분산되고 농어촌의 외딴 가구가 패널로 영입될 경우에는 방문이나 교육에 드는 경비가 많이 드는 현실적 문제가 발생하기 때문이다. 그럼에도 불구하고 조사회사의 재정적 여건이 완화되면 전국 포함률을 100% 유지하는 방향으로 재전환해야 한다.

기초조사 방법은 2010년 방송통신위원회의 시청 점유율 조사 시점 전후로 구분하여 비교할 수 있다(KOBACO, 2011). 우선 시청 점유율 조사 이전의 경우 닐슨코리아는 전화번호부를 이용하여 전국을 시군구 단위로 층화 후 표본을 추출하였고, TNmS도 인명 CD 전화번호부를 이용하여 동일한 방식으로 표본을 추출하였다. 그런데 전화번호부를 이용한 표본 추출 방법은 조사 대상 일반 가구의 포함률이 약 55% 내외로 문제점을 나타낸다. 그 첫 번째 이유는 일반 가구 전화를 가진 비율이 줄어들고 인터넷전화 가입 비율이 높아졌기 때문이다. 두 번째 이유는 가구의 전화번호부에 등재 거부 비율이 높아지고 또 상가와 팩스 등의 무효 전화도 상당 부분 포함되기 때문이다. 시청 점유율 조사 이후에는 방법론적으로 몇 가지 변화를 준다.

표 10-3 **기초조사 전국 대상 지역 포함률**

(단위: %)

전국 포함률	2011년	2012년	2013년
닐슨코리아	88.2	95.4	96.1
TNmS	100.0	96.0	93.0

* 전국 포함률: 조사 대상 가구 수/전국 가구 수(2010년 인구주택총조사 기준)
출처: 한국정보통신정책연구원 (2013).

첫째, 16개 시도의 지역별 크기를 제곱근 비례배분법에 따라 배정하였다. 이 방법을 사용하면 시도별 가구 수의 크기를 반영하면서도 인구가 적은 시도에도 적정 표본 수가 배분될 수 있어, 시도별 가구 수 편차가 큰 경우 표본 배정의 효율성이 높아지기 때문이다. 각 시도별 표본 수가 정해지면 일반 전화번호부 대신 RDD(*Random Digit Dialing*: 임의전화걸기) 데이터베이스를 사용하여 전화번호부에 미등재된 가구를 모두 포함시켜 표본을 추출하였다. 동시에 CATI(*Computer Aided Telephone Interview*) 시스템을 이용하여 전화면접을 실시하였다. 이 시스템은 RDD로 추출된 번호에 자동으로 전화를 걸어 결번이거나 팩스 등의 무효 번호를 걸러내는 장치로 조사의 효율성을 높여준다.

그럼에도 불구하고 여전히 가구에 전화가 없는 가구나 인터넷전화 보유자(070)는 제외된다. 인터넷전화의 경우 지역이 구분되지 않기 때문에 지역별 표본에 포함시키기 어려운 부분이 존재하기 때문이다. 이 비율이 약 33% 정도 되는 것으로 추정된다. 특히 서울 지역의 경우 이 비율이 타 지역보다 높은 것으로 추정된다. 향후 일반 가구 전화의 비율이 줄어드는 상황에서 기초조사의 대표성 및 패널 가구의 대표성 문제와 결부되므로 심각하게 새로운 방법을 모색해야 한다.

기초조사는 2013년 기준으로 한 번 조사할 때 약 2만 6천 명 정도의 규모로 실시된다. 이 규모는 현재 패널 4천 명을 기준으로 할 때 6.5:1의

표 10-4 **주요 국가의 기초조사 현황**

	조사 담당	담당 회사	표본 수/ 최종 모집 패널 대비 표본 수	조사 방법	병행 자료
우리나라	외부 조사회사	닐슨코리아/TNmS	약 26,000명 (약 15.4:1)	전화조사	통계청 인구센서스
영국	외부 조사기관	IPSOS-RSL	52,000(10.2:1)	개별면접	B.K. Census
프랑스	시청률 조사회사	Mediametrie	28,000(7.8:1)	개별면접	INSEE 센서스 자료
독일	외부 조사기관	AGMA	60,000(10.6:1)	개별면접	연방통계청 Mikrozensus
미국	시청률 조사회사	A.C. Nielsen	51,000(10:1)	전화조사	U.S. Census

출처: 염성원 · 오세성 (2009).

비율이다. 조사회사의 실제 패널 모집 과정에서 이 정도 규모로는 충분한 패널을 확보할 수 없기 때문에 추가 조사를 실시한다. 적어도 패널 규모 대비 약 10:1의 비율을 유지해야 패널 교체 및 확보가 가능하다. 유럽 주요 국가의 경우 개별 면접조사 방법을 활용하지만 우리나라의 경우는 비용 문제로 전화조사를 활용한다. 향후에는 조사 방법과 규모 문제도 심각히 재고려해야 할 문제이다.

기초조사의 내용은 양 사가 거의 유사하다. TV 시청 환경에 관련한 질문은 다음과 같다. •TV 보유 대수 •디지털 TV나 HDTV 보유 여부 •케이블 · 중계유선 · 스카이라이프 가입 여부 •IPTV 가입 여부 •인터넷 가입 여부 •DMB 가입 여부 •공청안테나 · 실내외 안테나 시청, PC를 통한 TV 프로그램 시청 여부 •PC · 노트북 · 넷북 · 스마트폰 · 태블릿 PC 소유 여부 및 TV 프로그램 시청 시간 등이다. 가구 및 응답자 관련 질문은 •가구원 수 •가구원의 성 · 연령대 분포 •가구주의 최종 학력 •월 평균 가구 소득 •주택 유형 •직업 등이 포함된다. 향후에는 가정의 TV 이외의 PC나 다양한 모바일 기기를 활용한 시청률까지 통합

표 10-5 **기초조사 응답률(2001∼2013년)**

	01	02	03	04	05	06	07	08	09	10	11	12	13
닐슨 코리아	11.9	32.0	38.9	37.8	32.7	39.4	57.2	41.9	25.9	25.9	36.3	33.6	31.7
TNmS	29.0	46.8	55.7	58.3	65.7	66.5	42.8	40.5 26.3	26.0 26.0		27.3	38.6	39.8

출처: KOBACO (2011); 시청률 조사 검증 보고서 참고.

해서 산출하는 것을 지향하기 때문에 기초조사의 내용도 재검토될 필요가 있다.

기초조사 응답률은 시청률 조사 검증이 시작된 2001년에는 낮게 나타났지만 그 이후 점차 개선되어 2007년까지 대체로 높은 수준을 유지했다. 그러나 체계적 검증이 잠시 중단된 2010년까지는 다시 응답률이 낮아지다가 시청 점유율 조사로 조사 방법이 개선되고 검증이 다시 시작된 2011년 이후부터는 응답률이 다소 높아졌다. 시청률 조사 검증팀에서는 응답률을 40%이상 유지하기를 권고한다. 응답률이 낮아지면 조사 결과의 신뢰성에 문제가 발생하기 때문이다.

2) 표본 추출과 패널 확보

표본 추출은 기본적으로 인구센서스를 기초로 시군구의 각 행정구로 1차 층화를 한다. 또한 기초조사 결과를 바탕으로 각 구별로 TV 대수, 가구원 수, 가구소득, 플랫폼 종류(스카이라이프 · 케이블TV · IPTV 가입 여부)의 각 조합(층)에 맞게 표본 크기를 배정한다. 각 구별로 선정해야 할 표본에게는 전화로 패널 참여를 부탁하여 동의하면 패널로 확정한다. 만약 패널 참여 요청이 최종 거부되면 동일 행정구 내에서 TV 보유 대수, 가구원 수, 소득, 플랫폼 종류가 같은 가구로 대체한다. 양 사의 표본 추출 과정이 약간 다르긴 하지만 기본 과정은 거의 유사하다.

패널 영입 과정은 주로 전화(우편도 활용)로 부탁하는데 참여하겠다는 응답률은 양 사가 약 35% 내외로 나타난다. 그러나 실제 피플미터기를 설치하기 위해 사전 방문을 하거나 간단한 설문을 하는 과정이나 실제 피플미터기를 설치하는 과정에서 패널 영입을 거부당하는 일도 종종 발생한다. 사전 방문 시 전화를 받은 당사자가 동의했지만 가족 구성원이 반대하여 거부당하는 경우도 있다. 또는 시청률 관련 회사(방송사, 광고대행사 등)에 근무하는 가족원이 있는 경우 등 패널 조건이 맞지 않아 제외하는 경우도 있다. 최근 몇 년간의 전화 접촉 가구 수 대비 피플미터기 설치 성공까지를 의미하는 패널 승낙률은 약 15% 내외로 대단히 낮은 편이다. 승낙률이 낮다는 것은 대표성 있는 패널 영입에 실패한다는 것을 의미하기 때문에 승낙률을 높이는 방안을 별도로 마련해야 한다.

패널 승낙률을 높이기 위해 양 사는 다양한 방법의 설득 및 인센티브를 제공한다. 닐슨코리아는 설치 시 소액의 현금을 지불하고 방송문화 발전에 기여한다는 자부심, 시청률 조사의 중요성, 시청률 보도자료 우편 발송, 패널 가구가 되는 경우의 혜택 등을 설명한다. TNmS의 경우에는 물질적 인센티브를 제공하지 않지만 시청률 관련 정보를 볼 수 있는 본사 홈페이지를 소개하고, 관련 신문기사를 제공하는 등 조사의 의의에 대해 설명하는 데 노력을 기울인다.

참고로 독일의 경우 패널 유치 성공률은 79%, 영국은 75%로 매우 높다(염성원·오세성, 2009). 영국의 경우는 기초조사 응답자의 20%를 선정해서 접촉하고 최종 패널 가입에 동의하는 비율이 75%이다. 특히 독일의 경우는 대부분의 나라와 달리 기초조사와 별개로 무작위로 선택된 가정을 방문해 선별면접(*screening interview*)한 후 다시 본격 패널 유치 면접을 통해 패널을 확정하는 방식을 사용한다. 우리나라의 경우는 주요 국가와 비교해 승낙률이 대단히 낮은 편이다. 조사회사는 인센티브를 강화하거나 다른 설득 방법을 통해 향후 승낙률을 일정 수준 이상 올려야 대표성을 유지할 수 있을 것이다.

3) 패널 관리 현황 및 문제점

패널 가구의 TV 시청률 측정 조사 대상 가구원은 만 4세 이상으로 한정된다. 패널 가구의 가입 연한은 양 사 모두 최대 4년이다. 미국의 경우는 2년이고, 유럽의 경우는 패널 지속 연한에 제한이 없어 원할 때까지 유지할 수 있다. 미국이 가입 연한을 2년으로 제한한 이유는 패널 가구를 대상으로 협조도를 조사한 결과 2년이 넘을 경우 협조도가 낮아진다는 근거에 의한 것이다. 우리나라의 경우 패널을 대상으로 한 연구 결과에 근거해 연한을 정한 것이 아니라 단순한 추측에 의해 4년으로 정한 것이므로 이 부분도 향후 연구를 통해 근거를 마련해야 한다.

패널 교체는 자연 교체와 강제 교체로 구분된다. 자연 교체의 경우는 4년이 경과한 경우, 이사를 하거나 철수를 원할 경우 발생한다. 강제 교체는 패널 가구의 협조도가 낮거나 가족 구성원의 변동, TV 기기 등의 변화로 인하여 대표성에 문제가 발생할 때 발생한다. 따라서 패널 가구는 자연 교체 25%를 포함하여 1년에 약 30%를 상회하는 수준에서 교체된다. 조사회사는 매번 대표성을 유지하면서 패널을 교체해야 하고 패널 교육 및 관리에 항상 신경을 써야 한다. 가장 중요한 일은 패널의 협조도인데 이를 위해 양 사는 다양한 방법을 활용하지만 특히 1년에 대략 15만 원 내외의 선물을 제공한다. 패널 관리 소프트웨어를 통해서 패널을 관리하지만 가장 중요한 것은 패널과의 인간적 관계 유지 및 꾸준한 협조를 구하는 일이다. 최근 패널이 급격하게 늘어나고 그에 수반되는 인력이나 비용이 충분히 투자되지 않은 상황에서 패널 관리의 문제점이 발생하고 있다. 향후 양 사에서 특히 신경 써야 할 부분은 패널 관리이다. 패널이 관리되지 않으면 설사 4천 패널이라도 실제 검증을 통과하여 시청률 계산에 사용될 패널 수가 급격하게 줄어들 수 있기 때문이다. 이러한 현상이 최근 검증에서 나타나기도 한다. 또한 양 사에서 매일 패널의 가구 시청 기록을 수집하여 자체 검증하는 규칙도 지나치게 느슨하여 이 부분에 대한 엄격한 규칙 제정도 필요한 실정이다.

4) 피플미터기의 신뢰성

닐슨코리아와 TNmS가 사용하는 피플미터기는 TV의 전원 상태를 인식하는 기술에는 별다른 차이가 없다. 양 사 기기의 차이는 근본적으로 채널 인식 방법에 있다. 닐슨코리아의 피플미터는 기본적으로 주파수 탐지 방식으로 작동하는데, 시청 채널에서 발생하는 고유한 주파수를 탐지하여 어떤 채널인지를 인지한다. 닐슨코리아는 2005년부터 유럽에서 널리 사용 중인 차세대 피플미터 TVM5를 도입하여 점진적으로 확대했는데, 기존의 아날로그 TV는 물론 디지털 TV의 시청률도 측정이 가능하며 기존의 피플미터보다 더욱 정확하다고 한다. 또한 피플미터기 설치 시 기존의 TV를 분해하지 않고 원격 설치가 가능하며, 시청 가능 거리 내에 사람이 인식될 경우 음성으로 안내하는 기능도 있다. 현재 서울 지역 전체는 TVM5로 교체되었으며, 다른 지역의 피플미터도 아날로그와 디지털 측정이 동시에 가능한 UNITAM이라는 신형 피플미터기를 도입하여 교체를 완료하였다. 이러한 신형 피플미터기는 채널 인식에서 주파수는 물론 SI(*Service Information*) 코드, 음성일치 방식 등을 활용한다.

TNmS의 피플미터는 기본적으로 화면일치 방식(PMS: *Picture Match-*

ing System) 으로 작동한다. 즉, 시청 채널의 영상정보 샘플을 저장해서 시청률 조사회사의 시스템 서버로 전송하여 실제 방송 프로그램의 영상 화면(레퍼런스)과 일치시켜 채널을 인식하는 방식이다. 채널 인식의 정확성을 높이기 위해 2007년 10월부터는 음성일치 방식(AMS: *Audio*

그림 10-2 닐슨코리아의 주파수 탐지 방식 피플미터기 시스템

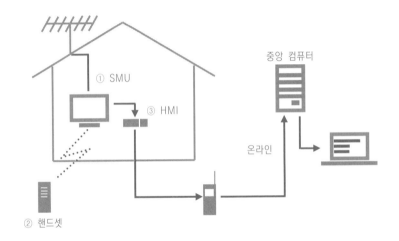

그림 10-3 TNmS의 화면 및 음향 일치 방식 피플미터기 시스템

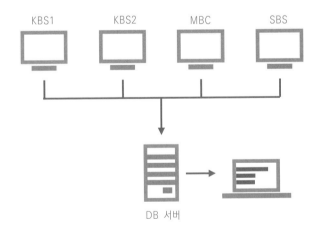

표 10-6 **국내 시청률 조사회사의 피플미터 측정 방식 비교**

	닐슨코리아	TNmS
측정 방식	채널 스캐닝 방식: 피플미터에 내장된 튜너의 시그널과 화면상의 시그널을 비교하여 채널 검출(주파수, AV신호)	화면 및 음향 일치 방식: 피플미터가 기록한 화면 프레임 신호를 본사의 레퍼런스 시스템의 기록과 비교하여 채널을 인식
장점	국내에 방송되는 모든 채널 측정 가능 플랫폼별 시청률 및 실시간 시청률 산출 가능	• SO 채널 변동 모니터링 불필요 • 백업 시스템 활용으로 메인 시스템 오작동 시 복구가 용이
단점	• SO 채널 변동 모니터링 필요 • 동일 주파수에 2개 이상 채널이 나오는 듀얼 방송 시 오류 가능성	• 레퍼런스 파일이 없는 채널의 경우 시청률 산출 불가 • TV 관련 주변 기기(DVD. 게임기 등) 이용 여부 파악 불가

출처: KOBACO (2011).

Matching System)도 함께 적용한다. 디지털 방송 채널은 SI코드를 병행 이용하여 채널을 인식한다. 또한 스마트폰의 애플리케이션을 이용하여 음성을 인식하는 MR(*mMediaR*) 방식도 사용한다. 즉, TV를 시청하는 환경에 따라 다양한 채널 인식 방법을 혼용해 사용한다.

양 사의 피플미터는 채널 인식을 위해 상이한 기술방식을 적용하나, 정확도 측면에서는 양 사가 모두 적정한 수준으로 평가받는다. 2012년 시청률 조사 검증(KOBACO)에서 양 사의 패널 가구에 전화를 걸어 TV 의 전원 상태, 시청 채널, 누가 보는지를 체크하고 다음날 조사회사에 수 집된 시청 기록과의 일치도를 확인하였다. 그 결과 TV 전원 상태의 일치 도는 96% 내외, 채널 일치도는 93% 내외, 개인별 번호 일치도는 90% 내외로 나왔다. 물론 100% 일치해야 하겠지만 조사상의 비표본 오차도 고려한다면 적정한 수준으로 평가받는다. 그렇지만 여전히 양 사 모두 다양한 기기와 측정 방식을 혼용해 사용하기 때문에 지속적 노력이 필요 한 상황이다.

4. 시청률 조사 개선 사항

1) 기존 시청률 조사 방안의 개선

현행 시청률 조사는 일반 가구를 대상으로 실시한다. 시청률 조사는 패널 가구를 대상으로 장기간에 걸쳐 실시하기 때문에 기초조사부터 시청률 산출 과정까지 철저한 관리와 감독이 필요하다. 영국과 독일 등 유럽의 경우 방송사가 주축이 되어 자금을 출자해 시청률 조사를 실시할 회사를 선정하고 자료 산출 과정까지 전 과정에 관여한다. 그렇기 때문에 조사 과정상의 모든 부분이 투명하게 관리된다. 조사에 참여하는 회사도 관리기관과 협조적 관계를 유지한다. 만일 관리감독에 협조하지 않을 경우 차기 조사회사 선정 과정에서 불이익을 받을 수 있기 때문이다.

반면 미국과 같이 사기업이 조사를 실시해서 자료를 판매하는 경우에는 조사 과정에 대한 투명성이 보장되지 않고 자료 구매자의 요구가 잘 반영되지 않는 경향이 있다. 동시에 조사회사는 독점적으로 자료를 공급하기 때문에 이를 대체할 수 있는 수단도 없는 상황이다. 이 경우 자료 구매자의 요구에 따라 시청률 조사 과정에 대한 검증을 실시하기는 하지만 철저한 검증이 어려운 상황이다.

우리나라의 경우도 미국과 같이 닐슨코리아와 TNmS라는 사기업이 시청률 조사를 실시한다. 하지만 세계적으로 유일하게 양 사가 동일 지역을 대상으로 경쟁하기 때문에 자료 구매 협의체가 원한다면 조사 과정에 대한 검증에 기꺼이 응한다. 시청률 조사의 개선을 위한 첫 번째 조건은 매년 또는 주기적으로 조사 과정에 대한 검증을 실시할 수 있어야 한다는 것이다. 검증을 통해 조사 과정이 개선되기도 하지만 검증의 실시 여부가 조사회사를 긴장하게 하고 스스로 철저한 관리를 하도록 유도한다.

시청률 조사 검증의 필요성은 1990년대 초반부터 꾸준히 제기되었지만 당시 조사회사인 MSK는 적극적으로 응할 생각이 없었고 또 검증을 실시할 주체도 구성되지 못했다. 그런 가운데 2000년 KOBACO를 중심으로 방송사, 광고대행사, 학계를 대표하는 시청률검증협의회가 구성되면서 첫 검증이 실시되었다.

첫 해 검증 결과 시청률검증협의회는 양 사의 조사 과정에 대한 체계가 일정 수준에 못 미친다 판단하였고, 특정 회사의 경우 패널의 대표성에 심각한 문제점이 발견되었다. 시청률검증협의회는 사회적 파장을 고려하여 검증 결과를 비공개로 처리하였다. 이후 검증이 2~3년 지나면서 양 사의 조사 과정에 대한 체계 및 기준이 일정 수준에 도달하였다. 이후에도 매년 정기 검증이 실시되었지만 2007년 시청률검증협의회가 해체되고, 이후 방송위원회와 방송통신위원회에서 간헐적으로 비체계적 검증을 실시한 결과 공백기 동안 관리가 느슨해졌음이 확인되었다. 현재는 방송통신위원회가 시청 점유율 조사를 실시하면서 KOBACO에 의뢰해 검증을 주도하지만, 고객 협의체도 적극 참여하는 체계적 검증이 필요한 실정이다.

보다 구체적 개선 방안은 패널의 대표성, 표본의 추출 및 관리, 피플미터기, 편집 규칙 등과 관련된다. 우선 조사 대상 지역과 관련하여 시청 점유율 조사로 인하여 전국을 대상으로 한 조사가 필요하다. 그러나 실제 대부분의 자료 구매자는 경제력이 집중된 수도권 자료에만 관심이 있다. 양 사 경쟁 체제에서 우위에 서기 위해 조사회사는 패널을 대규모로 늘려 전국 조사를 실시하지만 수도권 이외의 패널 운영이 적자 요인으로 작용한다. 동시에 패널 관리도 수도권에 비해 상대적으로 철저하지 못한 상황이다. 이 부분은 양 사 경쟁 체제에서 무리한 패널 확대와 적정 수준의 자료 사용료를 보장받지 못했기 때문이다. 향후 조사 대상 지역 및 패널 수의 적정한 수준에 대해서도 심각하게 재고할 필요가 있다.

패널의 대표성을 유지하기 위해서는 복합적 과정이 영향을 준다. 우선 기초조사 방법과 관련해서는 일반 가구를 대상으로 RDD 전화조사를 실시하는데 30% 이상이 조사 대상에서 빠지는 현상이 시간이 갈수록 점점 더 증가하기 때문에 조사 방법을 다시 한 번 고려해야 한다. 유럽과 같이 설문조사를 실시한다든가 일반 가구를 대상으로 한 전화조사를 실시할 때는 휴대폰을 이용하여 두 조사 결과를 결합하는 방법도 고려해야 한다. 이는 비용 문제와 방법상의 문제로 철저한 연구가 필요하다. 동시에 전화조사의 경우 응답률을 높이는 방안도 마련해야 한다.

패널을 선정하는 과정에서도 전화 접촉 대비 최종 패널 영입 비율이 15%로 매우 낮은 상황이다. 영국, 독일의 경우와 같이 인센티브를 강화한다던지 패널 영입 방법을 개선하여 영입 비율을 상당 수준 높여야 패널 대표성이 확보될 수 있다. 1년에 전체 패널의 30% 정도가 교체되기 때문에 교체 시에도 패널의 대표성이 흔들리지 않도록 유의해야 한다. 검증에서도 패널의 대량 교체 시에 패널 대표성이 손상되어 시청률이 흔들리는 경우가 발생한 적도 있었다. 또한 인센티브 제공을 확대하고 인력을 늘려 관리를 철저히 해야 한다. 이를 통해 기계적 이상, 핸드셋을 누르지 않는 등의 다양한 비협조 상황을 수시로 점검해 교정해야 한다. 또한 가구에서 고정형 TV 시청을 하는 경우 VOD 시청이 꾸준히 늘어나고 있다. VOD 시청의 경우 어떤 프로그램을 보는지 조사회사에서 제대로 파악하지 못하고 있다. 향후 이를 측정할 수 있는 체계를 갖추기 위해서 유료 플랫폼의 표준화된 프로그램 코드 삽입 및 이를 파악할 수 있는 조사회사의 측정 체계가 제대로 구비되어야 한다.

현재 양 사의 편집 규칙은 다소 상이하다. 이 부분은 향후 가능한 한 통일된 체계를 갖추도록 조정될 필요가 있다. 동시에 편집 규칙 자체가 느슨하여 가구에서 수집된 시청 기록에 대한 자체 검증 통과의 비율이 지나치게 높게 나타난다. 엄격한 편집 규칙 제정과 철저한 패널 관리가 필요한 실정이다.

2) 통합 시청률 조사의 필요성과 한계

통합 시청률 조사의 필요성은 특정 TV 프로그램의 경우 고정형 TV 이외의 방식으로 시청과 비실시간 시청이 늘어나고 그 규모 또한 적지 않다는 것에서 비롯되었다. 예를 들어 한국광고주협회가 2013년 3-스크린(TV, PC, 스마트폰) 이용자 1천 명을 대상으로 한 조사 결과에서 〈1박 2일〉 시청자 중 29%, 〈무한도전〉 시청자 중 17.9%가 프로그램을 고정형 TV 이외의 방식으로 시청했다는 것이다(〈PD저널〉, 2013. 10. 24). 한국케이블TV방송협회도 〈응답하라 1994〉 13회 시청자 중 1/3이 고정형 TV 이외의 방식으로 프로그램을 시청했다는 결과를 내놓았다(2013. 12. 12). 이외에도 다양한 프로그램이 실제 고정형 TV 이외의 방식, 비실시간 방식으로 시청되는 것이 사실이다.

그렇지만 이러한 시청이 실제로 어떤 기기를 통해 어느 정도 시청되는지는 정확하게 파악되지 못한다. 그 주된 이유는 조사 대상, 표본의 대표성, 조사 방식에 따라 결과에 상당한 차이가 나타나기 때문이다. 최근 3-스크린 이용자 1천 명을 대상으로 HS애드가 닐슨코리아에 의뢰해 조사한 결과에 따르면 하루 평균 미디어 이용시간은 TV 3시간, PC 48분, 스마트폰 3시간 34분으로 나타났다. 그 뒤에 조사 결과에서 TV는 3시간 16분, PC 40분, 스마트폰 3시간 16분으로 나타난다(KOBACO, 2014b). 실제 TV 프로그램 이용 시간만을 비교한다면 전체 시청 시간의 94%는 고정형 TV, 나머지 6%는 고정형 TV VOD, PC와 스마트폰을 이용하는 것으로 추정된다.

보다 일반화 가능성이 높고 대표성이 있는 조사로는 방송통신위원회에서 한국정보통신정책연구원에 의뢰해 6,240명을 대상으로 면접조사 등으로 실시한 〈2013년 방송매체 이용 행태 조사〉이다. 조사 결과 지상파 TV 프로그램 시청 방식은 95% 이상이 여전히 고정형 TV였고, 10%는 스마트폰, PC 등이었다(중복응답 포함). 하지만 지상파 TV 프로그램을 각 기기별로 어느 정도 시청하는지에 대한 정확한 이용 시간은 제시되지 않았다. 최근 실시된 대규모 조사는 2,562가구의 가구원 6,234명을 대상으로 하여 2013년 말 실시한 〈스마트미디어 시청 행태 조사〉이다 (KOBACO, 2014a). 이 조사는 일기식 조사로 진행되었으며, 조사 결과 95.7%가 고정형TV, 나머지 4.3%는 PC와 스마트미디어 등을 통해 TV 프로그램을 시청하는 것으로 나타났다. 다양한 기기를 이용한 전체 TV 프로그램 시청 중 실시간 비중은 95.6%, 나머지는 비실시간으로 나타났다.

이 두 조사에서 유추할 수 있는 점은 여전히 고정형 TV를 이용한 시청 행위가 95% 내외로 추정된다는 점이다. 나머지 5%는 스마트폰, PC 등을 통해 이용된다. 전체 매체를 이용한 실시간 시청도 95% 내외로 추정되고 나머지는 비실시간으로 이용된다는 것이다. 즉, 이용 시간은 스마트폰 28분, PC 12분으로 추정되지만 실제 방송 프로그램을 이용한 시간은 각각 3분과 10분으로 추정된다(KOBACO, 2014). 한국광고주협회가 TNmS에 의뢰한 3-스크린 이용자 조사에서도 TV 프로그램 실시간 시청 시간이 스마트폰 12분, PC 4분으로 나타났다.

이런 다양한 조사 결과를 통해 알 수 있는 것은 스마트폰이나 PC 등을 이용한 다양한 시청 방식이 확산되고는 있지만 고정형 TV의 실시간 시청 시간이 아직까지는 대폭 이동된 것이 아니라는 점이다. 젊은 층을 중심으로 고정형 TV를 통한 실시간 시청시간이 줄지만, 줄은 만큼 타 매체를 이용한 시청을 하지 않는다는 것이다. 그럼에도 불구하고 고정형 TV 이외의 방식이나 비실시간으로 시청하는 경향은 늘고 있기 때문에 분산된 시청 행위를 합산하려는 노력은 필요하다.

현재 방송통신위원회를 중심으로 2013년부터 통합 시청률 산출을 위한 시범조사가 매년 단계적으로 실시된다. 2014년에도 1,500명을 대상으로 1-스크린, 2-스크린, 3-스크린 이용자 비율에 따른 시범조사를 실시하였다. 측정상의 기술적 문제점은 2014년 시범조사에서 상당 부분 개선되었다. 그러나 궁극적인 문제점은 각 스크린별 이용자 비율에 따라 시범조사를 확대 실시하고 최종적으로 이러한 방식으로 조사 시스템을 바꾸는 방향 전환의 문제이다. 즉 패널 가구를 대상으로 하는 현재의 조사 방식이 개인을 중심으로 조사하는 방식으로 바뀐다는 것을 의미한다. 예를 들면 각 스크린별 이용자 비율에 따라 개인 패널이 선정되면 그 개인이 시청하는 가구의 TV는 물론 PC, 모바일까지 전부 측정해야 한다는 것이다. 세계적 추세와 달리 조사 시스템의 변화도 문제이지만 가장 큰 문제점은 비용 증가다.

현재 4천 가구의 패널에 설치한 피플미터기는 가구당 TV 보유 대수 약 1.4대를 기준으로 환산해 약 5천 6백 대로 추산된다. 전체 패널 가구원은 닐슨코리아의 가구당 평균 인원 3.14명(2013년 기준)으로 계산하면 12,560명이 된다. 만약 현재의 패널 규모로 각 개인별 통합 시청률을 추진한다면 각 개인이 거주하는 가정의 TV에 피플미터기를 모두 설치해야 한다는 것을 의미한다. 이 경우 설치해야 할 총 기기는 약 17,584대〔12,560(패널 가구원) × 1.4(TV 대수)〕가 된다. 즉, 시스템의 변경도 문제이지만 현재보다 3배 이상의 피플미터기를 설치해야 한다면 비효율적 운영과 관련된 심각한 문제가 발생하는 것이다.

고정형 TV 시청률이 떨어지고 시청 행위가 분산됨에 따라 우리나라는 물론 전 세계적으로 그동안 간과했던 시청 행위는 물론 다양한 시청 행태를 측정하기 위한 노력을 꾸준히 하고 있다. 영국의 경우 시청률 조사를 관장하는 BARB(Broadcasters' Audience Research Board)가 2012년부터 교체되는 패널 가구를 대상으로 TV는 물론 PC와 랩탑(laptop)에 TV 미터기(Virtual Meter)를 설치하고 있다. TV 미터기는 방송사에서 프로그램 코드를 삽입하면 이를 탐지하여 시청자가 어떤 프로그램을 시청하는지를 측정하는 방식이다. TV 미터기는 TV를 포함한 모든 스크린에 소프트웨어나 애플리케이션 형식으로 설치되어 모든 시청 행위를 동일한 방식으로 측정한다. BARB는 궁극적으로 태블릿 PC와 스마트폰을 포함한 모든 스크린을 통한 시청 행위를 포괄적으로 측정하는 데 목적을 둔다. 전체 패널이 교체되는 2016년부터는 단계별 통합 시청률을 산출할 예정이다.

미국 닐슨의 경우도 옥외 시청, 인터넷, 스마트폰을 포함한 이동형 기기의 측정까지 포함한 통합 시청률 산출을 목표로 한다. 그 일환으로 미국 닐슨이 2014년 4월부터 3개월간 시카고를 대상으로 PPM(Portable People Meter)을 이용하여 옥외 시청률을 측정한 결과 전체 시청률은 7 ~ 9% 상승하였다. 이 결과는 향후 옥외 시청률에 대한 조사도 심각하게 고려해야 한다는 것을 시사한다(미국 닐슨 보도자료, 2014. 11. 6). 닐슨은 현재 TV 패널, 모바일 패널, 온라인 패널, 트위터 TV 시청률 패널을 별도로 운영한다. 그렇지만 2014년 싱가포르와 통합 시청률 조사를 계약한 내용은 싱글 패널(single panel)을 운영하되 2016년부터 통합 시청률을 산출한다는 계획이다. 미국에서는 스크린별로 별도의 패널을 운영하지만 해외에서는 싱글 패널 운영 방식으로 계약을 추진한다.

통합 시청률 산출 방식은 두 가지 방식이 논의된다. 첫째는 기존 TV

패널을 중심으로 하되 온라인/모바일 패널 등을 별도로 구축하여 최종적으로 자료를 통합하는 방법이 있다. 또 다른 방식은 기존 TV 패널 가구원을 대상으로 시청에 활용하는 모든 스크린을 측정하는 방식이다. 하나의 패널로 모든 스크린을 측정한다는 의미에서 이를 싱글 패널 운영 방식이라고 한다. 스위스, 덴마크, 스웨덴 등이 싱글 패널을 추진 중이다. 두 가지 방식 모두 해결해야 할 문제점이 있지만 현재로서는 싱글 패널 운영 방식이 더 효율적이고 문제점이 적은 것으로 인정된다.

참고문헌

강영희 (2014), 지상파 방송 콘텐츠 멀티플랫폼 도달률, 〈방송문화〉, 3월호, 27~31.
미국 닐슨 (2014. 11. 6). 보도자료.
박수선 (2013. 10. 24), TV 밖 시청 11% '잃어버린 시청률', 〈PD 저널〉.
방송통신위원회 · KISDI (2013), 〈2013 방송매체 이용 행태 조사〉.
방송통신위원회 · KOBACO (2013), 〈2013년도 시청점유율 기초조사 결과보고서〉.
염성원 · 오세성 (2009), 국내외 시청률 조사 검증의 비교 및 향후 제도 개선방안, 한국광고홍보학회 학술대회.
임양수 · 손현진 (2013), 〈해외사례를 통해 본 통합 시청률 도입 영향과 시사점〉.
한국정보통신정책연구원 (2013), 〈2013년 시청률 조사 검증 연구 사업〉.
한국케이블TV방송협회 (2013. 12. 12), "시청률 조사 정확도 높여야"(보도자료).
KOBACO (2011), 〈시청률 조사 검증기관 설립 및 운영에 관한 연구〉.
_____ (2012), 〈2012년 시청률 조사 검증 연구 사업〉.
_____ (2014a), 〈2013 스마트미디어 시청 행태 조사〉.
_____ (2014b), 〈스마트미디어 시청점유율 시범조사〉.

11

시청률 측정 방법의 변화와
새로운 이용자의 등장[*]

이준웅

1. 텔레비전 시청 행위의 해체

텔레비전 시청 행위가 근본적으로 변화하고 있다. 텔레비전 기술도 변화하고 서비스도 다양화되었지만 시청자의 행위도 변화하고 있다. 이런 기술, 서비스, 이용자의 변화가 상호작용해서 '시청률 측정 방식의 변화'를 초래하는 현실을 검토하는 것이 이 장의 첫 번째 목적이다. 흥미로운 점은 텔레비전 시청률 측정 방법이 변화한다면 그에 따라 제작자, 광고주, 매체 정책 담당자의 텔레비전에 대한 접근 방법도 영향을 받으며, 결국 텔레비전을 둘러싼 매체 제도 자체가 변화할 가능성이 있다는 것이다. 이 요점을 전달하는 것이 이 장의 두 번째 목적이다.

이 장은 우선 매체의 이용 행위가 다변화되면서 이용 행위를 이해하고 측정하기 위한 다양한 노력이 이루어진다는 점을 지적하는 것으로 시작한다. 이어서 매체 이용 행위의 측정 방법의 변화가 '매체 이용자'라는 개념 자체의 변화를 유발하며, 그 결과 새롭게 개념화된 매체 이용자에 맞

* 이 장은 2014년 〈방송문화연구〉 26권 1호에 게재된 필자의 논문을 수정 · 보완한 것이다.

추어 서비스가 전개되는 등 사회가 변화한다는 설명을 제시한다. 특히 텔레비전 시청 행위의 변화에 따른 시청률 측정 방법의 변화, 그에 따른 새로운 텔레비전 제도의 성립을 대상으로 논의하려 한다.

사실 시청률은 '텔레비전을 시청하는 사람의 비율'에 불과한 숫자이지만 그 영향력이 지대하다. 방송 기획 및 제작자, 광고주, 매체정책 결정자 등 다양한 행위자의 매체 관련 행위를 조절하는 데 영향을 미치기 때문이다. 시청률은 특정 기간 동안 해당 프로그램을 시청했다고 간주되는 시청자의 규모를 지칭할 뿐만 아니라 방송의 성과에 대한 평가, 광고의 기획 및 가격 결정, 시청자 규모 및 구성의 특성 등과 같은 함의를 동시에 갖는다. 즉, 단순한 숫자가 아니라 '시청률 제도'라는 복합적 의미체계의 일부로 작용한다.

'시청률 제도'란 시청률 측정을 포함한 다양한 행위와 규범의 집합이다. 여기에는 프로그램의 편성 및 평가, 광고비 산정, 광고 효과 측정, 사회적 영향력 추론 등과 같은 시청률과 관련된 다양한 행위가 결합되고, 또한 그런 행위를 규제하는 법, 규범, 윤리 등이 통합된다. 예를 들어 시청률 조사를 위해서는 텔레비전 시청 가구를 대표하는 가구를 선정하여 해당 가구에 시청률 측정을 위한 미터기를 설치해야 하는데, 이를 위해서는 통계방법론, 조사방법론, 자료 전송 체계 등과 같은 방법론적 규칙을 따라야 한다. 광고비 산정도 마찬가지다. 프로그램 도달률과 시청자 특성에 따라 결정되는 광고비 결정 과정에는 과학적 방법론, 가치평가론, 수용자효과론 등과 같은 복잡한 이론 체계와 관련된 방법론적 규칙이 동원된다. 요컨대, 시청률이란 용어가 의미 있게 통용되고 효과적으로 적용되기 위해서는 연관된 규범과 규칙이 동반되어야 한다. 이 때문에 시청률은 단순한 숫자가 아니라 제도라고 하는 것이다.

그런데 최근 텔레비전 시청 행위가 근본적으로 변화하면서 시청률 제도의 복합적 의미 체계에 균열이 발생한다. 이러한 균열 때문에 시청률 제도와 관련된 이해관계자가 어려움을 겪으며 기존 시청률 제도에 대한 불만도 표출된다. 당연히 기존 시청률 측정 방법에 대한 개선책도 제시된다. 그러나 이런 개선책은 모두 저마다 한계가 있다. 시청률의 측정의 대상이 되는 '텔레비전 시청 행위' 자체가 너무나 복잡하게 변하기 때문이다. 일단 디지털 기술의 발전에 따라 방송 서비스 자체가 다변화되었다. 전통적인 지상파 방송뿐만 아니라 케이블과 위성, 인터넷 텔레비전과 OTT 등 다양한 방송 플랫폼이 경쟁한다. 기술적 변화와 더불어 전개되는 '텔레비전 시청 행위'의 변화를 정리하면 다음과 같다.

첫째, 텔레비전을 이용한 방송 프로그램의 시청이란 전통적 개념이 변화하고 있다. PC로도 텔레비전을 시청할 수 있고, 모바일 기기를 이용해서 시청할 수도 있다. 강남준과 김은미(2010)에 의하면 텔레비전 시청을 다른 매체 이용과 구별하기 어려워졌다고 한다. 전통적 텔레비전 시청은 텔레비전 앞에서 방송사가 제공하는 채널을 선택하여 프로그램을 즐기는 일이었다. 즉, 텔레비전 세트라는 기기(device), 채널이란 서비스, 그리고 프로그램이란 내용 양식(content format)이 결합된 행위였다. 그러나 이제 텔레비전만 보더라도 방송 프로그램만 시청하는 기기가 아니다. 시청자는 이제 텔레비전 기기에서 인터넷 검색을 하고 라디오 채널을 골라 듣기도 한다. 텔레비전 시청 시 고유했던 기기, 서비스, 내용 양식은 다른 기기, 서비스, 내용 양식과 경쟁하면서 동시에 융합된다.

둘째, 텔레비전 시청을 제한하는 시공간적 제약이 사라지고 있다. 이재현(2006)에 의하면, 방송 프로그램을 본다는 것은 더 이상 특정한 장소에서 전통적인 편성에 따라 프로그램을 보는 것을 뜻하지 않는다. 텔레비전 시청은 더 이상 고정된 기기가 있는 공간에서 이루어지는 것이 아니다. 일찍이 VCR의 등장 이후 텔레비전 시청자는 '시간을 이동해서' 프로그램을 시청할 수 있게 되었으며, '장소를 옮겨서' 프로그램을 시청할 수 있게 되었다. 지금 인터넷 방송(IPTV), DVR을 이용하거나 웹과 앱을 경유해 이동 중에 다시보기, 몰아보기, 훑어보기를 한다. 이른바 '본방 사수'는 특별한 경우에 추구해야 하는 목적 지향적 시청 행위로 제한된다.

셋째, '시청 품질' 자체가 변화하고 있다. 과거 텔레비전 시청 행위는 개인적 경험 내에서는 물론 다수의 경험 간에도 큰 차별성이 없는 상대적으로 동질적 행위였지만 이제는 더 이상 그렇지 않다. 개인의 경험의 수준에서도 몰아보기(binge watching), 다시보기, 훑어보기 등 다양한 시청 행위가 나타나고 개인 간의 시청 경험도 마찬가지다. 요컨대 과거에는 1분의 텔레비전 시청 시간이 개인 내에서나 집단 내에서 질적인 등가성을 갖는다고 가정되었지만 이제는 과연 그런지 알 수 없게 되었다.

요컨대 텔레비전 시청은 '채널에 대한 노출 행위'라고 간단히 말하기 어려운 복잡한 행위가 되어 버렸다. 나폴리(Napoli, 2011)은 이를 두고 우리가 이른바 '단순 노출 이후의 시대'(the post-exposure era)를 살고 있다고 말한 바 있다. '단순 노출 이후의 시대'를 맞은 우리나라에서도 아직도 시청률 방법은 과거의 방법에 머물러 있다. 즉, 텔레비전을 이용해 방송 편성에 맞춰 채널을 시청하던 시대의 측정법에 머물러 있다. 현행 시청률 측정 방법은 방송 프로그램 다시보기를 비롯한 비선형적 시청은 물론 텔레비전이 아닌 다른 기기를 통한 시청을 체계적으로 측정하지 못한다. 시청률 제도가 이용 행위의 변화를 따라가지 못하는 것이다. 이로 인해 시청률 측정 방법을 개선해야 하며, 시청률 제도의 운영에도 근본적 개혁이 필요하다는 요구가 일고 있다.

앞서 강조한 대로 시청률은 단순한 숫자의 집합으로 보이지만 '시청률 제도'라는 틀 내에서만 의미를 갖는 복잡한 개념이다. 즉, 시청률을 방송 제도의 형성의 관점에서 이해하는 것이 필요하다. 그러면 텔레비전 시청 행위가 변화하면서 시청률 측정 방법의 변화가 이루어지고, 그에 따라 새롭게 측정된 '시청자 집단'이 등장한 것처럼 보이는 일도 이해할 수 있다. 시청자뿐만 아니라 방송 제작자와 플랫폼사업자, 그리고 광고회사 등이 새로운 시청률에 자신의 행위를 조정하는 일을 이해할 수 있다.

이 장에서는 방송 기술의 변화, 시청 행위의 변화, 시청률 측정 방법의 변화, 그리고 그에 따른 방송 제도의 변화 등이 매체 환경에 미치는 영향을 검토하고 그 영향의 사회적 함의를 종합적으로 고찰하려 한다. 이를 위해 수용자 정보 체제의 형성과 변화에 대한 기존 연구의 결과를 종합해서 매체 환경에서 기술적·개념적·제도적 규범이 확립되는 과정을 살펴볼 것이다. 또한 에트마와 위트니(Ettema & Whitney, 1994)가 제시했던 '제도적 유효 이용자'(*institutionally effective users*) 란 개념을 이용해 이용자의 매체 이용 행위를 측정하는 것이 결국 측정된 수용자 대중, 분화된 이용자, 이상화된 공중 등과 같은 상이한 사회적 구성물을 만든다는 점을 제시할 것이다. 결국 시청률 제도가 변화하면 '시청자'에 대한 개념 자체가 변화한다는 요점을 얻을 수 있다.

2. 새로운 시청률 측정의 필요성

시청률 제도는 다른 제도와 마찬가지로 다양한 요소, 즉 기술, 의미, 행위, 규칙 등이 다층적으로 누적되어 구성된다. 구체적으로 보면 시청률은 •기술적 층위의 측정 기계와 데이터 전송 방법 그리고 측정 방법론 •의미론적 층위에서 형성되는 방법론적 개념 •제도적 차원에 포함된 행위와 규범으로 이루어진다. 각 차원은 다시 복잡한 행위와 규범의 결합으로 이루어진다. 예컨대, 기술적 층위만 보더라도 텔레비전 시청 가구를 대표하는 가구를 선정해서 패널을 구성하는 사회조사방법론, 피플미터로 대표되는 텔레비전 시청 행위를 측정하는 전자식 장치의 운용, 수집된 텔레비전 시청 자료의 전송과 정련 등의 과정을 포함한다.

시청 가구에서 기계식으로 측정된 자료는 일련의 통합 처리를 거쳐서 가구 시청률, 개인 시청률, 시간대 점유율, 채널 점유율 등과 같은 통계치로 전환된다. 이 자료는 통계치로 전환되면서 일련의 '사회적 의미 체계'의 일부로 구성된다. 예를 들어 방송사는 프로그램 기획과 편성에서 시청률을 사용하는데, 가구 시청률이 5% 이하면 실패라는 식으로 평가한다. 이런 방식으로 방송사, 광고주, 정책 결정자 등은 시청률 통계치를 이용해 자신의 행위를 규정하고, 평가하고, 조절한다. 따라서 특정 방송 프로그램의 주간 시청률은 해당 방송을 시청했다고 간주되는 시청자의 규모를 지칭할 뿐만 아니라 방송의 성과에 대한 평가, 광고의 기획 및 가격 결정, 시청자 규모 및 구성의 특성 등과 같은 함의를 동시에 가진다.

결국 시청률이란 숫자는 시청률 제도 내에서만 의미를 갖는다. 즉, 방송 평가, 수용자 판매, 광고 효과 측정에 활용되며 그런 제도적 기능과 관련해서만 의미를 가진다. 또한 시청률 측정을 위한 기술적 방법론 역시 이런 조건에 맞추어 설정된다. 요컨대, 측정해야 할 시청 행위라는 사실이 있어서 그것을 포착하기 위해 방법론을 설정하고 주요 개념을 형성하는 것이 아니라 방송 평가, 광고 기획, 시청자 공중의 이해를 위해 특정 행위가 제도화된 행위로 설정되고 또한 그것'만'을 측정하는 것이다. 바로 이 점을 이해하는 것이 중요하다. 왜냐하면 시청률의 이런 제도적 특성은 '시청-이후의 시대'에도 그대로 유지될 가능성이 높기 때문이다.

1) 현행 시청률 측정의 문제

현재의 시청률에 불만이 제기되는 이유는 '커버리지' 때문이다. 현재 세 가지 차원의 커버리지 문제가 있다. 첫째는 기기 커버리지 문제다. PC나 모바일 기기를 이용한 시청이 포함되지 않는다. 둘째는 플랫폼 커버리지 문제다. 텔레비전 플랫폼 중에서 DMB, IPTV, 기타 OTT사업자를 경유한 프로그램 시청이 누락된다. 셋째는 서비스 커버리지 문제다. 프로그램 다시보기, 몰아보기와 같은 시청이 무시되는 것을 극복해야 한다는 것이다. 이런 커버리지 제한의 문제를 극복하기 위해서는 다양한 기기에 대해, 다른 플랫폼에 대해, 그리고 비선형적 시청까지 포함하는 방식으로 커버리지를 다차원적으로 확장하면 된다. 그러나 현실은 말처럼 쉽지 않다.

커버리지 제한의 문제를 개념적으로 이해하기 위해서는 〈그림 11-1〉에 제시된 자료의 구조를 볼 필요가 있다. 일반적인 시청률 자료는 〈그림 11-1〉에 제시된 맨 앞의 사각형(p1)과 같은 구조를 가진다. 이 자료는 3차원으로 구성되는데, ① 시청자(id0001 … n)가 ② 일정한 시간 (t0001 … s)에 ③ 어떤 채널(K1, K2, M, S … c)을 시청하는지 등의 3차

그림 11-1 시청률 자료의 구성과 커버리지 극복을 위한 자료 융합 방법

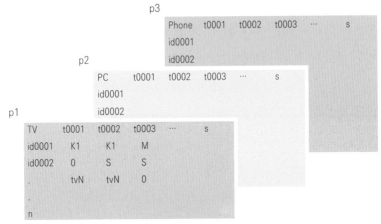

출처: 이준웅 (2014).

원을 의미한다. 이 자료의 3번째 차원, 즉 ③ 내용 차원을 확장해서 방송의 실시간 채널뿐만 아니라 다른 매체의 채널 또는 프로그램에 대한 노출까지 함께 측정해서 통합된 자료를 구성할 수 있는데, 이를 일원자료 (*single source data*) 라 한다. 일원자료를 얻는다면 가장 직관적으로 자료를 해석할 수 있지만 패널 조사를 통해 추가적으로 자료를 수집하는 데 비용이 많이 들며, 측정의 복잡성 때문에 비표집오차가 개입한다는 심각한 문제도 있다.

일원자료 수집은 쉽지 않기 때문에, 별도의 자료를 다층적으로 확보한 후 사후적으로 자료를 통합하는 방법을 주로 사용한다. 이른바 '자료 융합' (*data fusion*) 으로 알려진 방법이다. 예컨대, 〈그림 11-1〉에 제시된 텔레비전 시청률 자료(p1) 에 별도의 조사를 통해서 PC를 경유한 시청 자료(p2) 와 모바일 기기를 경유한 시청 자료(p3) 등을 얻어서 이 3가지 자료를 통합하면 된다. 플랫폼 커버리지를 극복하는 문제도 기존 구조에 새롭게 DMB 시청 자료(p4) 를 더하는 방식으로 해결할 수 있다. 비선형

적 시청의 문제도 마찬가지다. 아무 시간대에나 특정 프로그램을 선택해서 시청하는 비선형적 시청도 '비선형적 텔레비전 자료'를 구성해서 p축에 더하면 된다. 이렇게 자료 융합의 방법을 동원한다면 커버리지를 개선하는 문제는 원리적으로는 그리 어렵지 않은 일처럼 보인다. 그러나 〈그림 11-1〉에 제시한 다층적 자료 확장 방법은 그렇게 간단하지 않다. 알려진 3가지 문제점은 다음과 같다.

첫째, 각 층의 자료를 구성하는 표본의 모집단이 다르다. 예를 들어 텔레비전 시청 자료는 전국의 텔레비전 시청 가구를 모집단으로 삼아 추출한 패널에서 수집된 것이다. 개인 시청률 자료를 구할 경우에도 '텔레비전 시청 가구'를 먼저 표집하고, 그 이후에 해당 시청 가구에 포함된 개인의 시청률을 구한다. 따라서 텔레비전이 없어 애초에 텔레비전 시청 가구로 규정되지 않는 가구에 속한 개인은 조사에 포함되지 않는다. 그러나 PC를 비롯한 새로운 매체의 이용률 자료는 특정 연령대 이상의 개인을 모집단으로 삼아 추출한 패널인 경우가 대부분이다.

둘째, 동시간대 매체 간 중복 이용 덕분에 시간을 축으로 한 자료의 결합에 문제가 발생한다. 시간은 모든 인간의 경험에 동일한 제약을 가하는 조건이다. 따라서 다층적 자료를 융합할 때 시간을 기준으로 이용 시간을 통합하는 방법이 가장 직관적이며 편리한 방법이다. 그러나 잘 알려진 동시간대 매체 이용의 중복 현상이 있다(Pilotta, Schultz, Drenik & Rist, 2006). 전체 매체 이용 시간 중에 비율을 보면 아직 그 비중은 그리 크지 않지만(Enoch & Johnson, 2010), 동일 시간대에 텔레비전을 시청하면서 동시에 모바일 기기를 이용하는 행위가 있는 것이다. 다층적 자료를 통합할 때 이런 '중복된 시간'을 어떻게 처리해야 하는지의 문제가 제기된다. 직관적 해결 방법은 측정의 단위 시간을 절반으로 나누어 각 매체 이용 시간으로 배분하는 것이다. 예컨대, 30분 동안 텔레비전 시청

중 6분 동안 모바일 기기를 이용해 관련 동영상을 검색해서 본 행위를 기록할 때, 텔레비전은 27분 시청, 이동기기는 3분 시청, 전체는 30분이 된다. 그러나 이는 타 매체에 대해 질적으로 다른 이용의 관련성(*engagement*)을 같은 정도의 가중치로 처리한다는 비판을 초래한다.

셋째, 행위의 불일치 문제가 있다. 이는 텔레비전 시청과 다른 매체 이용의 행위의 질적 차원이 다르다는 의미를 1차적으로 포함하지만, 측정 방법의 차이 문제와 결합해 한층 복잡한 사정이 된다. 예를 들어 텔레비전 시청 1분과 PC 이용 1분의 매체와 이용자 간 관련성이 질적으로 같은지 알 수 없다. 이보다 심각한 문제는 질적인 관련성이 같다 가정해도 양적 측정의 과정에서 특성이 달라진다는 것이다. 텔레비전 시청 1분은 '피플미터에 리모컨으로 개인 기록을 기입으로 측정'하고 PC 이용 1분은 흔히 '컴퓨터 OS에 깔린 배경 프로그램의 자동 인식을 측정'한다는 점에서 다르다. 두 측정 방법은 전자식 측정이라는 측면에서 동일함에도 불구하고 내용적 성격이 다르며 또한 다른 방식의 측정오차와 편향을 낳을 것으로 예상된다.

2) 다중매체 이용 개념의 필요성

다중매체 이용을 통한 시청률 측정에는 보다 근원적 문제가 있다. 시청 행위의 목적어인 '매체'가 정확하게 무엇을 지칭하는지 모호하다는 사실이다. 텔레비전 시청률 해체의 시대에서 시청률을 언급할 때 논리적으로 가정할 수 있는 목적어는 적어도 6가지 서로 다른 대상이다. 〈그림 11-2〉는 전통적으로 매체와 내용으로 구분된 시청률의 대상이 실은 포괄적으로 다층적인 구조를 가지며, 하나를 언급할 때 다른 층위의 대상을 동시에 지칭하는 일이 벌어짐을 보여준다. 예컨대 모바일 기기를 통한 텔

그림 11-2 **텔레비전 영역 '매체'와 '내용'의 개념화**

매 체			내 용		
기기	플랫폼	내용 제공자	채널	프로그램	클립
텔레비전	지상파	지상파	KBS-1	뉴스9	뮤직비디오
PC	SOs	종합편성채널	MBC드라마넷	밀회	UGC
이동기기	위성	보도전문채널	SBS 골프	무한도전	
	IPTVs	PPs	tvN		
	OTT		TV조선		
	DMB		VOD 채널	다시보기	

출처: 이준웅 (2014).

레비전 시청률이라고 하면, 그것은 동시에 모바일 기기 내 OTT 애플리케이션을 이용한 시간을 기준으로 측정된 시청률일 수도 있고, OTT 사업자 별 시청률일 수도 있고, 특정 채널이나 프로그램의 '모바일 기기 내 모든 시청률'일 수도 있다. 또 다른 예로 IPTV 시청률이라고 하면, 흔히 텔레비전 기기를 이용한 채널과 VOD 시청을 의미하지만, IPTV 서비스는 얼마든지 PC나 모바일 기기를 통한 서비스로 확장될 수 있으므로 다른 기기에 대한 이용도 함께 고려해야 하는 상황이 발생할 수 있다. 심지어 〈그림 11-2〉는 '방송 시청률'을 언급하기 위해 방송 서비스만 제시한 것이며, 만약 '매체 이용률'을 지칭하기 위해 웹이나 애플리케이션을 이용한 인터넷 내용 제공을 모두 대상으로 하면 훨씬 복잡해진다.

요컨대 매체라는 용어는 동시에 기기, 플랫폼, 내용 제공자(content providers)를 지칭할 수 있다. 따라서 용어가 무엇을 지칭하는지 분명하게 구분하여 사용하면 이 문제는 쉽게 해결될 것 같기도 하다. 그러나 매체 개념은 계속 혼란스럽게 사용되는데, 그 이유는 다양한 행위자의 이해관계와 관심의 영역이 서로 다르기 때문이다. 예를 들어 MBC나 PP 등의 제작사는 채널과 프로그램 단위로 시청률을 언급하지만, 플랫폼 사업자는 광고를 유치하기 위해 플랫폼 가입자 집단의 특성을 강조하는 경향이 있다. 최근 광고주와 광고대행사는 최대의 광고 효과를 노려 광고 구매의 매체 결합(media mix)을 노리기 때문에 플랫폼 간 시청률 차이를 고려한다.

시청률과 관련해서 가장 복잡한 사정은 매체와 연결된 '내용' 쪽에서 발생한다. 과거의 내용은 시간을 축으로 프로그램이 채널의 부분집합으로 포함되는 단순한 구조였지만 이제는 그렇지 않다. 프로그램 판권의 판매나 전용으로 인해서 내용 제공 사업자과 채널이 분리되는 경우가 발생하기 때문이다. 예를 들어 플랫폼 사업자가 KBS의 특정 드라마 방영권을 구입해 자사의 프리미엄 채널에서 재방영해 시청률을 기록한 경우, 그 시청률은 어떤 채널의 시청률로 귀속해야 하는지의 어려움이 발생한다.

VOD나 무료 플랫폼에서 영상보기 등을 고려하면 더욱 복잡해진다. 앞으로 IPTV와 디지털 CATV의 VOD는 물론 넷플릭스와 같은 OTT의 VOD 서비스가 강화되면 텔레비전 채널에서 방송된 내용을 VOD로 시청하는 경우 이를 채널 시청률에 합산해야 할지의 문제가 심각하게 대두될 것이다. 이 경우 프로그램 시청률이란 개념을 적용할 수는 있어도 채널 시청률 개념을 적용할 수 있을지가 문제다. 이뿐만 아니라 인터넷 비디오 서비스 중에서 프로그램의 일부를 편집해 비디오 클립(뮤직비디오, 드라마 편집본, 특정 부분 편집본 등)으로 만들어 유통하는 경우가 있는데, 이를 독립적 프로그램으로 간주해서 시청률 계산에 포함시켜야 하는지 결정하기 어렵다. 특히 인터넷의 무료 웹 서비스를 경유해 유통되는 드라마나 음악 프로그램의 비디오 클립은 어떻게 취급해야 할지 난감하다. 결국 다중매체 시대의 시청률이 의미를 갖기 위해서는 기존의 텔레비전 채널 및 프로그램 시청률을 포함하여 '무엇'에 대한 시청을 측정하겠다는 것인지 명료하게 규정해야 하는데, 그 '무엇'이 도대체 어디부터 어디까지인지를 내용적으로 규정하기 어렵다.

그렇다면 새로운 시청률 측정을 할 수 없는가? 어렵긴 하지만 어떤 방식으로든 새로운 시청률 측정 방법은 확립될 것이다. 그렇게 결정된 시청률 측정 방법은 단순한 방법론적 결정 사항이 아닌 '텔레비전 시청자'를 이해하는 우리의 인식 틀을 결정하는 일이 되며, 결과적으로 방송이라는 제도 자체를 재형성하는 계기가 된다는 것이 이 장의 요점이다. 시청률 측정 방법은 '수용자 정보 체계'를 결정하는 일이다. 수용자 정보 체계란 음반의 인기순위, 신문의 열독률, 방송의 청취율 등과 같은 수치로 제시되는 즉, '매체 이용을 의미화하기 위한 기술, 방법론, 사업자 협약, 시장 관행, 규제 체제 등을 총괄하는 사회통계적 제도'를 의미한다. 이는 단순한 방법론이 아닌 사회적 제도 자체를 구성하는 원리로 작용한다. 왜냐하면 이는 체계적으로 작용하면서 그 체계에 속한 행위자가 공통적으로 참조 가능한 현실을 구성적으로 제공하기 때문이다(Barwise & Ehrenberg, 1988; Napoli, 2011; Vogel, 1998; Webster, Phalen, & Lichty, 2006). 결국 새로운 시청률 측정 방법은 그 구체적인 방법론이 무엇이든 간에 새로운 '시청자 상'을 만들 것이며, 그에 따라 새로운 방송 제도가 성립될 것이다.

3. 수용자 정보 체계 변화의 역사성

앞서 강조했듯이 시청률은 수용자 정보 체계의 일종이다. 수용자 정보 체계란 매체 이용자에 대한 정보를 수집·처리·가공해 해당 분야에서 주요한 결정을 내리는 데 활용하는 행위 체계를 의미한다. 텔레비전을 비롯한 주요 매체를 보면 매체 행위자, 즉 매체 기획자, 제작자, 광고주, 정책 담당자 등이 이용자에 대한 정보를 이용해서 무엇에 주목하고, 어떻게 인식하고, 어떻게 행동할 것인지 결정한다. 예를 들어 시청률, 청취율, 구독률 등 매체 이용 자료는 수용자 정보 체계의 일부이다. 그런데 체계의 연동성 때문에 시청률과 같은 단순한 수치를 계산하는 방법에 따라 해당 분야의 매체 환경 전체는 이에 영향을 받는다.

이 절에서는 음반 산업, 라디오, 텔레비전 등 주요 매체에 대한 측정 방법의 변화에 따라 각 매체 환경이 어떻게 변화했는지를 역사적으로 검토한다. 역사적 사례를 검토하는 이유는 유사한 변화가 방송 영역에서도 발생할 것으로 예견되기 때문이다. 즉, 향후 시청률 제도가 새롭게 확립되면서 시청자 집단에 대한 인식 변화와 더불어 시청률을 참조하고 활용하는 방송 제도 자체가 변화할 가능성이 있다.

1) 1960년대 대중잡지의 세분화

반즈와 톰슨(Barnes & Thompson, 1994)은 1960년대 미국 내 최고의 인기를 누렸던 잡지였던 〈룩〉과 〈라이프〉가 몰락한 이유로 잡지 구독 및 이용에 대한 측정 방법이 변화했기 때문이라는 설명을 제시했다. 반즈와 톰슨의 설명 이전에는 텔레비전이 등장하면서 잡지가 몰락했다는 식으로 설명했다. 텔레비전이 등장하기 전 종합 잡지에 할당되었던 광고비가 텔레비전으로 쏠리면서 종합 잡지의 수입이 줄었다는 것이다. 반즈와 톰슨은 이런 설명이 타당한 점이 없지 않지만 수용자 측정 방법의 변화에 따른 '수용자 이미지'의 변화가 더욱 중요한 원인이었다고 설명했다.

1960년대 들어 미국의 마케팅 전문가들은 '시장 세분화' 개념을 이미 가지고 있었는데, 이를 매체 시장에 적용하면서 매체 이용자 집단을 '대중'이 아닌 '세분화된 이용자'로 보기 시작했다고 한다. 따라서 '독자 타깃이 명확하지 않았던' 종합잡지는 이미 광고주의 관심에서 벗어나기 시작했다는 것이다. 또한 도달율과 노출 빈도와 같은 매체 이용 지수가 개발된 것도 이때였다. 1960년대 중반에 레오 버넷(Leo Burnett)은 자신의 컴퓨터를 이용해 서베이 자료를 분석함으로써 잡지의 수용자 분석 결과를 활용해서 광고를 집행했는데, 이후 광고주는 〈라이프〉, 〈리더스 다이제스트〉, 〈TV 가이드〉 등과 같은 일반 대중을 대상으로 한 잡지를 더 이상 매력적인 광고 매체로 보지 않았다고 한다. 광고주는 세분화된 수용자를 표적으로 삼아 〈플레이보이〉, 〈타임〉, 〈뉴스위크〉와 같은 잡지에 광고를 게재하기 시작했다. 결국 광고주에게 분명한 표적 집단을 제공하지 못했던 대중잡지의 시대가 저물고 전문잡지의 시대가 열렸다.

1980년대가 되어 사정이 변했다. 텔레비전 시청률 등 측정 방법은 정교하게 발전했지만 잡지 수용자 층 분석은 상대적으로 정체기였다. 이 때문에 1980년대 들어서면서 잡지에 대한 광고주의 관심은 차츰 줄어들기 시작한다. 특히 특수한 표적 집단을 수용자로 삼는 소규모 잡지의 경우, 최소한의 수용자 정보를 제공하는 데 실패하면서 상업적으로 어려운 처지에 놓인다.

2) 1970년대 라디오와 대중음악의 분화

피터슨(Peterson, 1994)은 1950년대 이후 미국 대중음악의 성장을 라디오 방송 청취율 조사와 연결해 설명한 바 있다. 그는 1950년대 라디오 방송사, 음반사, 그리고 광고주 간에 형성된 관계 덕분에 미국 대중음악의 혁신이 일어날 수 있었다고 보았다. 그러나 1970년대 말이 되면 청취율때문에 혁신이 저해된다. 청취율 조사와 미국 음반 산업의 혁신의 관련성을 정리하면 다음과 같다.

1950년대는 다음과 같다. 먼저 음반사는 음악가를 발굴하여 계약을 맺는 형식으로 제작에 투자했다. 음악가의 성공을 미리 예상할 수 없기때문에 이는 모험적 투자에 가까운 일이었지만, 음반사는 라디오에 무료로 음악을 뿌리는 방식의 판촉을 했다. 라디오 방송사는 청취자의 반응을 보면서 음반사가 제공하는 음악 중 인기 있는 음악을 골라 방송하면되었다. 특히 청취자가 좋아하는 순서에 따라 순위를 매기는 이른바 '탑 40' 형식의 프로그램을 편성해 방송했다. 이런 순위 프로그램이 광고주의 주목을 끌었음은 물론이다. 광고주는 청취자의 인기를 끄는 이런 프로그램에 광고를 집중 배치했고, 방송사는 광고를 확보하기 위하여 더욱 청취자의 취향을 따르는 방식의 편성을 했다. 결국 청취자는 광고로 운영되는 라디오 방송에서 무료로 음악을 듣고 사후적으로 음반을 구매하는 패턴을 보였는데, 이는 음반사 투자-방송사 편성-광고주 광고 판매-청취자 음반 구매로 연결되는 선순환 효과를 낳았다. 피터슨은 척 베리, 엘비스 프레슬리에서 비틀즈로 이어지는 미국 대중음악의 황금기가 라디오 방송사와 음반사의 선순환 효과에 힘입은 것이라 분석했다.

그러나 1970년대 라디오 방송이 청취율 분석에 따른 편성 전략을 채택하면서 모든 것이 변했다. 라디오 편성 전문가는 청취율을 올릴 수 있는 가장 좋은 방법이 과거에 성공한 음악을 다시 트는 일이라는 것을 알게 되었다. 그 결과 '추억의 히트곡'을 방송하는 라디오 채널과 프로그램이 증가했다. 음반사 사정도 마찬가지였다. 새로운 기획과 투자를 통해 가수를 발굴하기보다 과거 유행했던 양식과 유사한 방식으로 노래하는 가수의 음반을 찍어내기 시작했다. 특히 과거에 히트한 가수의 '베스트 음반'을 찍어내는 일이 유행했다. 결국 대중의 반복적 구매를 보장할 수 있는 방식으로 인해 제작에 대한 투자가 제한되기 시작했다.

1970년대 말 라디오 방송은 수용자 세분화를 통해 광고를 유치하기 위해 무수한 장르 채널로 갈라지기 시작했다. 라디오 채널 장르가 락, 소울, 컨트리, 스포츠, 토크 라디오 등 세분화되면서 팝을 중심으로 한 다양한 음악적 전통 간 교류가 단절되기 시작했다. 소울, 컨트리, 블루스 등이 결합하여 새로운 장르가 만들어지는 창의적 교류가 없어지기 시작했다. 결국 1980년대 미국 라디오는 더 이상 미국 대중음악에서 혁신을 이끄는 중심 역할을 수행하지 못했다. 예를 들어 1980년대 들어 디스코가 발전하고 1990년대에는 컨트리 음악이 새롭게 발전하기 시작했는데, 이는 모두 라디오 방송과 별로 관련이 없는 일이었다. 디스코는 도시의 클럽을 중심으로 형성된 하위문화에서 발생한 것이었으며, 컨트리 역시 미국 남부의 대도시를 중심으로 형성된 백인 중산층 취향을 계발하며 발전한 것이었다. 라디오가 청취율 분석에 따른 이른바 성공 방정식에 몰입하면서 더 이상 대중음악의 혁신을 돕지 못하고 오히려 방해하는 요소가 된 것이다.

3) 1980년대 말 피플미터의 도입과
케이블 TV 네트워크의 부상

닐슨의 피플미터 도입에 따른 지상파 네트워크와 케이블TV 간의 공방전을 기록한 반즈와 톰슨(Barnes & Thompson, 1994)의 기록도 흥미롭다. 1987년 전까지 텔레비전 시청률 측정은 제한적 방식으로 이루어졌다. 닐슨이 사용한 오디오미터 방법은 가구 시청률만을 측정할 수 있었다. 즉, 가구에 설치된 텔레비전 세트에 어떤 채널이 방영되는지만 확인해 자료를 수집하는 방법이었다. 이렇게 오디오미터 패널 조사를 이용하면 시청자 규모가 큰 네트워크 방송 시청자의 규모와 시청 가구의 특성에 대해 즉각 정보를 얻을 수 있었지만, 케이블TV 시청률은 확인하기 어려웠다. 당시 케이블TV 시청 가구가 상대적으로 적었고, 채널에 대한 노출 역시 적었기 때문이다. 따라서 케이블TV 채널별 가구 시청률을 구해 봤자 통계적으로 신뢰할 만한 숫자가 되지 못했다.

1980년대 말까지 닐슨은 약 10만 명 규모의 이용자 조사를 통해 케이블TV 개인 시청의 특성을 별도로 조사했다. 케이블TV 채널에 대한 시청률 자료는 매우 제한될 수밖에 없었다. 왜냐하면 네트워크 방송 시청과 달리 케이블TV 시청은 ● 자료 취합 및 분석 시간이 걸리기 때문에 자료의 확인이 늦고 ● 기계식 조사가 아닌 응답자 조사를 포함하기에 자료특성이 달랐기 때문에 별도 가공이 필요하고 ● 시청률이 낮은 케이블TV 채널일수록 이런 문제가 가중되어 나타났다.

1987년 피플미터가 도입되면서 사정은 완전히 변했다. 피플미터란 텔레비전 시청 가구에 설치되어 시청 가구원의 개인별 시청을 측정할 수 있는 장치다. 피플미터 도입 이후 케이블TV 채널에 대한 시청률 조사가 개인 시청률 차원에서 의미 있게 잡히기 시작했다. 이 덕분에 케이블TV

채널은 광고주에게 매력적 대상이 되었다. 특화된 채널에 주목하는 '세분화된 시청자'를 이용해 광고를 실을 수 있기 때문이다. 피플미터 설치 가구가 1천 4백 가구에서 4천 가구로 증가하면서 케이블TV 가입 가구의 특성은 물론 채널 시청자 특성에 대한 안정된 기록을 확보할 수 있었다. 이 결과 CNN, MTV, ESPN과 같이 특화된 케이블TV 네트워크가 안정적인 광고 수입을 확보하며 성장하기 시작했다. 반즈에 따르면, 케이블TV 채널 시청자는 지상파 채널 시청자에 비해 동질적이며, 특히 MTV와 CNN 등 채널은 USA나 HBO에 비해 동질적이다. 이런 동질적 시청자 구성은 광고주에게 특히 매력적인 조건이 된다. 광고주는 특화된 구매자 집단 확보를 원하기 때문이다. 특히 90년대 이후 광고비 예산의 압박이 강화되어 효율적 광고 집행을 바라는 조건에서 광고주는 케이블TV 채널에 더욱 집중적으로 광고를 배치한다. 피플미터의 도입으로 인해 케이블TV 채널은 더욱 발전할 수 있었다.

4) 1991년 〈빌보드〉의 사운드스캔 도입

음악전문지 〈빌보드〉가 1991년 사운드스캔(SoundScan)을 도입하여 음반 순위를 집계하기 시작하면서부터 미국 음반 산업의 양상이 변화했다. 애넌드와 피터슨(Anand & Peterson, 2000)은 이 과정을 상세하게 분석해 사례연구로 제시했다. 그들은 음반 판매량을 집계해 보고하는 시장 정보 체제의 변화에 따라 음반 시장 내 관련 행위자가 어떻게 대응하며 결국 어떻게 음반 시장이 재형성되었는지를 보여주었다.

1958년 이후 미국 음반 산업은 〈빌보드〉가 발표하는 순위에 민감하게 반응하기 시작했다. 왜냐하면 〈빌보드〉가 분화되었던 기존의 다양한 순위를 종합해 하나의 순위로 통합하여 제시했기 때문이다. 1958년 이전에는 '음반 매장 판매 순위', '라디오 방송 순위', '주크박스 순위' 등 다양한 순위가 집계되었지만, 이 중에서 어떤 것이 권위 있는 순위인지는 확인하기 어려웠다. 〈빌보드〉는 이런 다양한 순위를 통합해서 싱글 '핫 100' 차트를 만들었다. 이것이 바로 '시장 정보 체제'를 형성한 역사적 사례라고 할 수 있다. 음반 시장 내의 모든 행위자가 공동으로 참조할 수 있는 순위를 염두에 두고 행동함으로써, 그리고 모든 행위자가 상대방의 전략적 행위를 염두에 두면서 동시에 자신의 행위를 통제할 수 있게 되었다.

특히 이후에 형성된 〈빌보드〉의 '앨범 200' 차트는 음반 산업의 표준 통계치가 되었다. 왜냐하면 음반 업계는 음악가와 앨범 개수를 단위로 전속 계약을 맺었는데, 단순한 히트곡 순위와 달리 음반의 판매량이 음반 업계의 중장기적 수입과 연결된다는 점이 확인되었기 때문이다. 음반사는 싱글 음반이 아닌 앨범을 이용한 일종의 '끼워 팔기'로 수익을 내면서 '앨범 200' 차트는 미국 음반 업계의 표준 성과지표로 자리 잡았다.

애넌드와 피터슨은 '앨범 200' 차트가 지배적으로 수용된 이유를 다음 3가지로 설명했다. 첫째, 〈빌보드〉는 다양한 이해관계가 얽혀서 분화되어 있던 오락 산업의 관심을 잡지 내용을 통해 대중음악 음반 판매라는 하나의 '주목 대상'으로 집중해 대중음악 시장을 획정하는 데 성공했다. 둘째, '앨범 200' 차트는 과학적 방법론을 이용해 산출되었다는 인정을 받았다. 〈빌보드〉는 미국 내 유력한 음반 매장 약 2백 곳을 표집한 후, 각 매장에 설문지를 보내 음반 판매량을 집계하는 방법을 사용했는데, 특히 개별 음반 매장의 규모와 지역에 따라 가중치를 주는 방법을 사용해 음반 판매량을 집계해서 순위를 결정했다. 셋째, '앨범 200' 차트는 음반 업계의 다양한 이해관계로부터 독립되었다. 방송사, 음반사, 수신기 제작사 등 다양한 행위자 중 어느 하나를 편들지 않고 중립적이고 독립적으로 정보 체계를 형성했던 것이 주효했다고 한다.

1991년 〈빌보드〉는 전국의 음반 매장에서 스캐너를 이용하는 측정 방식인 사운드스캔을 도입해서 '앨범 200' 차트 순위를 결정하기 시작했다. 음반 매장의 자체 집계 매출을 매장의 규모 등의 가중치 변수를 사용해 통합하는 방식이 아닌, 스캐너를 이용해 전자식으로 '실시간 측정'하는 것이다. 〈빌보드〉는 이를 통해 기존 집계 방식의 편향 요인을 없앨 수 있다고 주장했다. 이후 많은 것이 변화했다. 음반사와 방송사가 지배적인 영향력을 행사했던 업계에서 유통사가 점차 영향력을 확대하기 시작했다. 특히 단기적 매출을 좌우하는 대형 체인점이 영향력의 담지자로 떠올랐다. 음반 매장의 세일 전략 등이 음반 시장의 판도를 결정하게 되었기 때문이다(McCourt & Rothenbuhler, 1997).

그 결과 음반의 인기 수명도 변했다. 사운드스캔 도입 이후, 한 음반이 순위에 등장해서 1위에 오르는 데 걸리는 기간은 2.9주였는데, 사운드스캔 도입 전에는 평균 13.6주나 걸렸었다. 즉, 음반 매장의 마케팅에 따라서 히트 여부가 빨리 결판나게 되었다. 또한 독립 제작사 음반의 경우 사운드스캔을 도입한 이후 한 주에 약 24개의 음반이 차트에 올라 있는데, 이는 과거 31개보다 줄어든 것이었다(Anand & Peterson, 2000).

요컨대, 새로운 순위 선정 방법은 훨씬 휘발성이 강하며, 또한 독립 제작사의 판촉 활동 등에 영향을 받지 않고 유통사의 세일즈 방식에 영향을 받았다. 그 결과, 음반사도 3주 내에 뜨지 않는 음반에 대해서는 판촉 활동을 중지하고 새로운 음반을 기획하는 등 제작과 판촉의 사이클 자체를 짧게 줄이기 시작했다. 결국 히트 여부를 더 빨리 결정할 수 있게 되었다. 애넌드와 피터슨에 따르면 사운드스캔을 도입 이후 컨트리 장르 음악의 순위 진출이 눈에 띄게 증가했다고 한다. 또한 '베스트 음반'의 판매가 새로운 음반보다 안정적이라는 것을 알게 되었는데, 이는 향후 음반 기획 및 제작에 지속적인 영향을 주었다.

4. '제도적 유효 이용자'의 사회적 영향력

매체 환경에서 수용자 정보 체계가 작동하는 데 가장 중요한 요소는 '매체 이용자의 행위'이다. 즉 어떤 매체를 얼마나 많은 이용자가 얼마나 오랫동안 얼마나 집중력 있게 이용하는지를 측정하는 것이 중요하며, 이때 '이용자의 행위'가 관심의 초점이 된다. 그런데 매체 연구자를 위해서는 이에 못지않게 중요한 점이 바로 수용자 정보 체계의 대상이지만 역시 하나의 사회적 집단으로 표현된다는 사실이다.

매체 이용자의 행위는 측정되어 제도적으로 의미 있는 사회적 현상이 되는데, 그것은 구체적으로 ● 측정된 수용자 대중(mass audience) ● 분화된 이용자(segmented users) ● 이상화된 공중(idealized publics) 으로 구분되어 나타난다. 이를 제도적으로 유효한 이용자(institutionally effective users) 라고 부른다. 이 세 집단은 매체 이용자의 규모, 구성, 사회적 역할 등 세 차원을 각각 강조해서 개념화한 집단이다. 따라서 시청률은 단순한 숫자가 아니라 대중, 이용자, 공중 등을 표상하는 숫자가 되며, 이런 집합적 대상은 현실적으로 존재하는 집단임과 동시에 제도적 영향력을 행사하는 일종의 '목적인'(causa finalis) 으로 작동한다. 시청률 측정 방법에 따라 매체를 이용하는 사회적 집단에 대한 인식이 달라지고, 또한 그에 따라 매체 자체를 제도화하는 방법이 달라지는 까닭이 여기에 있다.

1) 측정된 수용자 대중

원래 대중이란 개념은 초기 산업사회에서 발전한 개념으로 대량소비, 대중운동, 대중매체 등 구체성과 개성이 없지만 소비력의 원천인 광범한 도시 거주자를 의미했다. 즉 '누구인지'가 중요한 것이 아니라 '얼마나 되는지'가 중요한 집단이다. 특히 도달률, 시청률, 점유율 등으로 나타나는 '제도적 유효 이용자' 역시 규모로 이해되는 경향이 있다. 매체 이용자는 '측정된 대중'으로 일정한 규모 이상이 되었을 때 '제도적으로 유효한 영향력'을 행사한다. 매체 이용자의 규모 자체가 영향력의 원천이 된다는 것이다. 매체 행동 측정은 언제나 1차적으로 이용자 규모를 결정하는 일이며, 이렇게 결정된 규모는 즉각 상업적 의미를 가진다. 예를 들어 일정 규모 이상의 이용자 대중을 확보하지 못하는 채널이나 매체는 상업적으로 무시할 만한 매체가 된다. 따라서 시청률을 비롯한 이용자 측정을 제도화할 때 '매스의 규모'가 가장 민감한 사안이 된다.

과거 수용자 정보 체계의 형성에 대한 역사를 보면, '정확하게 측정된 이용자 규모'보다 '오차가 있더라도 부풀려진 이용자 규모'를 채택하는 방식으로 제도화된다는 것을 알 수 있다(Miller, 1994). 예를 들어 아비트론이 '이동형 피플미터'를 설치해서 라디오 청취율을 보다 정확하게 측정할 수 있다는 타당한 제언을 제시했지만, 이 방법에 따르면 라디오 방송의 평균 청취율은 감소하는 경향을 보였으며, 그 결과 라디오 방송사의 격렬한 저항을 받았다(Napoli, 2011/2013). 측정된 이용자 대중의 규모가 감소하는 방향으로 제도화가 이루어지기 위해 필요한 대안적 효용은 정당화되기 어렵다.

현재 우리나라의 시청률 제도를 둘러싼 논쟁도 '측정된 수용자 대중'의 규모에 대한 불만에서 촉발되었다고 봐도 과언이 아니다. 지상파 방송을 비롯한 전통적 콘텐츠 제공자는 채널의 평균 시청률이 점차로 감소하는 것 때문에 불안해한다. 그런데 이 와중에 측정의 커버리지를 확장하고 비선형 시청도 함께 측정하는 방법을 채택했을 때, 전통적 채널의 시청자 규모는 커지겠지만 시청 점유율은 오히려 감소하지 않을지 고민인 것이다. 왜냐하면 PC나 모바일 기기 등의 기기나 IPTV, OTT 등의 플랫폼을 확장해서 채널 시청률을 구할 경우, 시청률은 다소 증가하더라도 상대적으로 점유율이 낮아질 것이기 때문이다. 마찬가지로 시청률 제도의 개선을 거세게 요구하는 편은 새로운 시청률 제도를 도입했을 때, 자사의 시청률이 일정 규모 이상의 '매스'를 갖추게 될 것을 기대할 것이다.

2) 분화된 이용자

분화된 이용자 역시 매우 오래된 개념이다. 규모로서의 수용자 대중이 매체 사업자의 지배적 관심이었다면, 분화된 이용자는 주로 광고주의 관심이었는데 이 역시 오래된 것이기 때문이다. 매체 이용자의 인구학적 특성과 사회경제적 배경, 그리고 라이프스타일과 매체 이용 동기 등을 기준으로 그들을 세분화하여 파악하는 것은 매체 계획 전문가가 효율적 캠페인을 기획하는 데 필수적이다.

분화된 이용자 개념을 이용하는 최신 방법은 '이용자 레퍼토리'를 파악함으로써 같은 매체를 같은 방식으로 이용하는 집단을 재구성하는 것이다(심미선, 2007). '이용자 레퍼토리'란 매체 이용자가 반복적으로 이용하는 매체 내용을 유형화해서 정리한 목록을 의미한다. 예를 들어 어떤 시청자 집단이 프로그램 A를 시청하면서 프로그램 B도 함께 시청하는 경향을 보인다면, 시청자 집단의 시청 패턴에 따라 군집을 이루는 프로그램 목록을 구성할 수 있다. 예를 들어 20대 여성이 크리스마스 시즌에 주로 시청하는 프로그램 목록 등을 생각할 수 있다. 또한 50대 남성이 초저녁에 주로 시청하는 프로그램 목록을 구성할 수도 있다.

과거에는 인구사회적 배경이나 라이프스타일 또는 소비 특성을 기준으로 이용자의 구성적 특성을 파악하고 그들의 동기와 가치를 추론해서 행위를 설명하려는 방식으로 이용자 특성을 파악했다. 그러나 이제는 이용자의 매체 간 선택과 매체 내 장르 및 내용 선택의 패턴을 가지고 바로 매체 이용을 설명하는 방식이 사용된다. 이런 '레퍼토리' 접근 방법은 완전히 새로운 인식을 제공한다. 왜냐하면 매체 행위의 패턴으로 이용자를 재분류하는 작업이 가능하기 때문이다.

매체 이용을 중심으로 분화된 이용자를 재개념화하기 위해서는 선결되어야 할 문제가 있다. 그것은 다중매체 환경에서 '다양한 기기' 그리고 '다양한 플랫폼'을 경유해서 같은 내용에 접근할 때 이를 얼마나 다른 (또는 유사한) 이용으로 봐야 하느냐는 문제다. 이는 앞서 논의한 바 있다. 예컨대 텔레비전 채널 시청과 모바일 기기에서의 웹 이용이 과연 관련성의 차원에서 등가적이라고 말할 수 있느냐는 것이다. 이런 측정의 '단위'를 결정하는 문제에 대한 합의된 결정을 내리지 않고 다중매체 이용을 상호 비교하거나 합산하는 일을 추진할 수는 없다. '매체 간 합산 점유율'을 구하는 것도 마찬가지다.

새롭게 형성되는 시청률 측정 방법이 이런 문제에 대한 결정적 답변을 제공할 수 있을 것인가? 일반적으로 새로운 매체 이용 측정 방법이 제도화되느냐의 문제는 얼마나 이론적으로 타당하며, 방법론적으로 안정적이며, 동시에 관련 매체 영역 행위자의 이해관계를 충족시키느냐에 달려 있다. 그렇지만 수용자 정보 체계의 형성과 변화에 대한 역사적 사례에 대한 검토를 통해 보았듯이 이론적 타당성과 방법론적 안정성이 제도화를 결정하는 최후의 요인은 아니다. 그보다는 행위자의 관심과 이해관계, 그리고 그들의 매체 시장에 대한 영향력 등이 중요하다. 따라서 어떤 행위자의 어떤 관심과 이해관계를 지니고 시청률을 측정하려는지 파악하는 것이 역시 중요하다.

3) 이상화된 공중

제도적 유효 이용자의 가장 중요한 형태는 '이상화된 공중'이다. 특정 매체를 이용하며 관심과 취향 그리고 지식과 의지를 형성한 공중은 매체 정책의 직접적 대상이며 사회적 관심의 대상으로 간주된다. 예를 들어 특정 플랫폼을 통해 어떤 방송 프로그램을 접한 이들이 1백만 명이 넘었는데, 그 프로그램의 내용이 반사회적 함의를 갖는다면 이는 즉각 사회적 논쟁의 대상이 될 것이다. 왜냐하면 1백만 명의 공중이 반사회적 내용에 노출됨으로써 초래되는 사회적 효과가 염려되기 때문이다. 그 결과 플랫폼에 대한 규제든 내용에 대한 사후적 심의든 정책적 관심의 대상이 될 것이다. 이와 같이 시청률 등으로 포착된 매체 이용자 집단은 공적 관심의 대상이 되는 '희생자'를 만들기도 하고(Webster & Phalen, 1994), 정책의 '수혜자'를 만들기도 하고, 또한 여론의 담당자가 되기도 한다(Herbst & Beniger, 1994).

신문은 독서 공중(*reading publics*)을 만들었으며, 독서 공중이 결국 근대의 시민혁명의 주체로 성장했다는 해석이 있다. 또한 텔레비전은 수용자 대중(*mass audience*)을 만들었으며, 수용자 대중은 다름 아닌 현대의 소비자 집단(*consumer groups*)이라는 해석도 잘 알려져 있다. 역사적인 매체의 발전에 따른 해당 매체 주된 이용자 집단의 규정은 그들의 사회적 역할에 대한 이해와 연관된다고 한다(Herbst & Beniger, 1994). 예를 들어 뉴스 이용자의 규모는 '유식한 공중'(*informed public*)이 존재하는 근거가 된다. 적어도 정기적으로 뉴스를 이용하는 자는 그렇지 않은 자보다 더 많은 정보를 보유한 것으로 간주할 수 있는데, 이들이 여론을 결정한다는 것이다. 또한 다양한 오락 프로그램을 이용하는 시청자는 '취향의 공동체'가 되며, 특정 장르의 프로그램에만 접근하는 시청자는 '목적의

식적인 능동적 이용자 집단'으로 간주된다. 마찬가지로 공영방송의 수신료 납부자는 공영방송 제도를 뒷받침하는 '공영방송 신탁자로서의 공중'(public as truster)로 개념화된다. 요컨대, 측정된 매체 이용자 집단의 규모와 성격이 해당 집단의 사회적 역할을 구체적으로 이해하는 데 도움을 준다.

시청률 제도를 통해서 포착된 시청자 집단이 시민적 권리의 주체인 공중인지의 여부가 중요한 논쟁점이 되기도 한다. 텔레비전 시청자를 개인적 요구를 실현하는 소비자 집단으로 보느냐 혹은 집합적 권리의 주체로 보느냐에 따라 방송 정책이 달라지기 때문이다. 이와 관련해서 특히 인터넷 시대에 웹이나 애플리케이션 서비스 이용자가 파편화되면서 공중이 분화되고 심지어 사라진다는 염려가 제기되기도 했으나(Sunstein, 2009), 시청률 자료를 이용한 최근 연구에 따르면 이런 염려는 근거가 없다고 한다.

웹스터 등(Ksiazek, 2011; Webster & Ksiazek, 2012)의 최근 연구를 보면, 텔레비전을 비롯한 다중매체 이용자는 다양한 매체 서비스를 중복적으로 골고루 이용한다고 한다. 즉, 텔레비전 이용자는 특정 채널에 파묻혀 고립화된 집단으로 존재하는 것이 아니라 여러 개의 채널은 물론 웹사이트 등을 돌아다니며 정보를 이용한다고 한다. 이런 연구 결과가 텔레비전 이용자 집단의 사회적 성격에 대한 의미화 방향을 보여준다. 즉 한때 파편화되고 격리된 텔레비전 시청자 이미지가 지배적이었지만, 시청률 자료를 보면 결국 다양한 내용을 골고루 접하는 이용자라는 이미지를 확립할 수 있는데, 이러한 시청자 이미지는 시청자 정책에 대한 방향을 결정하는 데 영향을 미친다.

결국 시청률 등의 통계치는 상업적 활용 가능성에 따라 발전하는 것처럼 보이지만, 실은 그런 통계치를 만드는 방법론에 따라 포착된 사회적 집단은 궁극적으로는 '측정된 공중의 사회적 역할'을 갖는 것으로 규정된다. 이 때문에 정치인, 매체 정책 전문가, 시민운동 등이 도달률, 시청률, 점유율 등을 이용해서 포착한 매체 이용자 집단에게 접근하는 방식에 따라 다른 성격의 공중을 가정하고 그들을 위해 행동한다고 주장한다. 예를 들어 유료 텔레비전 방송에 가입하여 가입료를 내고 방송을 이용하는 집단보다 무료 지상파 방송을 시청하는 집단이 더 크다면, 이는 지상파 방송과 관련한 정책적 사안을 개발하는 논리에 도움을 줄 것이다. 결국 시청률 제도의 변화는 이런 정책적 사안을 제시하거나 해결하기 위한 의도와 맞물려 이루어질 것이다.

5. 새로운 시청률의 측정과 방송의 미래

신문의 미래가 어둡다는 것은 비밀이 아니다. 산업으로서의 신문이 기울면서, 신문의 저널리즘 기능 수행의 능력에 대한 의문이 제기되는 실정이다. 그리고 이런 어두운 전망의 핵심에는 신문 매체를 이용하는 독자 측정 방법이 효과적이지 않다는 현실이 있다. 즉 신문의 구독률과 유효부수는 방송의 평균 도달율과 채널 시청률에 해당하는 정보인데, 이것이 거의 전부이다. 방송 시청자에게 적용되는 수많은 측정 방법과 그에 따른 통계치를 신문 독자로부터 얻기 어렵다. 이 때문에 신문 독자는 제도적으로 유효한 이용자로 간주되는 데 제약이 있다.

예를 들어 신문 독자는 '나이든 중산 식자층'이라고 간주되지만, 실제 그들의 구매력, 사회적 영향력 등은 어떠한지, 그들에 대한 정확한 이용자 프로필을 확인하기 어렵다. 간혹 신문 독자에 대한 조사 연구가 이루어지지만 텔레비전 시청자 프로필과 같은 즉시성, 정교함, 구체성이 떨어진다. 따라서 신문 독자의 공중으로서의 기능, 즉 신문 독자의 공적 정보에 대한 노출과 학습, 그리고 공적 사안에 대한 사회적 논의의 활성화 등에 대한 논의가 점차로 줄고 있다.

이런 신문과 비교하면, 미래의 방송에 대한 전망은 상대적으로 밝다고 할 수 있다. 텔레비전 시청자의 규모와 구성적 특성에 대한 관심은 그 어느 때보다 높으며, 그런 관심에 부응하는 방법론적 개발 노력이 경주되기 때문이다. 또한 매체 효과 개념의 자체가 '다중적 노출을 통한 통합적 효과'로 재개념화되는 현실에서 방송은 인터넷 내용 제공 서비스와 오히려 융합하면서 발전한다. 즉, 텔레비전은 매체 간 융합의 지류가 아니라 본류가 될 가능성이 크다. 따라서 텔레비전 시청자는 플랫폼이 확장되고 서비스가 다양화되면서 오히려 주류적 이용자 집단으로 재규정될 가능성이 높다. 이렇게 보면 방송 정책 전문가는 새로운 시청률 측정 방법을 개발하고 새로운 수용자 정보 체계를 제도화하는 데 소극적일 이유가 없다. 오히려 방송이 앞장서서 제도의 변화를 주도하는 편이 더 많은 기회를 보장할 것처럼 보인다.

새롭게 형성되는 시청률 측정 방법은 방송을 포함한 전자 매체 전체에 대한 새로운 기회가 될 가능성이 높다. 특히 방송 시청의 사회적 의미와 상업적 가치를 극대화하는 데 사용할 수 있다는 장점을 생각하면 더욱 그러하다. 시청자의 규모, 구성, 가치 등에 대한 이해를 근거로 프로그램을 더 잘 기획하고, 채널 편성을 하고, 광고 영업을 수행하는 등 방송이 가진 통제력을 극대화하여 이익을 창출할 수 있다. 동시에 텔레비전 시청자는 언제나 정책적 관심의 대상자이기도 했다. 그들은 규모 있는 시민 대중으로서 영향력의 대상임과 동시에 당사자로 간주된다. 따라서 텔레비전 시청자를 규정하는 수용자 정보 체계는 투명하게 운영되고 또한 유통되어야 한다. 적어도 해당 정보에 대한 대가를 지불하면 누구나 방송이 가진 정보에 동일한 권리를 갖고 접근할 수 있어야 한다. 새로운 시청률 조사 방법 및 활용 방안에 대한 방법론적 검토와 사회적 논의가 중요한 이유가 여기에 있다. 즉 다양한 이해관계자가 동의할 수 있는 기술적 기초에 근거해서 모두가 인정할 수 있는 정보 체계로 자리 잡아야 더욱 의미 있는 방식으로 이용될 수 있다.

참고문헌

강남준·김은미 (2010), 다중 미디어 이용의 측정과 개념화: 오디언스를 향한 새로운 시선, 〈언론정보연구〉, 47권 2호, 5~39.

강남준·조성동 (2011), 방송 프로그램의 크로스플랫폼 시청 행위 측정을 위한 방법론적 제언, 〈한국방송학보〉, 25권 3호, 7~45.

심미선 (2007), 다매체 시대 미디어 레퍼토리 유형에 관한 연구, 〈한국방송학보〉, 21권 2호, 351~390.

이재현 (2006), 모바일 미디어와 모바일 콘텐츠: 멀티플랫포밍 이론의 구성과 적용, 〈방송문화연구〉, 18권 2호, 285~317.

이준웅 (2014), 시청률의 해체인가 진화인가?: 제도적 유효 이용자와 방송의 미래, 〈방송문화연구〉, 26권 1호, 33~62.

Anand, N. & Peterson, R. A. (2000), When market information constitute fields: Sensemaking of markets in the commercial music industry, *Organization Science*, 11(3), 270~284.

Barnes, B. & Thompson, E. (1994), Power to people(meter): Audience measurement technology and media specialization, In J. S. Ettema and D. C. Whitney (Eds.), *Audiencemaking* (pp. 75~94), Thousand Oaks, CA: Sage.

Ettema, J. & Whitney D. (1994), The money arrow: An introduction to audiencemaking In J. S. Ettema and D. C. Whitney (Eds.), *Audiencemaking* (pp. 1~18), Thousand Oaks, CA: Sage.

Herbst, S. & Beniger, J. R. (1994), The changing infrastructure of public opinion, In J. S. Ettema and D. C. Whitney (Eds), *Audiencemaking* (pp. 95~114). Thousand Oaks, CA: Sage.

Innerfield, A. & Fromm, J. (2013), In the eye of the beholder; The equality of ad effectiveness across platforms, ARF Experiential Learning, *Audience Measurement 8.0*, 2013

Ksiazek, T. B. (2011), A network analytic approach to understanding cross-platform audience behavior, *Journal of Media Economics*, 54(4), 237~251.

McCourt, T. & Rothenbuhler, E. (1997), SoundScan and the consolidation of control in the popular music industry, *Media, Culture & Society*, 19(2), 201~218.

Miller, P. V. (1994), Made-to-order and standardized audiences: Forms of reality in audience measurement, In J. S. Ettema & D. C. Whitney

(Eds.), *Audiencemaking* (pp. 57~74), Thousand Oaks, CA: Sage.

Napoli, P. (2003), *Audience Economics: Media Institutions and the Audience Marketplace*, New York: Columbia University Press.

_____ (2011), *Audience Evolution: New Technologies and the Transformation of Media Audiences*, New York, NY: Columbia University Press.

Peterson, R. A. (1994), Measured markets and unknown audiences: Case studies from the production and consumption of music, In J. S. Ettema and D. C. Whitney (Eds.), *Audiencemaking* (pp. 171~185), Thousand Oaks, CA: Sage.

Pilotta, J. J., Schultz, D. E., Drenik, G., & Rist, P. (2006), Simultaneous media usage: A critical consumer orientation to media planning, *Journal of Consumer Behavior*, 3(3), 285~292.

Roscoe, J. (2004), Multi-Platform event television: Reconceptualizing our relationship with television, *The Communication Review*, 7(4), 363~369.

Starr, P. (2004), *The Creation of the Media*, New York: Basic Book.

Sunstein, C. R. (2009), *Going to Extremes: How Like Minds Unite and Divide*, Oxford, England: Oxford University Press.

Varan, D., Murphy, J., Hofacker, C. F., Robinson, J. A., Potter, R. F., & Bellman, S. (2013), What works best when combining television sets, PCs, tablets or mobile phones?, *Journal of Advertising Research*, 212~220.

Webster, J. G. (2005), Beneath the veneer of fragmentation: Television audience polarization in a multichannel world, *Journal of Communication*, 55(2), 366~382.

_____ (2006), Audience flow past and present: Television inheritance effects reconsidered, *Journal of Broadcasting & Electronic Media*, 50(2), 323~337.

_____ (2010), User information regimes: How social media shape patterns of consumption, *Northwestern University Law Review*, 104(2), 593~612.

_____ (2011), The duality of media: A structurational theory of public attention, *Communication Theory*, 21, 44~67.

Webster, J. G. & Ksiazek, T. B. (2012), The dynamics of audience fragmentation: Public attention in an age of digital media, *Journal of Communication*, 62, 39~56.

12

스마트미디어 환경에서의
뉴스 이용 변화와 저널리즘

양승찬

1. 들어가며

우리나라의 뉴스 미디어 환경은 지난 20년간 변화와 혁신을 거듭하며 오늘날의 스마트미디어 환경을 맞이하였다. 최근 20년 동안의 뉴스 미디어 환경을 되돌아보면 뉴스 미디어 환경 변화의 흐름을 크게 두 시기로 나누어 설명할 수 있다. 첫 번째 시기는 PC 중심의 인터넷 미디어 기반의 뉴스 이용 시기이며, 두 번째 시기는 스마트미디어 기반의 뉴스 이용 시기이다. 먼저 인터넷 미디어 기반의 뉴스 이용 시기를 살펴보면, 1994년 우리나라에 상용 인터넷이 처음 도입된 이후로 1990년대 말에 고정형 인터넷과 네이버와 다음 등의 포털 미디어가 등장하면서 본격적으로 인터넷 뉴스 미디어 시대가 시작되었다. 인터넷의 등장은 기존의 전통 뉴스 서비스 시장을 획기적으로 탈바꿈시켰다 해도 과언이 아닐 정도로 엄청난 변화를 가져다주었다. 1990년대 중반까지만 해도 소수의 신문, 방송, 잡지 등에 한정되었던 뉴스 소비는 인터넷의 등장으로 매체와 내용의 다양화와 생산자 및 소비자의 확대가 이루어졌다.

새로운 뉴스 서비스를 제공하는 인터넷은 기존 전통 미디어와 달리 다음과 같은 차별적인 특성을 가진다(Newhagen & Rafaeli, 1996). 첫 번째는 상호작용성(interactivity)이다. 인터넷에서는 수신자와 소비자가 명확하게 구분되지 않는, 즉 이용자가 송신자(생산자)이면서 동시에 수신자(소비자)가 될 수 있다. 두 번째는 비동시성이다. 과거 전통 미디어는 보도에서 시간의 제약이 있었으나 인터넷은 시간의 구애 없이 언제든 이용 가능하다. 세 번째는 커뮤니케이션 방식의 확대이다. 인터넷은 일대일(point-to-point), 일대다(point-to-many), 다대다(many-to-many) 커뮤니케이션 등이 모두 가능한 다차원 커뮤니케이션 매체이다. 네 번째는 일부 특권층에게 편중되어 있지 않고 다수의 공중이 정보를 생산하고 분배할 수 있다는 '민주적' 특성이다.

이와 같은 인터넷의 매체적 특성에 따라 기존 소수 전통 언론에 한정되었던 뉴스 생태계의 진입 장벽이 낮아지면서 인터넷 뉴스 사이트 및 인터넷 언론사들이 엄청나게 증가하였으며, 이들은 기존 전통 언론의 역할을 보완·대체·확대하는 등의 역할을 수행하였다. 그뿐만 아니라 기존의 전통 언론에 비판을 가하고 새로운 대안을 모색하는 언론이 등장하기도 하였다. 대표적으로, 2001년 이후에 창립한 〈프레시안〉, 〈오마이뉴스〉 등을 들 수 있다. 이들 대안 언론은 기존 언론이나 커뮤니케이션 구조, 기존 사회 질서 등과 다르거나 이에 반대하는 일련의 커뮤니케이션 형태를 보였다(박선희, 2001).

한정된 시장에 생산자가 많아지기 시작하면서 '뉴스 생산'의 권력 독점은 줄어드는 반면 '뉴스 유통'의 영향력이 강조되기 시작하였다(김위근, 2014). 이에 따라 이 시기에 부각되었던 미디어가 바로 포털 미디어이다. 포털 미디어의 뉴스 서비스는 1998년 야후코리아를 시작으로 2000년대 네이버와 다음, 네이트 등이 뒤따라 시작하면서 자리 잡았다. 처음 포털 미디어의 뉴스 서비스가 시작되었을 때까지만 해도 기존 미디어의 인터넷 뉴스 사이트가 주도권을 잡고 있었으나, 2000년대 초반 국가적으로 다양한 큰 사회적 이슈를 거치면서(양승혜, 2003; Korean Click, 2004. 6) 포털 미디어의 이용량이 급속도로 증가하며 지배력을 확장했다.

우리나라의 포털 미디어는 다른 국가와는 달리 그 영향력과 지배력이 거대하다고 할 수 있다. 미국의 경우 포털 미디어가 우리나라와 마찬가지로 종합 콘텐츠 솔루션이기는 하지만 뉴스를 콘텐츠로 한 정치적 영향력은 미약하며, 검색을 기반으로 한 개인 매체화가 강한 편이다(임종수, 2006). 반면에 국내에서는 포털 미디어가 단순히 뉴스 기사의 매개를 넘어 언론사가 수행하는 뉴스의 유통, 편집, 수정 등과 같은 일부 기능을 수행하며, 뉴스 이용자의 포털 미디어 이용 및 의존도 역시 매우 높은 양상을 보인다.

국내 뉴스 미디어 환경의 변화를 볼 때 두 번째 시기는 전 세계적으로 스마트 기기의 보급이 확산된 시기다. 스마트미디어 시대의 도래는 지난날 우리 사회에 인터넷이 도입된 당시 나타난 변화 그 이상의 혁신을 보이고 있다. 스마트미디어 이용의 폭발적 증가는 뉴미디어 영역에서부터 전통 미디어 영역에 이르기까지 미디어 및 플랫폼 환경 전반에 변화를 야기했다. 현재 모든 차원과 영역의 미디어에서 '스마트미디어화'되며(김위근, 2013), 이러한 변화는 앞으로도 활발하게 진행될 전망이다.

스마트미디어가 오늘날 이러한 변화를 일으킬 수 있었던 것은 바로 '이동성'과 '접근성'이라는 스마트미디어의 차별적 특성 때문이다(김위근, 2013). 미디어 이용에서 이동성의 제공은 콘텐츠를 쉽게 이용하게 하면서 콘텐츠의 생산, 유통, 소비 과정을 개선하는 것은 물론 미디어에 보다 집중하도록 하였다. 또한 콘텐츠에 대한 접속을 용이하게 함으로써 다양한 콘텐츠에 보다 원활하게 접근하고 이용할 수 있도록 한 것이다. 이러한 특성이 스마트미디어 이용을 증대시켰으며, 애플리케이션과 같은 새로운 서비스를 등장시키면서 다양한 사회적 변화를 이끌고 있다.

특히 스마트미디어 이용이 확대되면서 활성화된 것이 바로 소셜 미디어이다. 소셜 미디어는 2000년대 초반 등장하였으나 스마트미디어의 보급과 이용이 일상화되면서 이용이 더욱 급증하였다. 소셜 미디어는 '사람들이 의견, 생각, 경험, 관점 등을 서로 공유하기 위해 사용하는 온라인 툴과 플랫폼'(최영·박성현, 2010)으로 미디어의 근본 이용 목적인 상대방과의 의사소통 및 메시지 전달과 동시에 그 과정 속에서 상호 간 관계 구축을 가능하도록 한다(김유정, 2009). 이는 정보 검색이나 오락 추구 등의 기능적 측면이 강했던 인터넷과 달리 네트워크를 통한 관계 형성 및 유지, 표현, 소통 등의 측면이 강조된 것이다(금희조, 2010).

이러한 소셜 미디어의 등장은 뉴스의 생산 및 소비 과정에 많은 변화를 가지고 왔다. 최민재·양승찬(2009)은 콘텐츠의 접근성, 생산 방식, 생산 주기, 가변성 등의 측면에서 소셜 미디어와 전통 미디어 간에 차이가 있다고 지적하였다. 소셜 미디어는 누구나 접근이 가능하고 콘텐츠 생산에서 전문성이 필요하지 않으며 기존 생산물에 대한 약간의 수정 기술만 있으면 된다. 또한 콘텐츠에 대한 즉각적 의견 제시와 응답이 가능하며 언제든지 수정이 가능하여 생산 주기가 없다. 방은주·김성태(2014)는 뉴스 제작의 측면에서 정보원과 이슈의 영역 및 관점이 보다 확장되었으며, 일반 개인의 의견이나 정보가 기사에 적극 반영되거나 개인이 참여할 수 있게 되었다고 설명하였다. 뉴스 소비의 측면에서도 단순히 뉴스를 읽는 행위에서 그치는 것이 아니라 다른 사람과 함께 이용하거나 공유, 소통하는 것이 가능해졌다는 것이다.

오늘날 스마트미디어의 혁명은 그 속도를 따라가기 어려울 정도로 빠르게 진행되어 가까운 시일 내에 디지털 또는 모바일 퍼스트(*digital/ mobile first*)를 넘어 디지털, 모바일 온리(*mobile only*) 시대로 전환될 전망이다. 이러한 급격한 흐름 속에서 뉴스 미디어 이용 양태의 변화를 점검하고 저널리즘과 관련한 쟁점을 진단하는 것은 새로운 시대의 변화에 대응하고 발맞추어 가는 데 매우 필요한 작업이 아닐 수 없다.

이 장에서는 최근 스마트미디어 환경에서의 뉴스 미디어 이용 행태가 어떠한지를 파악하고, 이러한 변화를 이끌어가는 새로운 뉴스 서비스를 소개하고자 한다. 아울러 저널리즘적 관점에서 스마트미디어의 등장에 따른 뉴스 생산 및 이용의 변화를 정리하고, 이것이 민주주의 실현의 가치와는 어떠한 연관성이 있는지 연결함으로써 스마트미디어 환경에서의 저널리즘 방향성을 논의하고자 한다.

2. 새로운 미디어 환경에서의 뉴스 이용 변화와
   새로운 뉴스 서비스의 등장

1) 뉴스 이용 변화

2000년대 후반부터 지금까지 스마트 기기의 보급이 증가하면서 전화 이외의 네트워크 연결에서 스마트 기기의 이용이 보편화되었다. 2013년 한국미디어패널조사의 연구에 따르면, 2013년 국내 개인 휴대폰의 보급률은 91.8%에 이르며, 특히 일반 휴대폰의 보유율이 감소하는 반면 스마트폰의 보유율은 증가하여 전체 70%를 넘는 것으로 나타났다(정보통신정책연구원, 2013). 스마트폰의 보편화는 단순히 개인 커뮤니케이션 도구의 확산 또는 변화만을 의미하는 것이 아니라 스마트폰에서 제공하는 다양한 서비스에 따른 개인의 생활 전반의 변화까지도 의미한다. 즉, 스마트폰 이용의 증가는 모바일 서비스 이용의 증가까지 내포하는 것이다.

이러한 변화를 토대로 스마트미디어 시대에 접어든 현재 뉴스 미디어 이용 행태의 변화를 요약하면 크게 ●신문의 쇠퇴와 이동형 인터넷 약진 ●포털 미디어를 통한 뉴스 이용의 증가 ●소셜 미디어를 통한 뉴스 이용의 활성화 등으로 그 변화의 특성을 정리할 수 있다.

(1) 신문의 쇠퇴와 이동형 인터넷 뉴스의 약진
한국언론진흥재단에서 전국 성인 남녀 5,082명을 대상으로 실시한 2013년도 언론 수용자 의식 조사에 따르면(〈그림 12-1〉참고), 종이신문의 이용은 지난 1993년부터 꾸준히 감소하는 추세이다. 1993년도 하루 평균 40.8분이었던 종이신문 이용 시간은 지난 2000년대 후반에는 절반 이하로 떨어졌으며, 2013년도에는 12분에 불과한 것으로 나타났다. 이와 같은 이용 수준은 저널리즘 기능을 수행하는 전통 미디어인 TV와 비교할 때도 매우 저조한 것으로 볼 수 있다.

반면, 인터넷 매체는 2002년 하루 평균 이용 시간이 77분이었으나 지속적으로 이용량이 증가하는 추세를 보였다. 2013년에는 그 이용 시간이 총 116.3분으로 나타나 전체 매체 중 두 번째로 많았다. 인터넷 이용 시간을 이용 방식에 따라 고정 PC를 통한 고정형 인터넷 이용, 스마트미디어를 통한 이동형 인터넷 이용으로 구분하여 살펴보면, 2010년을 기준으로 고정형 인터넷 이용 시간은 69.2분에서 62.6분으로 약간 감소한 반면, 이동형 인터넷 이용 시간은 16.1분에서 53.7분으로 급증하는 추세를 보였다. 아직까지 고정형 인터넷 이용이 다른 매체에 비해 많지만 앞으로 스마트미디어 시대에서는 그 이용은 감소하고 이동형 인터넷의 이용은 증가하는 패턴을 보일 것이다.

매체별 이용 시간의 변화는 기사 및 뉴스 이용 시간에서도 나타났다

그림 12-1 **하루 평균 미디어 이용 시간(1993~2013년)**

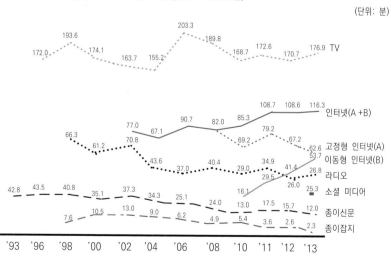

(단위: 분)

출처: 한국언론진흥재단 (2013).

（〈그림 12-2〉 참고）. 미디어를 통한 뉴스 이용은 전체 미디어 이용 시간(228. 8분)의 31. 6%(105. 5분)를 차지할 정도로 많은 비중을 차지하는 영역 중 하나이다(한국언론진흥재단, 2013). 각 매체별 하루 평균 기사/뉴스 및 시사 보도 이용 시간 비중을 보면 TV가 전체 53. 5%(56. 5분)으로 가장 많았으며, 그 다음으로 고정형 인터넷 15. 2%(16분), 이동형 인터넷 13. 6%(14. 3분)이 그 뒤를 이었다. 반면, 종이신문의 이용 시간은 11. 4%(12분)으로 나타났다.

이를 2011년부터 2013년까지 지난 3년간의 동향으로 살펴보면（〈그림

그림 12-2 하루 평균 기사/뉴스 및 시사 보도 이용 시간

전체 미디어 이용 시간(334.3분)

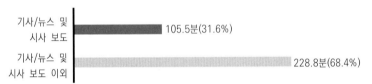

기사/뉴스 및 시사 보도	105.5분(31.6%)
기사/뉴스 및 시사 보도 이외	228.8분(68.4%)

기사/뉴스 및 시사 보도 이용 시간(105.5분)

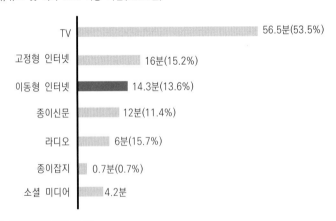

TV	56.5분(53.5%)
고정형 인터넷	16분(15.2%)
이동형 인터넷	14.3분(13.6%)
종이신문	12분(11.4%)
라디오	6분(15.7%)
종이잡지	0.7분(0.7%)
소셜 미디어	4.2분

출처: 한국언론진흥재단 (2013).

그림 12-3 하루 평균 기사/뉴스 및 시사 보도 이용 시간 추이(2011~2013년)

(단위: 분)

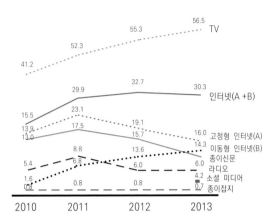

출처: 한국언론진흥재단 (2013).

12-3〉 참고), TV 뉴스 이용 시간이 아직까지는 가장 많은 가운데 인터넷을 통한 뉴스 이용이 그 뒤를 이었다. 고정형 인터넷의 경우 2011년 23. 1분을 기점으로 이용 시간이 소폭 감소하는 추세인 반면, 이동형 인터넷은 2010년 1. 6분에서 2013년 14. 3분으로 대폭 증가하는 추세를 보였다. 종이신문은 2011년 17. 5분 이후로 지속적으로 감소하여 2013년에는 12분으로 나타났다.

특히 매체별 뉴스 이용 시간은 연령별로 볼 때 더욱 뚜렷한 차이를 보였다(〈표 12-1〉 참고). 인터넷을 통한 뉴스 이용 시간의 경우 20대는 50. 1분으로 다른 매체에 비해 이용 시간이 가장 많았던 반면, 60대 이상의 경우에는 20대의 1/10 수준에 그쳤다. 이를 고정형 인터넷과 이동형 인터넷 이용 시간으로 분류하여 살펴볼 경우 세대 간 차이는 더욱 크게 나타났다. 20대의 경우 다른 연령대와는 달리 이미 2013년 현재 이동형 인터넷으로 뉴스를 접하는 시간(26. 9분)이 고정형 인터넷을 통해 접하는 시간(23. 2분)보다 평균적으로 높게 나타났다.

모바일 기기의 이용이 보편화되면서 이동형 인터넷을 통한 뉴스 소비뿐만 아니라 모바일 애플리케이션 뉴스 소비 역시 증가했다(〈그림 12-4〉 참고). 언론 수용자 의식 조사(한국언론진흥재단, 2013)에 따르면, 2012년 모바일 애플리케이션 뉴스의 매일 이용 빈도는 2.8%이었으나 2013년에는 6%로 같은 해 종이신문 이용 빈도가 8.7%인 것과 비교할 때 이용 정도가 적지 않음을 알 수 있다.

표 12-1 **연령별 하루 평균 기사/뉴스 및 시사 보도 이용 시간**

(단위: 분)

	전체 (n = 5,082)	19~29세 (n = 945)	30대 (n = 999)	40대 (n = 1,079)	50대 (n = 976)	60세 이상 (n = 1,084)
TV	56.5	33.0	47.8	55.6	65.1	78.1
인터넷(A + B)	30.3	50.1	44.9	36.1	18.0	5.2
고정형 인터넷(A)	16.0	23.2	23.8	20.1	10.3	3.7
이동형 인터넷(B)	14.3	26.9	21.1	16.0	7.7	1.5
종이신문	12.0	3.7	7.8	14.3	18.6	15.1
라디오	6.0	1.4	4.6	8.5	7.9	7.1
종이잡지	0.7	0.7	0.9	0.9	0.8	0.4
합계	105.5	88.9	106.0	115.4	110.4	105.9
소셜 미디어	4.2	9.3	5.5	4.4	2.0	0.2

출처: 한국언론진흥재단 (2013).

그림 12-4 미디어별 뉴스 매일 이용 빈도 추이(2012~2013년)

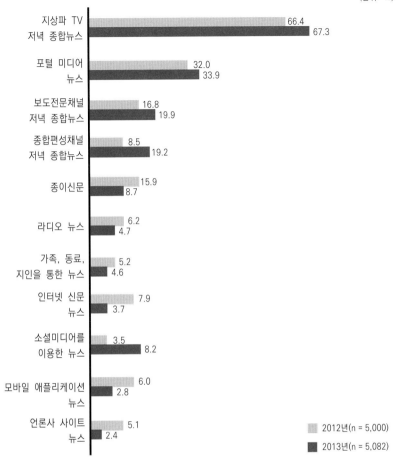

(단위: %)

지상파 TV 저녁 종합뉴스: 66.4 / 67.3
포털 미디어 뉴스: 32.0 / 33.9
보도전문채널 저녁 종합뉴스: 16.8 / 19.9
종합편성채널 저녁 종합뉴스: 8.5 / 19.2
종이신문: 15.9 / 8.7
라디오 뉴스: 6.2 / 4.7
가족, 동료, 지인을 통한 뉴스: 5.2 / 4.6
인터넷 신문 뉴스: 7.9 / 3.7
소셜미디어를 이용한 뉴스: 3.5 / 8.2
모바일 애플리케이션 뉴스: 6.0 / 2.8
언론사 사이트 뉴스: 5.1 / 2.4

2012년(n = 5,000)
2013년(n = 5,082)

출처: 한국언론진흥재단 (2013).

(2) 포털 미디어를 통한 뉴스 이용의 증가

닐슨코리안클릭에서 실시한 전국 패널 조사(2013)에 따르면(〈그림 12-5〉 참고), 각 매체별 뉴스 이용 비율에서 포털 미디어를 통한 뉴스 이용은 전체 이용의 69.1%를 차지할 정도로 압도적으로 높게 나타났다. 그에 반해 신문사 및 방송사의 뉴스 사이트 이용 비율은 각각 16.1%, 13.1

그림 12-5 매체별 뉴스 이용 비율

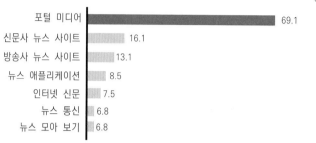

(단위: %)

포털 미디어 69.1
신문사 뉴스 사이트 16.1
방송사 뉴스 사이트 13.1
뉴스 애플리케이션 8.5
인터넷 신문 7.5
뉴스 통신 6.8
뉴스 모아 보기 6.8

출처: 닐슨코리안클릭(2013).

%로 포털의 1/4 수준이었다.

　이러한 이용 행태는 언론 수용자 의식 조사 (한국언론진흥재단, 2013) 에서도 유사하게 나타났다. 앞서 살펴본 〈그림 12-4〉를 보면, 고정형 인터넷을 통한 뉴스 이용 중 84%는 포털 미디어를 통한 뉴스 이용이었다. 뉴스 미디어별 이용 빈도는 2013년을 기준으로 지상파 TV의 저녁 종합뉴스 이용이 전체 응답자 5,082명 중 67.3%로 가장 많았으며, 그 다음으로 인터넷 포털 뉴스 이용이 33.9%로 높은 비중을 차지하는 것으로 나타났다. 이는 지난 2012년 32% 대비 소폭 상승한 수치이다. 또한 뉴스 미디어별 평균 이용 일수에서도 지상파 TV의 저녁 종합뉴스가 평균 5.69일, 인터넷 포털 뉴스가 3.54일, 보도전문채널 저녁 종합뉴스 2.53일, 종합편성채널 저녁 종합뉴스 2.44일로 나타나 지상파를 제외한 방송 뉴스보다도 포털 미디어를 통한 뉴스 이용이 많은 것으로 나타났다 (〈그림 12-6〉 참고).

　이와 같은 포털 미디어를 통한 뉴스 이용은 모바일 미디어 환경에서 더 증가한다. 양성희 (2014. 11. 11) 는 모바일을 통한 뉴스 이용의 증가를 지적하면서 닐슨코리안클릭 데이터를 토대로 네이버 뉴스 섹션의 각 매체별 소비 시간을 비교한 바 있다(〈그림 12-7〉 참고). 그 결과 2010년 6월 12. 3억 분이었던 이용 시간이 2014년 6월에는 52. 1억 분으로 약 4. 5배가 증가하였으며, 52. 1억 분 중 PC로 읽은 시간은 12. 2억 분인 것에 반해 모바일로 읽은 시간은 39. 9억 분에 달해 약 3배의 차이를 보였다. 또한 비록 추정치이기는 하지만 모바일 웹보다는 모바일 애플리케이

그림 12-6 **뉴스 미디어별 평균 이용 일수**

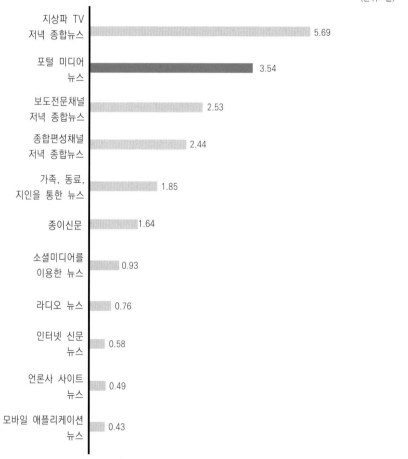

(단위: 일)

미디어	평균 이용 일수
지상파 TV 저녁 종합뉴스	5.69
포털 미디어 뉴스	3.54
보도전문채널 저녁 종합뉴스	2.53
종합편성채널 저녁 종합뉴스	2.44
가족, 동료, 지인을 통한 뉴스	1.85
종이신문	1.64
소셜미디어를 이용한 뉴스	0.93
라디오 뉴스	0.76
인터넷 신문 뉴스	0.58
언론사 사이트 뉴스	0.49
모바일 애플리케이션 뉴스	0.43

출처: 한국언론진흥재단 (2013).

그림 12-7 **모바일을 통한 뉴스 이용**

(단위: 억 분)

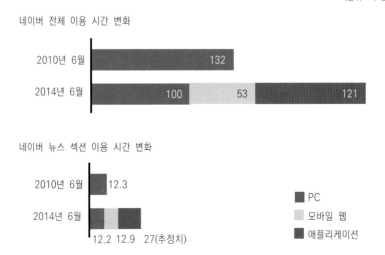

네이버 전체 이용 시간 변화

2010년 6월	132
2014년 6월	100 53 121

네이버 뉴스 섹션 이용 시간 변화

2010년 6월	12.3
2014년 6월	12.2 12.9 27(추정치)

■ PC
□ 모바일 웹
■ 애플리케이션

출처: 중앙일보 (2014. 11. 11).

션을 통한 뉴스 이용이 더 우세인 것으로 나타났다. PC 기반의 고정형 인터넷을 통한 웹 환경에서 포털 미디어 1인자인 네이버의 경우 뉴스 스탠드 서비스 등을 통해 뉴스 콘텐츠 제공자에게 아웃링크하는 방식을 취해 뉴스 서비스 이용의 분산을 추진하기도 했다. 하지만 스마트미디어 모바일 환경에서 포털 미디어의 뉴스 서비스는 애플리케이션을 통해 매우 적극적으로 제공되며 이러한 변화 속에 뉴스 이용은 포털 미디어로 다시 집중되는 추이를 보인다.

(3) 소셜 미디어를 통한 뉴스 이용의 활성화

최근 스마트미디어의 보급과 함께 소셜 미디어의 이용이 증가하면서 소셜 미디어를 통한 뉴스의 이용 행태 역시 증가하는 양상을 보인다. 앞서 살펴본 〈그림 12-2〉에서도 제시하였듯이 소셜 미디어를 통한 기사/뉴스 및 시사 보도 이용 시간은 2013년 4. 2분으로 나타났으며, 이는 앞으로

그림 12-8 국내 뉴스 이용 환경 변화

더욱 증가할 것으로 예상된다.

미국 퓨 리서치 조사(Pew Research Center, 2013)에 따르면, 스마트폰 이용자의 47%, 태블릿 PC 이용자의 39%가 '가끔' 또는 '주기적으로' 소셜 미디어를 통해 뉴스를 이용한다고 응답하였으며, 이러한 성향은 20~30대 젊은 이용자들에게서 더욱 두드러지게 나타났다. 특히 페이스북. 트위터 이용자의 경우 절반 정도가 해당 서비스를 통해 뉴스를 소비한다고 응답하여 현재 소셜 미디어를 통한 뉴스 이용이 증가하는 추세임을 보여준다.

김영주·정재민(2014)은 뉴스 플랫폼으로 급속도로 중요해진 소셜 미디어의 기능을 지적했는데, 인터넷 이용자 중 SNS를 지난 한달 간 한 번이라도 이용해 본 적이 있는 응답자 1,200명을 대상으로 한 조사 결과 페이스북 이용자 3명 중 1명(66.7%)은 페이스북에서 뉴스를 이용한다는 결과가 나왔다. 또한 트위터 이용자의 약 절반이(51.3%) 트위터에서 뉴스를 이용하는 것으로 나타났다. 이를 통해 모바일 뉴스 소비 증가로 인해 향후 지속적으로 뉴스 유통 방식에 변화가 있을 것이라고 예상하면서 소셜 미디어가 가장 강력한 뉴스 플랫폼으로 자리할 것이라는 점을 지적했다. 이러한 뉴스 이용의 변화를 토대로 오늘날 스마트미디어 시대의 뉴스 이용을 정리하면 〈그림 12-8〉과 같다.

2) 스마트미디어 환경에서의 새로운 뉴스 서비스

스마트미디어 시대의 뉴스 이용자는 다양한 매체와 경로를 통해 보다 쉽고 빠르고 편리하게 뉴스를 소비할 수 있다. 즉, 스마트미디어의 이동성과 접근성의 강화로 언제 어디서나 원하는 뉴스와 콘텐츠를 원하는 방식으로 얻고 소비할 수 있는 것이다. 하지만 많은 경로에서 다양한 콘텐츠가 제공되어 디지털 정보량이 방대해지다보니 오히려 뉴스 이용자 개인이 원하는 정보를 얻을 수 있는 방법은 더 복잡해지는 제약이 발생하기도 하였다(〈한겨레〉, 2013. 4. 23). 이에 따라 개별 언론사의 수많은 뉴스 기사들을 한 곳에 모아 뉴스 이용자에게 선택적으로 제공하는 새로운 뉴스 서비스가 등장하였다. 이러한 뉴스 서비스를 '뉴스 큐레이션'이라고 하는데, 말 그대로 개인이 필요로 하는 뉴스를 선별하고 제공하는 서비스를 뜻한다.

김영주·정재민(2014)은 뉴스 큐레이션을 '온라인상의 수많은 뉴스 중 개인의 주관이나 관점에 따라 관련 뉴스들을 통합·정리·편집하여 이용자와 관련이 있거나 좋아할 만한 뉴스를 제공하는 서비스'라고 설명했다. 과거에 이러한 형태의 서비스가 없었던 것은 아니지만 모바일과 접목되면서 이와 같은 서비스가 확산되었다. 최근에는 뉴스뿐만 아니라 다양한 디지털 콘텐츠를 이용자 개인에게 맞춤화하여 제공하는 큐레이

그림 12-9 **뉴스 큐레이션 서비스 과정**

출처: http://www.curata.com/

션 서비스가 등장하면서 이를 통칭하여 '퍼스널 큐레이션'이라 하기도 한다(〈그림 12-9〉참고).

뉴스 큐레이션은 이용자의 관심사와 취향을 중심으로 뉴스를 제공한다는 점에서 기존의 일반적인 포털 미디어와는 그 성격이 조금 다르다. 포털 미디어가 단순히 다양한 뉴스를 한 곳에 모아 제공하는 것이라면, 뉴스 큐레이션은 이용자 개인에 따라, 엄밀하게는 개인의 관심사와 뉴스 이용 형태에 따라 뉴스를 제공하는 데 차이가 있다. 이러한 점에서 뉴스 큐레이션의 핵심은 얼마나 이용자의 관심사와 취향에 맞는 적절한 콘텐츠를 잘 골라 제대로 보여주는가라고 할 수 있다. 이에 따라 현재 이용자의 욕구에 부합하면서 보다 편리하고 빠른 서비스 제공을 위해 수많은 뉴스 큐레이션 서비스가 경쟁하고 있다. 일부 서비스의 경우 제공된 뉴스에 이용자의 느낌이나 평가를 덧붙여 새로운 콘텐츠로 만들거나 여러 기사를 한 꼭지로 편집하거나, 소셜 미디어와 연계하여 다른 사람과 함께 공유할 수 있는 서비스들을 제공한다.

김영주·정재민(2014)은 특정 언론사의 뉴스를 패키지로 소비하던 과거와는 달리 모바일 스마트미디어 환경, 소셜 미디어가 뉴스 플랫폼으로 작동하는 환경에서 개인이 맞춤형 뉴스를 소비하면서 뉴스 큐레이션 서비스의 중요성이 부각될 것이라는 점을 강조했다.

〈뉴욕 타임스〉가 디지털 네이티브 뉴스라고 칭한 독자적인 서비스 사업자뿐만 아니라 구글, 야후, 페이스북 등의 주요 포털 및 소셜 미디어 사업자가 2010년부터 본격적으로 뉴스 큐레이션 서비스들을 제공 중이며, 각 서비스마다 차별 전략을 내세워 이용을 이끌어내고자 경쟁하고 있다. 스마트미디어 환경에서 주목받는 주요 뉴스 큐레이션 서비스를 살펴보면 다음과 같다.

(1) 플립보드

- 종이잡지 느낌의 구독 형태
- 이용자가 원하는 뉴스를 모아 자신만의 디지털 매거진 생산 가능
- 각 잡지마다 소셜 미디어와 연동할 수 있는 고유 링크 생성
- 이용에 따라 취향에 맞는 특정 콘텐츠 추천 가능
- 팔로우 버튼을 통한 콘텐츠 추천 방식
- 매거진에 스토리 추가 가능

플립보드는 세계 최초의 소셜 매거진으로, 2010년 첫 출시 이후 2013년 2세대 진화를 거쳐 현재에는 2014년 출시한 3세대 매거진 서비스를 선보였다. 플립보드는 기본적으로 언론사 홈페이지에서 뉴스를 RSS(Really Simple Syndication) 피드로 수집해 이를 한 군데에 모아 보여주는 모바일 뉴스 애플리케이션이지만 넘기며 읽도록 해 종이잡지의 느낌을 살렸다는 점에서 이용자들이 선호한다. 또한 탭이나 클릭으로 자신만의 디지털 매거진을 직접 생산하여 원하는 뉴스만을 모아 볼 수 있으며, 각 잡지마다 고유 링크가 생성되어 주요 소셜 미디어와의 연동이나 주변 사람과 공유가 가능하다. 또한 플립보드는 이용자의 선택만으로 구성되는 것이 아니라 이용자 선호 콘텐츠에 대한 데이터가 누적되면 취향에 따른 특정 콘텐츠를 추천받을 수 있다.

현재 개편된 플립보드 서비스는 사용자가 큐레이팅할 수 있는 1천만 개 이상의 스토리, 사진, 영상, 음악 등의 콘텐츠를 일목요연하게 제공하며, 콘텐츠 추천 방식은 새롭게 개발된 알고리즘으로 구현된다(〈한국경제〉, 2014. 10. 30). 또한 새롭게 디자인된 '팔로우' 버튼을 누르면 스토리와 매거진을 보면서 다른 콘텐츠를 더 빠르고 쉽게 개인화할 수 있

그림 12-10 **플립보드**

다. 3세대 모바일 플립보드 매거진에서는 각 매거진별로 팔로워와 방문
자에 대한 간단한 분석을 통해 매거진에 스토리를 추가하는 것도 편리해
졌다(〈한경닷컴〉, 2014. 10. 30).

(2) 구글의 뉴스 스탠드

- 모바일 기기에 최적화된 화면
- 사용자에게 뉴스를 추천하는 뉴스 읽기 기능
- 매체를 모아 보여주는 내 라이브러리 기능
- 매체와 주제별로 뉴스를 다운로드 받아 오프라인 구독 가능

구글의 뉴스 스탠드는 2013년 처음 등장하여 국내에는 2014년 12월에
출시되었다. 뉴스 스탠드는 잡지, 신문, 블로그, 뉴스 웹사이트를 구독
해 모바일 기기에 최적화된 화면으로 읽을 수 있는 서비스로 주요 기능으
로는 자동 알고리즘을 통해 사용자에게 뉴스를 추천하는 '뉴스 읽기'와

그림 12-11 **구글의 뉴스 스탠드**

사용자가 구독하는 매체를 모아 보여주는 '내 라이브러리' 등을 들 수 있다(〈뉴스웨이〉, 2014. 12. 12).

'뉴스 읽기'는 사용자가 설정한 관심 주제에 대한 내용을 추천해 보여주는 것으로 사용할수록 사용자 관심도에 맞춰진 뉴스가 제공되어 각 주제당 30개의 기사를 선별해 보여준다. 이용자가 구독한 매체의 기사, 설정한 주제들의 콘텐츠를 한 번에 파악할 수 있다는 장점이 있다. '내 라이브러리'는 구독한 주제와 매체를 확인하고 매체별로 전용 공간을 만드는 기능을 담당한다. 이용자는 자신의 관심 매체와 주제를 구독하고 이에 대한 선호 순위를 설정하는 것은 물론 매체와 주제별로 뉴스를 다운로드 받아 오프라인에서도 읽을 수 있다. 이밖에 '북마크' 기능을 통해서도 나중에 읽고 싶은 기사를 저장해 읽을 수 있다.

(3) 야후의 뉴스 다이제스트

- 하루 두 차례 뉴스 추천
- 알고리즘과 편집자가 추천하는 '그날 꼭 알아야 하는 뉴스'
- 짧은 요약문 형태의 뉴스 제공

2014년 처음 출시된 야후의 뉴스 다이제스트는 일반적인 뉴스 큐레이션 서비스와는 다른 방식을 선보임으로써 차별성을 꾀한다. 뉴스 큐레이션 서비스의 강점은 뉴스 이용자에게 단순히 기사를 모아 전달하는 것이 아니라 RSS에 기반을 두거나 매거진으로 구성해 자신만의 뉴스 채널을 구성하도록 하는 '뉴스의 개인화 및 맞춤화' 개념을 추구한다는 것이다. 뉴스 다이제스트는 기존의 뉴스 큐레이션 서비스가 끝없이 뉴스를 제공함에 따라 오히려 이용자의 뉴스 피로감을 증가시켰다고 보고 조·석간 신문처럼 아침, 저녁 하루에 두 차례 요약된 뉴스를 제공하는 형태를 취한다(〈아이뉴스〉, 2014).

그림 12-12 **야후의 뉴스 다이제스트**

제공되는 뉴스 기사는 알고리즘과 편집자가 '그날 꼭 알아야 하는 뉴스'라고 엄선한 것이며, 원본 그대로가 아닌 요약문의 형태로 한 번에 최대 9개까지 제공한다. 이는 뉴스를 간략하게 정리된 완성품으로 제공해 이용자 만족도를 높이겠다는 고유의 전략이라고 할 수 있다. 물론 페이지 하단에는 출처를 제시하여 상세 내용을 원하는 이용자는 언제든지 확인이 가능하다.

(4) 페이스북의 페이퍼

- 페이스북과 연동
- 페이스북 친구와 공유 가능
- 개인 맞춤화 콘텐츠 소비
- 19개의 뉴스 섹션 제공
- 페이스북 관리자가 선별한 헤드라인과 섹션별 뉴스 타임라인

페이스북의 페이퍼는 2014년 출시한 뉴스 리더 애플리케이션으로 플립보드와 같이 RSS 피드로 뉴스가 제공되는 방식이다. 이를 이용하기 위해서는 기본적으로 페이스북 계정이 필요하며, 뉴스 이용 역시 페이스북과 연동된다. 페이퍼는 기존에 페이스북 친구가 올리는 뉴스피드 방식에서 더 나아가 관심 분야의 뉴스를 더해 맞춤형 콘텐츠를 볼 수 있다.

페이퍼의 뉴스 제공은 상하 스크롤 방식의 타임라인 방식에서 벗어난 UI/UX를 채택해 모바일 뉴스 소비에 최적화되었다. 특히 페이퍼의 UX 방식은 화면을 반으로 나눠 상단에는 페이스북이 직접 선별한 특정 언론사의 헤드라인, 하단에는 섹션에 속한 모든 언론사 뉴스를 시간 순으로 나열해 보여준다(〈IT동아〉, 2014).

그림 12-13 **페이스북의 페이퍼**

또한 이용자가 직접 뉴스 카드 형식의 섹션을 구성할 수 있으며, 콘텐츠는 페이스북이 선정한 40개 매체로부터 받은 콘텐츠로 19개의 섹션이 제공된다. 이용자는 언제든지 마음에 드는 이야기를 골라 자신의 생각, 사진, 동영상을 첨부하여 새로운 콘텐츠의 생산 및 연계가 가능하다. 그러나 특정 언론사를 선택해서 구독하는 것을 아직 지원하지 않기 때문에 아직 콘텐츠에 대한 개인화는 이루어지지 않았다. 2014년 말 기준으로 iOS용으로만 출시되었으며, 미국 계정으로만 다운로드가 가능하다.

(5) 버즈피드

- 소셜 미디어와 연동
- 리스트와 기사가 결합된 스타일의 뉴스
- 간단한 읽을거리, 화제성 위주의 기사 제공

그림 12-14 **버즈피드**

버즈피드는 2006년 출시되었으며 다른 뉴스 큐레이션 서비스보다 오랜 역사를 자랑한다. 버즈피드 독자의 75%는 대개 모바일 기기를 통해 트위터와 페이스북 같은 소셜 미디어에 접속하여 들어오는 형태로(〈뉴스핌〉, 2014. 8. 12), 소셜 미디어와의 연동을 강력하게 지원한다.

기사 방식과 내용 역시 기존 전통 언론사의 뉴스와 다르다. 즉, 리스트(목록)와 기사가 결합된 스타일의 뉴스를 제공하며, 이름에서도 그렇듯 기사 내용 또한 사실의 전달, 심층 분석보다 가벼운 읽을거리, 화제성 기사를 제공한다. 즉, 연성 콘텐츠가 많으며, 이런 내용의 기사와 동영상을 SNS으로 전파하는 방식이다. 최근 들어 깊이 있는 정치 기사나 탐사보도도 제공하지만 무엇보다도 간단한 읽을거리를 전달하는 것이 강점이다.

(6) 다음카카오의 카카오토픽

- 최신 정보를 모아 보여주는 투데이 기능
- 13개의 뉴스 카테고리
- 이용자의 설정에 따른 매체 및 뉴스 분류 가능
- 친구의 콘텐츠 추천 가능

카카오톡은 2014년 10월 1일 포털 미디어인 다음과의 합병에 앞서 9월 말에 카카오토픽이라는 뉴스 큐레이션 서비스를 선보였다. 카카오토픽은 국내 뉴스·잡지는 물론 SNS 등의 화제 콘텐츠를 모아 제공하는 뉴스 서비스다. 페이스북의 페이퍼처럼 카카오톡 계정이 필요하며, 최초 접속 시 관심 있는 분야를 설정하면 해당 콘텐츠가 노출된다.

첫 화면에서는 '투데이' 메뉴를 제공하는데, 여기에는 새로 뜨는 키워드나 종합 이슈, 화제 정보 등을 확인할 수 있다. 또한 이와 함께 소셜 미디어에서 화제가 되는 콘텐츠도 제공된다(〈아이티투데이〉, 2014. 12. 17). 카카오토픽에는 총 13개의 뉴스 카테고리가 있으며, 이용자가 카테고리 설정에서 자신이 보고 싶은 분야와 그 순서를 정하면 맞춤화된 콘

그림 12-15 **다음카카오의 카카오토픽**

텐츠를 이용할 수 있다. 기본적으로 분야별 매체 분류까지 지원하며, 임의의 선별 방식이 아닌 자동 알고리즘을 적용했다(김위근, 2014). 또한 카카오톡 친구들이 관심을 갖는 콘텐츠도 추천받을 수 있다.

3) 스마트미디어 환경에서의 저널리즘 이슈

(1) 뉴스 의미의 변화
스마트미디어의 특성에 따라 뉴스 이용 형태가 변화하면서 뉴스를 생산하는 과정에서도 이를 반영한 변화가 일어났다. 무엇보다도 '무엇을 뉴스로 볼 것인지'의 뉴스 의미에 대한 평가와 이에 따른 뉴스 생산 과정에서 기존 전통 미디어 시대와 차이를 보인다. 최민재·양승찬·이강형 (2013)은 오늘날 디지털 미디어 시대에 뉴스에 대한 개념 틀을 새롭게 정립할 필요성을 지적하면서 변화한 뉴스의 3가지 의미를 제시하였다.

첫 번째는 '열린 지식 체계로서의 뉴스'이다. 열린 지식 체계로서의 뉴스는 뉴스의 생산자와 소비자가 명확하게 구분되지 않고 모두 참여할 수 있는 미디어 환경에서 뉴스 정보의 배포·소비를 완결된 지식 형태로 아닌 열린 지식 형태로 본다. 즉, 생산자와 소비자 누구나 뉴스의 내용이나 형식 모두를 재가공·확산의 가능성을 가지며, 전달 역시 일방적으로 이루어지지 않고 자기 증식의 과정을 통해 이루어질 것이라는 것이다. 따라서 앞으로는 과정 및 연결로의 문제로서 뉴스의 의미가 재생성되고, 뉴스의 소비가 또 다른 뉴스의 생산이 되는 열린 지식 체계가 된다는 것이다.

두 번째는 '구전된 소식으로서의 뉴스'이다. 말 그대로 뉴스와 정보, 사실과 의견이 구분되지 않고 이야기를 나누는 구전 형태의 소식을 나누는 것이 뉴스의 주된 형식이다. 과거 일부 기자의 취재에 의해 만들어지고 전통 매체에 의해 매개되었던 뉴스에서 나아가 일상 이야기가 뉴스가 되고 서로 얽혀 공적 담론이 되는 형태가 될 수 있다.

　세 번째는 '지혜로서의 뉴스'이다. 이는 뉴스에서 사실만을 전달하던 것에서 그치지 않고 과거 언론에서 간과했던 통찰력 있는 판단을 제공함으로써 의견과 정보의 균형성을 꾀하고 뉴스의 기능이 확대는 것을 의미한다. 새로운 미디어 환경은 우리 사회가 뉴스로 여기는 뉴스의 의미에도 확장을 가져왔다고 할 수 있다.

(2) 저널리즘 유형의 변화

미디어 기술의 발전과 도입은 저널리즘 전반에도 커다란 변화를 가져왔다. 미디어 기술에 따라 뉴스의 생산과 이용의 형태가 달라지면서 이러한 변화가 반영된 새로운 유형의 저널리즘이 등장하기 시작했다. 과거 소수 전통 미디어에 의해 구현되었던 저널리즘의 경우 그 유형이나 특성이 한정적이었으나 스마트미디어 시대에서는 뉴스를 제공하고 소비할

그림 12-16 **디지털 미디어 환경에서의 저널리즘 유형 분류**

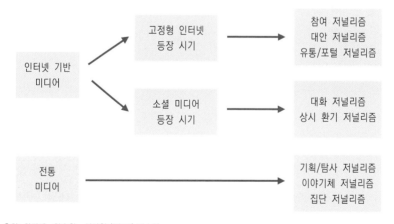

출처: 최민재 · 양승찬 · 이강형 (2013) 재수정.

수 있는 주체, 방식, 형태 등이 매우 확대되면서 저널리즘 유형 역시 보다 다양해지고 새로워진 것이다. 최민재·양승찬·이강형(2013)은 이러한 언론의 움직임을 인터넷 기술의 특성을 기반으로 새로운 저널리즘 형태를 제시하는 인터넷 기반 미디어의 저널리즘 유형, 새로운 미디어 기술을 적용하여 변화한 미디어 환경에 적응하고 경쟁력을 강화하기 위한 전통 미디어의 저널리즘 유형으로 분류하여 제시했다. 여기서는 인터넷 기반의 저널리즘을 조금 더 세분화하여 〈그림 12-16〉처럼 제시한다.

① 인터넷 기반의 저널리즘

인터넷 기반 언론에서의 저널리즘은 뉴미디어의 특성에 따라 유형을 세분화할 수 있다. 이러한 구분은 시점별로 인터넷 등장 시기와 소셜 미디어 등장 시기로 나누어 살펴볼 수 있다. 먼저 인터넷이 등장한 시기는 앞서 지적하였듯이 상호작용성, 비동시성, 커뮤니케이션의 확대 등과 같은 특성을 가진다. 이 시기에서는 이러한 특성을 토대로 참여 저널리즘, 대안 저널리즘, 유통/포털 저널리즘 등이 새롭게 등장하였다.

참여 저널리즘은 시민 저널리즘 또는 풀뿌리 저널리즘으로도 불리는데 '전통적인 객관 보도의 관행을 벗어나 시민을 지역 공동체 및 공공 영역에 참여하도록 연계하는 역할을 목표로 하는 저널리즘'(Bowman & Willls, 2003; 김경희, 2012 재인용)을 말한다. 시민이 뉴스의 생산·소비에 이르기까지 뉴스 및 정보의 수집, 생산, 분석, 전파 등의 전 과정에 참여하는 언론과 시민과의 상호작용성이 확대된 형태인 것이다.

대안 저널리즘은 전통 미디어에 의한 정보의 독점 구조나 관행에서 벗어나 인터넷의 고유한 특성을 활용하여 기존 언론과는 차별적인 새롭고 독특한 뉴스를 제공하는 저널리즘을 뜻한다(박선희, 2002). 대안 저널리즘이 등장할 수 있었던 것은 소수의 전통 언론이 장악하던 뉴스 시장에 인터넷이라는 새로운 미디어 환경이 마련되었기 때문이다. 이에 따라 다양한 언론사가 등장한 것은 물론 시민들이 참여할 수 있게 되어 뉴스 생산의 주체가 다양해졌으며, 이들이 전달하는 뉴스와 콘텐츠 역시 대중의 진정한 이익이나 욕구를 담은 다양한 주제들로 통제, 검열, 왜곡 없이 생산될 수 있었다(박춘서, 1999). 이러한 이유로 기존 체제에 벗어난 목소리를 낼 수 있는 기회 역시 확대되었다고 볼 수 있다.

유통/포털 저널리즘은 포털 미디어에 의해 전달되고 유통되는 저널리즘을 뜻한다. 포털 미디어는 이미 다른 언론에서 생산된 뉴스를 재매개하여 선택적으로 전달하는 유통의 역할을 담당하면서 영향력을 행사한다. 포털 미디어는 뉴스 이용자에게 다양한 뉴스를 한 곳에서 이용할 수 있는 장을 마련하고 관련 콘텐츠 역시 제공하기 때문에 뉴스 이용의 새로운 형태를 만들었다 해도 과언이 아니다.

한편, 소셜 미디어 등장 이후 나타난 대표적 저널리즘 유형으로는 상시 환기 저널리즘(*ambient journalism*)과 대화 저널리즘을 들 수 있다. 소셜 미디어의 등장으로 기존의 전통 뉴스 미디어가 탈집중화, 탈전문화되는 과정에서 수용자가 뉴스의 생산 및 소비 과정의 중심이 되어 능동적이고 적극적으로 다양한 역할을 수행한 것이 이러한 저널리즘 유형이 나타나게 된 배경이다(최민재·양승찬, 2009). 또한 소셜 미디어의 네트워크 파워로 새로운 공동체가 형성되었고, 이 안에서 저널리즘의 기능 수행이 한층 전문적이고 심층적으로 강화될 수 있다는 점을 전제로 한다.

상시 환기 저널리즘은 소셜 미디어를 통해 우리 주위에서 무작위로 발생하는 사건을 비동시적, 즉각적으로 부분적인 소량의 정보 형태로 전달하는 것을 일컫는다(최민재·양승찬·이강형, 2013). 이 저널리즘에서 뉴스의 주제의 폭은 보다 넓어지고, 이용자는 정보에 즉각적으로 접근이 가능하고 추가, 수정이 가능하며, 소셜 미디어는 이러한 조각 정보를 유통하고 확산시키는 역할을 담당한다. 대화 저널리즘은 소셜 미디어를 통한 개인의 대화와 협력의 방식으로 다양한 뉴스가 생산되는 것을 말한다. 과거 전통 저널리즘이 객관적 · 계몽적 · 권위적 · 엘리트적 독백형이었다면 대화 저널리즘은 참여적 · 탈권위적 · 감정이입적 특성을 지닌다(최민재 · 양승찬 · 이강형, 2013).

② 전통 미디어의 저널리즘
뉴미디어 기술의 도입과 발전으로 뉴스 미디어 환경이 급변화하면서 전통 언론 역시 기존의 저널리즘을 고수하면 도태될 수밖에 없는 것이 현실이 되었다. 이에 따라 전통 미디어는 기존의 전통 저널리즘의 강점을 강화하면서도 앞으로 변화할 스마트미디어 환경을 이끌어나갈 수 있는 방향으로 미디어 전략을 세우고 있다.

이러한 움직임은 2014년 〈뉴욕 타임스〉에서 발표한 "이노베이션 리포트"(Innovation report)에서 가장 잘 나타난다. 즉, 〈뉴욕 타임스〉는 디지털 퍼스트(digital first)로 전환하여 고품질의 종이신문을 발행하는 디지털 신문이 되어야 하며, 보다 독자들의 수요에 발 빠르게 대응하고 맞춤화해 독자 개발을 해야 한다는 것이다(김선호 · 박대민 · 양정애, 2014). "이노베이션 리포트"를 살펴보면 두 가지 측면에서 변화가 필요함을 제시한다. 하나는 복잡하고 광범위한 미디어 환경에서의 수용자 확대이며, 다른 하나는 독자의 경험을 중시하고 디지털 퍼스트 조직으로 전환된 뉴스룸의 강화다. 2013년 퓰리처상을 수상한 〈뉴욕 타임스〉의 기사인 "Snow Fall"이 이러한 변화의 대표적인 모습이라고 할 수 있다(〈그림 12-17〉참고).

국내 언론 역시 최근 몇 년 전부터 변화를 꾀하고 있다. 국내 언론이 새로운 미디어 환경에 맞추어 투자하는 저널리즘 유형은 기획/탐사 저널리즘, 이야기체 저널리즘, 집단 저널리즘 등이다. 기획/탐사 저널리즘은 이미 오래전부터 전통 언론이 수행한 부분이지만 속보 경쟁에 치우쳐 질적 수준을 담보하기 어려운 오늘날의 디지털 미디어 환경에서 본래의 감시견 역할을 강화하여 보다 심층적이고 전문적인 뉴스를 제공하고자 하는 것이다. 이를 위해 빅데이터를 적극 활용하거나 전문가와의 협업을 꾀한다. YTN이 보도한 "우리 동네 유독물 취급 사업장 지도"는 빅데이터를 이용하여 주위의 위험을 알린 새로운 형태의 기획 탐사 보도로 주목받았다(〈그림 12-18〉 참고).

이야기체 저널리즘 또는 디지털 스토리텔링 저널리즘은 말 그대로 이야기하듯 뉴스를 전달하는 방식이다. 주로 사실 전달에 중점을 둔 역피라미드 스트레이트형 기사 형식에서 탈피하여 사건보다는 인물, 사건의

그림 12-17 〈뉴욕 타임스〉의 "이노베이션 리포트"와 "Snow Fall"

그림 12-18 **기획/탐사 저널리즘의 사례: "우리 동네 유독물 취급 사업장 지도"**

발생보다 전개에 주목해, 기술하지 않고 묘사함으로써 과거의 읽는 기사에서 보는 기사를 구현하고자 하는 것이다(안수찬, 2007). 이러한 보도는 수용자들이 보다 쉽게 뉴스에 접근할 수 있으며 높은 이해와 공감이 가능하다. 노령 인구의 문제를 다룬 〈아시아경제〉의 "그 섬 파고다", 국가대표 컬링 선수의 이야기를 다룬 〈매일경제〉의 "내 사랑 스톤" 등이 주목받은 디지털 스토리텔링 기사이다(〈그림 12-19〉참고).

집단 저널리즘은 뉴스 이용자가 뉴스 생산의 전 과정에 참여함으로써 과거 소수의 언론인에게만 집중되어 한계가 있었던 뉴스의 생산·유통의 제한을 보완하고자 한 방식이다. 대표적인 방식으로는 크라우드소싱 (crowdsourcing)을 들 수 있는데, 이는 집단지성을 토대로 뉴스 이용자에게 취재 자료나 과정의 참여를 요청해 보다 전문성을 높이고자 한 것이다. 〈한겨레〉의 기획 취재물인 "전두환의 숨겨진 재산을 찾아라"는 크라우드소싱을 통해 수많은 독자들의 제보를 받아 추진한 사례이다(〈그림 12-20〉참고).

그림 12-19 이야기체 저널리즘(디지털 스토리텔링 저널리즘)의 사례:
"그 섬 파고다"와 "내 사랑 스톤"

그림 12-20 집단 저널리즘의 사례: "전두환의 숨겨진 재산을 찾아라"

3. 스마트미디어 환경과 민주주의 이슈

스마트미디어 환경의 도래는 단순한 기술적 차원, 이용의 차원에서 미디어 환경만의 변화를 의미하지 않는다. 현재 스마트미디어는 뉴스 영역을 넘어 우리 사회의 다양한 측면에 깊숙이 침투하므로 이러한 움직임이 민주주의 사회에서 어떠한 의미를 갖는지에 대해 고민하고 논의할 필요가 있다. 디지털 미디어 기술이 보급된 이후 제기된 몇 가지 영역의 민주주의 이슈는 스마트미디어의 시대에서도 여전히 중요하며 이러한 이슈에 대해 지속적으로 주목해야 할 필요가 있다.

1) 호모필리와 극단화

스마트미디어 시대에서는 개인의 사회적 배경을 중심으로 보다 쉽게 네트워크를 형성할 수 있다. 이렇게 형성된 네트워크는 이용자 간에 정보를 공유하고 소비를 가능하게 하고 유대감, 소속감, 만족감 등을 높인다는 점에서 긍정적 기능을 하지만 네트워크가 형성되는 과정에서 개인이 주로 자신과 유사한 다른 이용자와 관계를 맺고 그 안에서 유통되거나 소비되는 콘텐츠가 동질화된다는 것이 문제다. 이용자가 자신의 태도와 일치하는 정보만을 고르는 선택적 노출을 하거나(Knobloch-Westerwick, 2012; Stroud, 2010) 자신의 사회적 지위, 직업, 성향 등이 비슷한 사람과 선택적으로 상호작용하는 선택적 커뮤니케이션을 수행하는 것이다 (정낙원, 2014).

물론 이와 같은 커뮤니케이션의 동질화 또는 호모필리(*homophily*) 현상 자체가 우리 사회에 문제가 된다고는 할 수 없다. 다만 호모필리 현상은 시간이 흐를수록 내부 커뮤니케이션이 강화되면서 동종애가 증가하는 한편 다른 개인이나 집단과의 소통이 상대적으로 감소하면서 사회적 고립, 더 나아가서는 사회적 극단화 현상까지 야기할 수 있어 경계가 필요하다.

특히 디지털 기술의 발달과 온라인 채널의 증가는 정치적 호모필리 현상과 그에 따른 정치적 집단 극화 현상을 더욱 강화시키는 원인으로 꼽힌다(정낙원, 2014). 정치적 집단 극화는 집단 내 구성원의 정치적 태도가 특정한 방향으로 동질화되면서 강화되는 현상과 그 결과로 정치적 성향이 다른 집단과 차이가 분명해져 상호 이해와 관용의 정도가 낮아지는 현상을 뜻한다(정낙원, 2014). 온라인 환경은 비슷한 시각과 견해를 가진 정보 및 이용자와의 선택적 커뮤니케이션을 하는 데 유리하며, 대부분 익명성을 보장해 탈개인화를 발생시킬 수 있다. 이러한 매체적 특성은 결국 탈규범화와 집단 정체성 강화 현상을 강화시킬 수 있다.

즉, 이러한 동종애적 소통은 새로운 정보와 의견을 접할 수 있는 기회를 감소시키고 정치적 선유 경향을 강화시킬 수 있어(노정규·민영, 2012; Bimber & Davis, 2003; Sunstein, 2009) 궁극적으로 우리 사회가 하나의 공동체로 통화되기보다는 단절, 파편화, 극단화의 문제를 유발할 수 있다는 것이 경계할 점이다.

2) 디지털 디바이드

디지털 디바이드(*digital divide*)는 디지털 미디어 기술이 보편화되면서 특정 미디어 기술에 접근 가능 여부에 따라(1차적 격차), 접근한 기술을 얼마나 이용하고 활용할 수 있는가에 따라(2차적 격차) 발생하는 차이를 일컫는다. 미디어 기술에 대한 접근이 교육이나 소득 수준 등에 따른 특정 계층에 치우침에 따라 접근이 가능한 사람들과 그렇지 않은 사람들 간의 접근의 격차는 물론 이용 및 활용의 격차가 발생하는 것이다.

문제는 이러한 디지털 디바이드가 단순히 특정 디지털 기술에 대한 격차에만 국한되지 않는다는 것이다. 디지털 기술이 점차 일상화되면서 이에 따른 격차는 다른 측면의 격차를 야기할 가능성이 매우 높다. 개인이 어떻게 디지털 기술을 이용하고 활용하느냐에 따라 언어, 라이프스타일, 가치관, 정치 참여, 경제적 기회, 문화 향유, 행동 양식 등의 차이가 발생할 수 있다(이현주, 2014). 또한 이러한 격차는 단순히 개인 간 격차를 넘어서 계층 간 불평등, 세대 간 격차의 문제도 일으킬 수 있다.

특히 디지털 기술을 빠르게 습득하고 자유자재로 이용하는 젊은 세대와 반대로 디지털 미디어의 접근, 이용, 활용 등에서 어려움을 겪는 장/노년층 간의 세대 간 격차는 오늘날 세대 간 단절과 소통을 단절시키는 주요 원인으로 논의되면서 더욱 문제가 된다(이현주, 2014). 특히, 세대 간 미디어 이용의 차이는 뉴스 매체의 이용과 그에 따른 뉴스 콘텐츠 소비의 차이까지 유발해 세대 간 단절을 더욱 깊어지게 할 가능성이 높다.

한편, 최근 정치 분야에서도 디지털 기술을 활용한 정치 참여가 확대되면서 이에 따른 정치 참여 격차가 발생한다. 정일권(2014)은 정치 참여 격차의 형태로 특정 집단이 다른 집단에 비해 정치 참여의 양이 많은 경우, 집단 간 정치 참여 방식이 다를 경우, 실제 정책이나 정치 과정에서 특정 집단의 참여만이 영향을 미칠 경우 등의 3가지를 제시하였다. 정치 참여의 격차는 일상에서 접하는 메시지의 종류와 양, 이를 처리하는 방법 등에 따라 발생할 수 있다.

비록 스마트미디어 기술이 정치 참여 자체에 대한 접근성을 높였으나, 이러한 참여가 이를 활발하게 이용하는 사람 또는 집단에게만 한정되어 나타나면서 결과적으로는 정치 참여의 격차를 확대시키고 유입되는 대상이 한정되는 현상이 발생할 가능성이 있다(Shirky, 2008).

3) 뉴스 질적 수준의 하락

현재 스마트미디어 환경에서 수많은 매체와 사업자가 존재하고 경쟁이 치열해지면서 보다 전문적이고 양질의 뉴스가 생산되는 것이 아니라 단순 보도나 흥미성 위주의 기사가 생산된다는 우려의 목소리가 높아지고 있다. 뉴스의 전문성, 심층성은 떨어지는 반면 흥미성, 선정성이 강화된 연성 뉴스가 많아지면서 낚시성 기사, 베끼기 기사 등의 문제가 등장했다. 이에 대해 김춘식(2014)은 현재 스마트미디어 환경에서의 저널리즘 실천의 질적 수준에 대해 다음과 같은 문제점을 지적했다.

먼저 고정형 인터넷을 비롯하여 모바일 인터넷 이용자의 75% 이상이 특정 뉴스 사이트가 아닌 포털 미디어를 통해 뉴스를 소비하는 것으로 나타났는데, 포털 미디어에서는 언론의 전문성이 전혀 고려되지 않은 채 뉴스를 공급한다는 것이다(김위근·김춘식, 2010). 또한 뉴스의 속보성이 중요시되다보니 사실 확인은 경시되어 검증되지 않은 뉴스가 남발되고 조회수를 늘리는 뉴스에 집중하는 문제점도 지적된다. 또한 대부분의 인터넷 언론사의 뉴스 생산 환경이 열악하여 고품질 콘텐츠를 생산하는 데 투자하기보다는 단발성 뉴스를 주로 생산한다는 점도 지적된다. 이를 통해 새로운 미디어 환경에서 뉴스의 질적 수준을 담보하기 어렵고 양질의 저널리즘을 기대하기 어렵다는 우려가 제기된다.

4. 향후 전망

뉴스의 생산·유통·소비 환경이 변하면서 뉴스 미디어 생태계 역시 변하고 있다. 생산자 중심으로 저널리즘이 형성된 과거와 달리 모바일 미디어 환경에서의 저널리즘은 유통, 네트워크 플랫폼을 가진 미디어에 의존하면서 수용자의 선택과 참여 속에서 형성된다.

이 가운데 가장 뚜렷한 변화는 뉴스 미디어 이용의 집중 현상이다. 스마트미디어 환경에서는 인터넷 미디어 시대보다 포털 미디어와 소셜 미디어에서의 뉴스 이용이 보다 집중되고 이들 미디어의 영향력 역시 더욱 확대될 것으로 예상된다. 그 동안 포털 미디어가 뉴스 서비스를 제공하기 시작한 이후 관련된 사회적 책무와 제도적 측면의 논의는 포털 미디어가 언론사가 아니라는 점이 부각되어 진행된 부분이 있다. 이용의 집중과 확대된 영향력은 뉴스 서비스를 제공하는 미디어에게 새로운 사회적 책무를 요구할 수 있다. 뉴스의 질적 수준, 다양성, 공정성, 객관성 등 저널리즘의 기본 가치를 담보할 수 있는 방향으로 책무를 실현할 수 있는 방식에 대한 논의는 향후 주요한 사회적 과제이다. 아울러 모바일 미디어 환경에서 포털 미디어가 제공하는 뉴스 서비스의 수준, 포털 미디어로의 이용 집중이 과연 우리 사회의 민주주의 수행 과정에 어떤 역할을 할 것인지를 사회적 차원에서 논의하고 진단하는 것이 더 필요할 것이다. 이와 함께 소셜 미디어가 새로운 뉴스 유통의 플랫폼으로 성장하는 과정에서 발생할 이슈 역시 포털 미디어의 사례와 유사하게 주목해야 할 것이다.

미디어 환경 변화 속에 주목할 또 다른 중요한 문제는 그 동안 저널리즘의 기능을 독점적으로 수행한 두 전통 미디어인 신문, 방송이 어떻게 변화해야 하는가에 있다. 많은 비판이 있었지만 신문과 방송은 저널리즘의 기능을 수행했고 그래도 한 사회에서 가장 전문적인 뉴스와 정보를 생산하면서 민주주의 구현을 위한 다양한 기능을 했다. 이들이 최근 추구하는 '디지털 퍼스트' 정책은 새로운 모바일 디지털 환경에 적응하기 위한 몸부림이라고 볼 수 있다.

최근 뉴스 미디어 생태계에서는 '디지털 퍼스트' 전략이 키워드이자 생존 전략으로 논의된다. 앞에서 언급한 〈뉴욕 타임스〉의 "이노베이션 리포트"에서도 종이신문이 가진 제약에서 벗어나, 가능한 한 최고의 디지털 콘텐츠를 만드는 것을 최우선 순위로 한다는 디지털 퍼스트 체제의 중요성이 강조된 바 있다. 국내 언론 역시 이러한 변화의 흐름에 합류하여 여러 다양한 디지털 퍼스트 전략을 펼치는데(김선호·박대민·양정애, 2014) 편집국, 경영전략실, 디지털뉴스센터 등을 아우르는 온라인 혁신팀을 만들거나(한국기자협회, 2014. 10. 1), 웹사이트부터 기사 생산 프로세스, CMS(콘텐츠 관리 시스템) 등까지 개편하는 변화를 보인다(〈미디어오늘〉, 2014. 8. 22).

디지털 퍼스트 전략에서는 실시간 뉴스를 소비·검색·공유하고 취향이 강한 이용자를 잘 이해하고 이용자 중심의 뉴스를 제작하는 뉴스 서비스 방향을 유지하는 것이 중요하다. 디지털 스토리텔링, 데이터베이스와의 연결, 인터랙티브, 인포그래픽스 등을 강화하여 모바일 환경에 맞는 뉴스를 제작하는 것이 중요한 화두인 최근의 추세이다. 하지만 일부에서는 디지털 퍼스트 속에서 발생할 수 있는 문제를 지적하기도 한다. 이용자들의 이용 행태에 따라 언론이 변화하다보니 오히려 저널리즘의 기본 원칙이 무너진다는 것이다(〈미디어오늘〉, 2014. 11. 11). 시민의 참여 기회가 확대되고 이들의 선택을 받는 뉴스를 만들다보니 이 같은 콘텐츠 발굴 및 배치가 '사실의 확인과 전달'이라는 저널리즘의 원칙과 충돌하는 현상도 발생한다는 것이다. 기존 언론사가 스마트미디어 시대에서 어떤 전략으로 변화에 대처하는지, 우리 사회는 이들에게 어떤 기대를 하는지는 현재진행형의 고민거리이며 향후 이들의 정책과 함께 변화가 가져온 결과에 대한 진단과 평가는 더 좋은 민주주의 구현을 위해 지속적으로 수행되어야 할 것이다.

스마트미디어 환경에서 새롭게 등장하는 뉴스 미디어 이용이 궁극적으로 우리 사회에 어떤 기여를 할 수 있는지에 대한 논의도 중요하다. 이제 사람들은 뉴스를 단지 읽고 보고 아는 차원에 그치지 않는다. 사람을 '말하게' 하고, 네트워크를 통해 '공유하게' 하며, 궁극적으로 '참여하게' 한다는 점에서 새로운 미디어 환경에 대한 긍정적인 기대가 있다. 새로운 뉴스 미디어 환경은 반세기 이전에 파크(Park, 1960)가 진단했던 것처럼 "사람들을 대화하게 만드는 그 어떤 것도 뉴스"(News is anything that will make people talk)라는 지적을 다시 생각하게 한다.

스마트 모바일 기기로 세상과 소통하고 사람과 커뮤니케이션하는 가운데 전달되는 뉴스의 긍정적 기능에 대한 재해석 속에 민주주의 구현에 도움이 되는 뉴스 이용에 대한 고민이 필요하다. 뉴스 제공자뿐만 아니라 뉴스를 소비하는 이용자 역시 스마트미디어 시대에 확대된 역할과 참여 안에서 능동적 시민으로 전환되기 위한 시민 능력을 배양할 필요가 있다. 오늘날의 미디어 환경에서 시민으로서 올바른 자질과 덕목을 갖는 디지털 시민성(digital citizenship)의 고양이 필요하며, 이는 커뮤니케이션 기술을 이해하고 복합적으로 활용할 수 있도록 하는 디지털 리터러시 교육을 통해 구현될 수 있다(황용석, 2014). 또한 모바일 기기를 가지고 뉴스를 활용하고 뉴스에 정보를 제공하는 상호작용성이 구현되는 디지털 저널리즘의 구현을 위해 이에 관련한 리터러시 교육이 필요하다. 이러한 교육은 ●이견 및 다양성을 추구하는 교육을 통해 호모필리 현상을 극복하고 ●세대 간 균형 있는 미디어 이용 교육을 통해 뉴스 이용의 디지털 디바이드를 해소하고 ● 콘텐츠 생산 참여 윤리와 전문성 교육을 통해 뉴스 콘텐츠의 질적 수준을 담보하는 방향을 추구해야 할 것이다.

이와 같이 스마트미디어 환경에 대응하는 미디어 리터러시 교육은 학계, 정부, 뉴스 서비스를 제공하는 미디어 사업자의 공동 교육 프로그램 투자로 진행될 필요가 있다. 향후 뉴스 서비스를 제공하는 미디어 사업자의 공익적 책무 실현 역시 미디어 리터러시 교육에 초점을 맞추어야 할 것이다.

참고문헌

김경희 (2012), 뉴스 소비의 변화와 뉴스의 진화: 포털 뉴스와 언론사 뉴스 사이트를 중심으로, 〈언론정보연구〉, 49권 2호, 5∼36.
김선호 · 박대민 · 양정애 (2014), 〈스마트미디어 뉴스 생태계의 혁신전략〉, 한국언론진흥재단.
김영주 · 정재민 (2014), 〈소셜 뉴스 유통 플랫폼: SNS와 뉴스 소비〉, 한국언론진흥재단.
김위근 · 김춘식 (2010), 〈한국의 인터넷 뉴스 서비스〉, 한국언론진흥재단.
김춘식 (2014), 인터넷 뉴스 소비와 저널리즘, 양승찬 외, 〈디지털 사회와 커뮤니케이션〉(260∼300쪽), 커뮤니케이션북스.
노정규 · 민 영 (2012), 정치 정보에 대한 선택적 노출이 태도 극화에 미치는 효과: 비정치적 온라인 커뮤니티 이용자들을 대상으로, 〈한국언론학보〉, 56권 2호, 226∼248.
뉴스웨이 (2014. 12. 12), 구글, 뉴스스탠드 출시 … 네이버 · 다음카카오와 '경쟁'.
뉴스핌 (2014. 8. 12), WP '세 배 몸값' 버즈피드, '모바일-소셜' 뉴스 시대 이끈다.
닐슨코리안클릭 (2013. 11), 〈미디어 이용에 관한 의식조사〉.
매일경제 (2014. 1), 내 사랑 스톤.
미디어오늘 (2014. 11. 11), 한겨레가 던진 질문, '디지털퍼스트란 무엇인가'.
_____ (2014. 2. 27), 디지털 스토리텔링, 한국 온라인 저널리즘을 바꿀까.
_____ (2014. 7. 23), 수원일보, 종이신문 인쇄 중단 … '디지털 퍼스트'.
_____ (2014. 8. 22), 파이낸셜뉴스, '디지털 퍼스트' CMS 도입.
박선희 (2001), 인터넷 신문의 뉴스 특성과 대안언론의 가능성: 〈오마이뉴스〉 기사 분석,

〈한국언론학보〉, 45권 2호, 117∼155.

박춘서 (1999), 대항 공론영역과 대안 언론, 〈언론학연구〉, 3호, 233∼263.

성동규 (1996), 인터넷 포르노그라피의 규제방안, 〈언론연구〉, 6호, 75∼147.

아시아경제 (2013. 11), 그 섬 파고다.

아이뉴스 (2014. 1. 8), 야후 뉴스 요약서비스, 핵심은 야후?.

아이티투데이 (2014. 12. 17), 구글-다음카카오, 뉴스앱으로 붙는다.

안수찬 (2007), 〈스트레이트를 넘어 내러티브로〉, 한국언론재단.

양성희 (2014. 11. 11), 다가오는 PC의 종말, 〈중앙일보〉.

이현주 (2014), 세대 간 미디어 이용 격차, 양승찬 외, 《디지털 사회와 커뮤니케이션》 (305∼350쪽), 커뮤니케이션북스.

정낙원 (2014), 온라인 미디어와 정치적 집단 극화, 양승찬 외, 《디지털 사회와 커뮤니케이션》 (219∼301쪽), 커뮤니케이션북스.

정보통신정책연구원 (2013), 〈스마트폰 보유 및 이용행태 변화: 2012년과 2013년의 비교〉.

정일권 (2014), 미디어 이용과 정치 참여 격차, 양승찬 외, 《디지털 사회와 커뮤니케이션》 (392∼430쪽), 커뮤니케이션북스.

중앙일보 (2014. 9. 30), 이준웅의 오! 마이 미디어: '디지털 퍼스트 시대' 일단 쓰고 열심히 고치는 기자가 최고.

최　영 · 박성현 (2011), 소셜 미디어 이용 동기가 사회 자본에 미치는 영향, 〈한국방송학보〉, 25권 2호, 241∼276.

최민재 · 양승찬 · 이강형 (2013), 《디지털 미디어 시대의 저널리즘》, 한국언론재단.

한겨레 (2013. 4. 23), 큐레이션 서비스 뜬다.

_____ (2013. 5. 20), 전두환 추징미납 1629억, 그냥 눈감을 건가요.

한국경제 (2014. 10. 30), 플립보드, '3세대' 진화 … 더 개인화한 매거진.

_____ (2014. 3. 14), 한 장 한 장 잡지 넘기듯 … 소셜 매거진, 4년 전 잡스가 먼저 알아봤다.

한국기자협회 (2014. 10. 1), 국민일보 '디지털 퍼스트' 박차.

한국언론진흥재단 (2013), 〈2013년 언론 수용자 의식 조사〉, 한국언론진흥재단.

황용석 (2014), 디지털 시민성과 리터러시, 양승찬 외, 《디지털 사회와 커뮤니케이션》 (431∼470쪽). 커뮤니케이션북스.

IT동아 (2014, 2, 4), 페이스북의 모바일 뉴스 서비스 '페이퍼' 써보니, IT동아.

YTN (2013, 12, 30), 우리 동네 유독물 취급 사업장 지도.

Bimber, B. & Davis, R. (2003), *Campaigning Online: The Internet in U.S. Elections*, Oxford: Oxford University Press.

Bowman, S. & Willis, C. (2003), We Media: How Audiences Are Shaping the Future of News and Information, The Media Center at The American

Press Institute, (consulted June 2005): http://www.mediacenter.org/ mediacenter/research/gwemedia; http://www.hypergene.net/wemedia/ download/we_media.pdf

Hermida, A. (2010), From TV to Twitter: How Ambient News Became Ambient Journalism, *Media/Culture Journal*, 13(2), Available at SSRN: http://ssrn.com/abstract=1732603

Hoskins, B. et al. (2006), Measuring active citizenship in Europe. Luxembourg: Office for official publications of the European communities, Retrieved February 3, 2010, http://crell.jrc.ec.europa.eu/

Knobloch-Westerwick, S. (2012), Selective exposure and reinforcement of attitudes and partisanship before a presidential election, *Journal of Communication*, 62(4), 628~642.

Newhagen, J. E. & Rafaeli, S. (1996), Why Communication Researchers Should Study the Internet: A Dialogue, *Journal of Computer-Mediated Communication*, 1(4), 518~538.

Pew Research Center (2013. November), News Use across Social Media Platforms, Pew Research Journalism Project, Retrieved from http://www.journalism.org

Park, R. (1960), The natural history of the newspaper, In W. Schramm (ed.) *Mass Communications*.

Shirky, C. (2008), *Here Comes Everybody: The Power of Organizing without Organizations*, New York: The Penguin Press.

Stroud, N. J. (2010), Polarization and partisan selective exposure, *Journal of Communication*, 60(3), 556~576.

Sunstein, C. R. (2009), *Going to Extremes: How Like Minds Unite and Divide.* Oxford: Oxford University Press.

The New York Times (2014), Innovation Report.

http://www.curata.com/

13

융합 미디어 환경에서
미디어의 다양성과 집중에 대한 제도적 접근

양승찬 · 황용석

1. 들어가며

디지털 기술의 급격한 발전은 수직적으로 계열화된 미디어 산업을 수평
적으로 융합시키면서 하나의 거대한 미디어 시장 또는 여론 환경을 구성
했다. 사회 제도로서 미디어는 산업적 행위 이외에도 사회 여론을 조성
하는 사회적 기능을 수행하기에 미디어의 공익성을 구현하기 위한 다양
한 제도적 장치가 발달해왔다. 그 가운데 세계 각국은 특정 미디어에 영
향력이 집중되는 것이 민주주의의 핵심 가치의 하나인 여론 다양성을 저
해한다는 인식 아래 미디어 소유의 집중을 방지하는 제도를 운영했다.

특히 방송은 영상과 음성이 복합된 메시지로서 불특정 다수의 수용자
에게 메시지를 광범위하게 전달한다는 점에서 그 영향력을 인정받아왔
고, 그에 따라 강력한 규제를 받았다. 이러한 규제는 편성과 같은 내용
규제를 넘어서 소유 지분율을 제한하는 소유 규제, 지상파 방송의 경우
처럼 외국인 사업자의 지분 소유를 허가하지 않는 시장진입 규제, 특정
방송사업자의 시장 점유율을 제한하는 점유율 규제 등 시장구조적 규제
를 포함한다.

초기에는 주로 공공재인 전파를 수탁해서 사용하는 지상파 방송을 중심으로 방송 규제가 이루어졌으나, 오늘날은 유료방송으로까지 확산되었다. 이는 방송 시장 내에서 수직적·수평적 기업 결합이 활발하게 일어나면서 특정 사업자의 점유율 집중에 대한 우려가 커지고, 집중에 따라 방송의 최종 소비자인 수용자에 대한 문화적 다양성이 훼손되는 것에 대한 우려가 커졌기 때문이다.

이러한 미디어 규제 논의는 미디어 공급자 시장을 보다 다양하게 해서 특정 사업자의 시장 지배력이 남용되지 않고 경제적 효율성을 높이며, 그 결과 콘텐츠의 다양성과 그로 인한 여론 다양성을 확보하기 위함이라 하겠다. 최근에는 디지털 융합으로 인해 이종 매체 간 결합시장 규제로 이어지고 있다. 즉, 신문과 방송사의 겸영 등 미디어 간 교차 소유가 가능해지고, 소유 제한이 완화되는 등 관련 정책이 변화하면서 미디어 결합 효과에 의한 여론 독점 및 공급 시장의 다양성 훼손 등이 우려되는 것이다. 결합 미디어 시장에서의 특정 미디어의 영향력을 규제하기 위한 이러한 시도는 국내외에서 다양한 제도로 나타난다.

우리나라에서는 2009년 7월 31일 대기업·신문사의 방송 사업 소유 제한을 완화하고, 방송사업자에 대한 시청 점유율 상한제(30%) 도입 등을 핵심으로 하는 방송법 개정이 이루어졌다. 방송법에 근거한 미디어다양성위원회가 설치되고, 시청 점유율에 기반을 두어 이용 집중 규제를 하는 새로운 제도가 설치되었다. 또한 같은 시점에 '신문 등의 진흥에 관한 법률'(이하 신문법) 17조에서 문화체육관광부 장관이 '여론 집중도'를 조사하고 이를 공표하도록 규정했다. 이를 위해 여론집중도위원회를 설치하였다.

이처럼 신규 미디어 서비스가 등장하고 방송·통신 융합 추세가 가속화되는 등 미디어 환경의 변화에 대응하고 미디어 산업의 경쟁력 강화 및 공급 시장의 다양성을 꾀하기 위하여 미디어 간 결합 시장에 대한 집중도 규제가 등장한 것이다. 이에 따라 미디어 간 결합 시장을 획정하는 문제, 다양성을 측정하는 도구로서 집중도 산출 방식의 문제, 측정에 필요한 지표 선정의 문제, 그리고 집중도 규제 방식 등 많은 과제가 도출되었다.

　이 장에서는 2009년 방송법과 신문법 개정 이후 우리나라에서 본격적으로 도입된 미디어 간 결합 시장에서의 집중도 조사 및 관련 제도 도입의 배경 이론을 검토하고, 미디어다양성위원회와 여론집중도위원회가 개발하는 집중도 측정 지수 체계를 소개하고자 한다. 아울러 해외 주요 국가의 미디어 간 결합 시장에 대한 집중을 모니터링하고 규제하기 위한 제도적 장치를 검토할 것이다.

2. 미디어 다양성과 시장 및 여론집중

1) 미디어 다양성의 개념과 제도화

다양성은 생물학에서부터 사회학에 이르기까지 매우 폭넓은 학문 영역에서 중심 개념으로 자리 잡았다. '다양성'의 사전적 의미로는 구성 요소의 종류가 다르거나 서로의 독특함이 있어 동일하지 않은 상태를 의미하며, 사회과학 연구에서는 사회를 구성하는 개인 또는 집단 사이의 차이를 발견하기 위해 사용하는 개념으로 사용되었다(이근수·이수용, 2012).

미디어 정책에서도 다양성은 중요한 개념으로서 미디어 산업의 집중 수준을 평가하는 것은 물론, 미디어를 매개로 한 여론 환경을 가늠하는 핵심 원칙의 하나이다. 미디어 다양성은 전통적으로 미디어가 수행해야 할 '공익적 가치'의 하나이자 목표 개념으로서 미디어가 수용자에게 다양한 채널이나 프로그램 등을 제공하는지 여부를 질적으로 평가하는 척도로서 기능했다. 특히 방송 정책에서 다양성은 미국과 유럽 모두에서 중요하게 다루어졌다. 수정헌법 제1조를 기반으로 표현의 자유를 우선시하는 미국은 물론, 유럽의 공영방송 정책 논의에서도 다양성을 '좋은 방송'의 하위 구성 요소로서 간주해왔다. 영국의 Ofcom은 공공 서비스 방송의 4대 목표 중 하나로 다양성을 제시한 바 있다(Ofcom, 2008).

미디어 다양성은 학자마다 그 개념 정의 및 분류 방식이 여러 가지이며, 다양성과 집중도 규제를 연결 짓는 논거 역시 다양하다. 그러나 다양성이 미디어 정책에서 중요하게 고려되어야 하는 이유는 비교적 공통되게 추출된다. 일반적으로 미디어 다양성은 다양한 미디어 내용을 제공하여 의견과 아이디어가 보다 원활하게 교환되는 자유로운 아이디어 시장을 만드는 데 중점을 둔다.

이 원칙은 밀턴이 주창한 '아이디어의 시장'(*marketplace of ideas*) 원칙, 즉 진실은 아이디어의 시장에서 다양한 의견과 정보가 상호 교류되고 충돌할 때 얻어지는 것으로서, 다양하고 대립적 소스로부터 나온 정보의 광범위한 전파는 진리에 도달하는 필수적 과정이자 구성 요소가 된다는 전제에 기반을 둔다(성욱제, 2010). 따라서 미디어 다양성은 정보의 생산과 유통의 다양성을 충족시켜 민주적 사회 여론을 형성하는 조건으로서 특정 정보생산자의 집중은 다양성을 훼손하는 것이라 볼 수 있다.

이러한 맥락에서 맥퀘일(McQuail, 1992)의 논거는 미디어 다양성의 중요성을 잘 대변한다. 그는 미디어 다양성이 가져오는 긍정적 효과를 3가지로 정리했다. 첫째는 사회 내에서의 문화적·의견적·집단적 차이를 반영할 수 있다는 것이다. 다양한 집단의 시각을 재현하고 이들 간의 차이를 확인하는 것은 민주적 여론 형성에서 매우 중요한 기제이다. 둘째는 서로 다른 시각과 접근을 통해 보다 다양한 의견과 목소리를 표출할 수 있게 하는 것이다. 셋째는 이용자가 보다 폭 넓은 선택을 할 수 있어 미디어 서비스의 경쟁이 촉진되고 서비스의 질이 높아진다는 것이다.

미디어 다양성에 대해서는 다양한 개념 분류가 있다. 실제로 와일드만과 오웬(Wildman & Owen, 1992)은 방송의 다양성을 논의하면서 다양성의 논의가 사회적 가치의 문제와 시장경제학적 관점에서 차이 나게 전개되었다고 보면서 3가지 다양성 개념을 제시했다. 첫째, 제품 다양성으로, 특정 상품이나 서비스에서 이용 또는 선택 가능한 수준으로 소비자의 선택성을 강조한다. 둘째, 아이디어의 다양성으로, 중요한 사회적 이슈에 대해 얼마나 다른 생각과 분석이 존재하는가를 말한다. 셋째, 접근 다양성으로, 미디어가 특정 사안이나 견해에 편견을 갖고서 배제해서는 안 된다는 것을 의미한다.

맥퀘일(McQuail, 1992)은 다양성을 보다 복합적인 층위로 구분했다.

그는 내적 다양성(한 채널 내에서 다양한 관점의 수용)과 외적 다양성(독립된 미디어 채널 간의 다양성), 모든 이해 당사자가 미디어에 접근하고 주장을 재현하는 데 평등해야 하며, 정보처리의 양적(시공간이 골고루 배분) 다양성·질적 다양성(불편부당, 공정성 등), 소비자 선택에서의 수직적·수평적 다양성을 고려했다.

한편, 미디어 다양성의 구성 요소를 제시한 나폴리(Nopoli, 1997; 1999; 2001)는 미국 방송 매체를 중심으로 논의하면서 주된 구성 요소를 공급원(source) 다양성, 콘텐츠 다양성, 노출(exposure) 다양성으로 크게 분류하고 이 3가지 개념별로 하위 개념을 다시 설정했다. 공급원 다양성은 방송 제작 및 배급 주체의 다양성을 의미하는 것으로 이는 다시 소유권과 내부 인력의 다양성으로 구분된다. 소유권의 다양성은 방송사업자의 소유권이 다양하고 경쟁적일수록 프로그램의 다양성 또한 늘어난다는 가정에 기초한다(황준호, 2008).

콘텐츠 다양성은 프로그램 다양성, '프로그램 유형·형식(type format)의 다양성', 프로그램의 등장인물 또는 프로그램 대상의 인구학적 다양성을 말하는 '인구학적 다양성', 대표적 사회·정치문화적 관점을 얼마나 잘 반영하는가를 의미하는 '사상·의견의 다양성'으로 분류된다.

노출 다양성은 접근 가능한 정보, 프로그램 유형·형식의 개수, 다양한 미디어 시스템을 이용할 수 있는 정도와 관련된 것으로 특정 시점에서 이용 가능한 프로그램의 선택 가짓수가 시청자 분화를 얼마나 반영하는지 측정하는 '수평적 접근 다양성'과 개별적 시청자가 일정 기간 동안 프로그램에 노출되는 형태를 분석하는 '수직적 노출 다양성'으로 분류된다.

나폴리의 분류에 기반을 둔다면 전통적으로 미디어 다양성 및 집중 규제의 문제는 소유의 다양성에서 초점이 맞추어졌지만, 최근에는 후속 차원의 집중 영향력 문제가 동시에 고려된다.

불프와 퀠런버그(Wurff & Cuilenburg, 2001)는 내용적 차원에서 미디어 다양성을 정의 내렸다. 그들은 한 가지 또는 그 이상의 차원에서 미디어가 얼마나 다른 내용을 보여주는가에 따라 두 가지 차원으로 다양성을 나누었다. 하나는 '반영적(*reflective*) 다양성'이라는 개념으로 미디어가 수요에 맞춰서 여러 가지 다른 의견과 주제를 잘 반영하는가를 의미하고, 다른 하나는 '개방적 다양성'으로 미디어가 얼마나 골고루 프로그램을 제공하여 선택의 여지를 주는지를 뜻한다.

보다 최근에 웹스터(Webster, 2007)는 나폴리의 노출 다양성을 보다 구체화시켜 시청자 중심적 측정(시청자의 미디어 소비 패턴이 시간에 따라 얼마나 다양한가), 내용 중심적 측정(프로그램 이용 점유율 측정), 채널 중

표 13-1 미디어 다양성 논의와 차원별 구분

연구자	다양성의 차원		
	공급원 다양성	콘텐츠 다양성	노출 다양성
레빈(Levin, 1971) 리트만(Litman, 1979)	수평적 다양성 (채널 간 다양성)	수직적 다양성 (채널 내 다양성)	
와일드만·오웬 (Wildman & Owen, 1985; 1992)	제품의 다양성	•아이디어 다양성 •접근의 다양성	
불프·퀠런버그 (Wurff & Cuilenburg, 2001)		•반영적 다양성 •개방적 다양성	
맥퀘일(McQuail, 1992)	•외적 다양성 •양적 다양성 •송신자 다양성 •채널 다양성	•내적 다양성 •질적 다양성 •송신 콘텐츠 다양성	•수신 콘텐츠 다양성 •이용자 다양성
나폴리(Napoli, 2001)	공급원 다양성 (소유권, 인력구조)	•내용 다양성 (프로그램 유형, 등장인물, 아이디어/관점)	노출 다양성 (수평적 다양성, 수직적 다양성)
웹스터(Webster, 2007)			•시청자 중심적 다양성 •내용 중심적 다양성 •채널 중심적 다양성

심적 측정(채널 점유율 측정) 등의 변수로 조작화하였다.

미디어 다양성에 대한 기존의 연구 개념을 나폴리의 3차원(공급-콘텐츠-노출)을 기준으로 정리하면 〈표 13-1〉과 같다. 이들 3차원은 독립되었다기보다는 상호 간 긴밀히 연결되었다. 공급원 다양성은 콘텐츠 다양성에 영향을 미치며, 콘텐츠 다양성은 최종적으로 소비자의 노출 다양성에도 영향을 미친다. 즉, 미디어에 대한 공급 다양성 제고는 여론 다양성과 직결되며, 미디어의 공공성 확보에 불가결한 궁극적 가치의 하나라는 것을 전제로 하는 것이다.

상기의 분류 기준에 따라 국내 방송법상에 포함된 미디어 다양성 개념을 정리하면, 우리나라 방송법 제69조 1항(방송 프로그램의 편성 등)에서는 "방송사업자는 방송 프로그램 편성에서 공정성·공공성·다양성·균형성·사실성 등에 적합하도록 하여야 한다"고 밝혀 방송 편성의 주요 목표로서 다양성을 설정했음을 알 수 있다. 방송법 제69조 2항(시청 점유율 제한)에서는 '다양성'을 확보하기 위한 규제로서 "방송사업자의 시청 점유율(전체 텔레비전 방송에 대한 시청자의 총 시청 시간 중 특정 방송 채널에 대한 시청 시간이 차지하는 비율을 말한다. 이하 같다)은 100분의 30을 초과할 수 없다"고 명시하여 채널사업자의 집중을 규제한다. 현행 방송법상의 개념으로 보면, 내용과 소유의 다양성을 모두 고려했음을 알 수 있다.

표 13-2 미디어 다양성과 관련한 방송법상의 조항

관련 개념	방송법 조항	내용
공급 다양성	제 8조 (소유 제한 등)	대기업, 일간지 등의 방송사업자 지분 보유, 방송사업자 간 겸영 및 시장 점유율, 매출액 비중 등 제한
	제 15조의 2 (최다액출자자 등 변경 승인)	방송사업자의 최다액출자자가 되거나 경영권을 실질적으로 지배하려는 경우 담당 부처의 장관 승인을 얻을 것
콘텐츠 다양성	제 6조 (방송의 공정성과 공익성)	성별·직업·종교·신념·계층·지역·인종 등의 이유로 방송 편성에 차별이 없도록 소수·약자의 이익이 충실하게 반영되도록 노력하고 의견이 달라도 충분한 기회 제공
	제 69조 (방송 프로그램의 편성 등)	종편사업자는 정치·경제·사회 등 각 분야를 균형 있게 표현하고 프로그램 장르 상호간 조화 있게 편성. 전문편성사업자는 허가·승인·등록된 주된 방송 분야 및 부편성 비율 준수
	제 70조 (채널의 구성과 운용)	종합유선·위성방송 사업자는 전체 채널수를 70개 이상으로 하고 지정된 공영방송, 공공·종교채널 등을 반드시 포함
	제 71조 (국내 방송 프로그램편성)	국내 제작 프로그램 및 영화·애니메이션·대중음악 의무 편성, 1개 국가 프로그램 편중 제한
노출 다양성	제 69조의 2 (시청 점유율 제한)	일간지 법인이 방송 사업을 겸영하는 경우, 일간지의 구독률을 TV 시청 점유율로 환산하여 해당 채널의 시청 점유율에 합산, 허가·승인 등의 심사에 반영
	제 72조 (외주제작 방송 프로그램 편성)	외주제작 프로그램 의무 편성 및 주 시청 시간대 편성, 특수관계자 외주 프로그램 편성 제한
	제 76조의 3 (보편적 시청권 보장을 위한 조치 등)	방송사업자·중계방송권자는 일반 국민의 보편적 시청권을 보장하기 위해 대통령령에서 정하는 금지 행위 등 준수 사항을 이행
	제 85조의 2 (금지행위)	방송사업자 등은 방송사업자 간 공정한 경쟁과 시청자의 이익을 저해할 수 있는 행위(채널·프로그램의 제공을 정당한 사유 없이 중단하거나 시청자의 타 방송사업자 선택을 제한)를 해서는 안 됨

2) 미디어 다양성 정책과 시장 및 여론 집중 간 관계

다양성은 여러 수준에서 정의되고 분석될 수 있기에 미디어 시장 내에서는 집중의 문제로 단순하게 전환되지는 않는다. 일반적으로 집중의 정의는 소수가 특정한 차원 혹은 기준에 대하여 전체에서 일정 수준 이상을 점유한 상태를 의미한다. 다양성은 집중의 반대 개념으로 이해되지만 복합적 차원에서, 경제적 차원뿐 아니라 사회문화적 차원을 지닌 개념으로 이해되기 때문이다.

미디어 영역에서의 집중 현상은 정상적인 경쟁을 왜곡할 수 있는 부정적 상태를 의미하기도 한다. 이는 앞의 미디어 다양성 논의에서도 언급된 것처럼 소수에 의해 미디어의 공급·유통이 소유 또는 통제되고, 그에 따라 프로그램의 다양성이 줄어들어, 이용자가 보다 채널 내외적으로 다양한 정보와 관점을 이용할 수 없는 상태를 말한다. 집중의 수준이 다양성의 요소를 그대로 반영하는 것은 아니지만, 적어도 집중된 상태가 다양성을 충족하는 상태가 아님은 분명하다.

이처럼 미디어 다양성과 미디어 집중은 동일한 개념은 아니지만, 미디어 집중이 다양성을 훼손하는 상태를 나타내기에 이 두 개념은 미디어 제도에서도 유사하게 다루어졌다. 일반적으로 미디어 다양성은 규제의 목표로 제시되고 규제의 측정은 집중의 수준으로 가늠되는 경향이 있다. 그러나 집중은 흔히 경제적 차원에서 소유의 집중을 가리키는 것으로 이해되는 경향이 있다. 이는 미디어 집중 연구가 주로 경제학의 영역에서 수입의 집중을 다루기 위해 시작되었기 때문이며, 그 결과 미디어 영역에서 다루어지는 다양한 차원의 집중 현상이 경제적인 집중으로 귀결되는 결과를 낳았다(임정수, 2004).

임정수(2004)는 다양성의 반대 개념인 집중을 사용하여 집중의 유형을 경제적 집중, 콘텐츠 집중, 수용자 집중으로 분류하면서 경제적 차원에서의 집중 해소만으로는 '다양성'을 구현하지 못한다고 지적했다. 그는 첫째, 경제적 집중을 채널 소유 집중, 수입 집중, 생산량 집중, 채널 간 수용자 크기 집중으로 세분화하고, 각 차원에서의 집중 해소가 '다양성' 회복을 의미하지 않는다고 밝혔다. 둘째, 콘텐츠 집중은 콘텐츠 포맷 집중, 아이디어 집중으로 구분이 가능하며, 전자의 경우 콘텐츠 포맷의 다양화가 수용자 복지 증가 및 아이디어의 다양성 증가를 뜻하지 않으며, 아이디어의 집중 해소는 매체 다양성 정책의 궁극적 목표로 중시되나 직접적 측정 대상 및 규제 대상이 되기 어렵다는 점을 지적했다. 셋째, 수용자 집중은 프로그램 단위의 수용자 집중, 채널 단위의 수용자 집중으로 구분이 가능하고 이를 통해 정책화가 가능하다고 보았다.

한편, 김승수(2010)는 매체 집중을 소유 집중, 시장 집중, 내용 집중, 영향력 집중의 4개 차원으로 설명하면서, 소유 집중은 소유 지분의 집중으로 평가 가능하고, 시장 집중은 매출액, 시청률, 발행부수, 클릭 수 등과 같은 계량적 요소로 평가 가능하며, 내용 집중은 미디어 내용분석을(media monitering) 통하여 조사 가능하고, 영향력 집중은 사회 여론에 미치는 힘의 크기로 경제적 집중과는 구분했다.

3. 미디어 다양성과 집중의 측정

1) 집중의 측정 도구

미디어 영역에서는 집중을 측정하는 도구가 발달해왔다. 시장 내에서 집중 수준을 측정하기 위해 특정한 산업군, 특정 시장에 속한 기업의 시장 점유율을 기초로 산정하는 집중지수(*concentration ratio*)인 CRk가 많이 활용된다(이상승·조성국·신상훈·오선아, 2010). CRk란 특정 시장, 산업군에 속한 전체 기업 가운데 상위 순서로 k번째까지 누적 합산한 시장 점유율을 말한다. 즉, 시장 점유율 순서로 상위부터 순위를 매긴, 상위 k 기업의 집중률을 시장 전체의 집중도를 평가하는 데 사용한다. 이 경우 중요한 기준은 시장 점유율 기준 몇 개의 상위 기업의 집중도를 볼 것인가에 있는데 공정거래위원회는 CR1이 50% 이상, CR3이 75% 이상일 때 시장지배적사업자가 존재하는 시장이라고 기준을 삼는다(여론집중도조사위원회, 2012; 2013).

CRk와 더불어 활용되는 또 하나의 지수는 미국 법무부가 1992년 도입한 HHI(*Herfindahl-Hirschman Index*, 허핀달-허쉬만 지수)이다. 이 지수는 특정한 시장 안에서 특정한 기업군이 매출, 자산, 고용 영역에서 차지하는 비중을 평가하기 위한 집중지수라고 할 수 있다(조영신, 2009; 심영섭, 2010). HHI은 특정한 시장 안에 활동하는 전체 기업의 수와 개별 기업의 시장 점유율을 동시에 고려하는 특징이 있다. 구체적으로 HHI는 개별 기업의 시장 점유율을 제곱한 값을 모두 합산한 수치라고 할 수 있다. 일반적으로 기업 결합 심사에서는 HHI에 10,000을 곱해 정수로 환산한 값을 사용한다(조영신, 2009; 심영섭, 2010; 여론집중도조사위원회, 2012). 미국 법무부와 FTC(Federal Trade Commission, 연방거래위원회)

의 경우 HHI의 수준에 따라 시장의 경쟁 정도를 추정하는데, 1,000 미만일 때는 '경쟁 상태'로, 1,000~1,800은 '다소 집중된 상태'로 추정하며, 1,800을 넘을 경우 '매우 집중된 시장'으로 판별한다.

2) 미디어 다양성 및
   여론 집중 차원에서 제도화된 측정 도구

현재 미디어 다양성 및 집중에 대한 측정은 국가별로 다양하게 이루어진다. 미국, 독일은 매체 이용과 관련된 데이터를, 이탈리아는 기업 수입원(*revenue*)에 관한 데이터를, 네덜란드는 뉴스 콘텐츠 공급과 관련된 데이터를 지표로 사용한다. 미국, 독일, 이탈리아는 공표 방식(개별 매체·플랫폼) 단위로 개별 미디어 시장 내 점유율 산출이 가능한 방식인 반면, 네덜란드는 시사 정보를 공급하는 콘텐츠사업자 단위로 점유율 산출이 가능한 방식을 택한다(미디어다양성위원회, 2012; 김남두·이준웅·황용석·김대규, 2011).

(1) 독일 KEK의 매체 간 가중합산 시청 점유율 지수
독일의 방송 규제는 원칙적으로 30% 시청 점유율 상한 이내에서 방송 채널의 설립을 자유롭게 허용하면서도 방송 이외의 매체 영역에서 상당한 경제·사회적 영향력을 행사하는 대형 복합 매체기업이 등장함에 따라 이들이 방송사의 인수합병을 통해 방송 시장에 진입해 과도한 '여론 지배력'을 행사할 가능성을 방지하고자 추가 규제를 도입한 사례이다.

독일의 시청 점유율 규제 및 매체 간 가중합산 시청 점유율 제도는 '사후 규제'와 '사안별 진입 규제'(혹은 원인 규제)의 성격을 아울러 갖는다. 예를 들어 어떤 방송사업자가 전국 시청 점유율 30%를 초과하거나, 전국 시청 점유율이 25% 이상이면서 인근 매체 시장에서 '지배적 위치'를 보유하면 시청 점유율 30% 초과에 따르는 제재 조치를 받는다. 이는 방송사 인수를 제한하는 '사전 규제'뿐 아니라 방송 시장에 대한 '사후 규제'로서도 작용한다. 한편, 어떤 방송사업자가 TV 및 인근 매체 시장의 활동을 총평가한 결과가 시청 점유율 30% 초과에 상응하는 경우에도 해당 사업자가 제재를 받는데, 이 조항은 실제 상당한 시청 점유율을 지닌 방송사와 이종 매체 기업 간 인수합병의 시도가 발생할 때 KEK가 이를 승인할지 여부를 심의하는 '사안별 진입 규제'의 근거로 이용된다(김남두·이준웅·황용석·김대규, 2011).

독일에는 미디어 간 결합 시장 내 합산 영향력을 측정하기 위한 정책 지수로 '매체 간 가중합산 시청 점유율 지수'가 있다. 이 지수는 시청 점유율이 비교적 높은 방송사와 이종 매체 기업 간의 결합 시도가 있을 때, KEK가 이의 승인 여부를 결정하기 위하여 방송 매체 및 이종 매체에서의 활동을 종합하여 평가할 필요가 있다고 간주할 때에만 산정된다. TV 방송사와 이종 매체 기업 간 결합 시도가 있더라도 TV 방송사의 기존 시청 점유율이 30%에 크게 미달하면, KEK는 매체 간 가중합산 시청 점유율 지수를 산출하지 않는 것이 통례이다.

이 지수는 독일 내 전체 미디어 시장에서 특정 사업자의 영향력을 모니터링하기보다는 TV 시청자 시장을 기준으로 방송사와 결합한 특정 이종 매체 사업자의 영향력을 시청 점유율 형태로 나타낸 방식을 사용한다(김남두, 2010). KEK가 채택한 매체 유형별 가중치 모형의 하위 개념으로는 3가지 차원(파급력, 소구력, 시의성)이 독일 헌법재판소의 수신료 판결문 내용을 기반으로 구성되었다.

(2) FCC의 DI

미국의 경우 1996년에 연방 방송통신법(Telecommunication Act of 1996)
입법을 통해 유료방송-통신사업자 간 상호 영역 진출을 허용하고, 전국
지상파 TV 시장에 대한 소유 규제 기준을 'TV 시청가구 도달률'로 단일
화하였다. 또한 FCC에 2년마다(현재는 4년) 기존의 매체 집중제한 규칙
(concentration rule)을 점검하고 공익성이 입증되지 않은 규칙은 폐지할
의무를 부여했다. 이후 FCC는 동일 지역 내 신문-방송 교차 소유 허용
을 시도했으며, 현행 매체 집중제한 규칙을 동일 지역 내 모든 시사 정보
매체의 다양성을 측정하여 교차 소유 허용 여부를 판단하는 방식으로 바
꾸기 위해 DI(Diversity Index, 다양성 지수)를 개발했지만 실질적으로 시
행되지는 못했다(김남두·이준웅·황용석·김대규, 2011).

　DI는 동일 매체 유형 내 개별 매체의 점유율을 단지 동종 매체의 수로
나누어 계산하는 방식을 취했다는 점에서 '영향력' 지수가 아닌 '소유 다
양성' 지수에 가깝다.

(3) 네덜란드의 미디어위원회

네덜란드에서는 미디어위원회가 2007년부터 개정 미디어법에 따라 정보
원(source) 집중제한 방식을 적용하여 정보원의 매체 간 합산 집중도를
평가한다. 2001년 개정된 네덜란드 미디어집중법(TWM) 제8조는 매체
집중 규제를 위해 미디어위원회가 미디어 내용분석을 할 수 있도록 규정
한다. 미디어위원회는 '미디어 내용분석' 자료를 바탕으로 미디어집중법
제9조에 따라 집중 규제기관인 공정거래청이 신문과 TV, 라디오 기업
의 인수합병에 대한 규제 근거로 사용하도록 제공한다(김남두, 2011).

　미디어위원회는 미디어집중법 제8조에 따라 매년 매체 내용분석 결과
를 장관에게 보고하며 신문·TV·라디오 시장에서의 정보원 집중 정도

를 조사하기 위해 신문 시장의 통계 자료는 신문발행부수공사기관(HOI)으로부터, TV 시장의 통계 자료는 시청률 연구기관인 SKO로부터, 라디오 시장의 통계 자료는 RAB/Infomat GfK로부터 받아 정보원 집중 정도를 산정한다.

표 13-3 해외 주요 국가의 미디어 다양성 및 집중 수준 측정 도구

명칭	미국 (DI)	독일 (매체 간 가중합산 시청자 점유율)	네덜란드 (뉴스 출처 집중도 규제제도)
측정 대상	지역뉴스 이용자시장 내 매체 다양성	TV 매체와 이종 매체 간 결합이 의견 다양성에 미치는 영향	시사 정보 콘텐츠 공급 시장에서의 정보원 집중도
매체 범위	• 지상파 TV • 라디오 • 신문(일간지/주간지) • 인터넷(ISP)	• 민영 독일어 전국 TV 채널 • 인근 매체(라디오, 신문, 인터넷, TV 프로그램 가이드, 대중잡지 등)	• 텔레비전 • 라디오 • 신문 • 인터넷 • 텔레텍스트
콘텐츠 요건	지역뉴스, 공공사안	특별한 장르 제한은 없음	시사 정보
주요 지표	• 매체 유형별 이용 점유율 • 매체 유형별 개별 매체 수	• 시청자 점유율(TV) • 청취 점유율(라디오) • 판매부수 점유율 (신문, 프로그램가이드, 잡지) • 방문자 수 점유율(인터넷) • 매체 유형별 가중치	매체 유형별 시사 정보 콘텐츠의 공급 점유율
지수의 활용 방식	• 사안별 진입 규제 • 어떤 지역의 집중이 높으면(1,800 이상) 교차소유 불허	• 사안별 진입 규제 • 지수가 30%를 초과하면 인수합병 불허	• 사안별 진입 규제, 사후 규제 • 전체 시사정보콘텐츠 공급 점유율이 30%를 초과하는 사업자 제재

* 미국, 독일, 이탈리아의 경우는 매체/플랫폼별 데이터(이용 행태 자료 혹은 매출액)를 사용, 네덜란드의 경우는 뉴스 콘텐츠를 공급하는 사업자별 데이터(콘텐츠 점유율)를 사용
출처: 미디어다양성위원회 (2012).

4. 우리나라에서의
미디어 간 다양성과 집중 규제

1) 미디어 간 합산 규제 패러다임과 집중 규제

디지털 기술이 급속히 발전하고 인터넷 IP 기반 망을 중심으로 한 디지털 전송 방식이 일반화되면서 망, 서비스, 사업자 등 모든 영역에서 융합화가 촉진되고 있다. 이러한 변화로 인해 미디어 시장이 단일 시장으로 수렴되며, 그 결과 1990년대부터 방송·통신 기업의 인수합병, 상호 영역으로의 진출 등 기업 간 결합과 신규 융합 서비스 도입이 국내외에서 활발히 진행되었다.

수직적이었던 미디어 시장이 수평적 시장 체계로 전환되면서 범세계적으로 방송을 중심으로 한 소유 규제 완화 정책이 확산되어 이종 미디어 간의 결합이 확산되었다. 이러한 변화는 1996년 미국이 연방커뮤니케이션법 개정을 통해 방송·통신사업자의 상호 영역 진출을 제한하던 제도를 대폭 완화한 것에서 시작되었다.[1] EU는 2000년 이후 부문별(*sector-specific*) 규제에 초점을 맞췄던 종전의 수직적 매체 규제 체계를 대신하여 계층 규제에 초점을 맞춘 수평적 매체 규제 체계를 채택했다. 그리고 방송·통신의 구분을 철폐한 일반 인가 시스템(*general authorisation regime*)을 도입하여 진입·소유 규제를 대폭 완화했다(김남두, 2011). 이러한 새로운 미디어 규제 경향을 기반으로 나타난 특정적인 규제 변화는 다음과 같다.

---

[1] 미국은 1996년 연방커뮤니케이션법 개정을 통해 방송·통신사업자의 상호 영역 진출에 대한 제한을 대폭 완화하였으며, FCC에게 2년(현재는 4년)마다 매체 소유의 제한 규정을 검토하여 타당성이 입증되지 않는 소유 제한은 완화할 의무를 부여했다.

첫째, 개별 미디어 시장 단위별 규제보다 포괄적인 미디어 간 합산 영향력 집중 방지가 미디어 다양성 및 집중 규제 정책의 주요한 관심사로 부상하였다. 그 예로 독일의 '매체 간 가중합산 시청자 점유율', 미국의 'DI'가 대표적이다. 이러한 국제적 트렌드에 기반을 두어 우리나라도 방송법상의 미디어다양성위원회와 신문법상의 여론집중도위원회를 신설하고 관련 규제 조항을 통해 미디어 간 합산 영향력을 산출하는 수평적 규제 모델로 전환했다. 이는 미디어 간 교차 소유가 보다 용이해진 시점에서 특정 소유주에 매체가 집중됨으로써 여론에 독점적인 영향력을 행사하는 것을 사전에 방지할 필요성이 대두되었기 때문이다.

둘째, 여론 형성의 주체로서 미디어의 영향력을 집중의 관점에서 평가하려는 시도가 나타났다. 현행 방송 영역의 집중 규제를 예로 들면, 방송법상의 규제와 독점규제법상의 규제로 이원화할 수 있다. 전자는 방송법상의 방송의 특수성(다양성·공정성·독립성)을 고려한 여론 형성의 주체로서, 특히 방송사업자를 다양성의 관점에서 접근한다. 후자는 방송 영역을 상업적·경제적 시장의 하나로 접근하여 경쟁의 기능과 역할을 중시하며, 방송사업자를 방송서비스제공자로 접근한다. 이러한 관점의 차이는 규제가 추구하는 목적이나 그에 따른 규제 내용과 성격, 동일한 쟁점 사안에 대한 분석 방법, 해결 방안 등의 차이로 귀결될 수 있다(이효석, 2013).

먼저, 여론 형성의 주체로서 방송에 대한 집중 규제는 소유·겸영에 대한 규제(예: 방송법 제18조[2]), 시청 점유율 규제(방송법 제69조의2[3]),

---

2 방송법 제8조(소유 제한 등). ② 누구든지 대통령령이 정하는 특수한 관계에 있는 자(이하 '특수관계자')가 소유하는 주식 또는 지분을 포함하여 지상파방송사업자 및 종합편성 또는 보도에 관한 전문편성을 행하는 방송채널사용사업자의 주식 또는 지분 총수의 40/100을 초과하여 소유할 수 없다. 다만, 다음 각 호의 1에 해당하는 경우에는 그러하지 아니하다.

미디어다양성위원회(방송법 제 35조의4[4])를 들 수 있다. 이러한 접근은 여론 지배력의 관점에서 이루어지는 집중 규제라 하겠다.

둘째로 산업적 측면에서 집중 규제가 이루어지는 것은 방송법상의 경쟁규제(방송법 제 85조의2 제 1항[5]), 방송 시장 경쟁 평가(방송법 제 35조의5[6]), 독점 규제 및 공정거래에 관한 법률상 시장 지배력 규제(독점 규제법 제 3조 이하 제 3조[7]) 등에 명시된다. 산업적 접근은 방송사업자의 매출액에 근거하여 시장 집중을 규제하는 방법으로, 방송사업자라 하더라도 어느 경우에나 시장 집중에 대한 규제는 여론 지배력과는 무관하다.

이 두 가지 집중 규제 가운데, 방송법과 신문법의 개정으로 미디어를 사회 여론 형성의 중요한 주체로 판단하고 개별 매체의 소유주가 여론에 미칠 수 있는 지배력이 어떻게 변화할 것인지, 그리고 그러한 소유주별 지배력이나 매체 영역의 집중 정도를 어떻게 측정하고 평가하는지를 법령에 포함시킨 것이다. 이와 같은 맥락에서 미디어다양성위원회와 여론집중도위원회는 근거 법령이 상이하고 법령상 지위와 규제 관할권이 다

---

3 방송법 제 69조의2(시청 점유율 제한). ① 방송사업자의 시청 점유율(전체 TV 방송에 대한 시청자의 총 시청 시간 중 특정 방송 채널에 대한 시청 시간이 차지하는 비율을 말한다)은 30/100을 초과할 수 없다. 다만, 정부 또는 지방자치단체가 전액 출자한 경우에는 그러하지 아니하다.

4 방송법 제 35조의4(미디어다양성위원회). ① 방송통신위원회는 방송의 여론 다양성을 보장하기 위하여 미디어다양성위원회를 둔다.

5 방송법 제 85조의2(금지행위). ① 방송사업자 · 중계유선방송사업자 · 음악유선방송사업자 · 전광판방송사업자 · 전송망사업자(이하 '방송사업자 등'이라 한다)는 사업자 간 공정한 경쟁 또는 시청자의 이익을 저해하거나 저해할 우려가 있는 다음 각 호의 어느 하나에 해당하는 행위(이하 '금지행위'라 한다)를 하거나 제 3자로 하여금 이를 하게 하여서는 아니 된다.

6 방송법 제 35조의5(방송시장경쟁상황평가위원회). ① 방송통신위원회는 방송 시장(인터넷멀티미디어방송을 포함한다)의 효율적 경쟁 체제 구축과 공정한 경쟁 환경을 조성하기 위하여 방송시장경쟁상황평가위원회를 둔다.

7 독점 규제 및 공정거래에 관한 법률 제 3조(독과점적 시장구조의 개선 등). ① 공정거래위원회는 독과점적 시장구조가 장기간 유지되는 상품이나 용역의 공급 또는 수요 시장에 대하여 경쟁을 촉진하기 위한 시책을 수립 · 시행하여야 한다.

르지만, 그 목적성인 다양성과 집중 규제라는 관점에서 보면 매우 유사하다고 하겠다.

2) 미디어다양성위원회와 시청 점유율 규제

(1) 설립 배경, 법적 근거, 활동 내용

미디어다양성위원회는 2009년 7월 31일 대기업·신문사의 방송사업 소유 제한 규정 완화, 방송사업자의 시청 점유율 제한(30%) 등의 내용을 포함하는 방송법 개정을 통해 구성되었다. 당시 대기업과 신문사의 방송 시장 진입에 따른 여론 독과점 발생 우려가 대두되자 그 대응책으로 개정 방송법에 '방송의 여론 다양성 보장'을 위한 방송통신위원회 산하 미디어 다양성위원회를 설치하도록 신설된 것이다(제 35조의4). 개정된 방송법은 시청 점유율 산정의 구체적 기준과 방법, 그 중에서도 방송사업자의 시청 점유율에 합산할 목적으로 특수관계자의 시청 점유율에 가중치를 부여하는 방식, 방송사업에 참여하는 일간지의 구독률을 시청 점유율로 환산하는 방식 등을 미디어다양성위원회가 심의하여 방송통신위원회가 고시로 정하도록 하였고(제 69조의2), 특히 미디어다양성위원회의 직무 중 하나로 '매체 간 합산 영향력 지수'의 개발을 2012년 12월 31일까지 완료할 것을 규정하였다(제 35조의4, 제 3항 제 2호, 제 25조의4 제 4항).

이러한 방송법에 근거하여 2010년 3월 31일 미디어다양성위원회 위원이 위촉되었고, 동년 5월 10일에는 시청 점유율 조사, 시청 점유율 산정의 구체적 기준과 방법, 그리고 매체 간 합산 영향력 지수의 개발을 위한 3개 분과위원회가 구성되었다(미디어다양성위원회, 2012).

(2) 시청 점유율 산정

시청 점유율 산정은 방송법 제 69조 2에 따라 미디어다양성위원회가 방송사업자(TV 채널)의 시청 점유율을 산정하고, 홈페이지 등을 통해 산정 결과를 공표하는 제도를 말한다. 시청 점유율(30%) 초과 사업자에게는 방송법 시행령(제 52조의4)에 따라 방송사업 소유 제한, 방송광고 시간제한 등의 시정조치가 가능하다.

시청 점유율이란 수용자 노출의 집중도를 측정하는 것으로 첫째, 방송사업자의 허가·승인, 최다액출자자 변경 승인 및 재허가(재승인) 시 시청 점유율을 심사에 반영한다. 실제로 2010년 종합편성채널과 보도PP 승인 시 시청 점유율(일간지 환산 시청 점유율 포함)을 심사에 시청 점유율을 반영한다. 둘째, 사후 규제의 차원에서 시청 점유율 30% 초과 사업자에 대해 방송사업 소유의 제한, 방송 광고 시간의 제한, 방송 시간 양도 등의 시정조치가 가능하다. 다른 정의로는 전체 TV 방송 시청 시간 중 특정 TV 채널이 차지하는 시청 시간의 비율을 말한다. 시청 점유율과 시청률의 차이는 개념상 유사하나 수식에 투입되는 지표가 다르다. 시청률은 전체 TV 보유 가구 가운데 특정 TV 채널을 시청하는 가구의 비율을 말한다.

시청 점유율의 산정 대상은 방송사업자 중 TV 방송을 제공하는 사업

표 13-4 시청 점유율 측정 공식

- 전체 TV 방송 시청 시간 중 특정 TV 채널에 대한 시청 시간 비율

$$\text{시청 점유율} = \frac{\text{특정 TV 채널 시청 시간}}{\text{시청자의 전체 TV 방송 시청 시간}}$$

$$\text{시청률} = \frac{\text{특정 TV 채널 시청 가구}}{\text{전체 TV 보유 가구}}$$

자이다. 특정 방송사업자의 시청 점유율은 해당 방송사업자의 시청 점유율과 특수관계자 등의 시청 점유율을 합산한다. 특수관계자 등의 시청 점유율이란 해당 방송사업자가 주식 또는 지분을 보유한 다른 방송사업자의 시청 점유율을 말한다. 따라서 시청 점유율 규제는 특정 TV 방송사업자가 소유 또는 지분관계에 있는 TV 방송사업자의 시청 시간까지의 총합이 전체 TV 방송 시간에서 차지하는 비율을 의미한다.

한편, 특수관계자 등의 범위는 방송법 제8조 및 동법 시행령 3조에 의하면 방송사업자의 특수관계자, 다른 방송사업자의 주식·지분을 소유한 방송사업자를 말한다. 특수관계자의 경우는 해당 사업자의 시청 점유율을 1:1로 합산하며, 다른 방송사업자의 주식·지분을 보유한 경우에는 소유 정도에 따라 가중치를 부여해(소유 비율 × 시청 점유율) 합산하는 방식을 취한다. 이종 매체인 일간지 법인의 시청 점유율은 신문사 구

그림 13-1 **방송사업자 시청 점유율의 계산 방식**

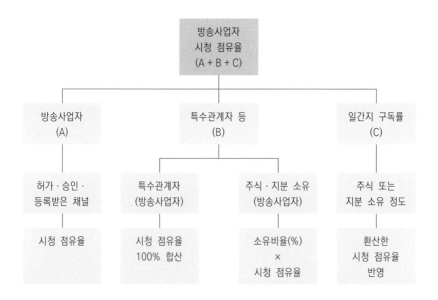

표 13-5 **일간지 경영자의 방송 사업자의**
시청 점유율 산정을 위한 매체 교환율 환산 기준

구분	매체 교환율: 매체 영향력의 비율	
	이용자 측면	시장 측면
조사 방식	이용자에 대한 설문조사	시장에 대한 지표조사
조사 내용	•시사 정보 이용률 •시사 정보 이용 시간 •매체 의존도	TV와 일간지의 광고 매출
지표 특징	주관적 지표, 직접지표	객관적 지표, 간접지표
조사기관	전문 조사기관	방송통신위원회, 제일기획
가중치	1	1

독률을 시청 점유율로 환산한 값에 해당 법인의 방송사업자 시청 점유율과 해당 방송사업자의 시청 점유율을 합산하는 방식으로 산정된다.

TV나 일간지와 같이 상이한 미디어 간의 점유율을 합산하기 위해서는 상이한 특성을 고려한 가중치가 필요하다. 시청 점유율 산정에서는 이러한 가중치를 '매체 교환율'이라고 하며, 'TV 방송과 일간지의 매체 간 영향력의 상대적 차이'라고 정의된다(미디어다양성위원회, 2013). 각 매체별로 이용자 및 시장에 대한 영향력을 고려해 측정한 후, 결과 값을 산술평균하여 최종적으로 일간지 소유자의 합산 점유율을 산출한다.

2009년 7월 22일 국회에서 통과된 방송법, 신문법, IPTV법 등 미디어 관련법이 개정되면서 신문사와 대기업이 종합편성채널의 지분을 30%까지 소유할 수 있고, IPTV는 49%까지 소유할 수 있게 되었다. 이에 따라 2009년 케이블TV와 위성방송 등을 통해 뉴스, 교양, 드라마, 오락 등 모든 장르의 방송 프로그램을 편성할 수 있는 채널인 종합편성채널을 허가하면서 일간지의 방송사업 겸영에 따른 합산 방식에는 앞에서 언급한 것과 같은 방식을 적용하였다.

표 13-6 **2012년도 일간지 구독률의 시청 점유율 환산의 예**

- 제1단계

  시청률 = 2012년 일간지 구독률 × 매체 교환율(0.44)

- 제2단계

$$시청\ 점유율 = \frac{시청률}{전체\ TV\ 채널의\ 시청률\ 합(32.954)} \times 100$$

$$구독률 = \frac{2012년\ 유료\ 가구\ 부수}{2012년\ 장래\ 가구\ 추계\ 통계(17,950,675)} \times 100$$

일간지 구독률을 시청 점유율로 환산하는 방식은 1단계에서 일간지의 구독률(ABC 유가부수 구독 점유율)에 매체 교환율을 곱하여 방송을 소유한 일간지의 신문시장 내 점유율을 방송 시장 점유율로 환산한다. 2단계에서는 환산된 일간지의 신문시장 내 점유율과 TV 채널의 시청률을 합해서 이를 전체 TV 채널의 시청률의 합에서 차지하는 비율을 산출하는 방식이다.

(2) 매체 간 합산 영향력 지수

매체 간 합산 영향력 지수는 2009년 개정된 방송법에서 미디어다양성위원회의 직무 중 하나로 처음 규정되었다. 그러나 동법에서는 개발시한만을 명시하고 있을 뿐(방송법 제35조의4 제2항) 입법 목적이나 취지, 구체적 내용이나 매체의 범위, 지수의 활용 방안 등에 관해서는 법률이나 시행령 어디에도 드러나지 않는다. 그러나 이 조항은 현재 TV 채널과 일간지의 매체 결합에만 적용되는 '매체 간 합산 영향력' 방식을 TV 채널과 여타 매체의 결합에도 적용할 수 있도록 확장하여 일반화한 공식으로 지수를 개발하라는 입법적 취지가 있는 것으로 해석된다. 이 지수는 다매체 환경의 도래에 따라 매체의 소유 규제 방식이 매체 유형별 사전 규제 (지분 투자 제한) 중심에서 사안별 진입 규제(인수합병 심사)로 이행하는 세계적 추세를 반영한 것이다. 앞서 언급한 독일의 매체 간 가중합산 시청 점유율 지수나 미국의 DI가 사안별 진입 규제를 염두에 두고 개발된 정책 지수이다.

이러한 맥락에서 미디어다양성위원회는 연구를 통해 2012년 12월에 TV 채널과 타 매체의 결합에 따른 '집중 효과'를 시청 점유율 형태로 계량화하는 지수 모형을 개발하여 공표했다. 이 지수는 향후 TV 채널을 포함한 여러 매체 영역에 걸쳐 기업 인수합병이 발생할 경우, 이로 인한 '다양성 축소'를 시청 점유율 형태로 계량화하기 위한 것으로서 법 개정을 통해 방송 사업을 겸영하는 매체사업자의 영향력에 대한 규제가 도입될 경우 해당 사업자의 영향력 산정 공식으로 활용될 가능성이 열렸다.

'매체 간 합산 영향력'은 복합매체사업자의 매체 사업 영역별 영향력을 가중합산한 수치이다. 이는 해당 사업자의 미디어 사업 영역별 영향력을 '매체 이용'의 차원에서 측정하고 그 집중 정도를 측정하는 것이다. 따라서 신문, 방송, 인터넷 등 매체 사업 영역별로 개별 사업자가 차지하는 이용 점유율에 각각 일정한 가중치를 부여한 후 합산함으로써 특정 사업자의 매체 간 합산 영향력을 산출하는 것이다. 다만, 방송법에 근거한 지수의 성격 등을 고려해 방송사업자(혹은 방송 겸영 매체사업자)를 대상으로 산정한다. 따라서 '방송사업자의 매체 간 합산 영향력'은 해당 사업자의 매체 사업 영역별 이용 점유율을 각각 시청 점유율로 환산한 후 TV 방송 영역의 시청 점유율과 합산한 수치라고 정의할 수 있다(미디어다양성위원회, 2014). 방송을 겸영하는 매체사업자의 경우는 해당 사업자의 매체 사업 영역별 이용 점유율에 매체 환산율을 곱한 후 합산하여 지수를 산출한다.

표 13-7 **매체 간 합산 영향력의 산출 방식**

매체 간 합산 영향력$[\sum_{i=1}^{n}(Wi \times \Sigma Si)]$

= [매체사업영역별 이용 점유율(ΣSi) × 매체 환산율(Wi)]의 합산치

- ΣSi 매체 사업 영역 i에서 해당 사업자의 시청 점유율 혹은 이용 점유율:
  어떤 사업자가 각 매체 사업 영역에서 보유한 영향력(시청 점유율 또는 이용 점유율)
- Wi 매체 사업 영역 I에 부여되는 매체 환산율(TV = 1 기준):
  매체 환산율: 매체 사업 영역별 점유율에 부여되는 가중치
  (TV 방송의 시청 점유율에 부여되는 가중치 = 1 기준)

* 매체 환산율은 'TV 영향력 대비 다른 매체의 영향력 크기'를 반영하며, 매체별로 TV 방송 대비 '이용자 비율 × 매체 속성 종합치'를 측정해 산출
** 매체속성변인: ① 시청각적 소구력, ② 시사성, ③ 이용 편의성

여기서 매체 간 가중치에 해당하는 매체 환산율은 매체 사업 영역별 이용 점유율을 합산할 때 각 이용 점유율에 부여하는 비중으로서 'TV 방송 영역의 시청 점유율이 지닌 비중을 1로 놓을 때 상대적 크기'의 비율로 도출한다. 개념적으로 보면, 매체 환산율은 TV 채널 대비 각 매체가 지닌 '영향력의 상대적 크기'라고 정의할 수 있다.

매체 환산율의 이용자 조사를 통하여 각 매체의 이용률[지난 1주일 동안 매체 이용자 비율(TV = 1) 기준]과 매체 속성 종합치를 측정하여 도출한다. 이는 매체 효과가 존재한다는 점이 인정된다는 전제 아래 매체 효과는 결국 매체(혹은 매체가 제공하는 콘텐츠)에 대한 수용자 노출을 전제로 한다는 점에서 매체 이용량을 영향력의 대리(*proxy*) 변인으로 사용할 수 있다는 논리적 맥락에 기반을 둔다(미디어다양성위원회, 2012). 매체 속성 종합치는 해당 매체의 '매체적 특징에 따른 질적인 이용 정도'를 측정하여 이를 합산평균한 수치(TV = 1 기준)로서 시청각적 소구력, 시사성, 이용편의성이 선정되었다.

미디어다양성위원회가 매체 간 합산영향력 지수의 지수 모형을 제시

그림 13-2 매체 간 합산 영향력 지수의 계산 예

영향력 측정 지표	TV 방송 시청 점유율 (15%)	라디오 방송 청취 점유율 (10%)	일간지 유료 판매부수 점유율 (10%)	인터넷 이용 시간 점유율 (5%)
	×	×	×	×
가중치 지표	100%	30%	40%	60%
	=	=	=	=
합산 영향력(25%) =	15% +	3% +	4% +	3%

하긴 했지만, 구체적 지표나 매체 사업 영역의 획정 등은 공표하지 않았다. 그 이유는 이 지수의 사용 목적이 법이나 정책적으로 명확하게 제시되지 않았기 때문이다. 따라서 매체 간 합산 영향력 지수가 실제 미디어 규제에 적용되기 위해서는 지수 활용에 관한 법적·제도적 근거가 뒷받침되어야 할 것이다.

3) 여론 다양성을 위한 여론집중도조사위원회

(1) 개요
우리나라의 경우 2009년 7월 31일 개정된 '신문 등의 진흥에 관한 법률'(이하 신문법) 17조에서 문화체육관광부 장관이 '여론집중도'를 조사하고 이를 공표하도록 규정했다. '신문 등의 진흥에 관한 법률 시행령'(2010. 1. 27, 이하 '신문법 시행령')은 제12조에서 여론집중도와 관련한 조사·연구·자문을 수행할 여론집중도조사위원회를 설치할 수 있도록 규정한다. 이에 따라 2010년 3월 문화체육관광부 장관이 위촉한 9인의 위원으로 구성된 여론집중도조사위원회 1기가 출범하여 3년의 활동을 토대로 2013년 2월 첫 번째 보고서를 발표한 바 있다.

여론집중도조사위원회는 매체에 대한 소유 규제 완화로 교차 소유가 가능해진 미디어 환경의 변화 속에서 특정한 개별 매체 시장의 시장 관련 지표와 이용 관련 지표를 중심으로 다양한 개별 매체 시장의 지표를 어떻게 유기적으로 결합하는지에 초점을 맞춘다(김영욱·이준웅·심영섭, 2010). 즉, 신문·TV·라디오·인터넷의 4가지 개별 매체 부문(media sector)의 시장과 이용 지표를 어떻게 합산하여 특정한 매체사가 여론 환경에서 차지하는 점유율과 영향력의 수준을 평가할지 고민한다. 개별 매체 시장, 예를 들어 신문 시장에서 특정한 매체사의 집중도를 측정할 경우 일반적으로 기업 집중, 기업 결합(M&A) 심사, 공정 거래 심사 등에서 활용하는 지수를 활용하는 것이 가능하다(이상승·조성국·신상훈·오선아, 2010). 한편 특정 매체의 인접 매체 시장에서의 영향력에 대해서는 가중치를 계산하는 것이 필요하다(심영섭, 2010).

여론집중도위원회는 일반적인 기업 집중을 평가하는 지수를 토대로 교차 소유가 가능한 미디어 환경을 반영하여 집중도의 수준을 평가하기 위해서 특정 매체 부문(예를 들어 신문, TV)이 여론 현상에 미치는 영향력을 고려한 가중치를 반영하는 모델을 제시하고 있다. 여론집중도조사위원회에서는 시장 점유율을 기초로 하는 집중지수를 이용 점유율의 집중을 진단하는 데 함께 사용하며, 가중치를 반영하는 모델은 독일 KEK의 아이디어를 벤치마킹하고 있다(여론집중도조사위원회, 2013).

우리나라의 여론집중도 조사에서 제기하는 집중도 평가 지수 모델을 설명하기에 앞서 모델이 기초하는 집중지수와 가중치의 개념을 소개하면 다음과 같다.

(2) 주요 측정 모델
여론집중도조사위원회는 모든 콘텐츠 장르를 아우르는 일반적인 미디어 집중 수준을 진단하기보다는 여론 형성 과정에 미치는 미디어 영향력에 초점을 둔다. 따라서 모든 유형의 매체가 아닌 "여론 형성 과정에 영향을 끼칠 수 있는 정보와 의견, 즉 공공 사안(public affairs)에 관련하여 전문적으로 기획·편집된 콘텐츠(editorial content)를 기업적 방식으로 제작·편성·배포하는 매체"로 국한하여 집중 수준을 진단한다(여론집중도조사위원회, 2013). 물론 여론집중도조사위원회에서는 다큐멘터리나 오락물 등의 콘텐츠를 통해서도 여론이 형성될 수 있다는 가능성을 열어 놓지만 주로 공공 사안에 대한 뉴스와 시사 보도에 초점을 둔 접근을 시도했다고 할 수 있다.

한편 이러한 기능을 수행하는 시장의 획정 문제는 경제학적, 경쟁법적 관점에서의 '시장'이라는 개념보다는 조금 유연한, 현실적 분류에 기초한 '매체 부문'(media sector)라는 개념을 활용했다. 즉, 신문법상의 종이 신문, 방송법상의 TV·라디오 방송, 신문법이 규정하는 인터넷 신문과 인터넷 뉴스 서비스를 포함하여 신문, TV·라디오 방송, 인터넷 뉴스 등 4가지 매체 부문의 집중 수준을 측정한다. 신문 부문의 경우 종이 신문 가운데 여론 형성에 관여하는 시사 정보를 생산·전달하는 신문으로 범주를 정하고 전국종합일간지, 지역종합일간지, 경제일간지, 무료일간지 등 총 70개의 제호를 대상으로 집중도를 진단한다. TV 방송 부문은 지상파나 유료방송 플랫폼을 전달 수단으로 활용하는 모든 실시간 선형 채널을 분석 범주로 삼는다.

구체적으로는 KOBACO의 프로그램 분류 기준에서 대분류 '보도' 프로그램 범주(뉴스, 대담·토론, 시사, 보도종합, 보도기타 포함)를 대상으로 지상파 채널, 종합편성채널, 보도전문채널 총 10개사 11개 채널을 분석 대상으로 삼는다. 라디오 방송은 뉴스·시사 프로그램을 편성하는 실시간 선형채널을 분석 범주로 하여 13개 방송사의 19개 지상파 채널을 분석 대상으로 삼는다. 마지막으로 인터넷 뉴스 부문은 전통적인 여론 형성 매체인 신문과 유사하게 보도의 기능을 갖추고, 온라인 플랫폼을 통해 비선형적 이용 특성에 기반을 둔 뉴스·시사 관련 인터넷 사이트를 분석 대상으로 삼았다. 이 범주 안에서 여론집중도조사위원회는 구체적으로 닐슨코리안클릭이 추정하는 국내 인터넷 이용자 대비 순방문자의 비율인 도달률 1% 이상인 웹사이트를 대상으로 집중도를 진단한다.

이와 같은 조사 범위를 놓고 4가지 매체 부문의 집중도는 시장 자료와 이용 자료 두 가지를 통해 평가될 수 있다. 여론집중도조사위원회는 금융감독원의 전자공시 재무제표, 방송통신위원회의 방송사업자 재산상황 공표집, 한국ABC협회의 신문부수 공사자료 등을 활용하여 4가지 매체 부문 가운데 신문·방송 영역의 매체 부문별 매출액 점유율이나 광고 점유율을 부분적으로 제시한 바 있다(여론집중도조사위원회, 2013). 하지만 시장 자료의 경우 인터넷 부문의 매출·광고 점유율을 산정하기 어려운 한계가 있었다. 또한 방송 부문의 경우 TV·라디오의 시장 자료를 구분하기 어려운 제약 속에 방송 안에서 뉴스·시사 보도 부문이 차지하는 매출·광고 비중을 따로 산정하기 어려운 문제도 있다. 따라서 여론집중도조사위원회의 제1기 보고서에서는 각 부문별 시장 지표보다는 이용 지표를 대표 지표로 활용하여 제시한다(여론집중도조사위원회, 2013).

이용 지표의 산정을 위해 여론집중도조사위원회에서는 다양한 조사 결과를 활용한다. 먼저 신문과 라디오 방송 부문은 서베이 데이터에 기초한 이용 지표를 활용하는데, 집중도 추정을 위해 신문 부문은 열독 점유율(readership share), 라디오 방송 부문은 청취 점유율(listening share)로 계산한다. 예를 들어 열독 점유율은 지난 한 주간의 여론 형성에 관여하는 시사 정보를 생산·전달하는 신문을 읽은 전체 서베이 응답자 가운데 특정 신문을 읽었다고 응답한 사람의 비율로 측정한다. 한편 TV 방송과 인터넷 신문 부문의 경우 피플미터기를 통한 자료와 인터넷 로그 데이터를 활용하여 점유율을 산정한다.

이 두 매체 부문은 서베이 참여자의 응답에 기초한 인지 데이터가 아닌 실측 이용 자료를 활용하는 특징이 있다. TV 방송 부문은 뉴스 및 시사 보도 프로그램을 대상으로 닐슨코리아의 1년 평균 시청률 자료를 토대로 점유율을 계산한다. 여론집중도조사위원회는 보도 프로그램 시청 시간 전체에서 특정 채널의 보도 프로그램 시청 시간이 차지하는 비율을 '뉴스 및 시사 보도 프로그램의 채널별 시청 점유율'(*viewing share*)로 산정했다(여론집중도조사위원회, 2013). 또한 인터넷 신문 부문은 여론 형성에 영향을 미치는 뉴스 관련 웹사이트에서의 이용자 체류 시간의 총합 중 특정한 뉴스 사이트에서의 체류 시간 합의 비율을 산출하여 '인터넷 뉴스 체류 시간 점유율'(*duration time share*)을 집중도 진단에 활용했다.

이러한 방식으로 4가지 개별 매체 부문에 대한 점유율을 측정하고 나서 여론집중도조사위원회에서는 개별 매체 부문을 모두 합산한 매체 간 합산 영향력 지수를 산정하기 위해 독일 KEK에서 활용한 방식과 유사하게 매체별 가중치를 산정했다. 즉, 여론집중도조사위원회는 신문, TV 방송, 라디오 방송, 인터넷 뉴스 등 매체 부문의 영향력에 대한 이용자의 평가에 기초하여 4가지 매체 부문에 부여할 상대적인 영향력 가중치를 산정한다. 구체적으로는 〈표 13-8〉과 같이 7가지 설문 문항에 대한 이용자의 응답을 통해 매체 부문의 가중치를 계산한다(여론집중도조사위원회, 2013). 이용자는 4가지 부문의 유목에서 중복 선택이 가능하며, 전체 응답 빈도수 중 특정한 매체의 응답 빈도수가 차지하는 비율을 구해 각 매체 부문의 영향력과 관련한 가중치가 산정된다. 이 가중치를 '영향력 점유율'로 정의한다(여론집중도조사위원회, 2013).

각 매체 부문에 속한 개별 기업(또는 기관)을 매체사로 놓고 볼 때 여론 집중도를 측정하는 과정에서 다양한 매체 부문을 넘나드는 기업집단

(또는 기관)을 고려할 필요가 있다. 특히 종합편성채널 허가 이후 신문·방송 등 교차 매체 부문을 고려해야 하는 기업집단군을 '매체 계열'로 보았다. 여론집중도조사위원회에서는 개별 매체 부문 집중도는 매체사 단위의 점유율을 기준으로 산정하였고 전체 매체 부문에서의 매체 합산 집중도의 매체 계열을 단위로 한다. 〈표 13-9〉와 같이 매체 계열 j의 매체 합산 여론 영향력 지수라는 새로운 지수가 매체 부문의 영향력 가중치인 영향력 점유율과 특정 매체 계열의 특정 매체 부문에서의 점유율을 곱하여 합산하는 방식을 채택하여 산정된다(여론집중도조사위원회, 2013).

공식을 보면 A라는 언론사가 신문, TV 방송, 인터넷 뉴스 등의 매체 부문에 걸쳐 다양한 매체사를 소유할 경우 하나의 매체 계열로 본다는 것이다. 예를 들어 신문, TV 방송, 인터넷 뉴스 부문에 매체사를 소유한다면 이 세 부문의 이용 점유율에 매체 부문별 영향력 가중치를 곱한 다음

표 13-8 **영향력 평가를 위한 7가지 설문 문항**

- 일상의 뉴스 및 시사 정보를 어떤 매체를 통해 얻으십니까?
- 정치·경제·사회적 주요 현안에 대해 알고자 할 때, 어떤 매체의 뉴스 및 시장 정보에 주로 의존하십니까?
- 대통령선거에 대한 뉴스 및 시사 정보를 어떤 매체를 통해 얻으십니까?
- 국가 정책에 대해 가치판단을 하는데 어떤 매체가 중요하다고 보십니까?
- 정치·경제·사회적 주요 현안에 대한 여론을 파악하는 데 어떤 매체가 도움이 됩니까?
- 지지하는 후보나 정치인을 결정할 때, 주로 어떤 매체에 의존하십니까?
- 정치·경제·사회적 주요 현안에 대해 귀하의 의견을 형성하는 데 어떤 매체가 영향을 미친다고 생각하십니까?

표 13-9 **매체합산 여론 영향력 지수 공식**

$$매체계열\ j의\ 매체합산\ 여론\ 영향력\ 지수 = \Sigma i(W_i \times S_{ij})$$

- W_i: 매체 계열 i의 영향력 점유율
- S_{ij}: 매체 계열 j의 매체 부문 i에서의 이용 점유율

이 세 부문 값을 합산한 수치가 A라는 매체 계열의 집중지수가 되고, 여론집중도조사위원회는 이를 '매체합산 여론 영향력 지수'라고 보았다.

이 공식으로 산정하는 매체합산 여론 영향력 지수를 조금 더 이해하기 쉽게 설명하는 것이 〈그림 13-3〉이다(여론집중도조사위원회, 2013). 수치는 가상의 것이다. 공식에서 보여준 영향력 가중치 W_i 부분은 아래 가로축에서의 신문 15%, TV 40%, 라디오 15%, 인터넷 뉴스 30%라고 할 수 있다. 세로축은 4가지 매체 부문을 나타내고 전체 점유율 합산 100% 가운데 특정 매체사가 차지하는 점유율을 보여준다. 매체 부문 모두를 고려한 합산 집중지수는 개별 매체 부문의 점유율과 그 매체 부문의 영향력 가중치를 곱한 넓이로 환산할 수 있다. 음영으로 처리된 신문 1, TV 방송 4, 인터넷 뉴스 2를 특정 매체 계열 A사가 소유한다면 A사의 합산 집중지수(합산 여론 영향력 점유율)는 음영 부분의 넓이를 더한 것이다. 즉, 전체 매체 부문에서 A사가 차지하는 점유율은 합산 집중지수이며 이는 세 영역의 넓이[신문($27\% \times 0.15$) + TV($10\% \times 0.4$) + 인터넷 뉴스($15\% \times 0.3$)]를 합한 값인 12.55%다.

실제 여론집중도조사위원회의 1기 조사 결과에서 가중치는 신문 17.3, TV 방송 48.2, 라디오 방송 8.4, 인터넷 뉴스 26.0으로 나타났다. 독일 KEK의 가중치 모델과 유사하게 평가한다면, TV 방송 부문의 영향력을 1로 볼 때 신문 부문은 0.36, 라디오 방송 부문은 0.17, 인터넷 뉴스 부문은 0.54의 비중으로 평가될 수 있다는 것이다(여론집중도조사위원회, 2013). 2014년 여론집중도조사위원회 2기는 앞의 모델을 기초로 4가지 매체 부문의 영향력 변화와 개별 매체사의 점유율 변화에 초점을 두어 지속적인 집중도 진단을 수행한다.

그림 13-3 매체합산 여론 영향력 지수 모델

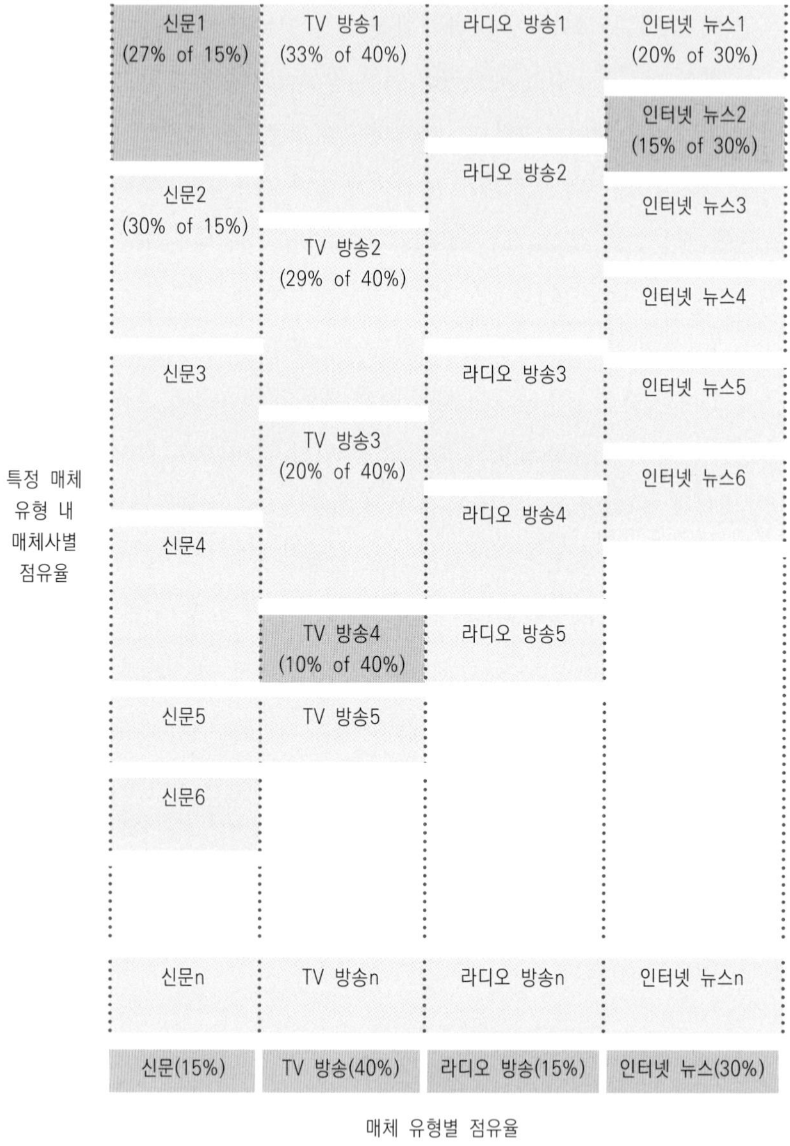

특정 매체 유형 내 매체사별 점유율			
신문1 (27% of 15%)	TV 방송1 (33% of 40%)	라디오 방송1	인터넷 뉴스1 (20% of 30%)
			인터넷 뉴스2 (15% of 30%)
신문2 (30% of 15%)		라디오 방송2	인터넷 뉴스3
	TV 방송2 (29% of 40%)		인터넷 뉴스4
신문3		라디오 방송3	인터넷 뉴스5
	TV 방송3 (20% of 40%)		인터넷 뉴스6
신문4		라디오 방송4	
	TV 방송4 (10% of 40%)	라디오 방송5	
신문5	TV 방송5		
신문6			
신문n	TV 방송n	라디오 방송n	인터넷 뉴스n
신문(15%)	TV 방송(40%)	라디오 방송(15%)	인터넷 뉴스(30%)

매체 유형별 점유율

5. 미디어 다양성과 시장 및
여론 집중을 둘러싼 측정과 제도적 이슈

이종 미디어 간 합산 영향력의 집중 정도를 지수화하고 정책 도구로 만드는 것은 다매체 환경의 도래에 따라 매체의 소유 규제 방식이 매체 유형별 사전 규제(지분 투자 제한) 중심에서 사안별 진입 규제(인수합병 심사)로 이행하는 세계적 추세에도 부합한다고 하겠다. 그러나 실제 이러한 지수를 규제의 목적으로 운영하는 것에서는 규제의 목적성에 대한 사회적 합의 및 제도화가 필요하다. 또한 집중도 측정에 따르는 복잡한 이슈가 산재한다(조성겸·장윤재, 2012).

첫째, 시장 집중도를 측정하는 데 사용하던 전통적 방법을 미디어 시장에 그대로 적용하는 것이 타당한가의 문제를 검토할 필요가 있다. 전통적으로 시장 집중도를 파악하기 위한 점유율 산정은 매출액을 근거로 이루어졌다. 그러나 미디어의 집중 정도를 매출액으로 판단하는 것이 미디어 효과를 가늠하는 데 과연 타당한지에 대한 문제가 제기되었다. 이에 따라 미국의 FCC나 독일의 KEK는 매출액이 아닌 이용 점유율을 사용했고, 최근 국내의 연구에서도 이용 점유율을 활용해 사업자별 점유율을 산출하는 방식이 주를 이룬다(성욱제, 2010; 이준웅, 2010).

둘째, 융합된 미디어 시장에서 미디어 시장 또는 영역을 어떻게 획정할 것인가의 문제가 있다. 현행 방송법상의 시청 점유율 규제는 모든 TV 채널을 대상으로 하며, 매체 간 합산 영향력 지수는 시청 점유율 규제의 확장에 대비한 것으로서 콘텐츠 장르별 구분을 두고 않는다. 그러나 여론집중도조사위원회는 뉴스와 같은 시사 매체의 영향력만을 측정한다는 점에서 차이가 있다. 신문의 경우(종합일간지, 경제지)는 시사 보도 매체로 이해되므로 큰 문제가 없으나, 인터넷 매체의 경우 콘텐츠 장르가 방송에 비해 훨씬 다양하고(게임, 쇼핑 등 상호작용적 콘텐츠 존재), 신문·방송과는 달리 진입 규제가 사실상 없으므로 콘텐츠 장르를 뉴스·시사정보 콘텐츠로 제한하지 않을 경우 영향력의 측정 대상을 산정하기 어려운 점이 있다.

인터넷 포털의 경우가 대표적이다. 인터넷 신문 부문의 경우에는 인터넷 포털을 통해 특정 인터넷 뉴스 사이트의 콘텐츠가 이용되는 것을 어떻게 처리해야 하는가의 문제가 대두될 수 있다. 물론 인터넷 포털에서 개별 인터넷 뉴스 사이트로 아웃링크되는 경우에는 큰 문제가 없다. 하지만 현재의 이용 환경에서는 인터넷 포털의 뉴스 섹션 안에서 진행되는 특정 인터넷 뉴스 사이트의 콘텐츠 이용을 어떻게 처리하는가에 따라 점유율 산정이 달라질 수 있다. 또한 이러한 이슈는 여론에 영향력을 행사하는 미디어에 인터넷 포털을 포함시킬지의 여부와도 연관된다. 1기 여론집중도조사 보고서에서는 신문법에 의거 언론의 역할을 수행하는 매체사에 초점을 맞추었으나, 게이트키퍼 역할과 편집 기능을 수행하는 인터넷 포털의 경우 '확대된 여론 형성 매체 부문'으로 간주할 수 있는지는 향후 논의가 필요하다(여론집중도조사위원회, 2013).

셋째, 미디어 다양성의 정의가 가지는 복합적 층위에서 무엇을 고려할 것인가의 문제이다. 앞에서 언급한 것처럼 미디어 다양성은 소스-콘텐츠-노출이라는 3층위로 크게 구분할 수 있다. 이용자 노출 차원의 집중 수준이 나머지 수준을 대표할 수 있는가의 문제는 측정 도구의 타당성 문제와 닿아 있다. 다른 한편에서 소스가 특정 사업자에게 제한된 시장 구조가 매체 내용 및 여론 형성에 부정적 영향을 미치는가에 대한 직접적 증거를 축적하는 것도 중요하다.

넷째, 미디어 이용에 대한 측정의 어려움이다. 스마트폰 등 개인 휴대형 미디어의 모바일 애플리케이션을 기반으로 콘텐츠가 소비되는 환경

역시 점유율 산정 과정에서 복잡한 고민거리를 제공한다. N스크린 환경으로 일컬어지는 다양한 미디어 이용 환경은 TV 방송 부문의 경우 본 방송의 실시간 이용 여부를 다루는 시청률에 덧붙여 여러 가지의 다시 보기 상황을 고려하게 한다. 2014년 현재 집중도 산정을 위해 이러한 N스크린하에서의 미디어 이용 행태를 어떻게 반영해야 하는지에 대한 연구가 진행 중이다.

여론집중도조사위원회의 경우 TV 방송 부문의 점유율을 시청 시간 점유율로 산정하는 가운데 이용 여부만이 측정 가능한 N스크린 환경에서의 미디어 소비를 어떻게 반영할지 논의가 지속되고 있다. 인터넷 뉴스 부문의 경우 PC를 통한 고정형 인터넷으로 콘텐츠를 이용하는 시간을 측정하는 것과 모바일 인터넷을 통한, 예를 들어 애플리케이션 기반으로 이용하는 시간을 측정하는 사안이 동시에 고려된다. 휴대형 모바일 기기를 통한 미디어 콘텐츠 이용 정도를 측정하는 방식의 개선과 발전 방안에 대해서도 2014년 현재 논의 중이다.

다섯째, 미디어 간 이용 지표의 문제이다. 이종 부문을 통합하여 집중도를 산정할 경우, 서로 다른 방식을 통해 얻은 점유율 조사 결과를 합산하는 부분에 대해서는 지속적인 고민이 필요하다. 여기서 생각할 이슈 중 하나는 각 매체 부문별로 표본을 추출하여 점유율을 산정할 때 동일한 모집단을 대상으로 한다고 가정할 수 있느냐의 문제이다. 즉, 한국언론진흥재단이 매년 수행하는 언론수용자 의식 조사와 비슷한 서베이를 통해 신문·라디오 부문의 이용 점유율을 구할 때 상정하는 모집단과 시청률 조사, 인터넷 이용 로그 조사에 패널로 추출된 표본의 모집단이 어느 정도 유사성을 갖는가가 관건일 수 있다. 상대적으로 표본을 추출한 대상 모집단이 다를 수 있다는 점은 매체 부문을 통합하여 합산하는 과정에서 생각할 이슈이다.

이용 측정을 위해 추출하는 표본의 동질성을 확보하는 문제와 실측 데이터를 우선적으로 활용하려 하는 문제가 겹칠 경우 4가지 매체 부문의 집중도를 합산하는 데 어떤 선택을 해야 하는지에 대해서는 향후 지속적 논의가 필요한 부분이다. 이를 위해 방송통신위원회도 모바일 미디어 등을 포함한 통합 시청 점유율 합산을 위한 연구조사 사업에 들어갔다.

참고문헌

김남두 (2010), 〈매체 간 합산 영향력 지수 개발 연구: 지수의 기본구조 시안을 중심으로〉, 한국정보통신정책연구원.
_____ (2011), 〈유럽의 미디어 집중 규제에 대한 사례〉, 한국정보통신정책연구원.
김남두 · 이준웅 · 황용석 · 김대규 (2011), 〈매체 간 합산 영향력 지수모형 비교평가 연구〉, 한국정보통신정책연구원.
김영욱 · 이준웅 · 심영섭 (2009), 〈여론집중도 조사 방법과 위원회 운영방안〉, 서울: 한국언론재단.
미디어다양성위원회 (2012), 〈매체 간 합산 영향력지수 개발보고서〉, 방송통신위원회.
성욱제 (2010), 국내 시사정보 미디어의 이용집중도 측정을 통한 다양성 연구, 〈방송통신연구〉, 2010년 가을호. 194~225.
심영섭 (2009), 주요 국가의 여론집중도 규제 제도, 한국언론재단 (2009), 〈여론집중도 조사 방법과 위원회 운영 방안〉(37~96쪽).
여론집중도조사위원회 (2012), 〈2011년도 4대 매체 부문 여론집중도조사 보고서〉, 한국언론진흥재단.
_____ (2013), 〈여론집중도조사 보고서〉, 한국언론진흥재단.
이근주 · 이수영 (2012), 다양성의 유형화를 위한 시론적 연구, 〈한국인사행정학보〉, 11권 1호, 175~197.
이상승 · 조성국 · 신상훈 · 오선아 (2010), 〈미디어 시장집중 및 규제정책 연구: 미국을 중심으로〉, 서울: 한국언론재단.
이준웅 (2010), 여론집중도 조사의 개념적, 방법론적 쟁점과 제안, 김영욱 · 이준웅 · 심영섭 (편)(2010), 〈여론집중도 조사 방법과 위원회 운영 방안〉(97~149쪽), 한국언론진흥재단.

임정수 (2004), 세 가지 미디어 집중 현상의 개념화와 미디어 사업규제 정책에서의 함의, 〈한국언론학보〉, 48권 2호, 138~163.

조성겸·장윤재 (2012), 매체의 여론 지배력 평가를 위한 유효이용 개념 제안, 〈사회과학연구〉, 23권 2호, 75~92.

조영신 (2009), "미국의 미디어 다양성 정책", 한국언론재단 (2009), 〈미디어 집중도 조사〉(18~59쪽).

황준호·신호철·정은옥·서상호 (2008), 〈융합환경에서의 경쟁과 다양성에 관한 연구〉, 한국정보통신정책연구원.

McQuail, D. (1992), *Media Performance: Mass Communication and the Public Interest*. London: Sage Publications.

Napoli, P. (1997), Rethinking program diversity assessment: An audience-centered approach, *Journal of Media Economics*, 10(4), 59~74.

Ofcom(2008), Public Service Broadcasting, *Annual Report 2008*.

Van der Wurff, R. & Van Cuilenburg, Jan(2001), Impact of moderate and ruinous competition on diversity: the Dutch television market, *The Journal of Media Economics*, 14(4), 213~229.

Webster, J. G. (2007), Diversity of exposure, in Napoli, P. M. (2007), *Media Diversity and Localism: Meaning and Metrics*, Laurence Erlbaum, London.

Wildman, S. S. & Owen, B. M. (1992), *Video Economics*. Cambridge, MA: Harvard University Press.

14

스마트미디어 시대
네트워크 인간의 선택

나은영

스마트미디어 시대에 방송·통신의 융합으로 과연 인간의 삶은 어떻게 변화할 것인가? 지금까지 이 책에서 주로 논의된 것은 스마트미디어 생태계에서 미디어 융합 서비스의 기술 진화는 어디까지 이루어졌는지, 새로운 융합 서비스 시장의 규제 체계는 어떠한 변화를 겪고 있는지 등에 관한 것이었다. 책의 마지막을 장식할 이 장에서는 방송·통신 네트워크의 융합이라는 미디어 생태계의 변화로 과연 인간의 삶은 어떻게 변화할 것인가에 대한 전망을 다루고자 한다. 속도를 가늠할 수 없는 미디어 기술의 발전 과정에서 인간은 어떤 선택을 하기 쉬운지를 살펴보고, 그렇다면 어떤 선택을 할 때 테크놀로지 발전의 긍정적 효과를 기대할 수 있을지에 관해 논의할 것이다.

1. 방송·통신 네트워크 융합이 인간에게 주는 의미

1) 방송·통신 융합으로 인한
   네트워크 인간의 위상 변화와 선택성 증가

인간과 인간을 연결하는 기능을 지닌 미디어는 인간 없이는 존재의 의미가 사라진다. 그럼에도 불구하고 최근 방송·통신 융합으로 인해 산업 장면에서 발생할 수 있는 경제적·법률적 측면의 변화에 관한 논의는 많지만 인간의 삶에 어떤 변화를 가져올지에 관한 논의는 상대적으로 드물다.

2013년 12월 딜로이트 TMT 인더스트리(Deloitte TMT Industry)가 세계 10개국(우리나라, 미국, 영국, 일본, 오스트레일리아, 프랑스, 독일, 이탈리아, 노르웨이, 스페인)의 미디어 보유율을 비교하면서 각 국가의 세대별 인구 비율에 맞춰 20,315명을 대상으로 조사를 진행했다. 우리나라는 스마트폰 보유율 85%, 데스크탑 PC 보유율 84%로서 10개국 중 1위였을 뿐 아니라, 스마트폰 주요 기능 30개 중 23개 항목에서 이용도 1위를 차지하였다. 예를 들어 웹 검색 기능 활용 72%, 온라인 뉴스 기사 구독 69%, 음악 감상 62%, 게임 55%, 온라인 뱅킹 38%, 온라인 TV 프로그램 시청 37%, 구매 결제 활용 32%, 위치기반 서비스 사용 26%, 스포츠 경기 시청 24%, 영화 감상 21% 등이었다. 또한 TV 시청자 중 73% 이상이 TV를 보면서 동시에 웹 서핑, 문자 보내기, 통화, 온라인 제품 구매 등의 활동을 함께 하고 있었다.

이러한 결과를 종합적으로 볼 때 우리나라는 세계 최고의 디지털 미디어 활용 국가라 할 수 있다. 그럼에도 불구하고 디지털 사회 속의 인간 활동이 어떻게 변화할 것인지, 그 과정에서 염려해야 할 부분은 없는지에 대한 국내 연구는 아직까지 그리 많지 않다.

방송·통신의 융합으로 인간의 위상은 거의 방송사의 수준으로까지 격상되었다(Na, 2009). 즉, 예전에는 방송 네트워크의 밀도도 낮았고 개인이 그런 네트워크의 노드(node) 역할을 하지 못했으나, 지금은 네트워크 공간 안에서 개인과 개인이 콘텐츠를 자유롭게 주고받을 수 있는 상태가 되었다. 즉, 예전에는 개인과 개인을 연결하여 커뮤니케이션의 통로로 이용되던 통신 네트워크가 방송 네트워크와 융합됨으로써, 인간이 적극적 활용자를 넘어 역동적 창조자로서의 위상을 지니게 된 것이다. 방송·통신 네트워크가 융합되었다는 것은 미디어가 개인에게 줄 수 있는 기능이 통합되고 다양해졌음을 의미한다.

포스트먼(Postman, 2014)은 기술이 변화함에 따라 우리가 알아야 할 5가지를 다음과 같이 요약한다.

첫째, 우리는 항상 대가를 치른다. 즉, 새로운 기술이 주는 이익이 있는 만큼 부작용도 따른다. 둘째, 항상 승자와 패자가 있다. 컴퓨터 기술의 발달로 대규모 조직은 유리해지지만 철강 노동자나 야채가게 주인처럼 불리해지는 사람도 있다.

셋째, "망치를 가진 사람에게는 모든 것이 못으로 보인다"는 말처럼, 펜을 가진 사람에게는 모든 것이 문장으로, TV 카메라를 가진 사람에게는 모든 것이 이미지로, 컴퓨터를 가진 사람에게는 모든 것이 데이터로 보인다(Postman, 2014). 즉, 모든 기술은 편견을 지닌다. 어떤 관점이나 성취는 좋게 평가되는 반면 다른 관점이나 성취는 좋지 않게 평가된다는 것이다. 예컨대, 문자가 없던 문화에서는 기억력이 최고의 덕목이었지만, 문자 기록이 가능해지자 기억하는 행위는 시간 낭비로 간주되며 논리적 조직화와 체계적 분석이 더 높게 평가되었다. 마찬가지로 컴퓨터 시대에는 지식이나 지혜가 아닌 정보에 높은 가치가 부여된다. "미디어는 메시지다"라고 했던 맥루언(McLuhan, 1964)의 이야기와 일치한다.

넷째, 기술의 발전은 단순 합산적이 아니라 생태적이다. 즉, 이것은 문화 전체를 바꾼다. 다섯째, 기술은 신화가 되는 경향이 있다. 일단 기술이 탄생하면 마치 원래 있었던 것처럼 간주되어 쉽게 바꾸거나 통제하기 어려워진다.

포스트먼의 이 같은 지적은 우리에게 큰 통찰을 준다. 특히 미디어처럼 사람의 바로 옆에 항상 붙어 있으면서 마치 몸의 일부인 것처럼 기능하는 기술의 발전은 우리로 하여금 그 기술과 분리하여 생각할 수 있는 능력과 필요성을 상실하게 한다. 마치 원래 우리와 함께 있었던 것처럼 당연시하면서 그것이 유발하는 편견 속에 갇혀 살기 쉽다는 것이다.

최근에 등장한 미디어일수록 그 보급률이 더 가파르게 증가한다는 사실은 이미 잘 알려져 있다(최환진·정보통, 1999). 50%의 보급률에 도달하는 데 걸린 시간이 유선전화는 50년이었던 데 비해 휴대전화는 5년에 불과했다(〈Trend Spectrum〉, 2013). 또 한 가지 특기할 만한 사실은 새로운 미디어가 등장한다고 하여 예전 미디어가 완전히 사라지는 경우는 드물다는 것이다. 물론 사라지는 미디어도 있지만 대부분은 새로운 미디어와 함께 공존한다. 따라서 시간이 지남에 따라 예전 미디어와 새로운 미디어가 점점 더 많이 공존함으로써, 현 시점에서는 '어떤 미디어로 콘텐츠를 소비할지'에 대한 인간의 선택권이 더 넓어졌다고 할 수 있다. 여러 종류의 미디어로 수많은 정보와 콘텐츠를 얻을 수 있기에 언제 어떤 미디어로 어떤 콘텐츠를 소비할지는 전적으로 소비자 선택에 달렸다. 기술적으로 어쩔 수 없이 특정 콘텐츠를 위해 특정 미디어를 선택해야 하는 경우도 있지만, 기술결정론만으로 인간의 선택 행동을 설명할 수 없는 이유가 여기에 있다.

2) 네트워크화된 상호작용 공간과 새로운 어포던스

디지털 미디어로 인한 네트워크의 통합은 개인 단위의 촘촘한 연결망으로 구성된 '네트워크화된 개인주의'를 가져왔다(Wellman, 2002; Ranie & Wellman, 2012). 물리적 공간의 공유로 인한 집단화보다 개인 단위의 연결망이 사회적 상호작용에서 더 큰 의미를 지니게 된 것이다. 이로 인해 미디어가 인간에게 주는 새로운 '어포던스'(*affordance*)가 출현했다. 우리가 미디어를 볼 때, '미디어를 가지고 무엇을 할 수 있을까?', '이 미디어는 내게 어떤 기능을 할 수 있을까?'를 떠올린다면 이것이 그 미디어의 어포던스를 의미하는 것이다.

어포던스는 원래 깁슨(Gibson, 1977; 1986)이 시각적 공간지각(*visual space perception*) 과정을 연구하며 사용했던 개념으로, '물건과 유기체 사이의 독특한 관계에 따라 나타날 수 있는 사용, 행위 및 기능의 가능성'을 나타낸다. 인간의 입장에서 보면 물건의 '사용 가능성'을 뜻하며, 그 물건을 가지고 인간이 어떤 행동을 할 수 있는지에 대한 지각이란 의미에서 '행동 유도성'이라 보기도 한다. 우리가 전화기를 볼 때 '저 전화기로 나는 무엇을 할 수 있을까?' 또는 '저 전화기는 내게 어떤 기능을 해줄 수 있을까?'를 생각한다면 이는 우리와 전화기 사이의 독특한 관계에 따라 나타나는 전화기의 어포던스를 의미한다. '타인과의 통화'라는 원래의 목적으로 사용할 수 없는 애완견이 그 전화기를 본다면, 그 애완견이 지각하는 전화기의 어포던스는 사람의 그것과는 다르다.

케네디(Kennedy, 2012)는 어포던스의 개념을 네트워크화된 공간에 적용하였다. 그는 온·오프라인을 굳이 구분할 필요 없이 '네트워크화된 상호작용 공간'의 개념을 중심으로 사회적 상호작용을 정의해야 한다고 주장하면서 '소셜 어포던스'(*social affordance*)를 중요시한다.

표 14-1 **네트워크화된 개인주의와 네트워크화된 공간 비교**

소셜 어포던스 + 네트워크화된 개인주의	소셜 어포던스 + 네트워크화된 공간
개인에 초점	상호작용에 초점
자기 중심적	공간 중심적
고정적, 정적	역동적
구조를 찾음	활동을 찾음
해석학적 접근	현상학적 접근
단일 활동 분석	다층 분석
개인과 네트워크가 분석 단위	네트워크화된 상호작용 공간이 분석 단위

출처: Kennedy (2012).

즉, 현재의 네트워크화된 디지털 미디어 시대에는 SNS와 같은 미디어가 '다른 사람과 상호작용할 수 있는 사회적 공간'으로 지각되는 것이고, 그런 의미에서 소셜 미디어는 '소셜 어포던스'를 지닌다. 소셜 어포던스란 '해당 공간이나 물건 또는 환경을 어떤 사회적 행위를 할 수 있는 수단으로 지각하는 것'을 말한다(Kennedy, 2012). 온·오프라인의 구분보다 더 중요한 것은 우리가 '다른 사람과 함께 할 수 있는 공간'으로서 미디어의 소셜 어포던스를 지각한다는 사실이다.

원래 웰만(Wellman, 2002)이 이야기한 '네트워크화된 개인주의'가 개인을 단위로 하여 모두와 연결된 상태를 강조했다면, 케네디(Kennedy, 2012)가 최근에 이야기한 '네트워크화된 공간'은 온·오프라인 공간을 중심으로 한 사회적 상호작용에 초점을 둔다. 〈표 14-1〉에서 보듯이, 네트워크화된 개인주의 안에서 개인과 네트워크가 분석 단위라면, 네트워크화된 사회적 공간에서는 사람 사이의 상호작용 공간이 분석 단위다. 오프라인에서 발생하는 사회적 상호작용과 닮은꼴을 지닌 사회적 상호작용이 온라인에서도 발생하기에(Kennedy, 2012), 온·오프라인의 구분보다 더 중요한 것은 "공간이 사회적으로 창출된다"는 사실(Lefebvre,

1991) 이다.

네트워크 공간이란 결국 사회적 상호작용의 공간이다. 촘촘한 미디어 네트워크로 빽빽하게 연결되어 사람이 서로 상호작용하는 공간이다. 즉, 네트워크의 링크(link)를 통해 방송 콘텐츠가 송출되든 개인적 이야기가 오고가든, 사람이 만든 콘텐츠가 사람이 만든 네트워크를 통해 사람 사이를 오고가는 사회적 상호작용의 공간인 것이다.

3) 말보다 글, 글보다 이미지

개인을 단위로 하여 모두가 연결된 '네트워크화된 개인주의' 시대를 사는 미디어 이용자에게 새로 등장한 미디어 어포던스의 하나는 문자와 이미지 의존도가 커질 수 있다는 것이다. 상징성 있는 짧은 문자나 이미지로 내용을 전달할 때 소셜 미디어의 핵심 특성인 '신속하게 많은 사람에게 대량의 메시지를 전달하는' 효과가 극대화될 수 있기 때문이다.

시각 의존성과 문자 의존성의 증가로 인해 대인관계를 촉발시키고 유지하는 단서에도 변화가 생긴다. 얼굴을 보고 인상을 형성하던 예전과 달리 요즘은 페이스북 프로필 사진과 텍스트를 보고 인상을 형성하여 이것이 대인관계의 시발점이 된다. 또한 말로 이루어지는 면대면 대화가 아닌 글로 전달되는 메시지가 상대방의 생각을 판단할 수 있는 근거가 되어 대인관계 유지의 촉매가 된다. 최근 발달하는 음성서비스도 결국은 음성을 입력하면 문자화되어 전송되는 서비스가 주류로서, 현 상태의 소셜 미디어는 음성보다 문자에 많이 의존한다는 사실을 부정할 수 없다.

문자의 장점이 될 수 있는 중요한 특성 중 하나는 같은 공간 내의 타인을 방해하지 않는다는 것이다. 따라서 문자가 더 개인적이라 할 수 있으며, 물리적 공간의 공유보다 미디어를 통해 디지털 공간을 공유하는 것이 더 중요해짐을 반영한다. 소셜 네트워크에서 다양한 심벌 언어(황유선, 2012)로 소통하는 인간은 소셜 미디어를 사회적 상호작용의 공간으로 인식하며, 그런 의미에서 요즘의 미디어는 인간에게 소셜 어포던스를 제공한다.

터클(Turkle, 2012)이 지적했듯이, 하루 종일 문자 대화에만 익숙해졌다면 언젠가 말로 대화하는 법을 배워야 할 때가 올 수도 있다. 직접 마주보며 대화할 때는 명시적 상호작용이 주류를 이루지만, 문자로 간접적 대화를 할 때는 '눈팅'(lurking)이나 인지되지 않은 감시와 같은 '눈에 보이지 않는 상호작용'(Metzger et al., 2012)이 증가할 수 있는 여지를 준다. 또한 자신의 좋은 면만 보이려 하고, 비언어적 단서마저도 연출해 보여줄 수 있어(예컨대, 실제로는 기분이 좋지 않으면서도 즐거운 표정의 이모티콘을 보내는 것 등), 실제 인간의 얼굴에 나타나는 진짜 비언어적 단서를 통한 소통은 줄어든다.

이미지가 글을 압도하는 경향도 생긴다. 2013년 트렌드 중 하나가 사진 공유 서비스 증가라는 점도 이런 사실을 뒷받침한다(Meeker & Wu, 2013). 소셜 네트워크에 사진을 올리는 것은 단순한 게시 행위가 아니다. 그 사진에 담긴 자신의 근황을 생생하게 전달함으로써 일종의 '말 걸기'를 시도하는 것이다(김해원·박동숙, 2012). 즉, 대인관계의 기반을 구축·유지하기 위해 이미지를 활용하는 행동이다. 사진을 올리면서 마치 친구에게 그 모습을 직접 보여주는 것처럼 느끼며, 친구도 그것을 직접 보고 있는 것처럼 느낀다. 사람의 오감 중에서 특히 시각의 지배력은 대단하다. 무엇이든 '눈으로 보았다'고 하면 그것은 바로 '실제' 있었던 일이라고 생각하는 경향이 있다. 그만큼 생생하기 때문이다. 시각적 자극의 생생함이 지니는 힘 때문에 예전의 사실주의적 사진은 비매개에 가까운 투명성을 지닐 수 있었고(Bolter & Grusin, 2006), TV 뉴스로 이미지와 함께 전달되는 내용은 마치 그 사실을 직접 목격하는 듯한 신뢰감을 주기도 한다.

디지털화로 인한 상호작용성의 증가로 예전에는 불가능하던 많은 활동이 가능해졌지만, 새로운 미디어를 자연스럽게 즐기는 사이에 잃는 것도 있다. 그 중에서 특히 깊이 생각하는 법(Carr, 2011), 얼굴을 실제로 살피면서 상대를 배려하는 법 등을 잃는 것이 염려스럽다. 또한 새로운 미디어로 전달되는 메시지에서 착각하기 쉬운 점은 눈으로 본 모든 것을 실제로 본 것이라고 착각할 가능성이 크다는 것이다. 미디어가 발달할수록 우리 눈으로 들어오는 자극 안에 연출된 것이 많이 섞여 있을 수 있음에도 불구하고 우리는 이러한 사실을 간과하기 쉽다. 미디어는 발전할수록 이음의 흔적이 없는 비매개성의 인터페이스를 추구하기 때문이다.

미디어가 디지털화되면서 이미지의 편집·조작이 더욱 쉬워졌고, 따라서 시각으로 보는 이미지도 어디까지가 진짜이고 가짜인지 구분이 어려워졌다. 문제는 이렇게 진짜와 가짜가 섞인 이미지조차 시각의 현저성이 너무 크기 때문에 마치 사실처럼 느껴진다는 데 있다. 하이퍼 매개의 투명성이 곧 비매개에 근접한다는 논리와도 연결된다(이재현 역, 2006). 즉, 매개가 너무나 완벽하면 마치 직접 경험하는 듯한 비매개의 투명성을 경험하는 것이다. 하이퍼 매개성이 비매개의 투명성과 연계되는 이유이기도 하다.

2. 인간의 선택성 증가의 명암

1) 폐쇄형 SNS: 마음을 터놓을 소수는?

과도하게 연결된 사회에서는 투명성과 연결성이 더욱 증가하여, 미래에는 두 가지 중 하나의 모습으로 나타날 수 있다. 그 하나는 네트워크화된 개인성이 더욱 증가하는 방향으로의 변화이며, 다른 하나는 서로 벽을 치고 감시하는 세계로의 변화이다(Ranie & Wellman, 2012). 아직까지는 대체로 첫 번째 모습에 가깝게 변화하고 있지만, 최근 네이버의 '밴드'와 같은 폐쇄형 SNS 선호의 증가(〈그림 14-1〉 참조) 추세는 두 번째 모습으로의 변화도 배제할 수 없음을 시사한다.

SNS를 통한 상호작용은 소통과 정보와 자기 제시가 융합된 형태, 즉 '소통적 자기 제시'(*communicative self-presentation*)의 특성으로 나타난다(Kneidinger, 2012). 모두와 항시 연결된 상태에서 SNS를 통해 다른 사람이 가진 정보를 신속하게 대량으로 취할 수 있고, 자기가 가진 정보도 순식간에 많은 사람에게 전달할 수 있다. 이 과정에서 자신에 관한 정보

그림 14-1 **폐쇄형 SNS 네이버 '밴드' 사용자의 증가 양상**

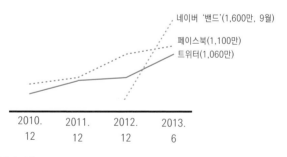

출처: 〈조선일보〉(2013. 9. 24).

를 제공할 때도 선택적으로, 타인의 정보를 취할 때도 선택적으로 할 수 있다. 바로 이러한 '선택'의 과정 안에 사람이 지닌 사회심리학적 특성, 특히 일관성을 유지하고 싶어 하는 특성이 강하게 작용한다.

마음 편한 소수를 택한다는 것이 반드시 나쁜 것은 아니다. 피상적 인간관계보다 깊이 있는 인간관계를 추구하는 오프라인 관계의 장점을 닮으려 하는 것이기 때문이다. 문제는 아날로그 시대에서는 이처럼 소수를 택해 집중적인 사회적 지지를 얻더라도 오프라인 공간에서 어쩔 수 없이 다양한 사람을 만나는 데 비해, 온라인 공간에서는 소수에만 의지하며 바로 옆에서 어떤 사람이 어떤 곳에 관심을 두는지도 모를 만큼 벽이 강해질 수 있다는 데 있다. 한정된 시간을 폐쇄된 미디어 공간에서만 지내다 보면, 실제로 자기 이웃에 자기와 매우 다른 사람이 살고 있음을 잊을 수도 있다는 것이다.

사람이 선택한 소수와 깊이 있는 관계를 맺고 싶어 하는 것은 '나에게만 주어지는 관심'을 갈구하는 측면이 있기 때문이다. 다수 중 하나가 아닌 직접 1:1로 마주하여 상대방이 온전히 자기에게 집중하고 관심을 표현하기를 바라는 것은 인간적인 친밀감의 깊이와 강도에 대한 욕구를 뜻한다. "나는 너희 모두를 사랑해"라고 이야기할 때의 사랑은 "나는 너만을 사랑해"라고 이야기할 때의 사랑과 그 강도나 질적 측면에서 비교가 되지 않을 정도로 약하게 와 닿기 때문이다. 활동량이 동일하다고 가정할 때, 폐쇄적 SNS를 구성하는 노드의 수가 적으면 그만큼 하나의 노드에 집중되는 링크의 강도는 강해진다.

또한, 연출되거나 가공되지 않은 '진실한 모습' 그대로를 접하고 싶어 하는 심리도 폐쇄적 SNS를 사용하고 싶어 하는 마음에 담겨 있다. 외부에 노출될 염려가 없는 '믿는 사람끼리'의 모임이라고 생각되면 그만큼 부담 없이 진심을 전달하기가 쉽다. 터클의 다음과 같은 인용구도 진정성을 갈구하는 인간의 심리를 표현한다.

"온라인 삶의 핵심은 미리 생각한다는 거예요." 브래드는 다음과 같이 고리
타분한 단어로 자신의 불만을 요약했다. 온라인 삶은 '진실성'을 억제한다
고. 그는 사람을 직접 느끼고 싶어 한다. 페이스북에서 사람의 자기소개 글
을 읽을 때면 멋진 척하는 연기의 관객이 된 기분이라 한다(Turkle, 2012).

모두와 항시 연결된 온라인의 삶 속에서도 최대한 자기다운 삶을 살기
위한 방편의 하나로 사람이 찾아 나선 것이 일종의 폐쇄적 SNS가 아닌가
생각된다. "타인과 너무 많이, 그리고 닥치는 대로 접촉하고 있다"고
1854년에 〈월든〉(Walden)에서 소로우(Henry David Thoreau)가 언급한
것과 유사한 상태가 21세기 디지털 네트워크 시대를 살아가는 현대인에
게 나타나는 것이다. 터클이 지적했듯이 "함께하는 시간 사이에 충분한
공간이 없어서 서로에 대한 가치를 습득하지 못할 만큼 '빽빽하게' 붙어
서 산다"는 말에 공감이 간다(Turkle, 2012).

한 사람 한 사람의 가치가 훼손되지 않을 수 있는 정도의 심리적 공간
이 있을 때 비로소 진정성을 담은 소통도 가능해질 것이다. 모든 사람에
게 자신의 100%를 바칠 수 있다고 이야기하는 사람의 진정성은 거의
0%에 가깝다고 할 수 있다.

2) 강화된 상호작용과 선택성으로 인한 의견 극화

다양하고 편리한 미디어 기술의 발전에 따른 인간의 선택성 증가는 인터
넷 안에서 개인과 사회의 원래 특성을 강화하는 경향을 유발시키기도 한
다(Shedletsky & Aitken, 2004). 촘촘한 미디어 네트워크를 통한 강화된
상호작용성과 다양한 미디어 공존 생태계에서의 인간의 선택성 증가는

원하는 대로 다양한 정보를 접할 수 있게 하는 장점을 지니지만, 좋아하는 것만 과도하게 찾는 동질성 추구 과정에서 다양성을 상실하는 역설이 발생한다. 인간의 머릿속에 일관성을 유지하려는 성향은 원래 생각과 일치하는 정보에 천착하는 과잉선택성의 문제를 낳을 수 있다. 이로 인해 현실 인식의 오류와 의견 극화 등의 부작용이 나타날 가능성이 있다.

SNS 중(重) 이용자가 경(輕) 이용자보다 실제 현실과 SNS상에 나타난 현실을 더 비슷하게 지각한다는 나은영(2012)의 연구 결과는 SNS 이용이 다른 미디어의 이용과 마찬가지로 현실 지각에 영향을 줄 수 있음을 보여준다. 〈표 14-2〉를 보면, 트위터 중이용자가 추정한 현실 속의 보수 비율과 SNS상의 보수 비율 추정 차이가 트위터 경이용자가 추정한 현

표 14-2 **트위터 이용도에 따른 현실 및**
SNS상의 보수, 진보 및 중도 인구 비율 추정 차이

트위터 이용도에 따른 비율 추정		평균 (%)	표준 편차	평균 차이	t (차이검증)	r (상관계수)
트위터 경이용 (N = 165)	현실 보수 비율 추정	42.68	15.77	14.36	11.86***	.453***
	SNS 보수 비율 추정	28.32	13.79			
	현실 진보 비율 추정	28.45	10.09	-16.94	-13.03***	.213***
	SNS 진보 비율 추정	45.39	15.64			
	현실 중도 비율 추정	28.87	17.09	2.58	2.29*	.601***
	SNS 중도 비율 추정	26.29	15.13			
트위터 중이용 (N = 160)	현실 보수 비율 추정	41.15	16.87	9.40	7.18***	.498***
	SNS 보수 비율 추정	31.75	16.15			
	현실 진보 비율 추정	31.78	13.63	-9.82	-7.33***	.380***
	SNS 진보 비율 추정	41.60	16.52			
	현실 중도 비율 추정	27.08	16.26	.43	.44	.723***
	SNS 중도 비율 추정	26.65	16.71			

*p < .05, **p < .01, ***p < .001.
출처: 나은영(2012).

실-SNS 보수 비율 추정 차이보다 더 적었고 둘 간의 상관관계도 더 높았다. 또한 트위터 중이용자가 추정한 현실 속의 진보 비율과 SNS상의 진보 비율 추정 차이도 트위터 경이용자가 추정한 현실-SNS 진보비율 추정 차이보다 더 적었고 둘 간의 상관관계도 더 높았다. 따라서 실제 현실과 SNS상에서 만나는 사람의 정치성향 비율 추정치에서, 트위터 중이용자가 경이용자보다 SNS와 현실이 더 유사하며, 트위터 경이용자는 SNS와 현실에 큰 차이가 있다고 생각하는 경향이 있음을 알 수 있었다.

케이와 존슨(Kaye & Johnson, 2012)은 정치적 정보에 관심이 있는 1,530명의 SNS 이용자 자료를 분석하여 •정치적 정보 추구 •반전통적 미디어 정서 •표현과 군집 •정치적 안내와 판단 •개인적 성취라는 5가지의 이용 동기를 찾았다. 그 중 뒤의 3가지 동기가 선택적 노출을 예측하는 데 유용했다. 그러나 이들은 SNS 중이용자가 경이용자보다 더 심하게 선택적인 것은 아니라는 점에 근거하여 SNS로 인해 선택성이 강화되지는 않는다고 주장하였다.

또한, 페이스북이 선택적 노출로 인한 정보 편향을 가속화시키는지 줄이는지를 살펴본 연구(Bakshy, 2012)에서는 강한 연대와 많이 교류하며 비슷한 정보를 받아들이는 것은 사실이지만, 약한 연대의 규모가 워낙 크다 보니 새롭고 이질적 정보의 절대적인 양이 더 많다고 주장한다. 즉, 사람이 강한 연대(strong tie)를 통해 유사한 정보를 중복적으로 접하는 것은 사실이지만, 약한 연대(weak tie)를 통해 들어오는 이질적인 정보의 양이 너무나 방대하기 때문에 강한 연대에서 오는 정보의 유사성을 뛰어넘을 수 있다는 주장이다. 페이스북과 같은 SNS의 사용으로 동질성에 천착할 가능성이 그리 크지 않다는 것이다.

그러나 이 의견을 받아들여 '노출'(exposure)되는 정보의 이질성이 크다 하더라도 그 다음의 정보처리 단계인 '주의집중'(attention)과 '수용'

(*acceptance*)의 단계에서 또 인간의 선택성이 작용한다. 즉, 새롭고 다양하고 이질적인 정보를 많이 접하더라도 동질적 정보에 더 큰 관심을 보이며 수용할 가능성도 크다는 것이다. 그 이유는 사람의 머릿속에 일관성 (*consistency*)을 유지하고자 하는 속성이 있기 때문이다.

결국 백쉬(Bakshy, 2012)의 주장은 인간의 정보 수용 과정을 선택적 '노출'의 관점에서만 분석하고 말았다는 단점을 지닌다. 사람은 자기가 가진 생각 사이의 일관성을 강하게 유지하고 싶어 하기 때문에, 이미 가진 생각과 반대되는 정보에 노출되더라도 이것을 무시하거나 부정하거나 심지어 왜곡함으로써 원래의 생각을 유지하려는 동기를 지닌다(Abelson et al., 1968). 즉, 방대한 이질적 정보에 노출되더라도 그것에 선택적으로 주의집중하고 그 중 일부를 선택적으로 수용하는 경향이 있다.

3) 네트워크 세대 뇌의 변화와 디지털 정보처리

미디어 기술의 발전은 우리의 생활뿐 아니라 우리의 뇌까지도 변화시킨다는 주장이 최근에 주목받는다(Tapscott, 2009; Carr, 2011). 미디어를 비롯하여 우리가 사용하는 기기가 변화함에 따라 우리도 모르는 사이에 뇌가 변화한다는 주장이 나오는 것이다. 여기에서도 비관론과 낙관론이 교차한다.

비관론의 대표주자는 《생각하지 않는 사람들》이란 책을 펴낸 카 (Nicolas Carr)로서, 인터넷으로 인해 우리 뇌는 점점 깊이 생각하지 않는 데 익숙해진다고 주장한다. 한순간에 하나의 공간에서 한 번 말로 표현하면 그 순간 그 공간에 있던 사람만 듣고 곧 콘텐츠가 사라져버리던 구술 시대에는 한 사람 한 사람이 고유한 콘텐츠였고, 따라서 기억할 필요가 있었다. 아리스토텔레스 시절의 수사학도 기본적으로는 지식과 논리를 머리에 담아야만 다른 사람을 제대로 설득할 수 있었다. 구텐베르크 이후 책으로 대표되던 문자 시대는 깊이 생각하는 사고력과 선형적으로 정리하는 논리력이 최대의 강점이 되던 시대였다. 또한 구술 시대와는 달리 여러 권의 책을 만들 수 있었기에 반드시 현장에 없던 사람도 지식을 공유할 수 있었다. 또한 머릿속에 항상 기억할 필요도 줄어들었다.

인터넷 시대에는 무엇보다 순간적으로 많은 양의 지식에 접근할 수 있다는 것, 비선형적 과정으로 지식을 찾아갈 수 있다는 것 등이 큰 특성으로 나타났다. 이것은 인간에게 장점이자 동시에 단점으로 작용할 수 있는 과정이다. 카가 2008년에 〈애틀랜틱〉(Atlantic)에 쓴 "구글이 우리를 바보로 만들고 있는가?"(Is Google Making Us Stupid?)란 글은 인터넷 서핑이 우리의 지식을 '즉흥적·주관적·단기적'으로 접근하게 함으로써 깊이를 상실하게 한다고 주장한다.

낙관론적 주장도 만만치 않다. 탭스코트(Tapscott, 2009)는 태어나면서부터 디지털 기기에 둘러싸여 성장하는 '네트워크 세대'(net generation)가 이 세상을 어떻게 변화시키는지를 설명한다. 그에 따르면 청소년의 뇌가 분명히 디지털 미디어로 인해 변화하는 것은 사실이지만, 반드시 '멍청해지는' 방향으로 변화하는 것은 아니라고 주장한다. 6세 이후 뇌의 전체 부피는 거의 변화가 없지만 사춘기와 초기 성인기를 거치면서 그 구조는 상당히 변화한다(Tapscott, 2009). 특히 12세부터 24세 사이에 주의 집중, 보상 평가, 정서 지능, 충동 통제, 및 목표지향 행동이 많이 변화하며, 청소년이 충동 통제력이 약하고 장기적인 계획을 세우는 데 어려움을 겪는 것도 부분적으로 여기에 기인한다.

디지털 몰입(digital immersion)으로 인한 청소년 뇌의 변화는 다양하게 나타난다. 우선, 액션 비디오게임의 경험이 많으면 주의 집중을 하지 않는 주변의 시각정보도 더 많이 효율적으로 인식한다(Green & Bavelier,

2003). 원래 시각정보의 처리 능력이 더 큰 사람이 게임을 더 좋아했을 것이라는 대안 가설을 제거하기 위해 실시한 실험에서도 단 10일간 연속 게임을 하게 한 후 이들의 시각 처리속도가 증가했음을 발견하였다. 또한 게이머는 외과의사에게 필요한 기술, 즉 손과 눈의 협응, 빠른 반응 시간 등이 우월했다. 컴퓨터의 가상환경은 시행착오를 겪어도 현실보다 비용이 적고 즉각적으로 깨달을 수 있기 때문에, 시행착오를 통한 학습도 잘 하는 경향이 있다.

네트워크 세대는 일할 때 꼭 순서대로 하지 않는다(Tapscott, 2009). '클릭하고, 자르고, 붙여넣기'를 통해 비선형적 방식으로 일한다. 주의 집중의 전환도 빠르고, 동시에 여러 일을 하는 멀티태스킹(multitasking) 능력이 발달한다. 빠른 전환, 멀티태스킹 등의 장점이 있기는 하지만 여전히 깊이 생각하는 사고력이 지장을 받을 수 있음을 탭스코트도 인정했다. 즉, 네트워크 세대의 뇌가 멀티태스킹에 적합하게 변화하기는 하지만, 이것이 반드시 더 좋은 기능, 즉 창조성, 생산성, 사고력, 분석력 등을 담보하지는 않는다는 것이다. 그러나 그들이 마주하는 많은 양의 정보를 구분하는 데 필요한 비판적 사고력은 발달할 수 있다고 주장한다.

어쩌면 새로운 기술에 노출됨으로써 네트워크 세대가 기성세대의 뇌 용량을 뛰어넘을 수도 있다고 보기도 한다(Kutcher & Kutcher, 2007). 생각을 깊게 하지는 않지만 좀더 즉각적인 지각적 과제(perceptual tasks)를 더 빨리 수행하며, 작업 기억(working memory) 안에 더 많은 아이템을 유지할 수도 있다는 것이다(Tapscott, 2009). 디지털 기기로 인한 뇌의 변화에 단점만 있는 것은 아닌, 장점도 있다는 주장이다.

빠른 시간에 즉각적으로 상호작용을 하다 보면 깊이 생각할 시간 없이 순간순간 감정에 근거한 행동을 하기 쉽다. 특히 여러 정서 중에서 '분노'(anger)는 인지적 관점을 축소시킨다는 연구 결과도 최근에 발표되었다

(Harmon-Jones & Gable, 2013). 분노하면 관점(*perspective*)이 좁아지며, 인지적 범위(*cognitive scope*)를 넓히면 분노가 줄어들어 크게 바라볼 수 있는 여유가 생김으로써 보다 합리적 판단이 가능해진다. 관점의 폭을 넓히면 다른 시각도 받아들임으로써 의견 양극화 해소에도 기여할 수 있음을 시사한다. 따라서 새로운 미디어가 제공하는 인간의 선택권을 잘 활용하여 다양한 이질적 정보를 접하는 것이 시야를 넓히는 길이며, 초연결(*hyper-connectivity*) 사회(Wellman, 2001) 안에서 개방적 신뢰사회를 구축할 수 있는 길이다.

다양한 미디어 중에서 어떤 것을 이용할 것인지, 다양한 정보 중에서 어떤 것을 취할 것인지는 전적으로 인간의 선택에 달려 있다. 생태학적으로 주어진 환경에서 어떤 종류의 정보가 어떤 미디어로 어느 정도의 양만큼 제공될 수 있는지가 역사의 흐름과 기술의 발달에 따라 정해진다면, 그 상황에서 실제로 어떤 종류의 정보를 어떤 미디어로 어느 정도의 양만큼 수용할 것인지는 인간 개개인이 선택할 수밖에 없다.

3. 네트워크 인간의 선택과 인류의 미래

1) 기술 발전으로 인한 미래 사회의 예측

미래 예측은 불가능하지만, 사회과학의 목적이 현상을 기술·설명·예측·통제하기 위함이라는 점을 상기할 때, 과거로부터 현재까지의 흐름을 통해 유추하는 것은 유용하다. 기술의 발달에 따라 미래 사회가 어떻게 변화할 것인지에 관해 2010년에 록펠러재단에서 예측한 자료가 매우 흥미롭다(Rockfeller Foundation & Global Business Network, 2010).

이 자료는 사회적·기술적·경제적·환경적·정치적 트렌드를 포함한 잠재적 불확실성 요소 중에서 선정한 두 요소, 즉 정치경제적 화합(*alignment*)과 적응 능력을 축으로 하여(〈그림 14-2〉 참조), 이 두 가지가 극단적으로 구현되었을 경우를 상정한 4가지 유형의 미래 시나리오를

그림 14-2 **정치경제적 화합과 적응 능력의 양 극단을 가정한 4가지 유형의 미래 시나리오**

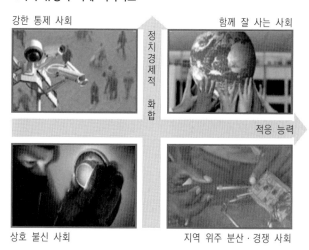

출처: Rockfeller Foundation & Global Business Network (2010).

구성하였다.

정치경제적 화합에 해당하는 불확실성은 상품, 자본, 인력 및 아이디어의 흐름과 같은 경제적 통합과 지구가 당면한 많은 문제를 다룰 수 있는 지속적이고 효과적인 정치 구조를 말한다. 또한 적응 능력에 해당하는 불확실성은 사회 여러 수준에서의 변화에 잘 대응하고 효과적으로 적응하는 능력을 말한다. 즉, 외부의 힘에 대항하여 기존 체제와 구조를 탄력적으로 관리함과 동시에 그것이 더 이상 적합하지 않을 때는 그 체제와 구조를 변혁할 수 있는 능력을 말한다(Rockfeller Foundation & Global Business Network, 2010).

정치경제적 화합과 적응 능력이 모두 최상일 경우, '함께 잘 사는 사회'(clever together)가 구현될 수 있다. 개방된 신뢰사회 구현에 필요한 인간의 올바른 선택이 이루어질 때 이상향이 가능해질 것이다. 이 경우, 확인된 세계적 이슈를 균형적·성공적인 전략으로 해결할 수 있다. 두 조건 중 정치경제적 화합만 있고 적응 능력이 약할 경우는 '강한 통제 사회'(lock step)가 된다. 그러면 보다 강력한 정부 체제하에서 혁신에 제한을 받고 시민의 권리보다 권위적 리더십이 급부상한다. 국익과 민간이익이 충돌할 가능성이 커진다.

이와 반대로 정치경제적 화합 없이 적응 능력만 있는 경우는 '지역 위주 분산·경쟁 사회'(smart scramble)가 된다. 이는 경제적으로 침체한 사회로 개인과 공동체는 지역적 수준에서만 발전하고 지역 격차가 커지며, 전체적인 문제 해결은 미비한 채 임시방편으로만 흐른다. 최악의 경우는 정치경제적 화합도 없고 적응 능력도 없는 경우다. '상호 불신 사회'(hack attack)라 일컬어지는 이 유형은 경제적으로도 불안정하고 정부는 권력을 상실하며, 범죄가 난무하고 위험성 있는 혁신이 출현한다. 해커와 보안 문제, 부익부 빈익빈 현상 등이 증가하여 가족 유대감이나 종교 등의 중요성이 증가할 수 있다.

　표현의 자유를 선호하면서도 개인정보 유출을 꺼리는 경우 인간은 어떤 선택을 해야 할까? 불신사회에서는 아무리 기술 미디어가 발전하더라도 그것이 유토피아를 보장하지 못한다. 서로 믿을 수 있는 사람으로 구성된 네트워크만이 개방된 신뢰사회 발전에 도움이 될 수 있다.

2) 네트워크 시대 인간의 선택

연결성이 극대화된 상태에서 인간은 어떤 선택을 해야 할까? 기술결정론자는 기술이 결정하는 부분이 너무나 강하다고 믿기 때문에 인간이 조절할 수 있는 힘을 과소평가하기도 한다. 그러나 여전히 인간은 기계보다 더 창의적이며 미래지향적 유연성을 지닌다. 인간의 선택에 따라 기술은 천사가 될 수도 악마가 될 수도 있다.

　개인화된 네트워크 시대에는 집보다 온라인 공간이 더 사적인 공간으로 작용할 수 있다. 집에서도 공적 업무를 볼 수 있고 회사에서도 사적인 일을 확인할 수 있는 상황이 된 네트워크 시대에서는 예전에 구분되던 사적·공적 공간의 경계가 이미 사라졌다. 뿐만 아니라 온라인 공간에서 오히려 더 은밀한 사적 활동이 가능해진 상황이다. 특히 청소년에게 집은 더 이상 사적 공간이 아니라는 사실도 이미 지적된 바 있다(Tapscott, 2009). 온라인 공간이 사적 공간으로서 자신의 정체성을 자유롭게 드러내는 데 더 적합할 수 있다는 것은 동일한 온라인 공간이라도 개인이 어떻게 선택하느냐에 따라 사적 공간으로 더 활용할 수도 있고 공적 공간의 확장으로 이용할 수도 있다는, 이른바 인간 선택성 증가의 또 다른 측면을 보여준다.

　사적·공적 공간의 구분을 떠나 어떤 이들은 단기적·피상적인 관계

속에서 오락 콘텐츠에 몰두하며 행복을 느낄 수 있지만, 어떤 이는 장기적·안정적 대인관계가 주는 '정'을 느끼고 싶을 수도 있다. 정이 쌓이려면 같은 물리적 공간에서 장기간 긍정·부정적인 모든 삶을 공유하며 공통의 경험에서 오랜 시간 켜켜이 쌓인 공감지대가 필요하다. '미운 정도 정'이라 할 때 미운 정이 쌓이는 것은 부정적 경험을 함께 하면서도 그 물리적 공간에 장기간 함께 있어야만 했던 시절에 생길 수 있는 정서이다.

오늘날처럼 미디어를 통한 연결이 촘촘한 상태에서는 굳이 물리적 공간을 지속적으로 공유할 필요도 없을 뿐만 아니라 그렇게 할 시간적·심리적 여유도 없기 때문에, 정이 쌓일 여유가 없어 단기적이며 상황의존적 관계가 만연할 가능성이 크다. '네트워크상에 함께 있으나 외로운' (alone together) 사람이 나올 수 있다는 것이다(Turkle, 2012). 이는 장기적으로 좋든 싫든 물리적 공간을 공유함으로써 공동의 경험을 만드는 시간이 짧아짐으로 인해 정이 깃들 시간이 없고, 따라서 쉽게 맺고 끊는 인스턴트 관계로 가득 참으로써 발생할 수 있는 부작용의 하나다. 온라인에서 정이 쌓일 수 있게 하려면 장기간에 걸친 신뢰가 쌓일 만한 진정성 있는 교류가 필요하다. 자기 의견과 다른 이야기도 참고 견딜 수 있는 인내력도 필요하다. 그러나 네트워크화된 개인은 그런 것을 참아야 할 필요성도 느끼지 못하려니와 애써 참으려 하지도 않는다. 관계를 단절하면 벗어날 수 있기 때문이다.

그래서 디지털 시대에서 우리는 개인 단위로 모두와 항시 연결되나 언제든 단절할 수 있는 단기적 이해관계를 공유하며, 늘 또 다른 관계를 계속 찾아다닌다. 이로 인해 넓고 피상적인 관계에 피로감을 느끼며 마음이 통하는 소수와의 깊은 친밀감을 추구하고자 폐쇄형 SNS에 몰입하기도 하고, 자신의 대화 내용이 추적될까 염려되어 스냅챗(snap-chat)처럼 사진이나 메시지가 공유된 직후 바로 사라지는 서비스를 점점 더 많이 사용한다(Meeker & Wu, 2013). 서로 다름을 참을 수 있는 관용과 서로를 진정으로 대하는 신뢰가 있을 때 비로소 '함께 잘 사는 사회'가 될 수 있을 것이다.

1993년 〈와이어드〉(Wired)라는 잡지를 창간한 후 컴퓨터 기술이 우리의 라이프스타일과 사회에 어떤 영향을 줄 것인지, 즉 '테크놀로지의 문화'와 그 미래에 줄곧 관심을 가졌던 케빈 켈리(Kevin Kelly)는 "세상은 아직 덜 연결되어 있다"고 이야기한다. 웰만(Wellmann, 2001; 2002)이 네트워크화된 개인주의를 이야기하며 '초연결성'이라고까지 이야기한 현재 상태의 연결성이 10점 만점에 고작 2점밖에 되지 않는다고 판단한 것이다(이신영, 2014). 더 나아가 켈리는 앞으로 연결성은 더욱 증대되어 한 사람 한 사람이 마치 기업처럼 기능할 것이라 예언한다. 모든 기능이 하나로 통합된 기기가 탄생하여 이것이 우리의 자아를 확장할 것이라고 보는 것이다. 아마도 '연결성' 자체는 미래에 더욱 증가될 가능성이 크다. 미디어 기술도 더욱 진화하고 인간에 근접하여 미디어의 도움을 받아 소통하면서도 마치 직접 소통하는 듯한, 그래서 인간 신체의 일부로 발성하고 표현하던 즉각적 미디어, 즉 비매개적 미디어(immediate media)를 더욱 닮을 것이다.

> 언어, 사람의 발성기관, 그리고 신체를 이용하여 의미를 전달할 수 있는 모든 언어적·비언어적 방편을 통틀어 인간과 밀착된 '즉각적 미디어'(immediate media)라고 명명할 수 있다(나은영, 2002)

> 뮤직비디오 감독은 미디어를 다중적으로 이용하고 정교하게 편집함으로써 비매개적인, 그리고 자연 그대로인 것처럼 보이는 양식을 만든다. 즉, 록 음악의 특징이라 할 수 있는 '현장성'(liveness)을 느끼도록 한다. … 미디어 자체의 존재와 그 매개작용을 무시하거나 부정함으로써 비매개성을 성취하고자 한다(Bolter & Grusin, 2006).

앞의 두 인용문을 비교하면 인간의 발성기관이나 신체를 이용하여 직접 소통하는 것은 완전한 비매개성을 지니며 생생한 현장감을 지닌다. 반면 미디어를 이용한 간접적 전달 방식은 최대한 수용자가 '직접 경험하는 것처럼' 느끼도록 비매개성을 추구한다.

> 영화이론가 거닝(Gunning, 1995)은, 우리가 '투명성의 비매개 논리'라 부르는 것이 초창기 영화 관람자에게 미묘한 방식으로 작동했다고 주장한 바 있다. 수용자 개개인은 열차에 관한 영화가 실제 열차가 아니라는 것을 한순간 알아챘지만, 그들이 아는 것과 그들의 눈이 자신에게 이야기하는 것 사이의 불일치에 놀라워했던 것이다(Bolter & Grusin, 2006).

이 인용문에서 중요한 점은 '그들이 아는 것과 그들의 눈이 자신에게 이야기하는 것 사이의 불일치' 부분이다. 예전 영화를 볼 때는 최소한 지금 보는 것이 실제 상황은 아니라는 인식을 할 수 있었다. 그런데 테크놀로지의 발전으로 3D 영화나 증강현실(augmented reality)과 같은 경험이 속속 가능해지자, 점차 '마치 직접 현장을 경험하는 것처럼' 미디어 세계를 보는 것이 되었다. 미디어는 이처럼 '매개됨에도 불구하고 마치 매개되지 않은 것처럼' 보이는 방향으로 발전하기에 인간의 뇌가 '현실이 아님에도 현실로 착각하기 쉬운' 방향으로 인간을 유도할 수 있다. 분명히 미디어를 사이에 두고 상호작용하면서도 인간은 바로 앞에 존재하는 실물을 보는 것처럼 소통하고 싶어 하기 때문이다. 미디어라는 기계를 사이에 두면서도 마치 직접 만나 상호작용하는 듯한 착시를 추구한다고 할 수 있다.

방송이 많은 콘텐츠를 무수히 많은 채널로 내보낼 때, 그 영상과 콘텐츠가 기술과 결합해 인간에게 주는 경험의 의미를 우리는 잘 생각해 볼 필요가 있다. '소셜 TV'라 일컬어질 정도로 즉각적 상호작용성이 가능해진 스마트 TV (박주연·전범수, 2012)는 즉각적 반응의 편리함에 못지않게 깊이 생각하지 않는 감각적 반응을 유발할 수 있다. 또한 UHD TV와 같이 초고화질의 영상을 볼 때의 시청자는 미디어를 통해 보이는 현장을 실제로 보는 것과 같은 착각을 더 쉽게 한다. 매개와 재매개, 하이퍼 매개 과정을 통해 세상을 지각하면서도 비매개 상태처럼 뚜렷한 실제 같은 상을 더 추구하기에 UHD TV도 생산되고 화상전화도 개발되었다.

미디어는 도구다. 도구를 통해 어떤 정보를 모을 것인지는 인간이 정한다. 또한 그런 정보를 어떻게 사용할 것인지도 역시 인간이 정한다. 사람의 힘을 모으기 쉬워진 초연결사회에서는 어떤 사람이 어떤 힘을 모으느냐에 따라 해당 네트워크가 좋아질 수도 있고 나빠질 수도 있다. 네트워크를 흐르는 정보의 양에 못지않게 질도 중요하다. 새로운 미디어 기술에 어떤 부작용이 있더라도 도구를 탓할 것이 아니라 그것을 사용하는 인간을 탓해야 하는 이유가 바로 여기에 있다.

기술결정론자는 기술의 힘이 너무나 강해 인간도 모르는 사이에 그 기술이 규정한 방향대로 사고한다고 주장하기도 한다. 기술이 인간 행동의 일정 부분을 제약하는 것은 사실이지만, 그 장단점을 간파하여 부작용을 창의적으로 극복할 수 있는 능력 또한 인간이 지닌 고유한 인간의 자산이다. 잠시라도 기술과 분리되어 생각할 수 있는 시간을 가질 때 창조적 발상과 성찰이 가능해진다. 기술을 발전시키는 것도 인간이지만, 그에 따른 부작용을 감소시키려 끊임없이 선택하며 노력하는 것도 인간의 지혜다. 결국은 인간의 선택이지만 궁극적으로는 우리 인간이 인류 문화를 바람직한 방향으로 이끌 수 있는 현명한 선택을 할 것이라 믿는다.

참고문헌

김해원·박동숙 (2012), 소셜 네트워크에서 사진으로 말 걸기, 한국방송학회 방송과 수용자 연구회 편 (2012), 《소셜 미디어 연구》(333~383쪽), 커뮤니케이션북스.

나은영 (2002), 《사회심리학적 관점에서 본 인간 커뮤니케이션과 미디어》, 한나래.

_____ (2012), SNS 중이용자와 경이용자의 현실인식 차이: 배양효과와 합의착각 효과, 〈한국심리학회지: 사회 및 성격〉, 26권 3호, 63~84.

박주연·전범수 (2012), 소셜 TV로의 진화, 한국방송학회 방송과 수용자 연구회 편 (2012), 《소셜 미디어 연구》(179~207쪽), 커뮤니케이션북스.

이신영 (2014. 3. 8), 세상은 아직 덜 연결됐다: 미 기술문화잡지 '와이어드' 창간한 케빈 켈리의 'IT 시대 예언', 〈조선일보 Weekly Biz〉.

최환진·정보통 (1999), 《인터넷 광고: 이론과 전략》, 나남.

황유선 (2012), 소셜 미디어의 언어와 맥락, 한국방송학회 방송과 수용자 연구회 편 (2012), 《소셜 미디어 연구》(92~112쪽), 커뮤니케이션북스.

Abelson, R. P. et al. (1968), *Theories of Cognitive Consistency: A Sourcebook.* Chicago: Rand McNally.

Bakshy, E. (2012), Rethinking information diversity in networks. Retrieved from http://www.facebook.com/notes/facebook-data-science/rethinking-information-diversity-in-networks.

Bolter J. D. & Grusin, R. (1999), *Remediation*, MIT Press, 이재현 역 (2006), 《재매개: 뉴미디어의 계보학》, 커뮤니케이션북스.

Carr, N. (2011), *The Shallows*, W.W. Norton & Co, 최지향 역 (2011), 《생각하지 않는 사람들》, 청림출판.

Deloitte TMT (Technology, Media, Telecommunication) Industry (2013), 디지털 미디어 환경의 소비자 패턴: State of the Media Democracy (pp. 1~5), Issue Highlights. Retrieved from http://www.deloitte.com/assets/Dcom-Korea/Local%20Assets/Documents/Industry/TMT/2013/kr_TMT_Issue-Highlights_20131230.pdf

Dijck, J. V. (2013), *The culture of connectivity: A critical history of social media.* New York: Oxford University Press.

Gibson, J. (1977), The theory of affordances. In Shaw, R. & Bransford, J. (Eds.), *Perceiving, Acting, and Knowing: Towards an Ecological Psychology* (pp. 67~82), Hillsdale, NJ: Laurence Erlbaum.

_____ (1986), *The Ecological Approach to Visual Perception.* Hillsdale, NJ: Laurence Erlbaum.

Green, C. S. & Bavlier, D. (2003), Action video games modify visual attention. *Nature*, 423.

Harmon-Jones, E. & Gable, P. A. (2013), Anger and attentional myopia. Paper presented in 121st APA(American Psychological Association) Annual Convention. August 2, 2013.

Jenkins, H., Ford, S., & Green, J. (2013), *Spreadable Media: Creating Value and Meaning in a Networked Culture*. New York: New York University Press.

Johnson, T. J., Bichard, S. L., Zhang, W. (2012), Revived and refreshed: Selective exposure to blogs and political web sites for political information. In F. Comunello (Eds.), *Networked Sociability and Individualism: Technology for Personal and Professional Relationships* (Ch.10, pp. 197~ 218), Hershey, PA: Information Science Reference(IGI Global).

Kaye, B. K. & Johnson, T. J. (2012), Net gain? Selective exposure and selective avoidance of social network sites. In F. Comunello (Eds.), *Networked Sociability and Individualism: Technology for Personal and Professional Relationships* (Ch.11, pp. 219~238), Hershey, PA: Information Science Reference(IGI Global).

Kennedy, J. (2012), Conceptualizing social interactions in networked spaces. In F. Comunello (Eds.), *Networked Sociability and Individualism: Technology for Personal and Professional Relationships* (Ch.2, pp. 24~40), Hershey, PA: Information Science Reference(IGI Global).

Kutcher, S. & Kutcher, M. (2007), Understanding differences of a cognitive and neurological kind: Digital technology and human brain development. Syndicated Research Project, nGenera, June 2007, www.ngenera.com.

Lefebvre, H. (1991), *The Production of Space*. Oxford, UK: Blackwell.

McLuhan, H. M. (1964), *Understanding Media: The Extension of Man*, 박정규 역 (1997). 《미디어의 이해: 인간의 확장》, 커뮤니케이션북스.

Meeker, M. & Wu, L. (2013. 5. 29), Internet trends D11 conference. KPCB (Kleiner Perkins Caufield Byers), Reitieved from http://www.google.co.kr

Metzger, M. J., Wilson, C., Pure, R. A., Zhao, B. Y. (2012), Invisible interactions: What latent social interaction can tell us about social relationships in social network sites. In F. Comunello (Eds.), *Networked Sociability and individualism: Technology for Personal and Professional Relationships* (Ch.5, pp. 79~102), Hershey, PA: Information Science Reference(IGI Global).

Na, E. -Y. (2009), Upgrade of the position of audience caused by the convergence of broadcasting and communication. *Communications & Convergence Review*, 1, 107~130.

Postman, N. (2014), Five things we need to know about technological change. In D. Mittleman (Eds.), *Annual Editions: Technologies, Social Media, and Society* (pp. 10~14), McGraw-Hill Education, Create.

Rainie, L. & Wellman, B. (2012), *Networked: The New Social Operating System*. Cambridge, MA: The MIT Press.

Rockefeller Foundation & Global Business Network (2010), *Scenarios for the Future of Technology and International Development* (pp. 1~54), Retrived from http://www.rockefellerfoundation.org/uploads/files

Shedletsky, L. J. & Aitken, J. E. (2004), *Human Communication on Internet*. Boston, MA: Pearson Education.

Tapscott, D. (2009), *Grown Up Digital: How the Net Generation is Changing Your World*. New York: McGraw Hill.

Trend Spectrum (2013. 11. 28), 소비자들의 기술수용 속도 갈수록 빨라져: 보급률 50% 도달에 걸린 시간 유선전화 50년 vs. 휴대전화 5년. Retrieved from http://trendspectrum.co.kr

Turkle, S. (2012), *Alone Together: Why We Expect More from Technology and Less from Each Other*, 이은주 역 (2012), 《외로워지는 사람들: 테크놀로지가 인간관계를 조정한다》. 청림출판.

Watkins, S. C. (2009), *The Young & the Digital: What the Migration to Social-Enetwork Sites, Games, and Anytime, Anywhere Media Means for Our Future*. Boston, MA: Beacon Press.

Wellman, B. (2001), Physical place and cyber place: The rise of networked individualism. *International Journal of Urban and Regional Research*, 25(2), 227~252.

_____ (2002), Little boxes, glocalization, and networked individualism, In M. Tanabe, P. van den Besselaar & T. Ishida (Eds.), *Digital Cities II: Computational and Sociological Approaches* (pp. 10~25), Berlin: Springer.

나가는 글
미디어, 커뮤니케이션 테크놀로지와
시장, 인간의 삼중주
전범수

1. 테크놀로지와 시장, 그리고 인간

미디어와 커뮤니케이션 테크놀로지의 역사는 정치뿐만 아니라 시장 경쟁의 변화 및 갈등과 밀접하게 맞닿는다. 역사적으로 이들 테크놀로지를 소유했던 주체가 정보와 콘텐츠를 더 많은 사람에게 더 효율적 수단으로 전달해 정치적 영향력이나 경제적 이익을 확보하고자 했기 때문이다. 그동안 신문이나 방송 등의 미디어는 대체로 독과점 방식으로 시장을 점유했다. 그러나 이들이 독점했던 테크놀로지를 대체할 수 있는 테크놀로지 대안이 속속들이 개발·도입되면서 기존의 미디어 시장은 본질적인 구조 변화, 다시 말해 치열한 경쟁 및 디지털 전환이라는 쟁점에 직면한다.

우선, 소수의 콘텐츠와 정보를 수집, 가공, 유통시키는 사업자가 증가하면서 이들 서비스를 선택·이용하는 이용자 패턴에 변화가 나타났다. 소비자들은 일방적으로 콘텐츠와 정보를 전달받는 방식 대신 개별 이용자가 주도적으로 콘텐츠와 정보를 선택·이용할 수 있는 통제권을 가졌다. 게다가 디지털 테크놀로지를 통해 이들 콘텐츠와 정보가 다양한 디바이스를 자유롭게 경유해 시공간의 제약 없이 이용할 수 있는 환경이 되었다. 기존 매스미디어 패러다임이 쇠퇴하는 반면 개인 미디어 및 커뮤니케이션 사회로 전환되는 것이다.

테크놀로지의 발전이 신구 미디어 및 커뮤니케이션 서비스 간 갈등을 야기했던 것은 당연한 수순이었다. 정보와 콘텐츠의 본질은 크게 바뀌지 않았지만 이를 분배하고 유통하는 플랫폼은 많아졌기 때문이다. 오랫동안 신문이나 책과 같은 인쇄 미디어가 지배했던 정보 제공이나 이슈 만들기의 기능이 이제는 온라인이나 모바일 미디어, SNS 등으로 대체되었다. 게다가 미디어의 정보를 수동적으로 소비했던 이용자가 적극적으로 콘텐츠와 정보를 생산하는 것이 가능해졌다. UCC와 같이 짧은 분량의 동영상에서부터 독립영화, 개인 블로그 등에 이르기까지 개인은 스스로 정보와 콘텐츠를 만들고 유통하며 소비한다.

그럼에도 새로운 미디어와 커뮤니케이션 테크놀로지는 정보와 콘텐츠를 생산하는 생산 주체보다 이를 유통하고 전달하는 분배 주체의 변화를 더욱 촉진했다. 정보와 콘텐츠를 만드는 일은 고도의 전문성, 풍부한 자본, 창의적 능력 등이 필요한 영역이기 때문에 여전히 소수의 사업자만이 시장에서 활동하는 편이다. 반면 정보와 콘텐츠를 유통·배급하는 플랫폼은 디지털 테크놀로지 발전에 따라 그 규모가 이전에 비해 커졌다. 이들 유통 사업자는 시공간적으로 취약한 부분을 새로운 시장 영역으로 활성화시키는 데 성공했다. VOD 서비스나 모바일 커뮤니케이션이 대표적인 신규시장 영역이다. 미디어와 커뮤니케이션에서 생산되는 대부분의 시장 가치는 정보와 콘텐츠 유통 측면에서 집중적으로 확대되었다. 커뮤니케이션 테크놀로지의 진화가 디바이스와 플랫폼을 중심으로 가속화된 셈이다.

가령 스마트폰은 미디어와 커뮤니케이션 테크놀로지의 발전을 바탕으로 이루어진 디바이스 진화의 결정판이다. 기존의 분리된 서비스 영역이

하나의 디바이스로 통합되었다. 여러 디바이스를 이용하지 않더라도 스마트폰으로 기존 기능 및 새로운 기능 모두를 이용할 수 있는 것이다. 게다가 기존 TV 역시 스마트폰 기능을 포함하는 등 유사 서비스로 진화하기 시작했다. 부분적 차이는 있지만 통합적 기능을 포함하는 이들 스마트 디바이스의 개발이나 진화로 인해 이용자 중심의 스마트미디어 시대로 진입한 것이다.

한편, 플랫폼 사업자 간 경쟁은 디바이스 사업자 간 경쟁보다 더욱 치열하게 전개된다. 무료 방송을 지배했던 지상파 방송 사업자 이외에 케이블 TV, 위성방송, IPTV 등의 유료방송 사업자들, 인터넷이나 통신 사업자, 기타 OTT와 부가 서비스 사업자가 추가로 시장에 진입해 플랫폼 시장의 경쟁은 점차 높아지고 있다. 미디어 정글에서 생존하기 위해 정보와 콘텐츠 유통을 담당하는 플랫폼 서비스 사업자는 다양한 전략을 추진하고 있다. 가령 타 서비스와의 결합을 통한 요금 인하 또는 특정 콘텐츠 서비스의 독점 제공 등을 통해 비교 우위를 점유하기 위한 노력이 치열하다. 그 과정에서 기존 테크놀로지의 진화가 더해져 한 치도 앞을 예측할 수 없는 경쟁이 펼쳐진다. 최근 지상파 방송사가 주파수 압축을 통해 지상파 다채널 서비스 제공을 추진하는 것이 대표적이다. 방송 채널을 추가로 늘릴 수 있는 기술적 토대가 마련된 것이다.

한편, 테크놀로지 발전 및 시장 경쟁의 활성화로 인해 이용자는 보다 다양한 선택권을 가진다. 정보와 콘텐츠의 수요·공급 구조가 공급자로부터 수요자 중심으로 바뀐 것이다. 이용자는 단순히 정보와 콘텐츠 소비 이외에도 주체적으로 가격이나 상품 정보를 평가 및 선택하며 추천하는 역할을 맡는다. 수동적 수용자 개념에서 능동적 이용자 개념으로의 전환을 나타내는 것이다. 테크놀로지 발전이 사업자에게는 치열한 경쟁이나 새로운 생존 돌파구의 모색이라는 과제를 부여했다면, 이용자에게는 더 많은 선택권과 능동적 소비라는 선물을 제공한 셈이다.

융합 또는 결합 서비스도 최근의 미디어와 커뮤니케이션 테크놀로지의 발전에 따른 산물이다. 가령, 방송을 포함해 통신, 데이터, 인터넷, 모바일 등 기존에는 분리된 미디어와 커뮤니케이션 서비스가 하나의 브랜드와 시스템으로 이용자에게 제공되었다. 이는 사업자에게도 큰 기회를 부여한다. 미디어와 커뮤니케이션 사업자는 주력 서비스 이외에 다른 서비스 제공을 통해 인접 시장에 진출할 수 있는 기회를 가졌다. 테크놀로지의 발전이 시장의 융합 또는 결합을 촉진하는 촉매제로 기능한다. 이는 기존 시장 경계의 단면의 약화를 나타내기도 한다.

미디어와 커뮤니케이션 서비스 시장은 테크놀로지 변화에 민감한 시장이다. 그만큼 테크놀로지 혁신에 따라 시장은 재구성되고 변화한다. TV와 신문, 책 등과 같이 아날로그 디바이스를 통해 저장·유통되던 정보와 콘텐츠가 시공간의 제약이나 추가 비용 없이 다수 이용자에게 전달되는 것이 가능해졌다. 이용자는 기존의 서비스뿐만 아니라 온라인 또는 모바일, SNS 등 새로운 서비스를 다양하게 선택·이용할 수 있다. 이들은 더 새롭고 값싼 서비스가 등장하거나 도입될 때 주저하지 않고 그 서비스를 선택할 것이다. 이렇게 시장은 테크놀로지 진화를 바탕으로 새로운 생산 가치를 창출하고 변화한다. 전체적으로 역사적 흐름을 통해 공통적으로 살펴볼 수 있는 키워드는 미디어와 커뮤니케이션 테크놀로지의 발전과 시장 경쟁의 변화가 이용자 선택과 반응해 끊임없이 변화하는 유기체처럼 쉴 새 없이 바뀐다는 것이다.

바로 이 지점에서 이 책은 최근의 미디어와 커뮤니케이션 서비스의 변곡점을 살펴보고자 했다. 테크놀로지 변화와 이에 따른 시장, 정책, 규제의 변동, 그리고 가장 중요한 이용자의 변화가 집중적으로 검토되었다. 특히 테크놀로지, 시장, 이용자의 변화를 고립된 영역이 아니라 서로 연계된 하나의 통합체로 접근했다. 가령, 이 책은 과거와는 비교할 수 없을 정도의 효율성과 기능성을 포함한 신규 테크놀로지가 나타나는 점을 검토했다. VOD나 OTT, N스크린 서비스 등의 서비스 사례가 대표적이다. 이들 서비스는 기존 미디어 시장을 재편하는 새로운 경쟁 서비스다. 한편, 이에 대응하기 위해 지상파 방송 및 유료방송 사업자는 정보 및 콘텐츠 저작권을 강화하고 다양한 전략적 제휴를 통해 위기를 돌파하려는 방향성을 나타냈다. 게다가 이용자 개인의 선택 및 이용 패턴도 달라진다. 결론적으로 이 책을 통해서 새로운 테크놀로지 도입에 따른 FMS 시장 규제 방식 및 쟁점 해결책 등도 다양하게 모색되었다.

2. 이 책의 핵심 키워드:
   시장 경쟁, 규제, 이용자 미래

앞서 살펴본 것과 같이 일견 우리 사회에서 공통적으로 나타나는 특성은 미디어 및 커뮤니케이션 테크놀로지의 급격한 발전에 따른 시스템 변동이다. 이들 테크놀로지 발전으로 인해 우리 사회를 구성하는 정치·경제·사회 시스템도 같이 변화한다. 미디어 및 커뮤니케이션 테크놀로지에 공통적으로 포함된 속성은 시공간 차원에서의 효율성 확보이다. 더 빠른 시간에 더 많은 공간적 분포가 가능한 방식으로 정보 및 콘텐츠 전송이 이루어지는 것이 중요해졌다. 이를 가능하게 만든 것이 바로 아날로그 기반의 콘텐츠 기획·제작·유통·소비 방식을 디지털 방식으로 바꾼 것이다. 그러나 변화하지 않는 속성 중 하나는 콘텐츠 자체에 대한 가치이다. 유통 창구는 확대되었지만 품질 높은 인기 콘텐츠의 속성은 크게 바뀌지 않았다. 이용자의 정보 및 콘텐츠 소비 방식은 바뀌었을지 모르겠지만 콘텐츠 소비를 통한 충족 욕구와 경험은 그대로 유지되는 것으로 보인다.

이 책은 이와 같은 맥락에서 스마트미디어와 연계된 다양한 쟁점을 다루었다. 여기서 추출할 수 있는 핵심 키워드는 테크놀로지 발전에 따른 시장 경쟁, 규제, 이용자 미래에 대한 이야기이다. 시장은 테크놀로지를 통해 새로운 가치를 창출하고자 한다. 시장의 지향점은 새로운 테크놀로지가 이용자 선호도와 결합될 때 파생되는 생산 및 유통 가치이다. 다음으로 시장이 팽창할 때 나타나는 시장의 규제 방식이나 정책 방향도 중요한 요소이다. 이들을 이해해야 앞으로 시장이 진화하는 방향을 추정할 수 있다. 게다가 새로운 시장이 만들어지는 한편 혁신 서비스가 도입될 때 이용자의 변화는 큰 폭으로 오르내린다.

이 책의 저자들도 테크놀로지의 변화가 야기하는 시장 경쟁의 변화, 변화된 시장에 대한 공공 규제 방식, 이용자 반응 등을 다각도로 검토했다. 특히 테크놀로지로 촉발된 시장 경쟁이나 규제의 변화는 곧 이용자의 이익을 늘릴 수도 줄일 수도 있는 결정변수이기 때문에 보다 심층적 이해가 필요했다. 따라서 새로운 미디어 및 커뮤니케이션 서비스 소개에서부터 이로 인한 시장 구조의 변화와 규제 체계의 쟁점, 이를 이용하는 이용자 변화 등을 포괄적으로 다루었다. 이 책이 다루는 스마트미디어와 연계된 탐색 지점들을 구체적으로 살펴보면 다음과 같다.

첫째, N스크린 서비스 검토를 통해 커뮤니케이션 서비스의 공간적 확장과 타 플랫폼과의 호환성 쟁점을 탐색했다. 이를 위해 PC와 스마트폰, TV 등 개인이 이용하는 스크린이 별개로 작동하지 않고 네트워크를 통해 시공간적 제약을 극복한 채 같은 콘텐츠가 이용자 소비로 다양하게 연계되는 과정을 살펴보았다. 그러나 이와 같은 변화가 새로운 시장을 창출하기보다는 기존 서비스들의 결합 및 이에 따른 사업자 간 제휴의 결과로 머무르는 한계를 나타내기도 했다. 그럼에도 N스크린 서비스는 다양한 지점에 분산된 콘텐츠와 정보의 게이트웨이를 하나로 통합하는 효과를 만든다.

둘째, UHD 방송과 같이 기존 방송 기술의 업그레이드에 따른 시장 변화를 검토했다. 디지털 방송의 진화에 따른 시장 경쟁 구조의 변화를 통해 테크놀로지와 시장 경쟁이 서로 밀접하게 연계된다는 점을 살펴보았다. UHD 방송 논의를 통해 테크놀로지 진화가 사업자 간 또는 사업자와 정책 담당자 간 갈등을 다양하게 야기한다는 점도 다시 한 번 확인할 수 있었다. 새로운 테크놀로지의 진화는 신구 사업자 간 갈등을 야기하면서 궁극적으로 이용자 이익이나 만족에도 직접적으로 영향을 미칠 수 있다. 테크놀로지의 진화가 이용자 이익에 직접적 영향을 미칠 수 있는 만큼 정책 결정이 이용자 중심에서 보다 과학적 기반에서 논의되어야 한다는 점도 이해할 수 있었다.

셋째, 테크놀로지 도입으로 촉발된 시장 환경 변화가 시장 규제에 직접적 영향을 미친다는 것을 꼼꼼히 살펴보았다. 가령, 시청률 조사와 연계된 사업자의 시장 집중이나 다양성 쟁점 등은 융합 미디어 환경에서 우리가 해결해야 할 중요한 쟁점이다. 이를 해결하기 위해 TV 이외에 모바일, 온라인 등을 포함하는 통합 시청률 조사 방식의 도입이나 특정 사업자의 유료방송 시장 점유율 규제와 같은 대안의 타당성에 대한 논의도 심도 있게 이루어졌다.

넷째, 스마트미디어와 커뮤니케이션이 만드는 사회적 문제도 다루었다. 그 동안 미디어와 커뮤니케이션 테크놀로지는 정교한 개인정보를 기반으로 작동되는 마케팅 도구를 만들었다. 빅데이터나 SNS 등과 같은 서비스 모두가 개인화된 서비스이다. 이들 서비스가 새로운 마케팅 기회를 창출하고 기존 가입자나 고객을 효율적으로 관리 또는 홍보하는 데 이점이 있는 것은 사실이다. 반면 개인 프라이버시와 개인정보 보호에 대한 노출과 공유 등은 새롭게 해결해야 할 쟁점이다. 무조건적으로 개인정보를 보호하거나 또는 이를 활용하는 주체의 권리만을 인정하기는 쉽지 않다. 이 책은 개인정보의 보호와 최적 활용이라는 균형점을 모색할 수 있는 방안 등을 포괄적으로 다루었다.

다섯째, VOD 서비스 활성화에 따른 쟁점도 구체적으로 살펴보았다. VOD 이용은 방송의 편성과 대척점에 있는 서비스이다. 유료방송 및 통신 서비스 외에도 OTT와 같이 기존 인터넷 플랫폼을 활용한 신규 VOD 서비스의 제공이 흔해졌다. VOD 서비스가 기존 방송 서비스와 차별화되는 기능적 특성은 크지 않다. 대부분 VOD를 통해 이에 특화된 콘텐츠가 제작되기보다는 기존 방송 서비스에서 방송된 콘텐츠가 시공간적으로 재활용되는 것이 일반적이기 때문이다. 콘텐츠 속성의 차이는 거의 없지만 VOD 서비스는 기존 콘텐츠 이용 패턴을 시공간적으로 바꾸었다는 측면에서 새로운 서비스이다. 서비스를 통해 이용자들의 만족도가 증가할 것인지, 기존 서비스와는 어떻게 경쟁할 것인지, 이를 어떠한 방식으로 규제하는 것이 적합할 것인지에 대해 다양한 논의들이 확대되었다. 이를 위해 VOD와 OTT 서비스가 야기하는 쟁점을 다양하게 검토했다.

여섯째, 새로운 미디어 및 커뮤니케이션 테크놀로지는 미디어 시장에서의 갈등을 만드는 근원이다. 신규 테크놀로지 서비스는, 즉 경쟁 서비스 도입을 의미한다. 따라서 새로운 서비스가 도입될 때마다 다양한 주체 간 갈등과 혼란이 반복된다. 가령, 콘텐츠 사업자와 플랫폼 사업자, 콘텐츠 사업자와 콘텐츠 사업자, 플랫폼 사업자와 플랫폼 사업자가 서로 물고 물리는 정글 경쟁 구도를 유지한다. 이 책은 콘텐츠 재송신 대가나 콘텐츠 접근권 등과 같이 신구 미디어 사업자 간에 이루어지는 거래와 갈등을 다양하게 논의했다.

결론적으로 이 책을 통해 우리는 미디어 및 커뮤니케이션 테크놀로지의 발전이 미디어 시장을 변화시키는 가장 중요한 설명 요소 중의 하나라는 것을 살펴보았다. 새롭게 개발되거나 조합된 커뮤니케이션 테크놀로지를 통해 새로운 사업자가 등장하고, 기존 사업자는 이들과 경쟁하기 위해 계속적인 혁신을 필요로 한다. 커뮤니케이션 테크놀로지가 기존의 방송 모델과 같이 일대다의 커뮤니케이션 모델이 아닌 개인 기반의 네트워크 커뮤니케이션 패턴으로 바뀌면서 이제는 개인의 선택과 취향이 가장 중요한 정보이자 시장의 목표가 되었다. 이 책은 과거와는 다른 모습으로 진화하는 스마트미디어 사회를 정확하게 읽기 위해 미디어 커뮤니케이션 테크놀로지와 시장, 인간을 통합적으로 살펴보았다.

3. 스마트미디어 이용자의 중요성

이 책에서 다룬 '스마트미디어 시대에 네트워크 개인의 선택'에 대한 주제도 중요성이 크다. 필자는 미디어 및 커뮤니케이션 테크놀로지의 발전이 인간의 행위를 제약하고 억압하는 효율적이고 교묘한 도구로서의 기능을 계속 가질 것인가에 대해 질문한다. CCTV의 경우만 보더라도 사람을 감시하는 테크놀로지는 양면성을 가진다. 사회악을 감시·차단·방지하는 역할이 있는가 하면 개인의 자유와 프라이버시를 억압할 수 있는 가능성도 적지 않다. 따라서 우리는 테크놀로지의 기능적 이점을 최대한 활용하되 이로 인해 파생되는 문제점이나 쟁점을 창조적으로 보완해야 한다. 이는 테크놀로지로 해결 가능한 주제가 아니라 우리 인간의 지혜를 통해 해결하고 모색되어야 한다는 것이다.

바로 이 지점이 이 책이 지향하는 미래 미디어 및 커뮤니케이션의 모습이다. 기술결정론적 접근으로는 테크놀로지 도입에 따른 문제점을 해결하기 쉽지 않다. 뿐만 아니라 시장이 필요로 하기 때문에 미디어와 커뮤니케이션 테크놀로지 개발을 독려하고 지원하는 시스템만으로는 우리가 지향하는 공공복지, 행복, 만족 등을 충족시키는 데 한계가 있다. 가령, 스마트폰의 개발로 대다수의 인간이 편리함과 무한에 가까운 정보에 접근할 수 있게 된 것은 사실이다. 반면, 스마트폰 이용 중독이 나타나기도 하고 시각적 인지 기능 발달의 지체와 같은 단점도 곧잘 드러나기도 한다. 그래서 스마트폰이 우리를 무한정 행복하게 하거나 우리 사회의 복지를 높인다고 단정하기는 쉽지 않다. 테크놀로지가 가진 양면성을 이해하고 활용하기 위해서는 창의적 인적자원을 통해 문제를 해결해야 한다는 것이다.

인간은 미디어와 커뮤니케이션 테크놀로지를 만들고 이를 통해 시장을 활성화하고 수익률을 높이는 게임에 참여했다. 그러나 이로 인해 야기되는 다양한 문제점에 대한 해결 방안 모색과 제시 또한 우리 인간이 담당해야 할 영역이다. 기술 편향적으로 사회 시스템을 만들고 의존하기보다는 인간이 주체가 된 창의적 접근으로 테크놀로지로 인해 촉발된 두 가지 목표를 모두 달성하는 일이 필요하다는 점이다. 그 하나로 테크놀로지 발전을 그대로 활성화하는 것이다. 다른 하나는 테크놀로지 도입으로 야기된 사회적 쟁점을 우리 사회에 적합한 방식으로 새롭게 해결하는 것이다. 이를 통해 인간 행복과 근대적 발전이라는 두 개념을 모두 포괄할 수 있을 것으로 보인다.

이 책에서 논의한 스마트미디어의 3가지 요소, 다시 말해 테크놀로지와 시장, 인간에 대한 성찰은 테크놀로지를 선택하고 이용하는 인간 중심적 차원에서 시작되어야 할 것이다. 테크놀로지가 인간을 이롭게 하고 사회의 경제적 생산 가치를 높이는 것은 사실이다. 그러나 테크놀로지 발전에 따른 사회적 쟁점이나 문제점은 테크놀로지 자체로 해결할 수 없는 특성이 있다. 이용자의 격차 문제나 중독, 프라이버시 등 스마트미디어가 감당해야 할 사회적 쟁점에 대한 논의는 이용자에 대한 포괄적 검토로부터 출발해야 한다.

시장은 끊임없이 새로운 테크놀로지를 요구한다. 지속 가능한 생산 가치를 통해 우리 사회가 풍요로워지는 것은 분명 즐거운 혜택일 것이다. 그러나 테크놀로지 중심의 스마트미디어로 인해 야기되는 다양한 사회 문제점은 우리 인간이 해결해야 할 과제이다. 수동적이고 파편화된 개인이 아니라 서로 연결된 네트워크 속 인간으로서 우리 미디어 이용자는 보다 합리적·생산적 해결책을 모색할 수 있을 것이다. 그래서 이 책은 스마트미디어 이용자들이 무엇보다도 중요한 가치를 갖는다는 점에 공감한다.

4. 맺음말

이 책을 통해 우리는 스마트미디어의 다양한 측면을 살펴보았다. 구체적으로는 스마트미디어의 진화를 가능하게 했던 테크놀로지 그리고 이와 같은 테크놀로지를 기반으로 새로운 시장의 형성과 경쟁, 갈등 등을 검토했다. 테크놀로지의 속성이 시장 창출·확대와 밀접한 만큼 이들의 연계성을 정교하게 살펴보고자 했다. 그리고 스마트미디어를 다루고 이용하는 이용자인 인간의 선택과 행동 등을 살펴보았다. 스마트미디어를 선택·판단·평가하는 가장 중요한 주체는 인간이다. 인간이 테크놀로지의 최적화된 활용과 이를 통한 가치 확대 방식을 결정할 수 있다.

스마트미디어를 구성하는 이 3가지 요소는 인간에게 도움이 되는 방향으로 효율성과 생산성을 창출한다. 이와 같은 진화 과정이 지속적으로 이루어질 것인지 또 다른 변화와 혁신을 통해 바뀌게 될 것인지는 아무도 모른다. 다만 우리 사회에 도입된 스마트미디어는 우리 사회와 시장, 인간의 영역을 과거와는 매우 다른 방식으로 바꾸었다. 그만큼 혁신적이고 혁명적 변화를 만들었다. 그래서 현 시점에서 스마트미디어의 다양한 측면과 특성을 살펴보는 것은 가치 있는 일이다.

우리가 미래 테크놀로지를 논의할 때 스마트라는 용어를 이용한 지는 오래되지 않았다. '스마트하다'는 의미는 그 만큼 개인의 정보 처리와 결정 과정이 효율화되었다는 것을 나타낸다. 언제까지 우리가 스마트라는 용어와 개념을 활용할 것인가는 알 수 없다. 다만 스마트미디어와 커뮤니케이션 테크놀로지는 시장, 인간의 선택에 따라 변화할 것이라는 점은 분명해 보인다.

새로운 테크놀로지가 개발 및 도입될 때마다 다양한 이름이 만들어졌다. 디지털이나 유비쿼터스 사회 등이 언급된 것도 오래 되지 않은 일이다. 테크놀로지가 빠르게 변화하다보니 이를 포괄하는 이름도 같이 변화했다. 최근 가장 중요한 변화는 스마트미디어에 기반을 둔 스마트 사회로의 진입이다. 애플이 아이폰을 소개하면서부터 우리 사회는 스마트 사회로 진입했다. 새로운 디바이스를 통해 기존의 분리된 디바이스 기능이 통합·결합하면서 시공간 제약의 한계가 극복된 것이다. 스마트 사회란 시공간 비용을 최소화하면서 인간의 선택을 편리하게 만드는 사회가 아닐까 하는 생각이다.

테크놀로지가 가치중립적이라 하더라도 이를 이용하는 이용자 선택에 따라 문제점과 쟁점이 생겨날 수 있다. 가령, 빅데이터와 SNS가 우리의 개인 커뮤니케이션을 활성화하면서 효율적인 홍보와 광고를 가능하게 한 반면 개인정보의 노출이나 프라이버시 침해 등의 문제점도 쉽게 드러났다. 스마트 테크놀로지 역시 인간이 이를 어떻게 효율적으로 활용하는가에 따라 긍정과 부정 기능이 공존할 것으로 보인다.

커뮤니케이션 테크놀로지의 진화는 우리에게 미래에 대한 해답을 다양한 방식으로 모색하기를 요구한다. 미래의 모습은 어떨 것인가? 우리가 쉽게 그 미래를 예측하기는 어렵다. 그럼에도 우리에겐 테크놀로지 진화와 발전이 우리 사회와 개인에게 미치는 영향을 대략적으로 추정하고 설명해야 하는 목표가 있다. 그래서 이 책이 시도한 스마트미디어의 테크놀로지, 시장, 인간에 대한 고민과 탐색은 스마트 사회를 이해할 수 있는 시작점이 될 수 있을 것이다.

찾아보기

저자 소개

(게재순)

김영석

연세대 신문방송학과 졸업
스탠퍼드대 커뮤니케이션 석사 · 박사, 커뮤니케이션연구소 연구위원
한국언론학회 회장
연세대 언론홍보대학원장 · 영상대학원장 · 대외협력처장
현) 연세대 언론홍보영상학부 교수

송종길

중앙대 신문방송학과 학사 · 석사
앨라배마대 Telecommunication & Film 석사
오클라호마대 Political Communication 박사
경북대 신문방송학과 교수, 방송통신융합추진위원회 전문위원
현) 경기대 언론미디어학과 교수

권상희

서울대 언론정보학과 학사
캘리포니아주립대 Radio-Television-Film 석사
남일리노이대 Mass Communication & Media Arts 박사
아칸소주립대 신문방송학과 조교수
현) 성균관대 신문방송학과 교수

문상현

서울대 신문학과 학사 · 석사
인디애나대 텔레커뮤니케이션학 석사
오하이오주립대 커뮤니케이션학 박사
한국언론정보학회 이사, 한국방송학회 총무이사
현) 광운대 미디어영상학부 교수

이상식

한국외대 홍보학과 졸업
연세대 대학원 신문방송학과 석사 및 박사과정 수료
영국 셰필드대 역사학 박사
방송통신위원회 법률자문위원
현) 계명대 언론영상학과 교수

김도연

서울대 언론정보학과 학사 · 석사
텍사스대 Radio-TV-Film 박사
정보통신정책연구원 연구위원
한국미디어경영학회 회장
현) 국민대 언론정보학부 교수

김관규

연세대 신문방송학과 학사
게이오대 사회학연구과 석사 · 박사
한국언론정보학회 총무이사, 〈한국언론학보〉 편집이사
〈언론과학연구〉 편집위원
현) 동국대 신문방송학과 교수

이상우

연세대 화학과 학사 · 석사, 미시간주립대 Telecommunication 석사
인디애나주립대 Mass Communication 박사
정보통신정책연구원 연구위원, 한국미디어경영학회 총무이사
〈사이버커뮤니케이션학보〉 편집이사
현) 연세대 정보대학원 교수

문재완

서울대 공법학과, 인디애나대학 로스쿨 졸업
현) 한국외대 법학전문대학원 교수
헌법재판소 헌법연구위원
법제처 법령해석심의위원회 위원,
법무부 외국법자문사법 개정위원회 위원

조성호

건국대 정치외교학과 학사
연세대 신문방송학 석사
뉴욕주립대 매스커뮤니케이션 박사
〈한국언론학보〉 편집이사
현) 경북대 신문방송학과 교수

이준웅

서울대 언론정보학과 학사·석사
펜실베이니아대 커뮤니케이션 박사
런던대 골드스미스 방문교수
현) 서울대 언론정보학과 교수

양승찬

서울대 언론정보학과 학사
펜실베이니아대 커뮤니케이션학 석사
위스콘신대 언론학 박사
한국언론재단 선임연구위원
현) 숙명여대 미디어학부 교수

황용석

동아대 사회학과 학사
성균관대 신문방송학 석사 · 박사
한국언론학회 · 한국방송학회 연구이사
현) 건국대 언론홍보대학원 방송통신융합학과 교수

나은영

서울대 영어영문학과 학사, 심리학과 석사
예일대 사회심리학 박사
한국방송학회 부회장, 서강대 대외협력처장
현) 서강대 신문방송학과 교수 · 언론문화연구소장
서울대 · 한국방송광고진흥공사 비상임이사

전범수

한양대 신문방송학과 학사 · 석사
뉴욕주립대 커뮤니케이션학 박사
현) 한양대 신문방송학과 교수